中国社会科学院 学者文选

# 季羡林集

中国社会科学院科研局组织编选

中国社会科学出版社

**图书在版编目（CIP）数据**

季羡林集／中国社会科学院科研局组织编选．—北京：中国社会科学出版社，2000.10（2018.8 重印）

（中国社会科学院学者文选）

ISBN 978-7-5004-2841-1

Ⅰ.①季… Ⅱ.①中… Ⅲ.①社会科学—文集②季羡林—文集 Ⅳ.①C53

中国版本图书馆 CIP 数据核字（2000）第 47415 号

出 版 人　赵剑英
责任编辑　李树琦
责任校对　林福国
责任印制　王　超

出　　版　中国社会科学出版社
社　　址　北京鼓楼西大街甲 158 号
邮　　编　100720
网　　址　http://www.csspw.cn
发 行 部　010-84083685
门 市 部　010-84029450
经　　销　新华书店及其他书店

印刷装订　北京市十月印刷有限公司
版　　次　2000 年 10 月第 1 版
印　　次　2018 年 8 月第 2 次印刷

开　　本　880×1230　1/32
印　　张　12.875
字　　数　318 千字
定　　价　79.00 元

凡购买中国社会科学出版社图书，如有质量问题请与本社营销中心联系调换
电话：010-84083683

# 出版说明

一、《中国社会科学院学者文选》是根据李铁映院长的倡议和院务会议的决定，由科研局组织编选的大型学术性丛书。它的出版，旨在积累本院学者的重要学术成果，展示他们具有代表性的学术成就。

二、《文选》的作者都是中国社会科学院具有正高级专业技术职称的资深专家、学者。他们在长期的学术生涯中，对于人文社会科学的发展作出了贡献。

三、《文选》中所收学术论文，以作者在社科院工作期间的作品为主，同时也兼顾了作者在院外工作期间的代表作；对少数在建国前成名的学者，文章选收的时间范围更宽。

中国社会科学院

科研局

1999 年 11 月 14 日

# 目　录

# 编者的话

季羡林先生1911年生于山东省清平县。1930年就读清华大学西洋文学系。1935年考取清华大学与德国的交换研究生，赴德国入哥廷根大学学习梵文、巴利文和吐火罗文，1941年获哲学博士学位。1946年回国，任北京大学教授兼东方语言文学系主任。1956年当选为中国科学院哲学社会科学学部委员。1978年任北京大学副校长、中国社会科学院与北京大学合办的南亚研究所所长。他先后担任中国南亚学会会长、中国民族古文字学会名誉会长、中国语言学会会长、中国外语教学研究会会长、中国敦煌吐鲁番学会会长和中国外国文学学会会长等。著作已经汇编成《季羡林文集》，共有二十四卷，内容包括印度古代语言、中印文化关系、印度历史与文化、中国文化与东方文化、佛教、比较文学与民间文学、糖史、吐火罗文、散文、序跋以及梵文与其他语种文学作品翻译。

季羡林早年既受中国传统文化熏陶，又受新文化运动洗礼，后又留学德国接受西方学术训练。回国后，献身东方学，开拓国内东方学研究园地。凭借深厚的学养，在学术研究中融古今东西于一炉，成为享誉海内外的东方学大师。他一生勤奋治学和写作，兼学者、翻译家和散文家于一身。本书限于体例，只能选收他的学术论文。而他的治学范围很广，本书限于篇幅，选收的论文也只能侧重在他的研究重点：佛典语言研究、中印文化关系研究和梵语文学研究。

关于季羡林的治学思想，读者可以直接阅读收入本书的《我的学术总结》一文，我在这里可以简略地提示三点：一、坚持学术贵在创造的信条。每篇论文都有学术新意，或提出新见解，或提供新材料，以填补学术空白、攻克学术难点为己任，以重复前人劳动（“炒冷饭”）为学术研究大忌。二、重视考证。提出新见解不是靠主观臆想，而要以材料为依据。观点出自材料。有一份材料说一分话。因此，在搜集材料方面，要有“竭泽而渔”的气魄，而在辨析材料方面，又要有“如剥春笋”的精神。三、追求“彻底性”。许多学术问题不是靠一两篇论文就能彻底解决，而是需要不断发掘新材料，加以验证、修订、充实和完善。以“彻底解决”为理想目标，对有些学术问题的探索和研究，势必会终生抓住不放。

最后要说的是，本书中的引文和注文涉及梵文、巴利文、吐火罗文、英文、德文、法文等多种语言以及古汉语，排版和编校加倍辛苦。在此，我谨代表季羡林先生，向参与本书排版和编校的工作人员，表示衷心的感谢。

黄宝生

# 浮屠与佛

“浮屠”和“佛”都是外来语。对于这两个词在中国文献中出现的先后问题是有过很大的争论的。如果问题只涉及这两个词本身，争论就没有什么必要。可是实际情况并不是这样。它涉及中印两个伟大国家文化交流的问题和《四十二章经》真伪的问题。所以就有进一步加以研究的必要。

我们都知道，释迦牟尼成了正等觉以后的名号梵文叫做 Buddha。这个字是动词 budh（觉）加上语尾 ta 构成的过去分词。在中文里有种种不同的译名：佛陀、浮陀、浮图、浮头、勃陀、勃驮、部多、部陀、毋陀、没驮、佛驮、步他、浮屠、复豆、毋驮、佛图、佛、步陀、物他、馞陀、没陀等等，都是音译。我们现在拣出其中最古的四个译名来讨论一下，就是：浮屠、浮图、复豆和佛。这四个译名可以分为两组：前三个是一组，每个都由两个字组成；第四个自成一组，只有一个字。

我们现在先讨论第一组。我先把瑞典学者高本汉（Bernhard Karlgren）所构拟的古音写在下面：

浮　* b'i̯ôg/b'i̯ə̯u/fou（Bernhard Karlgren：Crammata Serica, reprinted from the Bulletin of the Museum of Far Eastern

Antiquities, Stockholm, number 12, 1940, p.449, 1233 i)

屠 ＊d'o/d'uo/t'u（同上，pp.136—137，45i'）

图 ＊d'o/d'uo/t'u（同上，pp.143—144，64 a）

复 ＊b'i̯ôk/b'i̯uk/fu（同上，p.398，1034 d）

豆[1]＊d'u/d'ə̯u/tou（同上，p.158，118 a）

“浮屠”同“浮图”在古代收音都是-o，后来才转成-u；“复豆”在古代收音是-u，与梵文 Buddha 的收音-a 都不相当。梵文 Buddha，只有在体声，而且后面紧跟着的一个字第一个字母是浊音或元音 a 的时候，才变成 Buddho。但我不相信“浮屠”同“浮图”就是从这个体声的 Buddho 译过来的。另外在俗语（Prākṛta）和巴利语里，Buddha 的体声是 Buddho。（参阅 R.Pischel, Grammatik der Prakrit-Sprachen, Grundriss der Indo-Arischen Philologie und Altertumskunde, I.Band, 8.Heft, Strassburg 1900, §363 及 Wilhelm Geiger, Pāli, Literatur und Sprache 同上 I.Band, 7.Heft, Strassburg 1916, §78）在 Ardhamāgadhī 和 Māgadhī 里，阳类用-a 收尾字的体声的字尾是-e，但在 Ardhamāgadhī 的诗歌里面有时候也可以是-o。我们现在材料不够，当然不敢确说“浮屠”同“浮图”究竟是从哪一种俗语里译过来的；但说它们是从俗语里译过来的，总不会离事实太远。

说到“复豆”，这里面有点问题。“复豆”的古音既然照高本汉的构拟应该是 b'i̯uk-d'ə̯u，与这相当的梵文原文似乎应该是＊bukdu 或＊vukdu[2]。但这样的字我在任何书籍和碑刻里还没见到过。我当然不敢就断定说没有，但有的可能总也不太大。只有收音的-u 让我们立刻想到印度俗语之一的 Apabhraṃśa，因为在 Apabhraṃśa 里阳类用-a 收尾字的体声和业声的字尾都是-u。“复豆”的收音虽然是-u，但我不相信它会同 Apabhraṃśa 有什么关系。此外在印度西北部方言里，语尾-u 很多，连梵文业声的-am 有时候都转成-u〔参阅 Hiän-lin Dschi（季羡林），Die Umwandlung der Endungaṃ in -o und -u im Mittelindischen，Nachrichten von der Akademie der Wissenschaften in Göttingen，Philolog.-Hist.Kl.1944，Nr.6.〕（《印度古代语言论集》），"复豆"很可能是从印度西北部方言译过去的。

现在再来看"佛"字。高本汉曾把"佛"字的古音构拟如下：

* b'i̯wət/b'i̯uət/fu（Grammata Serica，p.252，500 1）

一般的意见都认为"佛"就是"佛陀"的省略。《宗轮论述记》说："'佛陀'梵音，此云觉者。随旧略语，但称曰'佛'。"佛教字典也都这样写，譬如说织田得能《佛教大辞典》页一五五一上；望月信亨《佛教大辞典》页四四三六上。这仿佛已经成了定说，似乎从来没有人怀疑过。这说法当然也似乎有道理，因为名词略写在中文里确是常见的，譬如把司马长卿省成马卿，司马迁省成马迁，诸葛亮省成葛亮。尤其是外国译名更容易有这现象。英格兰省为英国，德意志省为德国，法兰西省为法国，美利坚省为美国，这都是大家知道的。

但倘若仔细一想，我们就会觉得这里面还有问题，事情还不会就这样简单。我们观察世界任何语言里面外来的假借字（Loanwords,Lehnwörter），都可以看出一个共同的现象：一个字，尤其是音译的，初借过来的时候，大半都多少还保留了原来的音形，同本地土产的字在一块总是格格不入。谁看了也立刻就可以知道这是"外来户"。以后时间久了，才渐渐改变了原来的形式，同本地的字同化起来，终于让人忘记了它本来不是"国货"。这里面人们主观的感觉当然也有作用，因为无论什么东西，看久了惯了，就不会再觉得生疏。但假借字本身的改变却仍然是主要原因。"佛"这一个名词是随了佛教从印度流传到中国来的。初到中国的时候，译经的佛教信徒们一定想法完全保留原字的音调，不会就想到按了中国的老规矩把一个有两个音节的字缩成一个音节，用一个中国字表示出来。况且 Buddha 这一个字对佛教信徒是何等尊严神圣，他们未必在初期就有勇气来把它腰斩。

所以我们只是揣情度理也可以想到“佛”这一个字不会是略写。现在我们还有事实的证明。我因为想研究另外一个问题，把后汉三国时代所有的译过来的佛经里面的音译名词都搜集在一起，其中有许多名词以前都认为是省略的。但现在据我个人的看法，这种意见是不对的。以前人们都认为这些佛经的原本就是梵文。他们拿梵文来同这些音译名词一对，发现它们不相当，于是就只好说，这是省略。连玄奘在《大唐西域记》里也犯了同样的错误，他说这个是“讹也”，那个是“讹也”，其实都不见得真是“讹也”。现在我们知道，初期中译佛经大半不是直接由梵文译过来的，拿梵文作标准来衡量这里面的音译名词当然不适合了。这问题我想另写一篇文章讨论，这里不再赘述。我现在只把“佛”字选出来讨论一下。

“佛”字梵文原文是 Buddha，我们上面已经说过。在焉耆文（吐火罗文 A）里 Buddha 变成 Ptāṅkät。这个字有好几种不同的写法：Ptāṅkät，Ptāṅkte，Ptāṃñkte，Ptāñäkte，Ptāñikte，Ptāññäkte，Pättāñäkte，Pättāññäkte，Pättāṅkte，Pättāṃñkte，Pättāṃñäkte。（参阅 Emil Sieg, Wilhelm Siegling und Wilhelm Schulze, Tocharische Grammatik, Göttingen 1931，§76，116，122a，123，152b，192，206，207，363c）这个字是两个字组成的，第一部分是 ptā-，第二部分是-ñkät。ptā 相当梵文的 Buddha，可以说是 Buddha 的变形。因为吐火罗文里面浊音的 b 很少，所以开头的 b 就变成了 p。第二部分是 ñkät 是“神”的意思，古人译为“天”，相当梵文的 deva。这个组合字全译应该是“佛天”。“天”是用来形容“佛”的，说了“佛”还不够，再给它加上一个尊衔。在焉耆文里，

只要是梵文 Buddha，就译为 Ptāṅkät。在中文《大藏经》里，虽然也有时候称佛为“天中天（或王）”（devātideva）[3]，譬如《妙法莲华经》卷三，《化城喻品》七：

圣主天中王
迦陵频伽声
哀愍众生者
我等今敬礼［《大正新修大藏经》（下面缩写为㊅），9，23c］

与这相当的梵文是：

namo'stu te apratimā maharṣe devātidevā kalaviṅkasusvarā|
vināyakā loki sadevakasminvandāmi te lokahitānukampī ||
（Saddharmapuṇḍarīka，edited by H. Kern and Bunyiu Nanjio, Bibliotheca Buddhica X，St.-Pétersbourg 1912，p.169，L.12、13）

但“佛”同“天”连在一起用似乎还没见过。在梵文原文的佛经里面，也没有找到 Buddhadeva 这样的名词。但是吐火罗文究竟从哪里取来的呢？我现在还不能回答这问题，我只知道，在回纥文（Uigurisch）的佛经里也有类似的名词，譬如说在回纥文译的《金光明最胜王经》（Suvarṇaprabhāsottamarājasūtra）里，我们常遇到 tngri tngrisi burxan 几个字，意思就是“神中之神的佛”，与这相当的中译本里在这地方只有一个“佛”字。（参阅 F.W.K.Müller, Uigurica, Abhandlungen der königl. Preuss. Akademie der Wissenschaften，1908，p.28、29 等；Uigurica Ⅱ，Berlin 1911，p.16

等。）两者之间一定有密切的关系，也许是抄袭假借，也许二者同出一源；至于究竟怎样，目前还不敢说。

我们现在再回到本题。在 ptāñkät 这个组合字里，表面上看起来，第一部分似乎应该就是 ptā-。但实际上却不然。在焉耆文里，只要两个字组合成一个新字的时候，倘若第一个字的最后一个字母不是 a，就往往有一个 a 加进来，加到两个字中间。譬如 aträ 同 tampe 合起来就成了 atra-tampe，kāsu 同 ortum 合起来就成了 kāswaortum，kälp 同 pälskāṃ 合起来就成了 kälpapälskāṃ，pär 同 krase 合起来就成了 pärrakrase，pältsäk 同 pāṣe 合起来就成了 pälskapaṣe，prākär 同 pratim 合起来就成了 prākra-pratim，brāhmaṃ 同 purohitune 合起来就成了 brähmna-purohitune，ṣpät 同 koṃ 合起来就成了 säpta-koñi。（参阅 Emil Sieg，Wilhelm Siegling und Wilhelm Schulze，Tocharische Grammatik，§363，a）中间这个 a 有时候可以变长。譬如 wäs 同 yok 合起来就成了 wsā-yok，wäl 同 ñkät 合起来就成了 wlā-ñkät。（同上§363，c）依此类推，我们可以知道 ptā 的原字应该是 pät；据我的意思，这个 pät 还清清楚楚地保留在 ptāñkät 的另一个写法 pättāñkät 里。就现在所发掘出来的残卷来看，pät 这个字似乎没有单独用过。但是就上面所举出的那些例子来看，我们毫无可疑地可以构拟出这样一个字来的。我还疑心，这里这个元音没有什么作用，它只是代表一个更古的元音 u。

说 ä 代表一个更古的元音 u，不是一个毫无依据的假设，我们有事实证明。在龟兹文（吐火罗文 B），与焉耆文 Ptāñkät 相当的字是 Pūdñäkte。[Pudñäkte，pudñikte，见 Sylvain Lévi，Fragments des Textes Koutchéens, Paris 1933: Udānavarga,（5）a2; Udānālaṃkara,（1）a3；b1，4；（4）a4；b1，3；Karmavibhaṅga，（3）b1；（8）a2，3；（9）a4；b1，4；（10）a1；（11）b3］我们毫无疑问地可以把这个组合字分拆开来，第一个字是 pūd 或 pud，第二个字是

ñäkte。pūd 或 pud 就正相当焉耆文的 pät。在许多地方吐火罗文 B（龟兹文）都显出比吐火罗文 A（焉耆文）老，所以由 pūd 或 pud 变成 pät，再由 pät 演变成 ptā，这个过程虽然是我们构拟的，但一点也不牵强，我相信，这不会离事实太远。

上面绕的弯子似乎有点太大了，但实际上却一步也没有离开本题。我只是想证明：梵文的 Buddha，到了龟兹文变成了 pūd 或 pud，到了焉耆文变成了 pät，而我们中文里面的"佛"字就是从 pūd、pud（或 pät）译过来的。"佛"并不是像一般人相信的是"佛陀"的省略。再就后汉三国时的文献来看，"佛"这个名词的成立，实在先于"佛陀"。在"佛"这一名词出现以前，我们没找到"佛陀"这个名词。所以我们毋宁说，"佛陀"是"佛"的加长，不能说"佛"是"佛陀"的省略。

但这里有一个很重要的问题："佛"字古音 but 是浊音，吐火罗文的 pūd、pud 或 pät 都是清音。为什么中文佛典的译者会用一个浊音来译一个外来的清音？这个问题倘不能解决，似乎就要影响到我们整个的论断。有的人或者会说："佛"这个名词的来源大概不是吐火罗文，而是另外一种浊音较多的古代西域语言。我以为，这怀疑根本不能成立。在我们截止到现在所发现的古代西域语言里，与梵文 Buddha 相当的字没有一个可以是中文"佛"字的来源的。在康居语里，梵文 Buddha 变成 pwty 或 pwtty（见 Robert Gauthiot，Le Sūtra du religieux Ongles-Longs，Paris 1912，p.3）。在于阗语里，早期的经典用 balysa 来译梵文的 Buddha 和 Bhagavat，较晚的经典里，用 ḅaysa，或 ḅeysa（见 Sten Konow，Saka Studies，Oslo Etnografiske Museum Bulletin 5，Oslo 1932，p.121；A.F.Rudolf Hoernle，Manuscript Remains of Buddhist Literature Found in Eastern Turkestan，Vol.1，Oxford 1916，p.239、242）。至于组合字（samāsa）像 buddhakṣetra 则往往保留原字。只有回纥文的佛经曾借用过一个梵文字 bud，似乎与我们的“佛”字有关。在回纥文里，通常是用 burxan 这个字来译梵文的 Buddha。但在《金光明最胜王经》的译本里，在本文上面有一行梵文：

Namo bud o o namo drm o o namo sang

(F.W.K.Müller，Uigurica，1908，p.11)

正式的梵文应该是：

Namo buddhāya o o namo dharmāya o o namaḥ saṅghāya。

在这部译经里常有 taising 和 sivsing 的字样。taising 就是中文的“大乘”，sivsing 就是中文的“小乘”。所以这部经大概是从中文译过去的。但 namo bud o o namo drm o o namo sang 这一行却确是梵文，而且像是经过俗语借过去的。为什么梵文的 Buddha 会变成 bud，这我有点说不上来。无论如何，这个 bud 似乎可能就是中文“佛”字的来源。但这部回纥文的佛经译成的时代无论怎样不会早于唐代，与“佛”这个名词成立的时代相差太远，“佛”字绝没有从这个 bud 译过来的可能。我们只能推测，bud 这样一个字大概很早很早的时候就流行在从印度传到中亚去的俗语里和古西域语言里。它同焉耆文的 pät，龟兹文的 pūd 和 pud，可能有点关系。至于什么样的关系，目前文献不足，只有阙疑了。

除了以上说到的以外，我们还可以找出许多例证，证明最初的中译佛经里面有许多音译和意译的字都是从吐火罗文译过来的。所以，“佛”这一个名词的来源也只有到吐火罗文的 pät、pūt 和 pud 里面去找。

写到这里，只说明了“佛”这名词的来源一定是吐火罗文。但问题并没有解决。为什么吐火罗文里面的清音，到了中文里会变成浊音？我们可以怀疑吐火罗文里辅音 p 的音值。我们知道，吐火罗文的残卷是用 Brāhmī 字母写的。Brāhmī 字母到了中亚在发音上多少有点改变。但只就 p 说，它仍然是纯粹的清音。它的音值不容我们怀疑。要解决这问题，只有从中文“佛”字下手。我们现在应该抛开高本汉构拟的“佛”字的古音，另外再到古书里去找材料，看看“佛”字的古音还有别的可能没有：

《毛诗·周颂·敬之》：“佛时仔肩。”《释文》：“佛，毛符弗反（b'i̯wət）郑音弼。”

《礼记·曲礼》上：“献鸟者佛其首。”《释文》佛作拂，云：“本又作佛，扶弗反，戾也。”

《礼记·学记》：“其施之也悖，其求之也佛。”《释文》：“悖，布内反；佛，本又作拂，扶弗反。”

[案《广韵》，佛，符弗切（b'i̯wət），拂，敷勿切（p'i̯wət）。]

上面举的例子都同高本汉所构拟的古音一致。但除了那些例子以外，还有另外一个“佛”：

《仪礼·既夕礼》郑注：“执之以接神，为有所拂扐。”《释文》：“拂扐，本又作佛仿；上芳味反；下芳丈反。”

《礼记·祭义》郑注：“言想见其仿佛来。”《释文》：“仿，孚往反；佛，孚味反（p'i̯wəd）。”

《史记·司马相如传》《子虚赋》：“缥乎忽忽，若神仙之仿佛。”（《汉书》、《文选》改为髣髴）

《汉书·扬雄传》："犹仿佛其若梦。"注："仿佛即髣髴字也。"

《汉书·李寻传》："察其所言，仿佛一端。"师古曰："仿读曰髣，佛与髴同。"

《后汉书·仲长统传》："呼吸精和，求至人之仿佛。"

《淮南子·原道》："叫呼仿佛，默然自得。"

《文选》潘岳《寡妇赋》："目仿佛乎平素。"李善引《字林》曰："仿，相似也；佛，不审也。"

玄应《一切经音文》："仿佛，声类作髣髴同。芳往敷物二反。"

《玉篇》："佛，孚勿切。"《万象名义》："佛，芳未反。"

从上面引的例子看起来，"佛"字有两读。"佛"古韵为脂部字，脂部的入声韵尾收 t，其与入声发生关系之去声，则收 d。"佛"字读音，一读入声，一读去声：（一）扶弗反（b'i̯wət）；（二）芳味反或孚味反（p'i̯wəd）。现在吐火罗文的 pūd 或 pud 与芳味反或孚味反正相当。然则，以"佛"译 pūd 正取其去声一读，声与韵无不吻合。

把上面写的归纳起来，我们可以得到下面的结论："浮屠"、"浮图"、"复豆"和"佛"不是一个来源。"浮屠"、"浮图"、"复豆"的来源是一种印度古代方言。"佛"的来源是吐火罗文。这结论看来很简单；但倘若由此推论下去，对佛教入华的过程，我们可以得到一点新启示。

在中国史上，佛教输入中国可以说是一件很有影响的事情。中国过去的历史书里关于这方面的记载虽然很不少，但牴牾的地方也很多（参阅汤用彤《汉魏两晋南北朝佛教史》上，第 1—15 页），我们读了，很难得到一个明确的概念。自从19世纪末年20世纪初年欧洲学者在中亚探险发掘以后，对这方面的研究有了很大的进步，简直可以说是开了一个新纪元。根据他们发掘出来的古代文献器物，他们向许多方面作了新的探讨，范围之大，史无前例。对中国历史和佛教入华的过程，他们也有了很大的贡献。法国学者烈维(Sylvain Lévi)发现最早汉译佛经所用的术语多半不是直接由梵文译过来的，而是间接经过一个媒介。他因而推论到佛教最初不是直接由印度传到中国来的，而是间接由西域传来。（参阅Sylvain Lévi，Le《Tokharien B》Langue de Koutcha，Journal Asiatique 1913，Sept.-Oct.pp.311—338。此文冯承钧译为中文：《所谓乙种吐火罗语即龟兹国语考》，载《女师大学术季刊》，第一卷，第四期。同期方壮猷《三种古西域语之发见及其考释》，有的地方也取材于此文。）这种记载，中国书里当然也有；但没有说得这样清楚。他这样一说，我们对佛教入华的过程最少得到一个清楚的概念。一直到现在，学者也都承认这说法，没有人说过反对或修正的话。

我们上面说到“佛”这名词不是由梵文译来的，而是间接经过龟兹文的pūd或pud（或焉耆文的pät）。这当然更可以助成烈维的说法，但比“佛”更古的“浮屠”却没有经过古西域语言的媒介，而是直接由印度方言译过来的。这应该怎样解释呢？烈维的说法似乎有修正的必要了。

根据上面这些事实，我觉得，我们可以作下面的推测：中国同佛教最初发生关系，我们虽然不能确定究竟在什么时候，但一定很早[4]（参阅汤用彤《汉魏两晋南北朝佛教史》上，第22页），而且据我的看法，还是直接的；换句话说，就是还没经过西域小国的媒介。我的意思并不是说，佛教从印度飞到中国来的。它可能是先从海道来的，也可能是从陆路来的。即便从陆路经过中亚小国而到中国，这些小国最初还没有什么作用，只是佛教到中国来的过路而已。当时很可能已经有了直接从印度俗语译过来的经典。《四十二章经》大概就是其中之一。“浮屠”这一名词的形成一定就在这时候。这问题我们留到下面再讨论。到了汉末三国时候，西域许多小国的高僧和居士都到中国来传教，像安世高、支谦、支娄迦谶、安玄、支曜、康巨、康孟详等是其中最有名的。到了这时候，西域小国对佛教入华才真正有了影响。这些高僧居士译出的经很多。现在推测起来，他们根据的本子一定不会是梵文原文，而是他们本国的语言。“佛”这一名词的成立一定就在这时期。

现在我们再回到在篇首所提到的《四十二章经》真伪的问题。关于《四十二章经》，汤用彤先生已经论得很精到详明，用不着我再来作蛇足了。我在这里只想提出一点来讨论一下，就是汤先生所推测的《四十二章经》有前后两个译本的问题。汤先生说：

> 现存经本，文辞优美，不似汉译人所能。则疑旧日此经，固有二译。其一汉译，文极朴质，早已亡失。其一吴支谦译，行文优美，因得流传。（《汉魏两晋南北朝佛教史》上，第36页）

据我自己的看法，也觉得这个解释很合理。不过其中有一个问题，以前我们没法解决，现在我们最少可以有一个合理的推测了。襄楷上桓帝疏说：

> 浮屠不三宿桑下，不欲久，生恩爱，精之至也。天神遗以好女，浮屠曰：“此但革囊盛血。”遂不盼之。其守一如此。（《后汉书》卷六十下）

《四十二章经》里面也有差不多相同的句子：

日中一食，树下一宿，慎不再矣。使人愚蔽者，爱与欲也。（㊅17，722b）

天神献玉女于佛，欲以试佛意、观佛道。佛言："革囊众秽，尔来何为？以可诳俗，难动六通。去，我不用尔！"（㊅17，723b）

我们一比较，就可以看出来，襄楷所引很可能即出于《四十二章经》。汤用彤先生（《汉魏两晋南北朝佛教史》上，第33—34页）就这样主张。陈援庵先生却怀疑这说法。他说：

树下一宿，革囊盛秽，本佛家之常谈。襄楷所引，未必即出于《四十二章经》。

他还引了一个看起来很坚实的证据，就是襄楷上书用"浮屠"两字，而《四十二章经》却用"佛"。这证据，初看起来，当然很有力。汤先生也说：

旧日典籍，唯借钞传。"浮屠"等名，或嫌失真，或含贬辞。后世展转相录，渐易旧名为新语。（《汉魏两晋南北朝佛教史》上，第36页）

我们现在既然知道了"浮屠"的来源是印度古代俗语，而"佛"的来源是吐火罗文，对这问题也可以有一个新看法了。我们现在可以大胆地猜想：《四十二章经》有两个译本。第一个译本，就是汉译本，是直接译自印度古代俗语。里面凡是称"佛"，都言"浮屠"。襄楷所引的就是这个译本。但这里有一个问题。中国历史书里，关于佛教入华的记载虽然有不少牴牾的地方，但是《理惑论》里的"于大月支写佛经四十二章"的记载却大概是很可靠的。既然这部《四十二章经》是在大月支写的，而且后来从大月支传到中国来的佛经原文都不是印度梵文或俗语，为什么这书的原文独独会是印度俗语呢？据我的推测，这部书从印度传到大月支，他们还没来得及译成自己的语言，就给中国使者写了来。一百多年以后，从印度来的佛经都已经译成了本国的语言，那些高僧们才把这些译本转译成中文。第二个译本就是支谦的译本，也就是现存的。这译本据猜想应该是译自某一种中亚语言。至于究竟是哪一种，现在还不能说。无论如何，这个译文的原文同第一个译本不同；所以在第一个译本里称"浮屠"，第二个译本里称"佛"，不一定就是改易的。

根据上面的论述，对于"佛"与"浮屠"这两个词，我们可以作以下的推测："浮屠"这名称从印度译过来以后，大概就为一般人所采用。当时中国史家记载多半都用"浮屠"。其后西域高僧到中国来译经，才把"佛"这个名词带进来。范蔚宗搜集的史料内所以没有"佛"字，就因为这些史料都是外书。"佛"这名词在那时候还只限于由吐火罗文译过来的经典中。以后才渐渐传播开来，为一般佛徒，或与佛教接近的学者所采用。最后终于因为它本身有优越的条件，战胜了"浮屠"，并取而代之。

**附记：**

写此文时，承周燕孙先生帮助我解决了"佛"字古音的问题。我在这里谨向周先生致谢。

1947年10月9日

## 注 释

[1] 鱼豢《魏略》作“复立”。《世说新语·文学篇》注作“复豆”。《酉阳杂俎》卷二《玉格》作“复立”。参阅汤用彤《汉魏两晋南北朝佛教史》上，第49页。

[2] 参阅 Pelliot，Meou-Tseu ou les doutes levés，T'oung Pao（《通报》）Vol.XIX，1920，p.430。

[3] 参阅《释氏要览》中，㊀54，284b—c。

[4] 《魏书·释老志》说：“及开西域，遣张骞使大夏。还，传其旁有身毒国，一名天竺。始闻浮屠之教。”据汤先生的意思，这最后一句，是魏收臆测之辞；因为《后汉书·西域传》说：“至于佛道神化，兴自身毒；而二汉方志，莫有称焉。张骞但著地多暑湿，乘象而战。”据我看，张骞大概没有闻浮屠之教。但在另一方面，我们仔细研究魏收处置史料的方法，我们就可以看出，只要原来史料里用“浮屠”，他就用“浮屠”；原来是“佛”，他也用“佛”；自叙则纯用“佛”。根据这原则，我们再看关于张骞那一段，就觉得里面还有问题。倘若是魏收臆测之辞，他不应该用“浮屠”两字，应该用“佛”。所以我们虽然不能知道他根据的是什么材料，但他一定有所本的。

# 再谈“浮屠”与“佛”

1947年，我写过一篇文章：《浮屠与佛》[1]。此文主要是论证中国最古佛典翻译中的“佛”字，不是直接从梵文 Buddha，而是间接通过吐火罗文 A（焉耆文）pät 和 B（龟兹文）的 pud、pūd 译过来的。一个字的音译，看来是小事一端，无关宏旨，实则与佛教传入中国的途径和时间有关，决不可等闲视之。文章中有一个问题颇感棘手，这就是，吐火罗文的 pät、pud 和 pūd 都是清音，而“佛”字的古音则是浊音。由于周燕孙（祖谟）先生的帮助，这个问题算是勉强解决了。从那以后，虽然有时仍然有点耿耿于怀，但是没有认真再考虑这个问题。

最近几年读书时读到一些与此问题有关的新材料或者对旧材料的新解释，觉得有必要对那篇文章加以补充和扩大，于是写了这一篇文章。这篇文章分为两部分：一、“佛”字对音的来源；二、从“浮屠”与“佛”的关系推测佛教传入中国的途径和时间。

## 一 “佛”字对音的来源

正如我在上面讲到的，1947年那篇文章遗留下来的关键问题是清音与浊音的对应问题。原来我认定了对音的来源是清音。周燕孙先生的解释也是从这个角度上下手的。但是，时隔四十年，现在看到了一些以前不可能看到的新材料，我们大可以不必这样去胶柱鼓瑟、刻舟求剑地去解决问题了。“佛”字的对音来源有极大的可能就是浊音。

本来在回鹘文中“佛”字就作 but，是浊音，这我在那篇论文中已经讲过。可是我当时认为“佛”字是译自吐火罗文，对回鹘文没有多加考虑。这至少是一个疏忽。许多佛教国家的和尚天天必念的三归命，在回鹘文中是：

归命佛（南无佛）　namo but

归命法（南无法）　namo drm

归命僧（南无僧）　namo saŋ

在这里，梵文 buddha 变成了 but。回鹘文中还有一个与梵文 buddha 相当的字：bur。梵文中的 devātideva（天中天）在回鹘文中变成了 tŋri tŋrisi burxan[2]。burxan 这个词儿由两个词儿组成，一 bur，一 xan。bur 就是 buddha。这个词儿约相当于吐火罗文 A 的 ptāñkät（kāṣṣi）和 pättāñkät（käṣṣi），B 的 pudñäkte 或（käṣṣi）pudñäkte。

这个 bur 是怎样来的呢？根据 A. von Gabain 的意见，它是由 but 演变过来的。她认为，在中国北方的某一个方言中，-t 读若-r，中国人把 tatar 音译为“达怛”（古音以-t 收尾），也属于这个范畴。[3]

H. W. Bailey 对这个问题也发表了自己的意见。他说：

> 但是“佛”(Buddha) 也用另一种形式从中国传入中亚。西藏文h̲bur 表示出八世纪顷汉文“佛”字的读音（参阅 JRAS，《英国皇家亚洲学会会刊》，1927 年，第 296 页）。这个-r 代表

> 从尾音-t发展过来的汉文尾音辅音。粟特文复合词pwrsnk* bursang“佛陀僧伽”中有这个词儿。这个词儿从粟特文变成了回鹘文bursang，以同样的形式传入蒙古文。回鹘文（在蒙古文中作为外来语也一样）burxan的第一部分，可能就是这同一个bur-“佛”（参阅Mironov，《龟兹研究》，第74页）。于是回鹘文tängri burxan意思就是“天可汗佛”，但是这个含义不总是被充分认识的，以致摩尼教回鹘文典籍中burxan zrušč意思是“Burxan琐罗亚斯德”。在另一方面，日文借用了带-t的字，Butu（Butsu）。[4]

他对t>r的解释同A.von Gabain稍有不同。但是，这是从中国传入中亚的，证据似还不够充分。

上面我谈了回鹘文中梵文Buddha变为but然后又由but变为bur的情况，其间也涉及一些其他中亚新疆的古代语言。我现在专门来谈buddha在一些语言中变化的情况。我先列一个表：

| | |
|---|---|
| 大夏文 | buddha变成了bodo，boddo，boudo |
| 拜火教经典的中古波斯文（巴列维文） | |
| | buddha变为bwt |
| 摩尼教安息文 | buddha变为bwt/but/ |
| 摩尼教粟特文 | buddha变为bwty pwtyy |
| 佛教粟特文 | buddha变为pwt |
| 达利文 | buddha变为bot[5] |

从上列这个表中，我们一眼就可以看出来，这些文字大别可以分为两类：一类是大夏文，在这里，原来的梵文元音u变成了o或ou，此外则基本上保留了原形。一类是其他属于伊朗语族的文字，在这里变化较大。与梵文原字相比，差别很明显：由原字的两个音节变为一个闭音节，原字的尾元音-a（巴利文是-o，梵文体格单数

也是-o）丢掉了。惟一有点问题的是，摩尼教粟特文语尾上有-y或-yy，可能代表一个半元音。即使是这样，也并不影响大局，-y无论如何也不能同梵文-u相对应，它可能仍然是一个音节。至于在1947年那一篇论文中最让我伤脑筋的清音浊音问题，在这里已不再存在了。这里绝大部分都是浊音，只有摩尼教粟特文和佛教粟特文是清音。但是，根据H.W.Bailey的解释，这也不是问题。他说：

> 在粟特文中，印度伊朗语族的浊辅音b d g在字头上变成摩擦音β δ γ，在含有b d g的外来词中，它们都需写成p t k。因此，pwty这个拼法就等于But-。在新波斯文中，but ب ت与这个形式正相当，意思是“偶像”。但是“佛”的含义在新波斯文许多章节中仍很明显。[6]

这样一来，清音浊音问题中残留的那一点点疑惑也扫除净尽了。

Bailey还指出来，Bundhišn[7]中有but这个字，它是企图用来代表Avesta中的Būiti这个字的（Vīdēvdāt，19，1，2，43，此章约写于公元前二世纪中叶）。新波斯文证明有*Buti这样一个字的，这个字与粟特文的pwty完全相应。学者们认为，这就是Buddha“佛”。[8]

根据上面的叙述，1947年论文中遗留下来的问题全部彻底解决了。再同“佛”与“浮屠”这两个词的关系联系起来考察，我们可以发现，第一类大夏文中与梵文Buddha对应的字，有两个音节，是汉文音译“浮屠”二字的来源，辅音和元音都毫无问题。第二类其他伊朗语族的文字中，与Buddha对应的字只有一个音节[9]，是汉文音译“佛”字的来源。难道这还不够明确吗？这个极其简单的现象却有极其深刻的意义。下面二中再详细阐述。

我在这里再谈一谈吐火罗文的问题。德国学者 Franz Bernhard 写过一篇文章：《犍陀罗文与佛教在中亚的传播》[10]，主要是论证，佛教向中亚和中国传播时，犍陀罗文起了极其重要的桥梁作用。他举出“弥勒”这一个汉语音译词儿来作例子。他认为，“弥勒”这个词儿是通过犍陀罗文 Metraǵa 译为汉文的。他在这里顺便提到“佛”字，并且引用了我的那篇 1947 年的论文：《浮屠与佛》。他说：

> 没有提供一个详尽的论证，我想指出，人们可以看到，汉文“佛”字音译了一个古吐火罗文 * but-（可以和西吐火罗文“pudñäkte”中的“pud-”与东吐火罗文“ptāñkät”相比）——由此可见，“佛陀”是一个次要的（晚出的）形式。

证之以我在上面的论述，Bernhard 的构拟是完全可以站得住脚的。这也从正面证明了，我对“佛”字来源的想法是完全正确的。[11]

## 二　从“浮屠”与“佛”的关系推测佛教传入中国的途径和时间

关于佛教传入中国的问题，我在 1947 年的论文中曾作过推测：

> 中国同佛教最初发生关系，我们虽然不能确定究竟在什么时候，但一定很早……，而且据我的看法，还是直接的；换句话说，就是还没有经过西域小国的媒介。……即便从陆路经过中亚小国而到中国，这些小国最初还没有什么作用，只是佛教到中国来的过路而已。当时很可能已经有了直接从印度俗语译过来的经典。《四十二章经》大概就是其中之一。“浮屠”这一

> 名词的形式一定就在这个时候。……到了汉末三国时候，西域许多小国的高僧和居士都到中国来传教，像安世高、支谦、支娄迦谶、安玄、支曜、康巨、康孟祥等是其中最有名的。到了这时候，西域小国对佛教入华才真正有了影响。这些高僧居士译出的经很多。现在推测起来，他们根据的本子一定不会是梵文原文，而是他们本国的语言。“佛”这一名词的成立一定就在这时期。[12]

我当年作这些推测的时候，自己心里把握不太大，觉得颇多浪漫主义。我说的话似乎超过了我当时所掌握的资料。时至今日，新材料大量出现，再回头看我这些推测，除了一些地方需要改正外——比如我所说的直接发生关系，现在看来就不妥——大部分意见是站得住脚的，我颇感自慰。但是，时间毕竟已经过去了四十三年。现在根据新材料做一些补充与修正，看来正是时候了。

总起来看，我在上面一《“佛”字对音的来源》中得出来的结论：大夏文基本上保留梵文Buddha的原形，有两个音节，正与汉译“浮屠”相当。伊朗语族其他文字，只留下一个音节，正与汉译“佛”字相当。“浮屠”出现在前，“佛”字在后。这与我的推测是完全相符的。

我现在想进一步来探讨这个问题。有这样一些问题需要回答：大夏语与《四十二章经》是什么关系？犍陀罗文与《四十二章经》是什么关系？伊朗语族诸语言与《四十二章经》是什么关系？看来《四十二章经》是一部关键性的书，我在下面就围绕着这一部书分成以下几个问题来讨论：

(一)《四十二章经》与大月支

(二)《四十二章经》原本语言

(三) 支谦等译经的语言问题

## （四）几点想法

### （一）《四十二章经》与大月支

《四十二章经》的真伪过去是有争论的。梁启超认为是伪，汤用彤认为是真，现在学术界接受的一般是后者的意见。汤先生经过了细致的考证得到了这样几点结论：1.《四十二章经》出世甚早，东汉桓帝以前已经译出[13]。2.前后共有两个译本[14]。

《四十二章经》与汉明帝永平求法传说有关。东汉末牟子作《理惑论》，首先叙述了这件事，以后记录者还很多[15]。据汤先生意见，佛法入华当在永平之前。但是他说："求法故事，虽有疑问，但历史上事实常附有可疑传说，传说固妄，然事实不必即须根本推翻。"[16]他的意思是说，永平求法还是有可信的成分的，是能够成立的。

《四十二章经》又与大月支有联系。牟子《理惑论》和以后的许多典籍都明确记载着，这一部经是在大月支取得的。《理惑论》说："于是上悟，遣使者张骞、羽林郎中秦景、博士弟子王遵等十二人，于大月支写佛经四十二章。"至于此经究竟是在何地译出，许多典籍记载中有明显矛盾意见：一主张在大月支译出，一主张在国内翻译。看来在大月支译出说，根据似确凿可靠。[17]

大月支是一个什么样的民族呢？它是游牧民族，行踪飘忽不定。《前汉书》九六上《西域传》说：

> （大月氏）本居敦煌、祁连间。至冒顿单于攻破月氏，而老上单于杀月氏，以其头为饮器。月氏乃远去，过大宛，西击大夏而臣之。

这件事情发生的时间，约在西汉文帝至武帝时。

这样一来，《四十二章经》又与大夏发生了关系。因为，“于大月支写佛经四十二章”时，大月支已经到了大夏。大夏君主原属希腊遗民，佛法大概在汉初已在这里流行。汉武帝时，张骞曾奉使到这里来过。《三国志》裴注引鱼豢《魏略·西戎传》说：

罽宾国、大夏国、高附国、天竺国，皆并属大月氏。临儿国《浮屠经》云：其国王生浮屠。浮屠，太子也。父曰屑头邪，母曰莫邪。……此国在天竺城中。天竺又有神人名沙律。昔汉哀帝元寿元年（B.C.2），博士弟子景卢，受大月氏王使伊存口授《浮屠经》。[18]

这一段话说明了大月氏与大夏的关系，大月氏与印度的关系，大月氏与佛教的关系。至于大月氏王使伊存口授浮屠经，是在大月氏呢，还是在中国？有两种可能，有两种意见。不管怎样，大月氏在公元前已流行佛教，这比《四十二章经》又要早了。

我在这里附带谈一个问题。《理惑论》说，明帝派人到大月氏写《四十二章经》，其中竟有张骞。这在时间上是绝对不可能的。但是我认为，其中透露了一个耐人寻味的信息：这时大月氏是在大夏，因为张骞奉使大夏的故事，当时街谈巷议中必广泛流传，一想到大夏，就想到张骞了。

### （二）《四十二章经》原本语言

把与《四十二章经》有关的问题都交待清楚以后，现在应该探讨此经的语言问题了。在1947年的论文中，我说它是从中亚一种俗语译过来的，这种想法是对头的。但是，我当时不可能说出一种具体的语言。

最近林梅村提出了一个新见解：《四十二章经》是从犍陀罗文

《法句经》译过来的。他正在撰写论文，他的详细论点我毫无所知。但是，我觉得，在中国佛教史上，这是一个比较重要的问题，值得探讨。它还牵涉到《四十二章经》原本语言究竟是什么，我就在这里先谈一谈我对于这个问题的一些想法，供林梅村先生以及其他学者参考。一得之愚或者尚有些许可取之处吧。

从表面上看起来，《四十二章经》与《法句经》不完全一样。但是从内容上来看，则二者实有许多相通之处。三国时失名之《法句经序》说："是后五部沙门，各自抄采经中四句六句之偈，比次其义，条别为品，于十二部经靡不斟酌，无所适名，故曰《法句》。"《法句经》是这样，《四十二章经》也是这样。所谓《四十二章经》，原来并没有"经"字，足征它不是一部完整的"经"。所以，汤用彤先生说："且《四十二章经》乃撮取群经而成，其中各章，颇有见于巴利文各经，及中国佛典者，但常较为简略耳。"[19]两经的性质既然完全相同，即使表面上有差异，《四十二章经》译自《法句经》是完全可能的。

但是，是否就是从现存的犍陀罗文《法句经》译的呢？还是一个有待于进一步探讨的问题。

根据林梅村最近的研究结果：

> 这就从语言学上证明，这部犍陀罗语《法句经》确实出于于阗故地，抄写者无疑是位于阗人，因而把自己的土著语言羼入其中。[20]

可是，我在上面已经明确无误地说明了《四十二章经》是在大月支，也就是大夏抄译的。现在的犍陀罗文《法句经》既然抄在于阗，因而它就不可能是《四十二章经》的来源。道理是非常明显的。

在大夏的那一本《法句经》或《四十二章经》是什么样子呢?说实话，我自己并不很清楚。我现在只能作一些猜测。大月支到了大夏以后，由于环境关系，接受了佛教。估计会有一些佛经翻译。《法句经》或《四十二章经》等，包含着小乘教义的最基本的内容，简直像一种“佛学入门”，对皈依者用处极大。可能首先在翻译之列，用的语言当然是大夏文。对于这种语言，我们过去毫无所知。近年以来，新材料发现越来越多，于是逐渐发现、认识了不少的词汇。上面注[5]举的那一部字典就是词汇的汇集，bodo，boddo，boudo等字就见于其中。但是成本的佛经译文还没有发现。我相信，将来地不爱宝，有朝一日，总会发现的。中国使者到了大夏，翻译了《四十二章经》，原本一定就是这一本大夏文的佛经。译文就是本经两个译本的第一个。我推测，现存本经中的那许多“佛言”，一定会是“浮屠言”，“浮屠”正与bodo，boddo，boudo相当。用“佛言”的现存的本子一定就是第二个译本。这个本子的原始语言是中亚或新疆的某一种语言，其中梵文Buddha变为but或者类似的形式，汉译是“佛”字。

我在这里想补充几句，谈一谈犍陀罗文《法句经》的来源问题。它的来源并不排除是大夏文本，但是可能性微乎其微。梵文本的《法句经》曾在新疆发现，足征《法句经》在新疆是流行的。这个犍陀罗文的《法句经》同梵文本有某种联系，是完全可能的。犍陀罗文不可能是《四十二章经》第二个译本的母本。因为在后者中用的是“佛”字，而在犍陀罗文本中则是budhu，这个字也可以译为“浮屠”。

### (三) 支谦等译经的语言问题

《四十二章经》的语言既已确定，连带提出来的是支谦、安世高等后汉、三国时期的译经大师的译经语言问题。对于这个问题过去几乎完全没有注意到。实则是一个很有意义的问题，不讨论是不行的。

我现在就以梁《高僧传》第一卷为基础来探讨一下这个问题。在这一卷中后汉、三国时期的译经大师几乎包罗无遗。至于摄摩腾和竺法兰等人物，神话色彩颇浓，我在这里不谈。

先将资料条列如下：

《安清（世高）传》：

> 至止未久，即通习华言。于是宣译众经，改胡为汉。[21]
>
> 羡林案："胡"字，元明刻经改为"梵"字，下同。

《支娄迦谶（支谶）传》：

> 汉灵帝时游于雒阳。以光和中平之间传译梵文。
>
> 时有天竺沙门竺佛朔，亦以汉灵之时，赍《道行经》，来适雒阳，即转梵为汉。
>
> （安）玄与沙门严佛调共出《法镜经》，玄口译梵文，佛调笔受。
>
> 先是沙门昙果于迦维罗卫国得梵本，孟详共竺大力译为汉文。[22]

《康僧会传》附《支谦传》：

> 遍学异书，通六国语。……谦以大教虽行，而经多梵文，未尽翻译，已妙善方言，乃收集众本，译为汉语。[23]

《维祇难传》：

以吴黄武三年，与同伴竺律炎，来至武昌，赍《昙钵经》梵本。[24]

《竺昙摩罗刹传》：

其先月支人，本姓支氏。……外国异言三十六种，书亦如之，护皆遍学。……遂大赍梵经，还归中夏。[25]

附《聂承远传》：

承远有子道真，亦善梵学。[26]

《僧伽跋澄传》：

（赵正）请译梵文。……外国沙门昙摩难提笔多为梵文。[27]

《僧伽提婆传》：

提婆乃于般若台手执梵文，口宣晋语。……更请提婆重译《中阿含》等。罽宾沙门僧伽罗叉执梵本，提婆翻为晋言。[28]

《竺佛念传》：

于是澄执梵文，念译为晋。[29]

《昙摩耶舍传》：

> 以伪秦弘始九年，初书梵书文。……耶舍有弟子法度，善梵汉之言。[30]

《高僧传》卷一中有关梵文的记载就是这样。“梵”原作“胡”。“梵”指的是梵文，这是清楚的。但“胡”指的是什么呢？弄不清楚。“胡”原意是北狄之通称，扩大一点，就是夷狄之人，多少含有贬义。在《高僧传》中，“胡”字可能有两层意思：一指梵文，一指中亚夷狄之文。统观上引材料，有的可能是指梵文，比如昙果、维祇难等传中所说。但是绝大部分指的都是中亚民族语言。支谦等人译经的原本都不是梵文。上引文中《支谦传》的“梵文”，也只能作如是解。下面说他“妙善方言”，可能指他通中亚民族语言。这一点从他们译经时使用的汉语音译中可以明确无误地看出来。比如汉译“弥勒”一词，不是来自梵文 Maitreya，而是来自吐火罗文 Metrak。可是康僧会译《六度集经》、《旧杂譬喻经》，失译人名在后汉录译《大方便佛报恩经》，支谦译《佛说月明菩萨经》、《撰集百缘经》、《大明度经》、《佛说八吉祥神咒经》，康孟详译《佛说兴起行经》，支娄迦谶译《杂譬喻经》、《道行般若经》等等，用的都是“弥勒”。由此可见，支谦等译经所根据的原本，不是梵文，而是中亚和新疆一带的吐火罗文和伊朗语族的语言。

### （四）几点想法

现在把上面讨论的问题归纳一下，提出几点想法。

1.1947 年文章中提出的佛教“直接”传入中国论，现在看来，不能成立了。我设想的佛教传入两阶段说仍然维持。我用公式来表达：

(1) 印度→大夏（大月支）→中国

buddha→bodo，boddo，boudo→浮屠

(2) 印度→中亚新疆小国→中国

buddha→but→佛

这两个阶段都不是“直接的”。

2. 我这篇不算太长的论文解决了中国佛教史上两个大问题：佛教是什么时候传入中国的？通过什么渠道？但兹事体大，还要进一步研究。这有待于志同道合者的共同努力。[31]

1989年11月2日写毕

**附记：**

在写作过程中，提供资料，帮助借书，我的两位小友荣新江和钱文忠出了力，附此致谢。

**注 释**

[1] 原刊《中央研究院历史语言研究所集刊》，第二十本《本院成立第二十周年专号》，上册，第93—105页，1948年。英译文见印度 Sino-Indian Studies，Ⅲ.1，2，Calcutta 1947，p.1 ff.。后收入《中印文化关系史论文集》，第323—336页。英译文收入《印度古代语言论集》，第334—347页：On the Oldest Chinese Transliteration of the Name of Buddha。

[2] A. von Gabain，Buddhistische Türkenmission，见 Asiatica，Festschrift Friedrich Weller，1954，Otto Harrassowitz，Leipzig，p.171.

[3] 同上。

[4] Opera Minora，Articles on Iranian Studies，ed. by M. Nawabi，Shiraz Iran，1981，p.104.

[5] G. Djelani Davary，Baktrisch，ein Wörterbuch auf Grund der Inschriften，Handschriften，Münzen und Siegelsteine，Heidelberg 1982.

[6] Opera Minora，p.103.

［7］　Opera Minora，p.103.

［8］　上引书，pp.106—107。

［9］　Bailey在上引书，第107页，注2中指出，Avesta Būiti最后的-i可能来源于东伊朗语言。这个-i就是我上面讲到的半元音-y。

［10］　Gāndhārī and the Buddhist Mission in Central Asia，Añjali，Papers on Indology and Buddhism，O.H.de A.Wijesekera Felicitation Volume，ed. by J.Tilakasiri，Peradeniya 1970，pp.55—62.

［11］　"佛"字有没有可能来源于伊朗语族的某一种语言？我认为，这个可能是存在的。这有待于深入的探讨。我在这里还想补充几句。在同属于伊朗语族的于阗塞文中，"佛"字是balysa-，显然与同族的其他文字不同。见H.W.Bailey，Dictionary of Khotan Saka，Gambridge University Press，1978。

［12］　《中印文化关系史论文集》，第333—334页。

［13］　《汉魏两晋南北朝佛教史》，1938年，商务印书馆，上，第32—33页。

［14］　同上书，第36—38页。汤先生非常慎重，他写道："以上推论，似涉武断。但合汉晋所引本经考之，则有二古本，实无可疑。"

［15］　参阅同上书，第16页。

［16］　同上书，第24页。

［17］　汤用彤先生主此说。参阅同上书，第31页："牟子所传，虽有疑义，但决非全诬。若据其所言，斯经译于月氏，送至中夏也。"

［18］　关于这一段话人名和地名等问题的考证，参阅汤用彤：同上书，第50—51页。

［19］　上引书，第41页。

［20］　《犍陀罗语〈法句经〉残卷初步研究》，第257页，见《出土文献研究》，第二辑。

［21］　《大正新修大藏经》，50，323b。

［22］　同上书，324b—c。

［23］　同上书，325a。参阅隋费长房：《历代三宝记》，《大正藏》，49，58c。

［24］　《大正藏》，50，326b。

［25］　同上书，326c。以下诸人晚于三国。

［26］　同上书，327a。

［27］　同上书，328b。下面还有两处提到梵文。

［28］　《大正藏》，50，329a。

［29］　同上书，329b。

［30］　同上书，329c。

［31］　J.Fussman，Language and Culture among the Kushans 见 International Association for the Study of the Cultures of Central Asia 的 Information Bulletin，Issue 15，Moscow，1989，pp.57—66，其中谈到大夏语，可以参阅。

# 中国纸和造纸法输入印度的时间和地点问题

纸是中国人民最伟大的发明之一。它的发明对人类文化传播与推动所起的作用是不可计量的。[1]在中国，有了纸，才有印刷术的发明；有了纸，才能大量地钞书藏书印书，书籍才能流通，文化才能传播；有了纸，在世界艺术史上放一异彩的中国绘画才能得到蓬蓬勃勃的发展。纸对世界文化的贡献也是同样大的。传到欧洲，就助成了世界历史上有名的文艺复兴和宗教改革，促进了社会的进化。[2]这一点连欧美资产阶级的抱着根深蒂固的成见的学者也不能不承认。这些学者一向是努力抹煞中国古代伟大的发明的，抹煞中国人对世界文化的伟大的贡献的，譬如对罗盘针、火药和印刷术的发明，他们都竭力加以曲解，不惜歪曲历史事实，把发明的光荣从中国人手中夺走硬扣到自己头上。独独对于纸的发明，即使他再不甘心，却也不能不在事实面前低头。[3]

汉和帝元兴元年（公元 105 年）蔡伦[4]发明了以树皮、麻头、破布和鱼网造纸的方法以后，很快地就在中国传播起来。以后逐渐传到现在的新疆，从新疆传到阿拉伯，又从阿拉伯传到非洲北部、西班牙，更从非洲北部、西班牙传到欧洲的意、法、德、奥、瑞士、英、荷等国，终于传遍了全世界。中国纸和造纸法的传布史是一个极大而又极有意义的题目。我在这里只想从这个大题目里选出一个比较小的题目来，谈一下中国纸和造纸法是在什么时候从什么地方传入印度的问题，一个过去很少有人注意的问题。[5]目的在给中印两个伟大民族的文化交流再多提供一些事实，把中印关系史上这个重要的空白填补起来。

## 印度古代的书写材料

印度古代是没有纸的。中国在发明纸以前是用丝和竹板等作书的。印度有时候也用木板和竹片，但不像在中国这样普遍。他们常用白桦树皮，梵文叫做 bhūrja（Baetula Bhojpattr）。喜马拉雅山下有极大的桦树林，所以在很早的时候，印度人就知道用这种东西，亚历山大侵入印度时，他们已经用了。在梵文古典著作里常遇到 bhūrja 这个字。这种树皮有时候就干脆叫做 lekhana，lekhana 最初是书写材料的意思，纸输入后，也用这个字来称呼纸。可见桦树皮应用之广。第 11 世纪游历印度的阿拉伯旅行家贝鲁尼（Alberuni）在他的游记里提到这种树皮。他说，在中印度和北印度，人们取长一码宽约五指的一块 bhūrja 皮，加油磨光，磨得硬而滑，然后就在上面写字。[6]这种做法大概源于印度西北部，传到东部和西部。在中亚细亚发现的所谓包威尔写本（Bower-MSS）就是用白桦树皮写成的。现在伦敦、牛津、浦那、维也纳、柏林等地的图书馆里都藏有大量的桦树皮写本。

其次是用压得发亮的棉织品，间或也用皮子和羊皮。利用金属的也有。比较普通的是铁板和铜板（tāmrapaṭa，tāmrapattra，tāmra śāsana）。法显《佛国记》：

自佛般泥洹后，诸国王、长者、居士为众僧起精舍，供给田宅、园圃、民户、牛犊。铁券书录，后王王相传，无敢废者，至今不绝。[7]

然后割给民户田宅，书以铁券。自是已后，代代相承，无敢废易。[8]

《大唐大慈恩寺三藏法师传》卷二：

（迦腻色迦）王以赤铜为鍱，镂写论文，石封函记，建大窣堵波而储其中。

也有用铜板刻镂文学作品的。用金银的比较少。《宋高僧传》卷二，《善元畏传》：

复锻金如贝叶，写《大般若经》。[9]

正如在中国一样，石头也有时用来刻字。

但是最常用的还是一种树叶。这是一种大叶棕榈树，tāḍa-tāla（Borassus flabelliformis）或 tāḍi-tāli（Corypha umbraculifera, C. taliera）。贝鲁尼在他的游记里说：

在印度南部有一种细长的像枣树和椰子树一样的树，结实可吃，叶长一码，有并排起来的三个手指头那样宽。这种树的叶子叫做 tāri（tāla 或 tāṛ），就在上面写字。[10]

tāla，中国旧译“多罗”。《翻译名义集》卷三：

多罗，旧名贝多，此翻岸。形如此方椶榈，直而且高。极

> 高长八九十尺。华如黄米子。有人云：一多罗树高七仞。七尺曰仞，是则树高四十九尺。《西域记》云：南印建那补罗国北不远有多罗树林，三十余里，其叶长广，其色光润。诸国书写，莫不采用。[11]

“多罗”既然是tāla的音译，那么为什么又说：“旧名贝多”呢？原来这里面有一个误解。“贝多”是“贝多罗”的缩写，就是梵文pattra或patra的音译（巴利文是patta）。本来的意思是叶子。在《摩诃婆罗多》（Mahābhārata）、《摩奴法典》（Manusmṛti）等书里都是这个意思。在比较晚出的著作里，像诗圣迦梨陀娑的《沙恭达罗》[12]，《五卷书》（pañcatantra）等，才逐渐有了专门作为书写用的树叶子的意思。随了佛教的输入，这个字也传到中国来，就是大家都知道的“贝”叶。“多罗”和“贝多罗”在原文里区别固然很大，但是在中文里却只有一字之差。两个词的涵义又差不多完全一样，所以一般不懂梵文的和尚就把两者混了起来。还有人更进一步加以曲解说，“贝”是叶子的意思，多罗树的叶子就叫做“贝多罗”，完全是无稽之谈。

印度古代，正如中国古代一样，读书多半是师弟口传。但是中国发明了纸以后，可以大量钞书，这种风气就逐渐减少。印度却一直维持下来。法显《佛国记》：

> 法显本求戒律，而北天竺诸国皆师师口传，无本可写。[13]
> 亦皆师师口相传授，不书之于文字。[14]

唐义净《南海寄归内法传》卷四：

> 咸悉口相传授，而不书之于纸叶。[15]

可见这种风气维持之久。间或也有写下来的，但是数量极少。在这极少的数量中，贝叶占绝大部分，特别是佛教经典更几乎全为贝叶所垄断。据《大唐大慈恩寺三藏法师传》卷三的记载，佛教徒第一次集成的佛经就是“书之贝叶”的。[16]以后中国和尚到印度去取来的佛经，印度和尚送到中国来的佛经，几乎都是贝叶经：

唐道宣《续高僧传》卷一《菩提流支传》：

> 三藏法师流支房内经论梵本可有万夹。[17]

《真谛传》：

> 余有未译梵本书并多罗树叶，凡有二百四十夹。[18]

卷二《那连提黎耶舍传》：

> 三藏殿内梵本千有余夹。[19]

《彦琮传》：

> 新平林邑所获佛经，合五百六十四夹，一千三百五十余部，并昆仑书，多梨树叶。[20]

卷四《玄奘传》：

> 贝叶灵文，咸归删府。[21]

《宋高僧传》卷二《无极高传》：

永徽三年壬子岁正月，自西印度赍梵夹来届长安。[22]

《地婆呵罗传》：

仪凤四年五月表请翻度所赍经夹。[23]

此外在《宋高僧传》卷三《莲华传》、《般若传》、《悟空传》、《满月传》；卷五《贤首传》、《良贲传》、《澄观传》，还有在许多其他的僧传里，都说到梵夹或贝叶，可见佛徒应用贝叶之广。

其他东西也有用贝叶写的。《唐书》卷一九八《西戎传》，天竺国：

其人皆学悉昙章，云是梵天法。书于贝多树叶以纪事。[24]

罽宾国：

开元七年遣使来朝，进天文经一夹。

到了宋朝，这情形并没有改变。《宋史》卷四百九十《外国列传》，天竺国：

乾德三年（公元965年）沧洲僧道圆自西域还，得佛舍利一水晶器，贝叶梵经四十夹来献。

范成大《吴船录》：

乾德二年（公元964年）诏沙门三百人入天竺求舍利及贝多叶书。

印度第11世纪以后，才有纸写的典籍。在这以前，即使有，也是非常少的。同时，在中国本土，在新疆一带，纸早已流传。根据贝叶经译出的佛典都是用纸来钞写。我们计算经的多少也是用卷。“若依陈纸翻之，则列二万余卷”。（唐道宣《续高僧传·真谛传》）悟空《入竺记》里也说：“译成三纸半以为一卷。”[25]《宋高僧传》卷五《玄逸传》说：“考其大小乘经律论并东西土贤圣集，共一千八百部，以蒲州共城二邑纸书。”[26]此外，还有在敦煌石室里发现的大量的唐人写经。这都足以证明中国在唐以前纸在佛经方面的应用。

一边是用书写极不方便携带也不方便的树皮、树叶，一边是用书写携带都方便的纸。纸就是在这种情况下由中国传入印度的。

## 纸在古代西北一带传播的情形

中国纸和造纸法究竟是在什么时候通过什么地方传入印度的呢？中国同印度交通在最早的时候是由陆路进行的，这从印度早期传入中国的许多借字就可以看出来，这些字不是直接由梵文或其他印度俗语而是间接经过中亚古代语言的媒介才传到中国来的。所谓陆路主要就是现在的西北一带，特别是新疆，也就是当时的所谓西域。中国纸和造纸法一定是先由内地传到新疆，然后再由新疆传到印度去的。

我们先看一看在蔡伦发明造纸法（公元105年）前后的中国内地和新疆交通的情形。公元前138年汉武帝派张骞出使西域，中国内地和西域的关系就进入一个新阶段。张骞联合月氏的目的虽然没有达到，但是却引起了中国势力的向西方扩展。好大喜功的汉武帝屡次用兵西域，中国的版图扩大了，东西交通也因而加强。中国的物品，特别是丝织物，大量输入欧洲；西方的出产品，特别是伊朗一带的物品，也源源输入中国。这可以说是东西交通最活跃的时代。到了西汉末叶哀平之际（公元前6年—公元5年），中国国内政局不安，西汉初期统治者剥削阶级积累起来的财富，由于对外战争，扩大疆域，差不多消耗净尽了。王莽篡位，实行新法，不但没能解决社会问题，反而使它激化。于是西域怨叛，“自相分割为五十五国”（《后汉书·西域传》）。中西交通就暂时中断了。到了东汉初年，经过了短期的休养生息，统治阶级稍稍有了些余力，于是又想到对外战争。“十六年（公元73年），明帝乃命将帅北征匈奴，取伊吾卢地，置宜禾都尉以屯田，遂通西域。于阗诸国皆遣子入侍。西域自绝六十五载，乃复通焉。”（《后汉书·西域传》）中国历史上有名的班超就在这时候开始他的活动。他在西域活动了很多年，和帝永元三年（公元91年）定西域，他成了西域都护，居龟兹。永元六年（公元94年）他又击破焉耆，“于是五十余国悉纳质内属”（《后汉书》卷七十七《班超传》，又见《西域传》）。永元十四年（公元102年）八月他回到洛阳，九月卒。他几十年活动的结果，“其条支、安息诸国至于海濒四万里外皆重译贡献”（《后汉书·西域传》）。他死后，他的儿子班勇承继了他的事业。汉家的号令通行于西域近百年。

造纸法的发明人蔡伦正与班超同时。《后汉书》卷一百八《宦者列传·蔡伦传》说：“建初（汉章帝年号）中（公元76—83年）为小黄门，及和帝即位（公元89年）转中常侍，豫参帷幄。”他于元兴元年（公元105年）奏上造纸法，正是班超死后的第三年。这时正是中国内地和西域交通畅达的时候。中国派到西域去的使者

“相望于道”，西域各国的使者，甚至西域各国以外的使者“重译贡献”。东西文化交光互影。像纸这样伟大的发明当然会随了这些使者和商人向西域传布的。

19世纪末20世纪初。很多资本主义国家都派人到中国新疆来“探险”。[27]这些所谓“探险家”，所谓“学者”差不多都是挂羊头卖狗肉，都别有用心。他们测绘地图，为帝国主义的侵略政策服务；盗窃我国珍贵文物，运到外国去名利双收。他们到中国来“探险”的结果就是，中国的珍本古籍大量地陈列在伦敦、巴黎、柏林、波士顿等地的图书馆和博物馆里。这些人中间最著名的是：英国的斯坦因（M.A.Stein），法国的伯希和（P.Pelliot），德国的勒考克（A.von Le Coq）和格林威德尔（A.Grünwedel），瑞典的斯文赫定（Sven Hedin）。他们都不只一次地到过新疆，足迹遍新疆各地，偷走了不少的东西。1927年我们也组织过一次西北科学考察团到过新疆一带。以上这些团体或个人在新疆许多地方都发掘过，他们掘出了大量的木简、残卷以及其他文物。残卷有的是用纸写的。纸的种类不同，写成的时代也不同。归纳起来，加以排比研究，对中国纸传入西域的情况和分布的情况，可以得到一个大概的轮廓。现在我就在下面按地域来谈一谈。

### 敦煌及甘肃西部

20世纪初，斯坦因在这一带探险，找到一种织得很细致的淡黄色的布料子，经哈瑙塞克(Dr.Hanausek)的化验分析,发现里面含有桑科植物（Moracea）的树皮纤维，很可能就是构树（Broussenetia papyrifera)，这是中国和日本常用的造纸原料。就发现的地方来看，可以断定是公元前1世纪的东西。这是一件有极重大的意义的事情。蔡伦于公元105年发明造纸法，在他以前100多年已经有了利用桑树皮织布的办法。可见他的发明不是从天上掉下来的，也是有所师承的。[28]

此外斯坦因还在古长城的一座烽燧的屋子里找到几封用粟特文写在纸上的信，以及其他残纸。根据种种理由可以断定，这些纸是公元2世纪中叶的。上距蔡伦发明造纸法才四五十年，比斯文赫定以前在楼兰发现的纸大约还要早50年，可以说是现在发现的世界上比较古的纸。斯坦因于1910年，把纸样子送到维也纳去给著名的植物生理学家维斯那教授（Prof. von Wiesner）去化验。化验的结果证明，这些纸都是用破布褴褛制成的。先把褴褛捣成浆，然后用来造纸。用显微镜可以清晰地看出植物的纤维，这些无疑就是中国麻（Boehmeria nivea）的纤维。其中有一块纸就是用眼睛也可以看出纺织的痕迹，线是纵横交错地织在一起的。维斯那教授认为这块纸代表造纸法的一个更原始的阶段。是把薄麻织物改造成纸的一个初次的尝试。[29]

这结论看起来很平凡，但实际上却有非常重大的意义：它给世界造纸史解决了一个极重要的问题，原来欧洲人对造纸法发明的历史有过极不正确的看法。从马哥孛罗起，他们就认为纸是由阿拉伯人传到欧洲去的；但是传进去的是棉造纸，通用的褴褛纸却是14世纪末德国人或意大利人的发明。这种说法一直维持到19世纪末年，风行于当时的知识界，不管是通行的百科全书也好，著名的学者也好，大家都这样想。公元1884年以后，维斯那教授和喀拉巴差克教授（Prof. J. J. Karabacek）共同研究埃及纸，证明阿拉伯人最初造纸就用的是褴褛、麻布，而不用生棉。于是他们就修正传统的说法，认为褴褛纸是第8世纪撒马尔罕的阿拉伯人发明的，流传到埃及，然后传入欧洲。1901年以后，斯坦因在罗布诺尔发现了魏晋公牍残纸。经过维斯那教授的化验，发现这些纸虽然是桑皮造成的，但是里面已经搀杂了褴褛。于是他又把自己的学说修正了一下：第一个用褴褛造纸的不是阿拉伯人，但是纯粹用褴褛造纸的却仍是他们。一直到1906年斯坦因在古长城的烽燧中发现了这些用粟特文写在纸上的信，褴褛纸发明的真象才大白于世。原来发明的人既不是什么欧洲的德国人或意大利人，也不是撒马尔罕的阿拉伯人，而是中国的人民，集大成的就是蔡伦。《后汉书·宦者列传·蔡伦传》里记述的用树皮、麻头、破布、鱼网造纸的方法完完全全合乎事实，没有一个字不真实的。[30]

在这里还有两件事情值得我们注意。一件就是在这里发现的纸写的残卷数量异常地少。发现了上千的木简，但是发现的残纸只有3件。从这里也可以看出这地方废弃之早。楼兰的废弃大概迟200年。在那里发现的纸与其他物品的比例是二比十，纸占百分之二十，比这里就多得多了，这充分表示出纸逐渐推广的情形。时代愈晚，用纸愈多，这就是纸逐渐传布的规律。第二件值得我们注意的事情是中国纸上写的是外国字：粟特文。蔡伦发明造纸法才四五十年，而外国人竟然就已经采用了中国纸，这件事实怎样解释呢？当时粟特康居一带的人民是古代的著名的国际商人。[31]《魏书》卷一〇二《西域传》粟特国："其国商人先多诣凉土贩货，及克姑臧，悉见虏。高宗初，粟特王遣使请赎之，诏听焉。"[32]《隋书》卷八十三《西域传》康国："善于商贾，诸夷交易，多凑其国。"《新唐书》卷二百二十一《西域传》下康国："善商贾，好利。丈夫年二十去傍国，利所在无不至。"居住这一带的人民辗转贸易的情形可见一斑。他们首先采用中国纸，也就不足怪了。从这里也可以看出，中国纸和旧日的书写材料比起来，优越性一定是非常突出的，所以这些来往各国见闻极广的粟特人一接触到它，立刻就采用起来。[33]

斯坦因还在敦煌找到3张汉代纸写的残卷。[34]只残留下几个字，似乎是书信的样子。可以断定是公元后2世纪写成的。也是现存的比较古的纸。此外他还找到一些唐代的纸写的残卷。[35]他在敦煌石室里发现了很多纸写卷子，时代不同，文字也不同，里面也有用中国纸写的印度 Pothi 式的和阗文残卷。但是敦煌石室是古代的图书馆，在这里面发现的东西不代表什么地域性。

**楼兰**

楼兰是汉代古城，当时在西域曾占重要地位。约在公元后第 4 世纪废弃，到现在已经有 1600 多年了。1900 年这座古城的废墟又在新疆沙漠里被发现出来。在这废墟里斯文赫定发现了许多纸，粗的，灰色的，网似的，一直到最精细的微黄的信纸，各色各样的都有。书写的内容也各不相同，有公文、公牍，有私人贸易函件。这些函件也有写明日期的，像“正月二十日”、“三月十四日”、“三月二十三日”等，但没有年号，不能断定是哪一年写的。只有极少数有年号的：

嘉平四年（公元 252 年）三月

咸熙二年（公元 265 年）十一月

永嘉四年（公元 310 年）八月十九日

永嘉四年十月十二日

同时发现的木简，有年号的比较多一点：泰始二年（公元 266 年)、泰始四年（公元 268 年)、泰始五年（公元 269 年)、泰始六年（公元 270 年)、咸熙三年（公元 266 年)[36]、咸熙五年（公元 268 年）都有。把纸上写的年号和木简上写的一比较，就可以看出，纸跟木简是同时并用的。纸和木简的比例比 200 多年前的甘肃西部已经高得多了。但是木简仍占多数，所以我们可以断定，公元第三四世纪时在楼兰纸的应用还没有占优势。[37]

在楼兰废墟里发现的纸写本中最值得注意的是《战国策》残卷，是用汉代隶书写的，可能是公元后 2 世纪写成的。比起上面谈到的那几封粟特文的信可能晚四五十年。但也算是世界上比较古的纸之一了。[38]

后来斯坦因在罗布诺尔北面找到了一些纸写的残卷，时代跟在楼兰发现的相同。写出的年号是：

泰始六年（公元270年）

永嘉六年（公元312年）三月二十一日

永嘉六年二月十五日[39]

都是属于晋代的。

## 吐鲁番和高昌

吐鲁番主要是德国吐鲁番探险队的探测的目的地。20世纪初年，格林威德尔和勒考克去过好几次。日本的橘瑞超和野村荣三郎也到过。他们在这里找到许多古代珍贵的文物，其中也有许多纸写本的残卷。一般说起来，这里发现的古纸，在年代的古老上，比不上敦煌和楼兰一带发现的。普鲁士吐鲁番探险队在这里找到的比较古的纸是399年（晋安帝隆安三年）的。日本考古家在这里找到西晋元康六年（公元296年）写的《诸佛要集经》卷下。

从这些纸写本的残卷里可以看出两个特点。第一，在这里纸的应用范围比以前更扩大了。由于时代较晚，这也是必然的现象。吐鲁番是东方来的纸和西方南方来的文化碰头的地方。许许多多的外国文字都用中国纸来写。其中有维吾尔文、蒙古文、吐火罗文、摩尼教应用的波斯文和粟特文等；此外，还有希腊文。波斯文写的耶稣教圣经的赞美歌，据估计可能是450年左右写成的。采用中国纸的宗教有佛教、摩尼教和耶稣教。真可谓洋洋大观了。我们可以看到，在公元第5世纪以后，外国人采用中国纸已经到了什么程度了。中国西北科学考察团在高昌、交河二城中发现了许多维吾尔文残卷，[40]也可以证明这一点。

另一个特点就是，在这里发现了大量的汉文典籍的钞本。汉人文献发现的地点当然不限于吐鲁番、高昌，但是比较起来，这里发现的似乎更多一些。在吐峪沟发现了许多汉译佛典钞本残卷。西晋元康六年（公元296年）写的《诸佛要集经》，上面已经谈到，此外还有西晋写的《道行般若经》卷九的断片和其他从西晋到唐代的佛经断片。汉人著作的断片也不少，其中有六朝钞本旧注《孙子》（《谋攻形篇》）、唐钞本《论语孔氏传》（《子路宪问》）、唐钞《春秋左氏传》、唐钞《针经》、唐钞《神农本草》、唐钞《千字文》、唐钞《诗经》、唐钞《初学记》、唐钞《神仙传》、唐钞《论语》孔氏本郑玄注、唐钞《唐韵》、唐钞隋唐人诗。此外还有唐代文书断片。在喀喇和卓也发现许多六朝和唐钞本的汉译佛经。[41]为什么有这样多汉文典籍呢？《北史》卷九十七《西域传》："国有八城，皆有华人。"可见两晋、南北朝时这里居住的华人之多。《西域传》又说："文字亦同华夏，兼用胡书。有《毛诗》、《论语》、《孝经》置学官，弟子以相教授。虽习读之，而皆为胡语。"可见汉文化渗入之深。那么有这样多的汉文典籍，也就不足怪了。

### 焉耆

在这里找到的主要是吐火罗文A（焉耆文）和吐火罗文B（龟兹文）的残卷。[42]另外还有梵文残卷。[43]焉耆就是玄奘《大唐西域记》里阿耆尼国。玄奘说："文字取则印度，微有增损。"现在发掘出来的纸写本残卷完全可以证实这说法。

### 库车

库车就是汉代的龟兹国，玄奘《大唐西域记》里的屈支国。关于这里的文字，玄奘说："文字取则印度，粗有改变。"这观察也是正确的。在这里只找到了龟兹文纸写残卷，而没找到焉耆文的。[44]此外就是许多汉译佛典残卷，其中有西凉建初七年（公元411年）

写的《妙法莲华经》，六朝写的《妙法莲华经》，六朝写的《般若经四摄品》，六朝写的《金光明经》，六朝写的《摩诃般若波罗蜜经》等。[45]

**巴楚**

在这里找到了龟兹文纸写本残卷。

**叶尔羌**

一个姓威伯（F.Weber）的牧师从一个阿富汗商人那里购得一些纸写本残卷，据说是在叶尔羌城南60英里一个地方找到的。这些残卷可以分为两部分：一部分是印度的，是用西北部的笈多字体写的；一部分是中亚的，是用中亚的天城体写的。写成的时间约公元500年以后。[47]

**和阗**

斯坦因在和阗废墟里发现了许多写在纸上的古和阗语残卷。最初只知道字母是印度的草体波罗谜，和以前Hoernle收集的在和阗买到的残卷完全相同。但是还不知道是什么语言。经过以后不断地研究才确定是古和阗语。[46]这些残卷是什么时候写成的呢？Hoernle从字体上估计，大约是8世纪。斯坦因在同一个地方发现的写明日期的中文残卷证实了这个估计。一个中文残卷是用薄纸写的，内容是一件申请书，索还一头驴子，日期是唐大历十六年（公元781年）二月六日。

此外斯坦因还找到一些梵文残卷。这些残卷写成的时代不会晚于7世纪。在安得悦（Endere），他找到了西藏文残卷，样子是印度Pothi，纸是黄色的，很粗，内容是《佛说稻秆经》（Śālistambasūtra）。写成的时代大约是第8世纪末叶。这是现存的最古的西藏文残卷。经维斯那教授的化验，这种纸完全是瑞香科植物(Thymelaeaceae)的浸软了的生纤维造成的，可能是像Daphne Papyracea（瑞香科的一种植物）一类的植物。现在尼泊尔造纸还用这种东西。新疆不生长这种植物。所以这残卷大约不是在和阗本地写的，而是由西藏输入的。这种纸不像在新疆其他地方找到的纸一样，面上没有涂上一层淀粉的胶质，而是厚厚地抹上了一层没有提炼过的大米的淀粉。[48]

斯坦因在和阗河左岸马扎尔塔格（Mazār-Tāgh）找到一个寺院的账簿，里面记载着买纸的情形：

> No.969，L.20[49]：出钱陆拾文，买纸一帖，供文历用。
>
> No.970，L.14：出钱壹佰贰拾文，买纸两帖，帖别卌五文，笔两管，管别一十五文，抄文历用。
>
> No.971，L.7：出钱壹佰文，买纸两帖，帖别五十文，供文历用。
>
> No.971，L.9：十四日，出钱壹佰文，买白纸两帖，帖别五十文，糊灯笼卌八个，并补帖灯面用，出钱贰佰玖拾伍文。

这都是很有趣的记载。从这里我们可以看到，唐代纸的生产量已经很大，并不是什么贵重的东西了。

研究纸在古代西域传播的情形是一件异常复杂困难的工作。我上面只是根据现有的在考古方面获得的资料写出了一个大体的轮廓。从这个轮廓里我们可以看出以下几点：

第一，蔡伦发明造纸法以后不久，中国纸就传播到当时的西域去；

第二，纸到了西域，就为外国人所采用；

第三，靠近交通要道的城市都传到了；

第四，纸向西方传播的过程就是和以前那些古旧不方便的书写材料如木简等斗争的过程，也就是纸获得胜利的过程，时代愈晚，纸占的比例愈大。

## 中国纸和造纸法传入阿拉伯和波斯的情形

根据最流行的说法，纸不是直接从中国传入印度的，而是经过伊斯兰教徒的中介，时间大约在八九世纪以后，所以我们在这里也有必要极简略地谈一谈中国纸传入阿拉伯的经过。又因为有些地方不可避免地要牵涉到波斯，所以中国纸传入波斯的情形也附带提到。

中国的纸和造纸法不是同时传入阿拉伯的。公元650—651年、707年中国纸就已经传入撒马尔罕，造纸法的传入要晚一点。《新唐书》卷五《玄宗本纪》：

> (天宝十载) 七月，高仙芝及大食战于怛逻斯城，败绩。

《新唐书》卷一三五《高仙芝传》：

> (天宝) 九载，讨石国，其王车鼻施约降。仙芝为俘献阙下，斩之。由是西域不服。其王子走大食乞兵。攻仙芝于怛逻斯城，以直其冤。

天宝十载（公元751年）的怛逻斯之战还见于《旧唐书》卷一百九《李嗣业传》、卷一二八《段秀实传》、《新唐书》卷一三八《李嗣业传》、卷二百二十一下《西域传·石国传》等。但是记述都非常简略，看不出什么问题，实际上这次战役的影响是异常重大的。中国造纸法的西传就和这次战役有关。[50]

有一个叫杜环的人在这次战役被俘，到了大食，回国后写了一部书，叫做《经行记》。《通典》卷一九三《大食传》下引杜环《经行记》，杜环到了大食，在那里看到：

> 绫绢机杼金银匠、画匠。汉匠起作画者，京兆人樊淑、刘泚。织络者，河东人乐隈、吕礼。

这些作画的和织络的汉匠是否也是在这次战役中被俘的，他没有说明。他也没有说到被俘的造纸工人。但是根据阿拉伯方面的记载，在被俘的中国士兵里面有造纸工人。贝鲁尼说：

> 初次制造纸是在中国。
>
> 中国的战俘把造纸法输入撒马尔罕。从那以后，许多地方都造起纸来，以满足当时存在着的需要。[51]

这些造纸工人把自己的技术传授给阿拉伯人，从撒马尔罕向外传播，随了阿拉伯势力的扩张，愈传愈远，传到报达，传到达马司库斯，传到开罗，传到摩洛哥，终于传遍全欧洲，传遍全世界。

许多中世纪的阿拉伯旅行家和地理学者都在他们的著作里谈到中国的纸，例如第9世纪阿拉伯地理学者苏莱曼（Sulayman）说："中国人大便后不是用水来洗，而是用纸擦。"[52]我们上面已经谈到，唐代纸的生产量已经很大，价格不贵。现在又得到一个证明。

阿拉伯文纸叫做Waraq，本来是叶子的意思。这说明，以前阿拉伯人大概也用过树叶子一类的东西做书写材料。中国纸输入后，这个字就用来表示这种新东西。另外还有几个外来字，也都是

“纸”的意思。一个是 qirtās 或 qartas，是从希腊文借来的。另一个是 kāghad，这也是外来字，来源下面再谈。

在波斯文里纸也叫做 kāghaz 或 kāghiz。中国和波斯，也和阿拉伯、印度一样，有极悠久的文化交流的历史。许多东西从波斯传到中国来，也有许多东西从中国传到波斯去，像丝、茶、桃、杏等都是。纸也是其中之一，而且可以说是其中最重要的。有的东西带着原有的名字出国，到了波斯，并没有改名换姓，像茶（čāi）、钞（čāū）等。有的东西一出国就改名换姓。纸是属于哪一类呢？夏德（F.Hirth）认为波斯文的 kāghaz 或 kāghiz 是一个从中国借过去的字，就是中文“谷纸”两个字的对音。有的人赞成这说法，有的人反对。[53]但是这说法是很难成立的。

造纸法传入波斯大概也与怛逻斯战役有关。造纸业在波斯后来就发达起来。林则徐译，欧罗巴人原著，魏源重辑的《西南洋西印度巴社国》(《波斯国》)：

> 产米、麦、盐、丝发、五采地毡、羊毛、绸缎、瓷器、纸、皮、宝石、铜、铁。[54]

纸竟成为波斯的名产了。

此外，中国的纸还用另外一种形式传到伊斯兰文化领域里去，波斯也包括在内：用纸币的形式，这就是旧日所谓“钞”，波斯文把这个中国字借了过去。[55]纸币又是中国人一件伟大的发明。我们最晚在 9 世纪就已经有了纸币。[56]

马哥孛罗在他的游记里说：

> 他（大汗）要他们去拿一种树皮，就是桑树的皮。它的叶子可以喂蚕——这种树是这样多，许多地方都生满了这种树。

> 他们拿的是介乎木头与表面粗皮之间的白色的皮。他们把这个制成一张张纸似的东西，只是颜色黑。作好之后，把它切成大小不同的块。[57]

就用这个来印制宝钞。伊本·白图泰（Ibn Batuta）也谈到中国的宝钞，他说：

> 所有到了这个国家的金银都熔化成块，正如我刚才所说的，买卖都用纸币，大如手掌，上面印着皇帝的玉玺。[58]

马哥孛罗于13世纪末来到中国，白图泰于14世纪来到中国。从他们的记载里可以看出纸币在当时流通的情形。既然在中国这样流通，这些到中国来的旅行家既然把它介绍出去，所以纸币在13世纪末年就传到了波斯，而且传过去的不仅仅是中国的宝钞，还有印制宝钞的办法。1294年凯卡图可汗（Kaikhatu Khan）因为挥霍过度，府库空虚，接受伊祖丁·木撒法尔（'Izzuddīu Muzaffar）的建议，发行钞票。形式作法一切都模仿忽必烈，票面上甚至印上中国字，也用中国名字名之曰"钞"（čāū）。设立局所，专管发行钞票的事务，两三天以后，人民大哗，市场混乱，铺子都关了门。伊祖丁·木撒法尔被杀，这一幕悲喜剧就结束了。当时或者稍前一点，马哥孛罗正在波斯。

## 中国纸和造纸法传入印度的情形

我们上面已经把纸从中国出发传入印度的可能的道路都概括地追寻了一下。我们看到，蔡伦发明造纸法之后四五十年，也就是在2世纪中叶，中国纸已经到了西域。我们也看到，采用这种新的书写材料的不限于中国人，而且也有不少的外国人，其中可能就有印度人，或者和印度有密切关系的民族，因为在新疆发现的纸写本的残卷里面有梵文，也有古和阗文。古代新疆有留寓的印度人，他们接触到纸，并且采用了它，也是完全可能的。当时印度是属于广义的西域范围以内的，和现在的新疆一带交通颇为方便。我们很难想象，在新疆的印度人，或者与印度人有密切关系的民族，尽管是少数人罢，采用了这种比起旧日那些树皮、树叶一类的东西便利到不知多少倍的纸，而不把它带到印度去。我们也很难想象，为什么一定要等几百年后的伊斯兰教徒才把纸带过去。只是根据以上这些极简单的理由，我们也可以推测到，伊斯兰教徒 12 世纪左右才把纸带到印度去的那种流行的说法是不可靠的。纸在这以前一定就到了印度。[59]

而事实也正是这样。

自从东汉末叶朱士行西行求法以后，中国和尚接踵到印度去留学，去求法。他们的主要目的多半是寻求佛经，带回国来翻译。印度古代是没有纸的。那种“师师口相传授”的办法，虽然中国古代也有过，但是后来就逐渐绝迹，中国和尚未必能在短期间内背诵几万伽陀。他们在国内用惯了纸，那些贝叶之流的东西用起来也未必顺手。对他们来说最切实可行的办法就是带了纸去钞录佛典。但是我遍检中国和尚游印的记录，包括法显的《佛国记》，玄奘的《大唐西域记》在内，却没有找到采用中国纸钞录佛经的记载。《大唐大慈恩寺三藏法师传》卷二：“王请开讲，令法师论难，观之甚喜。又承远来慕学，寻读无本，遂给书手二十人令写经论。”但没有说明，用什么东西写，也许是纸，也许是贝叶。唯一的一个例外就是唐代的义净。

在他著的《梵语千字文》里我们找到“纸”这个字的梵文。关于这部书的真伪是有些争论的。这部书标明是“三藏法师义净撰”[60]，前面有一个短序，最后写着“唐字千鬘圣语竟”。接着有一段“识语”：

> 作阿阇梨多闻三藏法师胜义天之福生母父师和上先行一切有情无上正等正觉精进天写有情利益。

最后附了一个尾巴《梵唐消息》。

此外还有一个别本的《梵语千字文》。沙门敬光曾作译注，附了一个短序：

> 《千文》一书，题曰义净撰，识者非无疑。盖依全真“唐梵文字”而制之，托名净师者也。然有益于初学既已不少，伪也，真也，何亦须言？故更附译注云尔。

写的日期是“安永癸巳（公元 1773 年）初冬望日。”别本最后有“《梵唐消息》终”等字样。

《大正新修大藏经》的雕藏都鉴不同意敬光这说法。他在《梵语千字文》后序里[61]说：

> 按斯《千字文》之为义净撰也，无所可疑。《千字文》后序曰：阿阇梨多闻三藏胜义天（Paramārtha-deva）之所作而精进天之所写也。玄奘之梵名为解脱天（Moksa-deva）或为大乘天（Mahāyāna-deva），胜义天者，盖义净之梵名也。《千字文》之内容亦证之者多多。

接着他举了许多例子。他的结论是：“依之观之，则斯书之为义净撰，岂可疑乎。全真之《梵唐文字》者，依义净《千字文》而制之。”

在《翻经大德兼翰林院待诏光定寺归兹国沙门礼言集》的《梵语杂名》里也有“纸”字的梵文。我现在把这些梵文字写在下面：

《梵语千字文》 (kākali)[62]

附《梵唐消息》 (śaya)[63]

《梵语千字文》（别本） （kākali）迦引迦哩[64]

附《梵唐消息》 （śaya）舍也[65]

《梵语杂名》 （kakari）迦迦里[66]

以上五个本子，梵文“纸”字的形式共有四种：

kākali

kakali

kakari

śaya

我们首先要声明，这四种形式虽然见于《梵语千字文》、《梵唐消息》和《梵语杂名》，实际上却不是什么“梵语”，是在任何梵文作品里都找不到的。它们都是外来的借字。

但是究竟是从哪种语言里，在什么时候借来的呢？这个问题和中国纸输入印度的时间和地点有密切的关系，我们应该来研究一下。śaya（舍也）这个字很怪，在我们知道的与中亚细亚有关的语言里找不到类似的字。关于这个字的来源我们目前还不能有什么肯定的意见，现在先不谈。我们在这里先谈其余的三种形式。我们上面已经说到，阿拉伯文纸叫做 kāghad，波斯文叫做 kāghaz 或 kāghiz。只从字形上也可以断定，kākali，kakali 和 kakari 和阿拉伯字和波斯字是一个来源。在印度 1395 年 12 月 7 日的一个马拉提（Marathi）写本里用了 kāgad 这个字来表示“纸”。在耆那教的著作里也很早就有 kāgada 和 kadgala 这两个表示“纸”的字。1396 年

写成的一个 Ṛṣabhadevacarita 钞本里有 kāgad 这个字。[67]在现代印度语言里，印地文“纸”是 patra 和 kagaj̤ 或 kāgad。[68]patra 是梵文，就是上面谈过的“贝叶”。乌尔都文是 kāgaz，泰米儿文是 kāgidam，马拉亚拉文是 kāyitam，坎拿大文是 kāgada。这些字和 kākali，kakali 和 kakari 也都是一个来源，它们之间是什么样的关系呢？就时间来说，义净和礼言收到他们的著作里的那几个“梵文”和“纸”字比起以后印度方言里的“纸”字至少要早六七百年，是它们的祖宗。就形式来说，义净和礼言的“纸”字最后一个音节是-li 或-ri，而不像后来印度方言里的“纸”字以-d 或-j̤ 收声。无论是 l 或 r，d 或 j̤，大概都代表一个印度语言里不存在的辅音。究竟从哪种语言里借的这个字呢？过去有的学者认为，波斯字是源于中国，阿拉伯字又源于波斯。这一点我们已经谈到过。有的学者认为，这说法不正确，波斯字和阿拉伯字都源于土耳其文，原义是“树皮”。B. Laufer 就这样主张，他从土耳其方言里举出了许多例子。[69]但是这种说法我们也不能同意。在中亚细亚和新疆新发现的古代土耳其文（维吾尔文）残卷里我们找到这个字的更古的形式：kägdä，[70]kagda。这个字可能并不是什么土耳其字，而是从粟特文 kāγδi（k'γdyh）转化成的。我们都知道，粟特文是一种属于伊朗语系的语言，那么，土耳其文起源说也恐怕就很难成立了。[71]

义净于唐高宗咸亨二年（公元 671 年）启程到印度去，于武后证圣元年（公元 695 年）回国，来去都是海路。他接触到这个“梵文”的“纸”字决不会是在新疆，或中亚细亚一带地方，而是在印度。可见在 7 世纪末叶印度语言里已经有了“纸”字了。过去一般人都以为伊斯兰教徒于 8 世纪后进入印度，是他们把纸带到印度去的，kāgaz、kāgad、kāgaj 等字也是在这时候传入印度的。现在看起来，这说法是丝毫也站不住了。

我们还可以再进一步推测，印度既然至迟在 7 世纪末叶已经有了“纸”字，那么纸这个东西本身也应该至迟在7世纪末叶就已经到了印度。事实上正是这样。证据也是在义净的书里找到的。义净《南海寄归内法传》卷二：

> 其伞可用竹织之，薄如竹簟一重便得，大小随情宽二三尺，顶中复作，拟施其柄。其柄长短量如盖阔。或可薄拂以漆，或可织苇为之，或如藤帽之流，夹纸亦成牢矣。[72]
>
> 必用故纸，可弃厕中。既洗净了，方以右手牵其下衣。[73]

卷四：

> 造泥制底及拓模泥像，或印绢纸随处供养。[74]

《南海寄归内法传》这部书主要讲的是南海方面的情形，特别是印度的情形，但是有的地方措辞模糊，不知道他究竟说的是什么地方。上面引的三条不一定全说的是印度。但是最后一条说的是印度却是可以肯定的，因为下文还有“西方法俗莫不以此为业”。从这里可以看出，义净到印度以前，换句话说，也就是7世纪末叶以前，纸已经到了印度。他在印度接触到“梵文”的“纸”字，也就不足怪了。[75]

以上谈的是中国纸输入印度的问题。造纸法怎样呢？在这方面我们的材料就比较少，很难做出什么结论。上面已经说到，至迟在7世纪末叶印度已经有了纸。这些纸是中国去的呢？还是印度人民制造的？我们可以肯定地说，当时大部分的纸是从中国去的，即便不是全部都是从中国去的话。至于造纸法是否已经输入，我们目前还不敢说。无论如何，造纸法的输入一定晚于纸。怛逻斯之役是在751年，上距义净回国已57年。在这次战役中有中国造纸工人被俘，造纸法因而传入阿拉伯，又从阿拉伯辗转传入印度也是完全可能的。

中国纸和造纸法传入印度以后，虽然还不能一下子就代替了旧日那些贝叶、树皮之类的东西，但自 11 世纪末叶起，印度纸写本的数目就逐渐多了起来。正如在新疆一带，在印度我们也可以看出纸和那些古旧的书写材料斗争的情形，以及纸逐渐占上风的情形。纸的胜利就表示文化传播的加速和扩展。等到中国发明的印刷术，不管是直接地或是间接地，传入印度以后，那更是锦上添花，纸与印刷术配合起来，对文化传播和推进的作用就更大了。

至迟在 15 世纪初年印度已经建立起自己的造纸工业。明初马欢随郑和下西洋，于 1406 年到了印度孟加拉。在他著的《瀛涯胜览》里，他记述榜葛剌（孟加拉）的纸：

> 一样白纸，亦是树皮所造，光滑细腻，如鹿皮一般。[76]

巩珍也是随郑和下西洋的一个人，在他的《西洋番国志》里，也说到孟加拉的纸："一等白纸，光滑细腻如鹿皮，亦有是树皮所造。"[77]黄省曾的《西洋朝贡典录》谈到孟加拉的出产，"有桑皮纸"。我们上面已经说到过在敦煌附近发现的公元前 1 世纪用桑皮织成的布，蔡伦用来造纸的原料中也有树皮一项。现在印度造纸用桑皮，其一脉相传的痕迹可谓显而易见了。在《瀛涯胜览》的另一个本子里，记述稍有不同："布有白者，树皮制成，腻滑光润如鹿皮。"[78]《皇明世法录》卷八十一也说："白树皮布，腻润与鹿皮等。"这里说的显然都是一件东西；但是为什么有的书上说是纸，有的又说是布呢？这种用桑树皮制成的纸既然"腻润与鹿皮等"，把它误看成布，也是很可能的。

中国造纸法输入印度以后，就逐渐发展起来。到现在印度造纸工业已经有了相当大的规模。除了机器造纸以外，手工造纸业仍占相当重要的地位，甚至有专门机构来鼓励推动这种手工业。我并不是说，中国造纸法传入印度以后就原封不动地保留下来，中间也有过许多改进与发展；但是无论如何，最初的方法总是从中国传去的，中国造纸法对于印度总算是源远流长了。[79]

以上根据现有的材料简略地把中国纸和造纸法传入印度的经过追寻了一下。将来有了新材料，特别是考古方面的材料，本文里面许多说法说不定都要补充或修正的。我在本文一开头就说到，中国纸和造纸法的传布史是一个极大而又极有意义的题目。同时也是一个极其复杂的题目，连中国纸和造纸法传入印度的这个小题目也有很多问题。我现在的这个尝试只能算是一个开端。

**注 释**

[1] 关于中国纸的历史参阅桑原隲藏：《东洋文明史论丛》，第93—118页，《纸の历史》；内藤虎次郎：《东洋文化史研究》，第75—84页，《纸の话》；劳干：《论中国造纸术之原始》，《中央研究院历史语言研究所集刊》，第19本；傅振伦：《中国纸的发明》，《历史教学》1955年8月；袁翰青：《造纸在我国的起源和发展》，《科学通报》，1954年12月号；王明：《蔡伦与中国造纸术的发明》，《考古学报》第8册。

[2] Th.Lindner，《世界史》第4册第8节。

[3] Thomas Francis Carter，《中国印刷术的发明及其西传》（The Invention of Printing in China and its Spread westward），New York，1925，第1章。

[4] 《后汉书》卷108《蔡伦传》说："伦乃造意用树肤、麻头及敝布、鱼网以为纸。元兴元年奏上之。"《东观汉纪》卷20《蔡伦传》注："案一本作伦典尚方作纸，用故麻名麻纸，木皮名谷纸，鱼网名网纸。"实际上，这种造纸的方法可能已经在民间肇端，蔡伦只是把这方法提高了一步，集其大成。《学斋占毕》卷2，纸笔不始于蔡伦蒙恬："又如蔡伦乃后汉时人，而前汉《外戚传》云："赫蹏书，注谓赫蹏乃小纸也，则纸字已见于前汉，恐亦非始于蔡伦。"

[5] 印度学者P.K.Gode写过一篇关于中国纸输入印度的论文：《中国纸输入印度考》（Migration of Paper from China to India），1944，但不详细。

[6] 贝鲁尼：《印度》（Alberuni's India），ed. by Dr. Edward G. Sachau，London 1914，p.171。

[7] 《大正新修大藏经》卷51，页859中（下面缩写为㊅51，859b）。

[8] ㊅51，865b—c。

[9] ㊅50，714c。

[10] 贝鲁尼：《印度》，p.171。

[11] ㊅54，1102a。

[12] Richard Pischel，迦梨陀娑的《沙恭达罗》（Kalidāsa's Śakuntalā），Harvard Oriental Series，Vol.16，1922，iii，18，3—4。

[13] ㊅51，864b。

[14] 同上。

[15] ㊅54，229b—c。

[16] ㊅50，238a。

[17] ㊅50，428c。《佩文韵府》卷106："梵夹，贝叶经也。以板夹之，谓之梵夹。"所以贝叶经都以夹计。"夹"有些本子作"甲"。

[18] ㊅50，430b。

[19] ㊅50，432c。

[20] ㊅50，437c。

[21] ㊅50，456c。

[22] ㊅50，718b。

[23] ㊅50，719a。

[24] 参阅《新唐书》卷221上，《西域列传》，天竺国。

[25] ㊅51，981b。

[26] ㊅50，734b。

[27] 参阅向达译：《斯坦因西域考古记》附录。

[28] Aurel Stein，《西域考古图记》（Serindia），Oxford 1921，p.650。

[29] Aurel Stein，《西域考古图记》p.673—674。参阅A.Hermann，《楼兰》（Loulan），Leipzig 1931，p.110；Aurel Stein，《西域考古记》（On Ancient Central Asian Tracks），London 1933，p.188；向达译：《斯坦因西域考古记》，第133页。

[30] 参阅姚士鳌：《中国造纸术输入欧洲考》，《辅仁学志》第1卷第1期，第75—80页；Aurel Stein，《西域考古图记》，p.673—674；A.F.Rudolf Hoernle，《谁是褴褛

纸的发明者?》(Who was the Inventor of Ragpaper), JRAS., 1903。

[31]　关于康居与粟特(Sogdiana)异同的问题，请参阅白鸟库吉《粟特国考》，王古鲁译《塞外史地论文译丛》第2辑，商务印书馆，1940年版。

[32]　《北史》卷97《西域传》，字句几乎完全一样。

[33]　粟特文纸写的残卷在新疆一带发现的很多，但时代都比较晚。参阅《粟特文残卷》(Codices Sogdiani), Monumenta Linguarum Asiae Maioris, Ⅲ, par E. Benveniste, Copenhague 1940;《粟特文残卷》(Textes Sogdiens), Mission Pelliot en Asie Centrale, série in-quarto, Ⅲ, Paris 1940。其他零星散见各杂志的还不少。

[34]　见 Éd. Chavannes,《斯坦因在东土耳其斯坦发现的中文文书》。(Les Documents Chinois, découverts par Aurel Stein dans les sables du Turkestan Oriental) Nos 706—708。

[35]　同上书, Nos 710—719。

[36]　按咸熙系魏纪远，魏亡于咸熙二年。咸熙三年和咸熙五年之出现，恐系人不知，或有意用之。

[37]　参阅 August Conrady,《斯文赫定在楼兰发现的中文写本及其他零星物品》(Die chinesischen Handschriften und sonstigen Kleinfunde Sven Hedins in Lou-lan), Stockholm 1920。

[38]　参阅同上书, p.33; A. Hermann,《楼兰》, pp.109—110。

[39]　《中文文书》(Les Documents Chinois), deuxième section: documents de l'époque des Tsin, No.896, No.910, No.912。

[40]　黄文弼:《高昌》，第一分本，《西北科学考察团丛刊》之二，考古学第一辑，《新疆发现古物概要》。明高濂《遵生八笺》:"高昌国金花笺亦有五色，有描金山水图者。"可见高昌又以金花笺著名了。

[41]　香川默识编:《西域考古图谱》。

[42]　《吐火罗文残卷》(Tocharische Sprachreste), herausg. von E. Sieg und W. Siegling, Berlin und Leipzig 1921。

[43]　黄文弼:《高昌》，第一分本。

[44]　黄文弼:《高昌》，第一分本;《吐火罗文残卷》, I. Band, Die Texte, p. Ⅳ。

[45]　《西域考古图谱》。

[46]　Gode,《中国纸输入印度考》, pp.209—210 引用 Katre, Indian Textual Criticism p.135, Katre 原书未见。

[47] 《和阗文残卷》(Codices Khotanenses), Monumenta Linguarum Asiae Maioris Ⅱ, ed. by H.W.Bailey, Copenhagen 1938。

[48] M.Aurel Stein,《沙埋和阗废址记》(Sand-buried Ruins of Khotan), London 1903, p.296 sqq, 404, 416;《古和阗》(Ancient Khotan), Oxford 1907, p.135, 247, 269 sq. 369, 426。

[49] 这号码是 Chavannes,《中文文书》里面的。

[50] 关于这次战役的考证, 参阅姚士鳌:《中国造纸术输入欧洲考》,《辅仁学志》第1卷第1期; 白寿彝:《中国伊斯兰史纲要参考资料》,《怛逻斯战役和它的影响》。

[51] 贝鲁尼:《印度》, p.171。

[52] 《两个回教游历家关于古代印度及中国的记述》(Ancient Accounts of India and China by two Mohammedan Travellers), Transl. by Eusebius Renaudot, London 1733, p.14。

[53] B.Laufer,《中国伊朗文化交流》(Sino-Iranica), Chicago 1919, pp.557—559; Karabacek 和 Hoernle (JRAS., 1903, p.671) 都同意这说法; Philip K.Hitti:《阿拉伯民族史》(History of the Arabs), p.414 也同意。

[54] 《海国图志》, 正集, 中, 卷23。

[55] 《伊朗语言学纲要》(Grundriss der iranischen Philologic), 1.Band, 2. Abteilung, p.7。

[56] 关于中国纸币, 参阅 Laufer,《中国伊朗文化交流》, pp.560—564; Henry Yule:《马哥孛罗游记》(The Book of Ser Marco Polo), vol.1, pp.426—430。

[57] Henry Yule,《马哥孛罗游记》, vol.1, p.423。

[58] 见 Henry Yule,《东域记程录丛》(Cathay and the Way thither), vol.Ⅳ, p.112. 其他中世纪西方旅行家谈到中国钞的还不少, 例如13世纪的阿尔明尼亚的海顿(Hayton)(见 Yule:《东域记程录丛》vol.Ⅰ, p.259); 14世纪意大利的裴哥罗梯 (Francis Balducci Pegolotti) (见同书, vol.Ⅲ, pp.149—151)。

[59] 有的印度学者认为印度在纪元前3世纪已经有了纸; 参阅 H.R.Kapadia:《古文书学大纲》(Outline of Palaeography), Bombay University Journal, 1938, May, p.105。这说法缺少可靠的根据, 印度学者也不承认; 参阅 P.K.Gode,《中国纸输入印度考》, p.218。

[60] ㊅54, 1190a。

[61] ㊅54，1196b—c。

[62] ㊅54，1191a。

[63] ㊅54，1195b。

[64] ㊅54，1201b。

[65] ㊅54，1213c。

[66] ㊅54，1233a。另外一个本子作 kakali。

[67] P.K.Gode，《中国纸输入印度考》，p.215，218。

[68] S.H.Kellogg，《印地语法》（A Grammar of the Hindi Language），London 1938，p.40。

[69] B.Laufer，《中国伊朗文化交流》，p.559。

[70] F.W.K. Müller，《古代土耳其文（回鹘文）论丛》（Uigurica Ⅱ），APAW.1910，S.70，《佛说大白伞盖总持陀罗尼经》。

[71] A.von Gabain，《古土耳其语法》（Alttürkische Grammatik），Leipzig 1941，p.313。

[72] ㊅54，215b。

[73] ㊅54，218b。

[74] ㊅54，226c。

[75] 义净：《大唐西域求法高僧传》卷下（㊅51，11a）："净于佛逝江口升舶附书，凭信广州，见求墨纸，抄写佛经，并雇手直。"可见义净曾在佛逝江口向中国索要过纸墨。

[76] 冯承钧校注：《瀛涯胜览》，商务印书馆版，第61页。

[77] 此条蒙向达先生抄示，谨此志谢。参阅《历史研究》1954年第2期，第52页。

[78] 见张星烺：《中西交通史料汇编》第六册，第503页。

[79] 马克思在《资本论》里，许多地方都谈到造纸。在第1卷第4篇第13章Ⅷ《近代手工制造业》里他谈到英国贮藏了无数的褴布用来造纸（郭大力、王亚南译本第1卷，第564—565页）。在第13章Ⅰ《机器的发展》里，他说，在中国和印度造纸工业还有两种不同的古亚西亚的形态（同书，第459页）。

# 中国纸和造纸法最初是否是由海路传到印度去的？

在《历史研究》1954 年第 4 期上我发表了一篇《中国纸和造纸法传入印度的时间和地点问题》。我在这篇文章里提出了两个问题：中国纸和造纸法是在什么时候传到印度去的（时间问题）？是从什么地方传过去的（地点问题）？对这两个问题我都初步给了答复。我的答复是：至迟在纪元后 7 世纪半中国纸已经传到印度，而传过去的路径是陆路。

关于地点问题，据我所知道的，过去根本没有人提出过，当然也就不能有什么答复。关于时间问题，过去有人提到过(P.K.Gode：《中国纸输入印度考》)；但是不具体，不肯定。最近我收到 1953 年 7 月份的《印度亚洲文化》（Indo-Asian Culture, vol.Ⅱ, No.1)，里面有一篇谈印度古代书写资料的文章。作者说，伊斯兰教徒于 13 世纪把纸从中国传到印度。可见一直到最近，印度学者还认为中国纸是在 13 世纪才传到印度去的。我在那篇文章里对时间问题的那个答复也不能说是没有意义了。

是不是有从海路传过去的可能呢？我首先就曾这样考虑过。因为中国和印度很古就有海路交通。《汉书》卷二八下《地理志》就记载了中国同黄支国的交通，而且中国丝也从这条路输入印度。为什么纸就不能从海路传过去呢？但是我仔细研究了我所看到的一切资料之后，我却没能发现一条能证实这个可能的材料，有的只是反证。反以我就根本没有接触到这问题，而对由陆路传过去的过程却叙述得比较详尽。

然而竟引起了误会。有人以为我利用中国书籍利用得太少，以为我根本没有考虑到海路的可能性。事实当然不是这样子。但是既然有人这样想，足见我那篇文章只从正面谈不从反面谈的方式还不够周密。现在就来弥补一下吧！

中国南方各地能够造纸，古籍里很早就有记录。我只举几个例子。晋嵇含《南方草木状》卷中：

> 蜜香纸，以蜜香树皮叶作之，微褐色，有纹如鱼子，极香而坚韧，水渍之不溃烂。泰康五年（公元284年）大秦献三万幅。帝以万幅赐镇南大将军当阳侯杜预令写所撰《春秋释例》及《经传集解》以进。

唐刘恂《岭表录异》：

> 广管罗州多栈香树，身似柜柳，其花白而繁，其叶如橘皮，堪作纸，名为香皮纸。灰白色，有纹如鱼子。

唐段公路《北户录》香皮纸条：

> 罗州多笺香树，身如柜柳，皮堪捣纸。

宋顾文荐《负暄杂录》：

南番出香皮纸；色白，纹如鱼子。

明陈继儒《妮古录》：

晋文帝赐蜜香纸万幅，令杜武库写《春秋》。

南方出的这一种纸，有的书上叫做蜜香纸，有的书上叫做香皮纸。我看，这就是一种东西。《南方草木状》说，蜜香纸是“微褐色，有纹如鱼子”；《岭表录异》说，香皮纸是“灰白色，有纹如鱼子”；《负暄杂录》说香皮纸“色白，纹如鱼子”。除了颜色有点区别外，外表完全一样，恐怕不会是两种东西。连这树也是一种树。据明李时珍《本草纲目》卷三十四，沈香的异名有沈水香、蜜香，梵名阿迦嚧。蜜香的异名有木蜜、没香、多香木、阿䗯。“沈香、鸡骨、黄熟、栈香虽是一树，而根干枝节各有分别也。”[1]反过来也可以说，虽然根干枝节各有分别，终究还是一树。阿迦嚧就是梵文的अगरु (agaru)，学名 Agallochum，Amyris Agallocha。中文名字就是沈香。

以上说的是蜜香纸或香皮纸。

此外南方还出产一种“侧理纸”。晋王嘉《拾遗记》卷九：

侧理纸万番，此南越所献。后人言陟里与侧理相乱。南人以海苔为纸，其理纵横邪侧，因以为名。

宋苏易简《纸谱》也引了这一段话，惟“陟里”作“陟厘”。此外《纸谱》还引用了《本草》的一段话：

《本草》云：“陟厘味甘，大温无毒，主心腹大寒，温中消谷，强胃气，止泄痢，出江南池泽。”陶隐居云：“此即南人用作纸者。”唐本注云：“此物乃水中苔，今取为纸，名为苔纸。”

《负喧杂录》：

又苔纸以水苔为之，名曰侧理纸。

徐炬明《事物原始》：

南越以海苔为纸，名曰侧理纸。（《图书集成》引）

可见所谓“侧理纸”是南越地方的人用海苔制造的。但是也有不同的意见。宋赵希鹄《洞天清录集》：

北纸用横帘造纸，纹必横。又其质松而厚，谓之侧理纸。桓温问王右军求侧理纸是也。南纸用竖帘，纹必竖。（胡韫玉《纸说》曾引用）

明屠隆《纸墨笔砚笺》南北纸条：

北纸用横帘造，其纹横，其质松而厚，谓之侧理纸。南纸用竖帘，其纹竖。晋二王真迹多是会稽竖纹竹纸。

这样一来，“侧理纸”反而成为北纸了。关于“侧理”两个字我们现在还不敢说究竟哪个解释正确。我自己不大同意因为纹横而名之曰侧理这种说法。至于侧理纸究竟是南纸还是北纸的问题，我觉得《拾遗记》的说法是比较可靠的，因为《拾遗记》在这方面是最古的文献。

苏易简《纸谱》还有一段很重要的话：

蜀中多以麻为纸，有玉屑屑骨之号。江浙间多以嫩竹为纸。北土以桑皮为纸。剡溪以藤为纸。海人以苔为纸。浙人以麦𦮀稻秆为之者脆薄焉。

这里扼要地说明了各地造纸原料的不同，也说到“海人以苔为纸”。

总之，中国南方在晋代至少已经有了两种造纸方法，一种是用蜜香树或栈（笺）香树皮叶，一种是用苔。中国南方能造纸，南方与南洋、印度一带有海路交通，因而说中国造纸法有可能传过去，这是合理的。但是这可能性并不一定非成为现实不可。事实上根据我们现在能掌握的资料，中国造纸法在古代并没有从海路传出去。《拾遗记》说侧理纸是南越所献。古代南越的范围很广，汉初割长沙以南的三郡封赵佗为南越王，晋代南越至少还包括交广二州（见《晋书·地理志》）。献侧理的南越也不一定是外国。

中国造纸法在古代不但没有向南洋一带传布，连与中国毗连的越南一带也没有传到。一直到宋代和明代，这地方还不能造纸。《南史·林邑传》：

书树叶为纸。[2]

宋赵汝适《诸蕃志》交趾国：

不能造纸笔，求之省地。

元汪大渊《岛夷志略》占城：

以白字写黑皮为文书。

元周达观《真腊风土记》：

寻常文字及官府文书，皆以麂鹿皮等物染黑，随其大小阔狭，以意裁之，用一等粉如中国白垩之类，搓为小条子，其名为梭，拈于手中，就皮画以成字，永不脱落。

可见到了宋元时代，这一带还没有纸笔；而是用白粉在黑皮上画字为文书。明代情形仍然没有变。马欢《瀛涯胜览》占城：

其书写无纸笔，用羊皮捶薄或树皮熏黑，折成经折，以白粉载字为记。

费信《星槎胜览》占城国：

其国无纸笔之具，但将羊皮捶薄熏黑，削细竹为笔，蘸白灰书字，若蚯蚓委曲之状。

张燮《东西洋考》卷二占城：

无纸笔，以羊皮捶薄，削竹为笔，蘸白灰书字。（《南史》曰：书树叶为纸。）

黄省曾《西洋朝贡典录》占城：

以粉画革为书。

夹注：羊皮捶薄或树皮熏黑，或折削细竹为管，蘸白粉书字如蚯蚓委曲之状。茅瑞征《皇明象胥录》：

宋建隆二年其王释利因陁盘遣使来朝，书表于贝多叶，盛以香木。

《东西洋考》真腊：

文字，以麂鹿杂皮染黑，随其广狭，以意裁之，用粉如白垩类，搓为小条子，拈于手中，就皮画以成字，永不脱落。

这一段文字可能是从《真腊风土记》抄下来的。《皇明象胥录》真腊：

以麂鹿皮染黑蘸粉画字。

从以上的征引里，可以看到从南北朝到宋元明三代，交趾、占城、真腊等地书写资料的情况，纸是没有的，不是用鹿皮或羊皮，就是用树皮或树叶。

南洋一带怎样呢？这一带也是没有纸的。更古的不必说了，宋代还是用树皮之类的东西。《宋史》卷四八九《外国列传·勃泥传》：

其表以数重小囊缄封之，非中国纸，类木皮而薄莹滑，色微绿，长数尺，阔寸余，横卷之仅可盈握。

《东西洋考》大泥条（“即古浡泥也”）抄了这一段话，只改动了几个字。《瀛涯胜览》爪哇国：

> 书记亦有字，如锁俚字同。无纸笔，用茭蔁叶以尖刀刻之。

《西洋朝贡典录》爪哇：

> 其书记以刀刻茭蔁叶，文字如锁俚。

满剌加国：

> 其语言书记婚丧与爪哇同。

《东西洋考》柔佛：

> 字用茭蔁，以刀刺之。

仅仅根据以上的征引，我们也可以看到，一直到明代，爪哇一带还没有纸，而是用尖刀刻茭蔁为字。现在印度尼西亚语里纸字是kertas，是从阿拉伯语借用的。这一带是中印交通必经之路，古代中国商船到印度去，印度商船到中国来一定要在这里落脚。中国纸和造纸法决不可能飞越这一带而传到印度去，何况我们在印度方面也没有找到任何资料和证据，证明中国造纸法是从海路传过去的。正相反，我们从印度造纸原料上找到的却是从陆路传去的证据。上面引用苏易简《纸谱》说，“北土以桑皮为纸。”《西洋朝贡典录》里谈到孟加拉的出产，“有桑皮纸”。难道这只是偶合的现象吗？

所以我的结论就是：中国造纸法最初是由陆路传到印度去的。[3]

**注 释**

[1] 栈香，《诸蕃志》作笺香，“乃沈香之次者。”《梁书》作箋香。

[2] 苏易简《纸谱》引《林邑记》：“九真俗书，树叶为纸。”《太平御览》卷786引《北史》：“书树叶纸。”普通版本《二十四史》内的《北史》没有这一句话。

[3] 唐义净曾“于佛逝江口升舶附书，……见求墨纸。”（见《大唐西域求法高僧传》卷下）我们在这里要注意两件事情：一、这里只说的是纸，我们不应该把纸与造纸法的输入印度混起来看；二、这已经是7世纪末叶，纸在这以前已经由陆路传至印度。

# 关于中国纸和造纸法输入印度问题的补遗

1954 年，我写过一篇：《中国纸和造纸法输入印度的时间和地点问题》，到现在已经过去 20 多年了。在这期间，我搞了一些别的工作，对于这个问题没有再继续探索，没有积累任何资料，因而也就谈不到有什么新的收获。最近，乘《中印文化关系史论文集》出版之便，我把手头仅有的一点资料重新看了一遍，写成了这个补遗。顾名思义，既然叫做“补遗”，那就意味着，并不是全面地重新探讨这个问题，仅仅不过是把遗漏的东西补了一点而已，也就是古人所谓“补苴罅漏”的意思。

首先谈一谈“最古的纸”的问题。

原来我在那篇文章中写道：“(斯坦因在古长城的一座烽燧的屋子里找到的纸) 可以说是现在发现的世界上最古的纸”。(见《历史研究》1954 年第 4 期》) 后来我把那篇文章收入《中印文化关系史论丛》中，觉得那个提法不够确切，就改为“可以说是现在发现的世界上比较古的纸”。(见《中印文化关系史论丛》1957 年版第 108 页，本卷第 64 页。) 袁翰青先生(《中国化学史论文集》1956 年，三联书店版，第 129 页) 对前一个提法提出了不同意见，认为是“疏漏的地方”。我自己已经改正，这段公案就可以算是已经结束了。

这些都是题外的话，只是顺便提一提而已。既然我在改正时讲“比较古的纸”，就说明，我当时决不认为这就是最古的纸，我相信还会有更古的纸被发现。事实上果然是这样。1957年在西安灞桥出土了一些古纸。1974年又在甘肃居延等地发掘出来了西汉麻纸。经专家鉴定，这些纸都早于蔡伦发明纸的时间（公元105年）。可见蔡伦并不是第一个发明纸的人。1978年12月下旬，在陕西省扶风县太白公社长命寺大队中颜生产队的一个西汉建筑的遗址中，清理了西汉窖藏一处，发现了一批西汉文物。在出土的三个漆器附件——铜泡中发现了三片古纸。最大的一片为6.8×7.2厘米。出土时呈乳黄色，有一定光泽，相当结实。用放大镜观察：古纸略精于1957年西安灞桥出土的西汉古纸，有较多的麻纤维束，组织松散，交织不紧，纸浆分布不匀，和晋唐古纸相比较，显得十分原始古拙。这个窖藏入土时间在西汉平帝之前，麻纸制造当然还要早于窖藏，可能在宣帝之时（公元前73—49年）。化验结果，这确实是纸，而不是纤维堆积物，其原料为麻类，而非丝质纤维。时间介于西汉武帝时的灞桥纸和晋纸之间。可见我们造纸术是起于西汉的。灞桥纸和扶风纸是不是就是“最古的纸”了呢？我看不见得。我仍然说这是“比较古的纸”。将来还会有新的发现。

在这里，我还要补充几句。王菊华、李玉华和董芝元三位同志写了一篇文章：《考古新发现不能否定蔡伦造纸》（《光明日报》，1979年11月16日）。他们认为1973年在甘肃居延汉代遗址中出土的小纸团及1978年在扶风县西汉墓葬铜泡里发现的纸团，“其制造技术还处于造纸术的萌芽阶段。可称为纸的雏形。”“到目前为止，……共四次发现西汉纸，均未用于书写或因质地粗糙不便于书写”，它并没有代替得了竹简和木简。“因此即使在雏形纸出土的今天，把蔡伦评价为我国造纸术的发明者或代表人物仍然是正确的。”我对于造纸术毫无通解，我只能把他们的意见抄在这里，以供比较、参考。

其次我想谈一谈梵文中“纸”的借字问题。

唐义净《梵语千字文》附《梵唐消息》中有一个字śaya（舍也）。我在文章中写道：“śaya（舍也）这个字很怪，在我们知道的与中亚细亚有关的语言里找不到类似的字。关于这个字的来源我们目前还不能有什么肯定的意见，现在先不谈。”印度学者师觉月（P.C.Bagchi）先生在解放前曾当面告诉过我，他认为这个字在梵文中是外来语，就是中国的“纸”字。我不大同意他的意见。所以在文章中没有引用。最近我看到印度学者查特吉（Suniti Kumar Chatterji）先生的文章《印度与中国：古代的接触》（India and China：Ancient Contacts）[1]。查特吉讲了6个从中文借到梵文里去的字，他又讲到师觉月这个意见，并且肯定了它，认为śaya就是中国的“纸”字。我仍然表示有点怀疑，但认为可能性是存在的。所以就写在这里。

最后再谈一谈中国输入的道路问题。

我在那篇文章中提到印度学者高德（P.K.Gode）写的《中国纸输入印度考》，但没有引用他的材料。现在把内容简单介绍一下。他先引用布勒（Bühler）的《印度古文书学》（Indian Paleography）中谈到纸的论述。然后从蔡伦造纸（公元105年）谈起，谈到中国的甲骨文、金文、汉简，麦克提内（Macartney）在新疆喀什买到的古纸残卷（约公元后2世纪），斯坦因在烽燧中发现的古纸（约公元后3世纪），4世纪的粟特文残卷，韦柏（Weber）买到的6世纪的古纸残卷，义净（公元671年）讲到纸等等。然后他又引用《大英百科全书》讲到公元751年撒马尔罕阿拉伯人俘虏中国手工艺人的事。他引用阿拉伯地理学家苏莱曼讲到中国人用纸当卫生纸的问题（公元851年以前）。他的结论是，当时在中国，纸必须是非常便宜的，否则决不会用来做卫生纸。他又引用喀依（G. R.

Kaye）研究巴克沙里（Bakhshali）手抄本的结论：中国人很早的时候就知道造纸的手艺。穆斯林在8世纪中从中国人那里学习了造纸术，传入欧洲和印度，时间约在12世纪。高德在文章的后半谈到10世纪以后古纸写本的情况，引用了不少的文章和材料，其中包括贝鲁尼的《行纪》、伽尔诃那（Kalkaṇa）的《王河》等书，我在这里不再引用了。

我在这里只想谈一个问题，就是中国纸输入印度的道路问题。我在《中国纸和造纸法最初是否由海路传到印度去的?》那篇文章中得到的结论是：中国造纸法最初是由陆路传到印度去的。袁翰青先生有不同的看法。他说："其实，从汉朝起，我国和印度的海上交通就很频繁。民间的商业往来一定比书籍上的记载还要多。纸张这样轻便的物品，由水路传往印度应当是不难的。"这一些都是主观想法，既无文献证据，也无实物材料。仅凭主观想象进行科学研究，是行不通的。根据高德先生的大量引证，也只能得到同我一样的结论：纸和造纸术最初是从陆路传到印度去的。事隔20多年，还没有新的发现推翻我的想法。所以我今天的结论是：维持我原来的结论。

1979年6月1日

**注　释**

[1] Journal of the Asiatic Society, vol. 1, No, 1, 1959, pp.96－97.

# 一张有关印度制糖法传入中国的敦煌残卷

法国学者伯希和（Paul Pelliot）在本世纪初曾到中国敦煌一带去“探险”，带走了大量的中国珍贵文物，包括很多敦煌卷子。卷子中佛经写本占大多数，还有相当多的中国古代文献的写本和唐宋文书档案，以及少量的道教、景教、摩尼教的经典。大都是希世奇珍，对研究佛教和其他宗教以及中国唐宋时代的历史有极大的价值。因此国际上兴起了一种新学科，叫做“敦煌学”。

但是卷子中直接与中印文化交流有关的资料，却如凤毛麟角。现在发表的这一张残卷是其中之一。卷号是P3303[1]，是写在一张写经的背面的。我先把原件影印附在右面。

这张残卷字迹基本清晰，但有错别字，也漏写了一些字，又补写在行外。看来书写者的文化水平不算太高；虽然从书法艺术上来看，水平也还不算太低。

残卷字数不过几百，似乎还没有写完。但是据我看却有极其重要的意义，它给中印文化关系史增添了一些新东西。因此，我决意把它加工发表。我自己把它抄过一遍，北大历史系的卢向前同志也抄过一遍，有一些字是他辨认出来的。

我现在将原件加上标点，抄在下面。改正的字在括号内标出，书写的情况也写在括号内。原文竖写，我们现在只能横排，又限于每行字数，不能照原来形式抄写。抄完原文以后，我再做一些必要的诠释；在个别地方，我还必须加以改正或补充。错误在所难免，请读者指正。

下面是原文：

西天五印度出三般甘遮：一般（这里写了一个字又涂掉）苗长八尺，造沙唐（糖）多（以上第一行）不妙；苐（第）二，挍（?）一二尺矩（?），造（这里又涂掉一个字）好沙唐（糖）及造最（写完涂掉，又写在行外）上煞割（割）令；苐（第）三（以上是第二行）般亦好。初造之时，取甘遮茎，弃却様（梢）叶，五寸截断，著（以上是第三行）大木臼，牛拽，拶出汁，於（于）瓮中承取，将於（于）十五个铛中煎。（以上第四行）旋写（泻）一铛，著筋（? 筯?），瑱（? 置）小（少）许。冷定，打。若断者，熟也，便成沙唐（糖，此四字补写于行外）。不折，不熟。（以上第五行）又煎。若造煞割（割）令，却於（于）铛中煎了，於（于）竹甑内盛之。禄（漉）水下，（行外补写闭［闵？闩?］门满十五日开却，以上第六行）着瓮承取水，竹（行外补写）甑内煞割（割）令禄（漉）出后，手（行外补写）遂一处，亦散去，曰煞割（割）（以上第七行）令。其下来水，造酒也。甘遮苗茎（行外补写）似沙州、高昌糜，无子。取（以上第八行）茎一尺（此二字行外补写），截埋於（于）犁垅便生。其种甘遮时，用十二目（?月?）（以上第九行）。

原卷右上角有藏文字母五。

残卷短短几百字，牵涉到下列几个问题：

一、甘蔗的写法；二、甘蔗的种类；三、造沙糖法与糖的种类；四、造煞割令（石蜜）法；五、沙糖与煞割令的差别；六、甘蔗酿酒；七、甘蔗栽种法；八、结束语。

现在分别诠释如下：

## 一 甘蔗的写法

甘蔗这种植物，原生地似乎不在中国。“甘蔗”这两个字似乎是音译，因此在中国古代的典籍中写法就五花八门。我先从汉代典籍中引几个例子：

| | |
|---|---|
| 司马相如《子虚赋》 | 诸蔗 |
| 刘向《杖铭》 | 都蔗 |
| 东方朔《神异经》（伪托） | 旰睢 |

我现在再根据唐慧琳《一切经音义》[2]举出几个简单的例子：

第341页下 甘蔗 注：下之夜反。

第343页中 甘蔗 注：之夜反。《文字释训》云：甘蔗，美草名也。汁可煎为砂糖。《说文》：藷也。从草从遮，省声也。

第402页上 甘蔗 注：上音甘，下之夜反。或作遮蚶草，煎汁为糖，即砂糖、蜜缤等是也。

第408页下 干蔗 注：经文或作芉柘，亦同。下之夜反。《通俗文》荆州干蔗，或言甘蔗，一物也。经文从辵，作遮，非也。

第430页下 甘蔗 注：遮舍反。王逸注《楚辞》云：蔗，藷也。《蜀都赋》所谓甘蔗是也。《说文》云：从草庶声。

第461页上 苷蔗 注：上音甘，下之夜反。《本草》云：能下气治中，利大肠，止渴，去烦热，解酒毒。《说文》：蔗，藷也。从艸庶声。苷，或作甘也。

第489页上　甘蔗　注：之夜反。诸书有云芋蔗，或云籍柘，或作柘，皆同一物也。

第654页中　于（疑当作干）柘　注：支夜反。或有作甘蔗，或作竿（疑当作竿）蔗。此既西国语，随作无定体也。

第669页中　甘蔗　注：下之夜反。

第701页上　竿蔗　注：音干，下又作柘，同诸夜反。今蜀人谓之竿蔗，甘蔗通语耳。

第734页上　蔗芋　注：上之夜反，考声，甛草名也。《本草》云：蔗味甘，利大肠，止渴，去烦热，解酒毒。下于句反。《本草》：芋，味辛，一名土芝，不可多食。

第735页上　蕤蔗　注：上葬佳反。字书：蕤，草也。《本草》有萎蕤，草也。……下之夜反。王逸注《楚辞》：蔗，美草名也。汁甘如蜜也。或作遮。

第803页下　甘蔗　注：下遮夜反。

第1237页C　《梵语杂名》把梵文 ikṣu 音译为壹乞刍二合，意译为甘遮。

我在上面引得这样详细，目的是指出“甘蔗”这个词儿写法之多。倘不是音译，就不容易解释。值得注意的是第654页中的两句话：“此既西国语，随作无定体也。”这就充分说明，“甘蔗”是外国传来的词儿。至于究竟是哪个国家，我现在还无法回答。《一切经音义》说：“作遮，非也。”但唐代梵汉字典也作“遮”，足征不是“非也”。无论如何，残卷中的“遮”字，不是俗写，也不是笔误。此外，过去还有人怀疑，《楚辞》中的“柘浆”，指的不是甘蔗。现在看来，这种怀疑也是缺乏根据的。

## 二 甘蔗的种类

残卷中说：“西天五印度出三般甘遮。”但是，三并不是一个固定的数目。梵文 ikṣu 是一个类名，并不单指哪一种甘蔗。不同种类的甘蔗各有自己的特定名称。据说是迦腻色迦大王的御医、约生于公元后一二世纪的竭罗伽（Caraka），在他的著作中讲到两种甘蔗：一是 Pauṇḍraka，产生于孟加拉 Puṇḍra 地区，一是 vāṃśaka。公元后六至八世纪之间的阿摩罗僧诃（Amarasiṃha）在他的《字典》中讲到 Puṇḍra、kāntāra 等等，没有讲具体的数目。较竭罗伽稍晚的妙闻（Suśruta）列举了十二种：Pauṇḍraka，bhīruka，vaṃśaka，śataporaka，tāpasekṣu，kāṣṭekṣu，sūcipatraka，naipala，dīrghapatra，nīlapora，kośakṛt 等[3]。在这名称中，有的以产生地命名，有的是形状命名。无论如何，上面引用的这些说法都告诉我们，印度甘蔗品种很多，但不一定是三种。

甘蔗传到中国以后，经过长期栽培，品种也多了起来。我在下面举几个例子。

陶弘景《名医别录》：

蔗出江东为胜，庐陵亦有好者。广东一种数年生者。

宋洪迈《糖霜谱》：

庶有四色：曰杜蔗；曰西蔗；曰芀蔗，《本草》所谓荻蔗也；曰红蔗，《本草》昆仑蔗也。红蔗只堪生啖。芀蔗可作沙糖。西蔗可作霜，色浅，土人不甚贵。杜蔗，紫嫩，味极厚，专用作霜。

宋陶穀《清异录》卷二：

青灰蔗　甘蔗盛于吴中，亦有精粗，如昆仑蔗、夹苗蔗、青灰蔗，皆可炼糖。桄榔蔗，乃次品。糖坊中人，盗取未煎蔗液，盈盌啜之。功德浆，即此物也。

明宋应星《天工开物》：

凡甘蔗有二种，产繁闽广间。他方合并，得其十一而已。似竹而大者，为果蔗，截断生噉，取汁适口，不可以造糖。似荻而小者，为糖蔗，口噉即棘伤唇舌，人不敢食，白霜、红砂，皆从此出。

明何乔远《闽书·南产志》：

白色名荻蔗，出福州以上。

乾隆《遂宁县志》卷四“土产”：

《通志》：蔗有三种：赤昆仑蔗；白竹蔗，亦曰蜡蔗，小而燥者；荻蔗，抽叶如芦，可充果食，可作沙糖，色户最佳,?号名品，因有糖霜之号。

《嘉庆重修一统志》卷四二八，泉州府：

蔗《府志》：菅蔗，旧志所谓荻蔗。诸县沙园植之，磨以煮糖。甘蔗，不中煮糖，但充果食而已。

现在我们把残卷的记载同中国古书的记载比较一下。残卷的第一种："苗长，造沙糖多不妙"，大概相当于中国的红蔗、果蔗、甘蔗，顾名思义，颜色是红的。只能生吃，不能造糖。第二种和第三种大概相当于中国的艻蔗、荻蔗、西蔗、菅蔗，可以造糖，西蔗并且可以造糖霜。颜色可能是白或青的。

## 三　造砂糖法与糖的种类

残卷对造砂糖法讲得很详细：把甘蔗茎拿来，丢掉梢和叶，截成五寸长，放在大木臼中，用牛拽（磨石压榨），拶出汁液，注入瓮中。然后用十五个铛来煮炼，再泻于一个铛中，放上竹筷子（?），再加上点灰（?）。冷却后，就敲打，若能打断，就算熟了，这就是砂糖。否则再炼。这是我对残卷中这一段话的解释。为什么这样解释？下面再谈。

印度从古代起就能制糖。在巴利文《本生经》（Jātaka，其最古部分可能产生于公元前三世纪以前）中，比如在第二四〇个故事中，已经讲到用机器榨甘蔗汁。这种机器巴利文叫 mahājanta，梵文叫 mahāyantra，巴利文还叫 kolluka[4]。竭罗伽也讲到制糖术。他说，制造 kṣudra guḍa（低级糖），要蒸煮甘蔗汁，去掉水分，使原来的量减少到一半、三分之一、四分之一。guḍa（糖或砂糖）是精炼过的，所含杂质极少。[5]

在不同的糖的种类中，guḍa 只是其中的一种。印度糖的种类好像是按照炼制的程度而区分的。在这方面，guḍa 是比较粗的一种，换句话说，就是还没有十分精炼过。以下按精炼的程度来排列顺序是：matsyaṇḍikā，khaṇḍa，śarkarā，后者精于前者，śarkarā 最精、最纯。这是竭罗伽列举的糖的种类。妙闻在竭罗伽列举的四种之前又加上了一种：phāṇita，也就是说，他列举了五种。《政事论》（Arthaśāstra）在叫做 kṣāra 的项目下列举的名称同妙闻一样。耆那教的经典 Nāyādhammakahā 中列举的名称是：khaṇḍa，guḷa，sakharā（śarkarā），matsyaṇḍikā[6]。顺序完全不一样，因为只此一家，所以不足为凭。

guḍa 的原义是"球"，意思是把甘蔗汁煮炼，去掉水分，硬到可以团成球，故名 guḍa。这一个字是印欧语系比较古的字，含义是"团成球"。在最古的《梨俱吠陀》中还没有制糖的记载。大概是在印度雅利安人到了印度东部孟加拉一带地区，看到本地人熬甘蔗为糖，团成球状，借用一个现成的 guḍa 来称呼他们见到的糖，guḍa 就逐渐变成了"糖"或"沙糖"的意思。在梵文中 Gauḍa 是孟加拉的一个地方。印度古代语法学大家波你尼认为，Gauḍa 这个字就来源于 guḍa，因为此地盛产甘蔗、能造砂糖，因以为名。

在中国唐代的几部梵汉字典中，有关糖的种类的名称只有两个：一个是精炼程度最差的 guḍa 或 guḷa，一个是程度最高的 śarkarā。各字典记载的情况如下：

唐义净《梵语千字文》：

guḍa 糖
ikṣu 蔗[7]

唐义净《梵语千字文别本》：

guṇa 糖[8]

ikṣu 伊乞刍二合 蔗[9]

这里值得注意的是guṇa这个写法。别的书都作guḷa或guḍa，独独这里是guṇa。guṇa这个字在梵文里有很多意思，但还没发现有“糖”的意思。究竟如何解释？我现在还没有肯定的意见。

唐全真集《唐梵文字》：

guḍa 糖[10]
ikṣu 蔗[11]

唐礼言集《梵语杂名》：

甘遮 壹乞刍二合 ikṣu[12]
缩砂蜜 素乞史二合谜罗 sukṣimira[13]
沙磄 遇怒 guḍa[14]

唐僧怛多蘖多波罗瞿那弥舍沙二合集《唐梵两语双对集》：

缩砂蜜 素乞史谜啰
石蜜 舍嘌迦啰
沙糖 遇怒[15]

“石蜜”这个词儿只在这里出现，只有汉文译音，而没有梵文原文。但是“舍嘌迦啰”这个译音，明白无误地告诉我们，原文就是śarkarā，也就是我们残卷中的“煞割令”。前一个译法是传统的译法，是出于有学问的和尚笔下的；后一个译法则显然是出于学问不大或者根本没有学问的老百姓之口。这一点非常值得我们注意。

还有一点值得我们注意的是，印度糖的种类很多，有四种五种或者更多的种类。但是残卷只提到两种，而唐代的梵汉字典也仅仅只有两种，难道这只是一个偶合吗？

我在这里还想顺便讲一个情况。今天欧美国家的“糖”字，比如英文的 sugar，法文的 sucre，德文的 Zucker，俄文的 Сахар 等等，都来自梵文的śarkarā。英文的 Candy 来自梵文的 khaṇḍa。我们汉文，虽然也有过“舍嚟迦啰”和“煞割令”的译音，但终于还是丢弃了音译而保留了“石蜜”这个词儿。

前面已经谈到了印度的造糖法[16]，中国的造糖法怎样呢？从中国古代文献上来看，中国造糖已经有了很长的历史。尽管两国的情况是不同的，但规律却是一样的：都是由简单向复杂发展。我在下面从中国古书中引几个例子：

宋王灼《糖霜谱》第四、第五描写得最详细。

第四说：

糖霜户器用曰蔗削，如破竹刀而稍轻。曰蔗镰，以削蔗，阔四寸，长尺许，势微弯。曰蔗凳，如小杌子，一角凿孔立木义（叉?）。束蔗三五，挺阁义（叉?）上，斜跨凳剉之。曰蔗碾，驾牛以碾所剉之蔗。大硬石为之，高六七尺，重千余斤。下以硬石作槽底，循环丈余。曰榨斗，又名竹袋，以压蔗，高四尺，编当年慈竹为之。曰枣杵，以筑蔗入榨斗。曰榨盘，以安斗，类今酒槽底。曰榨床，以安盘，床上架巨木，下转轴引索压之，曰漆瓮，表裹漆，以收糖水，防津漏。凡治蔗，用十月至一月。先削去皮，次剉如钱。上户削剉至一二十人，两人削供一人剉。次入碾，碾阙则舂。碾讫号曰泊。次烝泊，烝透出甑入榨，取尽糖水，投釜煎。仍上烝生泊。约糖水七分熟权入瓮。则所烝泊亦堪榨。如是煎烝相接，事竟歇三日过期则酿。再取所寄收糖水煎，又候九分熟，稠如餳十分太稠则沙脚，沙音嗄插竹编瓮中，始正入瓮，簸箕覆之。此造糖霜法也。已榨之后，别入生水重榨，作醋极酸。

第五不再抄引。

明宋应星《天工开物》先讲蔗种和蔗品，然后讲到造糖：

凡造糖车，制用横板二片，长五尺，厚五寸，阔二尺，两头凿眼安柱，上筍出少许。下筍出板二三尺，埋筑土内，使安稳不摇。上板中凿二眼，并列巨轴两根木用至坚重者，轴木大七尺围方妙，两轴一长三尺，一长四尺五寸。其长者出筍安犁担，担用屈木，长一丈五尺，以便驾牛团转走。轴上凿齿，分配雌雄，其合缝处须直而圆，圆而缝合，夹蔗于中，一轧而过，与棉花赶车同义。蔗过浆流，再拾其滓向轴上鸭嘴，扱入再轧，又三轧之，其汁尽矣，其滓为薪。其下板承轴凿眼只深一寸五分，使轴脚不穿透，以便板上受汁也。其轴脚嵌安铁锭于中，以便捩转。凡汁浆流板有槽枧，汁入于缸内，每汁一石，下石灰五合于中。凡取汁煎糖，并列三锅，如品字，先将稠汁聚入一锅，然后逐加稀汁两锅之内，若火力少束薪，其糖即成顽糖，起沫不中用。

明王世懋《闽部疏》：

凡饴蔗捣之入釜，径炼为赤糖。赤糖再炼燥而成霜，为白糖。再煅而凝之，则曰冰糖。

清方以智《物理小识》卷六：

煮甘蔗汁，以石灰少许投调；成赤砂糖。以赤砂糖下锅，炼成白土，劈鸡卵搅之，使渣滓上浮，成白砂糖。

中国在炼糖方面的文献，还多得很，现在不再引用了。就是这样，我的引文也似乎多了一点。但是，为了把残卷诠释清楚，不这样是不行的。

中印两方面关于造糖法的记载，我们都熟悉了一些。现在再来同残卷比较一下。残卷中讲到，把甘蔗茎截断，放在木臼中，用牛拉石滚或者拉机器榨汁，注入瓮中，然后再煮。这一些中国文献中都有，而且非常详尽。可是就遇到一个困难的问题：残卷中“著筋（？筯？），置小（少）许”，究竟是什么意思呢？我在上面的诠释是“放上竹筷子（？），再加上点灰（？）”。残卷漏掉了一个“灰”字。炼糖时，瓮中插上竹筷子，中国文献讲得很清楚。《糖霜谱》说：“插竹编瓮中”，讲的就是这种情况。至于炼糖加石灰，《天工开物》说：“下石灰五合于中”，《物理小识》说：“以石灰少许投调”，说得也很明白[17]。煮糖加石灰，印度许多文献中也有记载，比如巴利佛典《律藏》（Vin. Ⅰ 210，1—12）就讲到，把面粉（piṭṭham）和灰（chārikam）加入guḷa中，“灰”这个字显然给西方的学者造成了不少的困难，他们不了解，制糖为什么要加灰。因此对chārikam这个字的翻译就五花八门[18]。我们了解了中印的造糖技术，我们就会认为，造糖加灰是必要的事。回头再看残卷那两句话，可能认为，我补上一个“灰”字，是顺理成章的。

## 四　造煞割令（石蜜）法

残卷中对熬煞割令的程序说得很不清楚。从印度其他典籍中可以看出，砂糖与石蜜之间的区别只在于精炼的程度。把甘蔗汁熬成砂糖以后，再加以熬炼，即成石蜜。但是残卷讲的却似乎不是这样。“却于铛中煎了”，什么意思呢？是煎甘蔗汁呢？还是加水煎砂糖？根据中国记载，这两种办法都可以制造石蜜。下两句“于竹甑内盛之。禄（漉）水下”，在这里行外补的八个字意思大概是，在竹甑内闷上半个月。下面的“着瓮承取水”一句是清楚的。下面几句的含义就不明确。煞割令究竟是软是硬，也没有交代清楚。《政事论》中讲到，śarkarā 是半稀的生糖，被放置在编成的草荐上，kaṭaśarkarā 或 matsyaṇḍikā 和 khaṇḍa，才是硬的、发光的、颗粒状的石蜜[19]。残卷中的煞割令究竟指的是什么呢？

中国古代有所谓“西极石蜜”这种东西，指的是印度、伊朗传进来的乳糖。残卷中的煞割令，指的应该就是印度的石蜜，换句话说，也就是“西极石蜜”。但是在制造过程中没有提到使用牛乳，殊不可解。

## 五　砂糖与煞割令的差别

砂糖与煞割令的差别是非常清楚的，这里用不着再多说。但是有几个有关的问题，必须在这里交代一下。

首先，我在上面已经讲过，印度糖的种类很多，到了中国就简化为两种：砂糖和石蜜（煞割令）。除了中国文献和唐代梵汉字典之外，我们这个残卷也能证明这一点。中国一些与佛教有关的书籍同样能说明这个情况。比如《唐大和上东征传》讲到鉴真乘舟东渡时携带的东西中，与糖有关的只有石蜜和蔗糖，此外还有甘蔗八十束[20]。这些都说明，中国在甘蔗汁熬成的糖类中只有砂糖与石蜜。

其次，śarkarā 是石蜜，这一点已经很清楚了。但是，还有一个梵文 phāṇita（巴利文同），在中国佛典翻译中有时也译为石蜜。这个字我们上面已经谈到。妙闻把它列为糖的第一种，列在首位，说明它熬炼的程度很差。《阿摩罗俱舍》认为 phāṇita 等于 matsyaṇḍikā。竭罗伽还有 Nāyādhammakahā 则只有 Matsyaṇḍikā 而没有 phāṇita。《政事论》把 Phāṇita 与 matsyaṇḍikā 并列，显然认为，它们是两种东西。情况就是这样分歧。在汉译佛典中，一般是把śarkarā 译为石蜜。但把 phāṇita 译为石蜜的也有。我在下面举几个例子：

《弥沙塞部和醯五分律》卷二十二：

> 世人以酥、油、蜜、石蜜为药[21]。

与这四种东西相当的巴利文是 sappi，tala，madhu，phāṇita。

《五分比丘尼戒本》：

> 若比丘尼无病，自为乞酥食，是比丘尼应诸比丘尼边悔过[22]。

酥是第一，下面依次是油、蜜、石蜜、乳、酪、鱼、肉。前四种与《五分律》完全相同。

《摩诃僧祇律》卷三十，我把汉文译文同有关的梵文原文并列在下面，以资对照：

> 若长得酥、油、蜜、石蜜、生酥及脂，依此三圣种当随

顺学[23]。

atireka-lābhaḥ sarpis-tailaṃ madhu-phāṇitaṃ vasānavanītaṃ ime trayo niśrayā āryavaṃśā[24]

这样的例子还多得很，我现在不再列举了。例子举了，只是提出了问题。至于怎样去解决这个问题，怎样去解释这个现象，我目前还没有满意的办法。无论如何，phāṇita 这个字有了石蜜的含义，是在含义方面进一步发展的结果。

我在这里附带说一下，phāṇita 这个字在汉译佛典中有时候还译为“糖”，比如在《根本说一切有部毗奈耶药事》第一卷，汉译文是：“七日药者：酥、油、糖、蜜、石蜜[25]。”梵文相当的原文是 sāptāhikaṃ sarpis tathā tailaṃ phāṇitaṃ madhu śarkarā[26]，糖与 phāṇitaṃ 相当。从这个例子中可以看出，phāṇita 的含义是非常不固定的。其原因也有待于进一步的探讨与研究。

## 六 甘蔗酿酒

残卷说：“其下来水，造酒也。”关于用甘蔗酿酒的技术，印度大概很早就发展起来了。《摩奴法典》XI，92、94 规定：严禁婆罗门饮用糖酿造的酒 gauḍī[27]。公元后第四世纪后半叶写成的《包威尔残卷》(Bower Manuscripts) 也讲到用甘蔗酿酒[28]。

中国方面好像还没有甘蔗酿酒的记载。残卷中讲的似乎是印度的情况。但是中国史籍中讲到南洋一带用甘蔗酿酒的地方却是相当多的。我在下面举几个例子：

《隋书》三二五，赤土：

以甘蔗作酒

元汪大渊《岛夷志略》，苏禄[29]：

酿蔗浆为酒

同书，尖山，吕宋：

酿蔗浆水米为酒

同书，苏禄：

酿蔗浆为酒

同书，宫郎步：

酿蔗浆为酒

同书，万年港：

酿蔗浆为酒

同书，层摇罗：

酿蔗浆为酒

## 七 甘蔗栽种法

关于种甘蔗的方法，残卷中也有几句话："取蔗茎一尺（此二字补写），截埋于犁垄便生。其种甘蔗时，用十二月（?）。"最后一个字不清楚，其他意思是明白的。《政事论》中有一些关于栽种甘蔗的记载。这一部印度古书，总的倾向是不赞成种甘蔗，因为据说种甘蔗不划算：花钱多，手工操作多，成长时要靠泛滥，靠雨水，最好种在洪水常泛滥的地方，可以先在花园中种甘蔗苗。种的方法是，在截断的地方涂上蜜、奶、山羊油和肥料混合成的汁水[30]。《政事论》讲的这些自然地理条件，敦煌、沙州、高昌一带一点都不具备。这一带人为什么对甘蔗发生兴趣，殊不可解。

## 八 结束语

甘蔗，估计原生地不是中国。但是，中国早就知道了甘蔗，而且甘蔗制糖的技术也早就有所发展。到了唐初，据《新唐书》二二一上《西域列传·摩揭陀国》的记载：

> 贞观二十一年，始遣使者自通于天子，献波罗树，树类白扬。太宗遣使取熬糖法，即诏扬州上诸蔗，拃沈如其剂，色味愈西域远甚。

学习过程和学到后所采取的措施，都是合情合理的。因为在中国，南方是产甘蔗的地区，扬州就是这样的地区之一。所以太宗才派人到这里来要甘蔗，熬出来的糖比印度的还好看好吃。

总起来给人的印象是，这是一次官方的学习。虽然干实际工作的都是人民，但发动这次学习的是官方。

还有另外一个说法。《续高僧传》卷四《玄奘传》：

> 使既西返，又敕王玄策等二十余人，随往大夏，并赠绫帛千有余段。王及僧等数各有差。并就菩提寺僧召石蜜匠。乃遣匠二人、僧八人，俱到东夏。寻敕往越州，就甘蔗造之，皆得成就[31]。

石蜜匠当然是老百姓，但发动者派遣者也是官方。到了中国以后，奉敕到越州去利用那里的甘蔗造糖，也是合情合理的。

两个记载虽然有所不同，但总之都是官方的。我们过去所知道的仅仅就是这条官方的道路。这当然是很不全面的。

我们眼前的这张只有几百字的残卷告诉我们的却是另外一条道路，一条老百姓的道路。造糖看起来不能算是一件了不起的大事，但是它也关系到国计民生，在中印文化关系史上在科技交流方面自有其重大意义。今天我们得知，中国的老百姓也参预了这件事（官方的交流也离不开老百姓，官方只是发动提倡而已），难道这还不算一件有意义的事情吗？我在本文开始时已经讲到，这个残卷有极其重要的意义，我的理由也不外就是这些。我相信，我的意见会得到大家的同意的。

不过这里也还有没有能解决的问题。我在上面已经指出，敦煌、沙州、高昌一带自然地理条件不宜于甘蔗。这个残卷保留在敦煌，举例子又是“甘蔗苗茎似沙州，高昌糜，无子(不结粮食)。”书写人是这一带的人，这一点毫无疑义。在这沙漠、半沙漠的地带，人们为什么竟然对甘蔗和造糖有这样大的兴趣呢？这一点还有待于进一步的探讨。

1981年10月11日写毕

## 后　　记

此文写完以后，有一个问题还没有解决："第二挍（?）一二尺矩（?）"，究竟是什么意思？耿耿于怀，忆念不置。

今天偶读梁永昌同志《〈世说新语〉字词杂记》[32]。他从《世说新语》中出现的"觉"字，联想到"较"字。他说：

> 按《广韵》"觉"有"古岳切"、"古孝切"二音，又"较"字亦有"古岳切"、"古孝切"二音，"觉"、"较"字音完全对应，而《广韵》在"古孝切"这个音下释"较"字为"不等"。所谓"不等"就是相差，差别。

我脑中豁然开朗：敦煌残卷中的"挍"字难道不就是"较"字吗？我在文章中已经讲到，残卷中有错别字，"挍"亦其一例。这样一解释，残卷文字完全可通，毫无疑滞。所谓"挍一二尺矩"者，就是这第二种甘蔗，比"苗长八尺"的第一种甘蔗相差（短）一二尺。

1981年12月5日

［附］

## 对《一张有关印度制糖法传入中国的敦煌残卷》的一点补充

在《历史研究》1982年第1期上，我写了一篇论文，解释一张敦煌残卷。对残卷中的一句话“苐（第）二，挍（?）一二尺矩（?）”，我最初有点不懂。论文写成后，看到梁永昌同志的文章，写了一段《后记》，算是补充。现在论文，连同补充都已刊出。中国社会科学院外国文学研究所黄宝生同志告诉我，蒋礼鸿同志著的《敦煌变文字义通释》中有一段讲到“教交校较效觉”等字（第167—169页）。读了以后，胸中又豁然开朗了一番，觉得有必要再对补充作点补充。

我在补充中，根据梁永昌同志的文章指出了，残卷中的“挍”字就是《世说新语》中的“觉”字。我还说，残卷中间有错别字，挍亦其一例。现在看来，我的想法是对的；但说“挍”是错别字，却不正确。既然敦煌变文中教、交、校、较、效、觉等字音义皆同，都可以通借，为什么“挍”字就不行呢?“挍”字不是错别字，这一点是完全可以肯定的。蒋礼鸿同志指出，“教、交”等字都有两个意思：一是差、减；一是病瘉。我看，“挍”字完全相同。蒋礼鸿同志还在唐代杜甫等诗人的诗中，以及唐代和唐代前后的著作中引了很多例子，请参阅原书，这时不再引用。关于通借与错别字的界线与关系，这是一个十分复杂的问题，请参阅原书第443—445页的《三版赘记》。

以上就是我对补充的补充。

我不但补充了我自己写的东西，还想补充一下我引用过的那一篇文章和那一本书。对梁永昌同志文章的补充是：除了“较”同“觉”以外，还要加上“挍、教、交、效、校”这几个字。对蒋礼鸿同志的书的补充是：在他举出的“教、交”等字以外，再加上一个“挍”字。在他列举的书籍中加上一部《世说新语》。这样一来，这几个通借字的使用范围，无论是从地理上来说，还是从时间上来讲，都扩大了不少。对研究中国字义演变的历史会有很大的帮助。

我还想借这个机会谈一谈“校”字和“挍”两个字的关系。在中国古书上，二字音义全同。它们究竟是一个字呢，还是两个字？下面我从《大正新修大藏经》中举出几个例子：

东晋佛陀跋陀罗共法显译《摩诃僧祇律》卷三：

谁敢检校（22，252b。一本作捡挍）

同书，卷四：

是名捡挍（22，261b）
若捡校若不捡挍

姚秦佛陀耶舍共竺佛念译《四分律》卷二十二：

即勅左右检校求之（22，719b）

同书，卷三十四：

捡挍名簿（22，807c）

同书，卷五十四：

一一检校（22，971b）

同书，卷五十八：

检挍法律（22，999a）

后秦弗若罗多共罗什译《十诵律》卷五十：

又二非法捡挍（23，370b）

唐义净译《根本说一切有部毗奈耶》卷七：

所有家务令其检挍（23，659a）
我为检校，修营福业（23，663a）

同书，卷八：

是十七人共来捡校（23，665c）

同书，卷十六：

捡挍家室（23，709b）

同书，卷二十三：

我等应差能捡挍者（23，751c）

同书，卷四十四：

鞍辔装挍，悉皆以金（23，870b）
不可挍量（22，871a）

义净译《根本说一切有部苾刍尼毗奈耶》卷十一：

我妻颇能捡校家事（23，964b）

例子就举这样多。在这里，值得注意的是：一，在同一部经中，“挍”同“校”混用；二，在不同版本中，有的用“挍”，有的用“校”；三，“挍”有时能代替“较”。至于产生这种现象的原因，因为同我要讲的问题无关，不再细究。我只引钱大昕几句话“《说文》手部无‘挍’字，汉碑木旁多作手旁，此隶体之变，非别有‘挍’字，来结束这个补充。

1982年4月3日

**注 释**

[1] 《敦煌遗书总目索引》，1962年，商务印书馆。

[2] 《大正新修大藏经》第54卷。

[3] 李普曼（E.O.v.Lippmann）的《糖史》（Geschichte des Zuckers），柏林1929年，第107页ff.，高帕尔（L.Gopal）的《古印度的造糖法》（Sugar-Making in Ancient India），见Journal of the Economic and Social History of the Orient，Ⅶ 1964年，第59页。

[4] 高帕尔，前引书，第61页。

[5] 同上书。

[6] 高帕尔，前引书。参阅李普曼，前引书，第77页ff.。

[7] 《大正新修大藏经》，第54卷，第1192页上。

[8] 同上书，第1203页下。

[9] 同上书，第1204页上。

[10] 同上书，第1218页下。

[11] 同上书，第1219页上。

[12] 同上书，第1239页下。

[13] 同上书，第1238页上。

[14] 同上书，第1238页中。

[15] 《大正新修大藏卷》，第 54 卷，第 1243 页中。

[16] 关于这个问题，除了上面引用的李普曼和高帕尔的两本书外，还可以参阅狄尔（N.Deerr）的《糖史》(The History of Sugar)，伦敦 1949 年；普拉卡士（Om Prakash）的《印度古代的饮食》（Food and Drinks in Ancient India)，德里 1961 年。

[17] 参阅李治寰：《从制糖史谈石蜜和冰糖》，《历史研究》，1981 年第 2 期，第 48 页。

[18] 参阅辛愚白（Oskar V.Hinüber）的《古代印度的造糖技术》（Zur Technologie der Zuckerherstllung im alten Indien），Zeitschrift der Deutschen Morgenländischen Gesellschaft，Band 121—Heft 1，1971，第 95 页。

[19] 李普曼，前引书，第 96 页。

[20] 《大正新修大藏经》第 51 卷，第 989 页中。

[21] 《大正新修大藏经》，第 22 卷，第 147 页中。

[22] 同上书，第 212 页中。

[23] 同上书，第 473 页上。

[24] Bhikṣuṇi-Vinaya，ed.by Gustav Roth，Patna 1970，p.40。

[25] 《大正新修大藏经》，第 24 卷，第 24 页中。

[26] Gilgit Manuscripts，vol. Ⅲ，part 1，ed. by Nalinaksha Dutt，Srinagar-Kashmir，p.iii。

[27] 李普曼，前引书，第 85 页。

[28] 同上书，第 105 页。

[29] 《大明一统志》有同样记载。

[30] 李普曼，前引书，第 96 页。

[31] 《大正新修大藏经》第 50 卷，第 545 页下。

[32] 《华东师范大学学报·哲学社会科学版》1981 年第 3 期，第 47—48 页。

# cīnī 问题

## ——中印文化交流的一个例证

我在《中印文化关系史论文集·前言》中写过一段话：

> 我们是不是可以做如下的推测：中国唐代从印度学习了制糖术以后，加以提高，制成了白糖。同时埃及也在这一方面有所创新，有所前进，并且在元朝派人到中国来教授净糖的方法。实际上中国此时早已经熟悉了这种方法，熬出的白糖，按照白图泰的说法，甚至比埃及还要好。这件事从语言方面也可以得到证明。现代印地语中，白糖、白砂糖叫做 cīnī，cīnī 的基本含义是“中国的”。可见印度认为白糖是中国来的。

因为我当时对于这个问题还没有深入研究，只是根据个人的理解提出了上面这个看法。

我认为，解决这个问题的关键在于 cīnī 这一个字。为什么白糖是“中国的”？cīnī 这个字产生于何时何地？是否白糖真是从中国去的？近几年来，我脑袋里一直萦回着这样几个问题。但是没能得到满意的答案。1985 年我到印度新德里去参加“印度文学在世界”国际讨论会，在我主持的一次大会上，我向印度学者提出了 cīnī 的问题，可惜没有一个人能答复我。

最近承蒙丹麦哥本哈根大学教授 Chr. Lindtner 博士的美意，寄给我一篇 W.L.Smith 写的 Chinese Sugar? On the Origin of Hindi cīnī (sugar),[1]这正是我在研究的问题，大有“踏破铁鞋无觅处，得来全不费工夫”之感。但是读完之后，一方面感到高兴，一方面又感到遗憾，或者失望。现在把我自己的想法写出来，以求教于 W.L.Smith 先生和国内外的同行们。

先介绍一下 Smith 先生的论点。他引用了不少的词典，这些词典对 cīnī 这个字的词源解释有一些分歧。其中 Hindī śabdsāgar 说 cīnī 可能源于梵文 sitā，是完全站不住脚的。其余的词典，尽管解释不同，但基本上都认为它与中国有关，cīnī 的意思是“中国的”。Smith 还指出了一个很有意义的现象：全世界很多语言表示“糖”的字都来自梵文śarkarā。在西印度近代语言中也多半用一个来源的字来表示“糖”，比如马拉提语的 sākar/sākhar，古扎拉提语的 sākar 等等。但是，在印地语等新印度雅利安语言中却用一个非印度来源的字 cīnī 来表示“糖”。这里面就大有文章了。

Smith 先生接着说：“另外还有一个谜：制糖术是印度的发明创造，在公元前 800 年左右已经有了。而中国则从来没有向印度输出过任何量的糖。正相反，印度一直是糖的主要输出国。因此，糖在任何意义上都决不可能像一些词典学家解释的那样是中国的产品。根据某一些权威的看法，甘蔗的原生地是中国和印度；另一些权威不同意。看来后者的意见很可能是正确的。因为，直到唐代中国人都甘心食用麦芽糖当作甜料，是从发了芽的粮食，特别是大麦制成的，或者食用各种水藻的加过工的汁水，比如 Limnanthemum nymphoides，同甘蔗很相似。”（p.227）下面 Smith 讲到，玄奘在戒日王统治后期到印度去，在犍陀罗看到石蜜。其后不久，中国人自己制糖，又从摩揭陀输入糖，李义表在印度学会了制糖术，如此等等。关于中国糖决不会输入印度，Smith 的话说得何等坚决肯定。可惜事实不是这个样子，下面再谈。

Smith 又说："把 cīnī 同中国联系起来的假设似乎基于这个事实：既然 cīnī 的意思是'中国的'，糖在某种意义上也必须来自那里。可是这不一定非是这个样子不行。"（p.228）他又指出，梵文中有足够的字来表示"糖"，创造 cīnī 这个字一定有其必要性。确定这个字的产生时期，非常困难。杜勒西达斯（Tulsīdās 1532—1623）或 Mohammad Jāyasī 的著作中没有 cīnī 这个字。苏尔达斯（Sūrdās 约 1503—1563）的著作中有。在孟加拉，cīnī 这个字 16 世纪已确立。它最早见于 Maithili 诗人 Jyotirīśvara 的 Varṇaratnākara 中，这一部书成于第 14 世纪的第一个 25 年中。因此可推断，这个字开始出现于 13 世纪末，如果不是更早的话。

Smith 的文章接着又讲到，印度制糖术传入中国以前已经传至西方。公元 700 年左右，在幼发拉底河流域，景教徒发明精炼白糖的技术，制出来的糖比较干净，比较白。以后几个世纪炼糖中心移至埃及。当时埃及的染色、制玻璃、织丝、金属冶炼的技术高度发达。炼出来的糖色白，成颗粒状，与今日无异。埃及的冰糖（rock sugar 或 sugar candy）质量极高，甚至输入印度，在印地语和乌尔都语中这种糖叫 miṣrī，这个字源于 miṣr，意思是古代开罗或埃及。这种新的制糖技术从埃及传至东方。根据马可·波罗的记载，蒙古人征服中国的 Unguen 以前，这个城市的居民不知道什么精糖（zucchero bello）；可是一旦这个城市被占领，忽必烈汗把"巴比伦人"送到那里，教中国人炼糖的技艺。所谓巴比伦人 Uomini di Bambillonia，不是久已被忘掉的古代巴比伦或伊拉克人，而是来自 Bābaljūn，指的是开罗最古的城区，当时意大利称之为 Bambillonia d'Egitto。换句话说，他们是埃及的制糖高手。

这种制糖技术似乎也传到了当时被信伊斯兰教的土耳其人所统

治的北印度。苏丹们在德里建立了巨大的糖市场，并同埃及争夺中东市场。两个世纪以后，葡萄牙人来到印度，他们发现印度糖质量高，产量大。Duarte Barbosa 在 1518 年写道，在西印度和孟加拉有很好的白糖。

Smith 又进一步对比了 cīnī 等字与从梵文字śarkarā 和 guḍa 派生出来的字，他发现前者指精糖，后者指粗褐色的糖。他说："为了把颜色比较白的熬炼得很精的糖同传统的糖区分开来，才引进了 cīnī 这个字，白糖是使用埃及人开创的新技艺制成的。"（p.230）做了许多论证，绕了一个大弯子之后，Smith 又强调说："这种'新'糖本身与中国毫无关系，但是，既然我们不能另外找出这个字的来源，我们只能假定，它实际上就等于'中国的'、'与中国有关的'，如此等等。那么，问题就是要确定，为什么这种白色的糖竟同中国联系起来了。"（p.231）这话说得既坚决又肯定，但也同样地玄虚。什么叫"它实际上就等于'中国的'"呢？且看他怎样解释。他说，cīnī 是印度阔人、贵人食用的，价钱非常昂贵。乡村的土制糖，是老百姓吃的，价钱非常便宜。"为什么印度人，更确切地说是印度阔人，食用 cīnī 的阔人把它与中国联系起来呢？（p.231）在这里，Smith 的幻想充分得到了发挥。他从印度阔人所熟悉的中国东西讲起，他认为就是中国瓷器。在乌尔都语、尼泊尔语、古扎拉提语中，cīnī 兼有"瓷器"与"白糖"的意思。印度阔人把瓷器的白颜色转移到糖上边来，这个词很可能原是 cīnī śakkar，后来丢掉了śakkar，只剩下 cīnī。这个字的来源可能是印度穆斯林阔人所使用的语言。因为印度教徒食物禁忌多如牛毛，他们对于 cīnī 这种东西怀有戒心。印度北方穆斯林统治者的官方语言是波斯文。cīnī 这个字很可能来自波斯文。印度西部方言中 cīnī 这个字不流行，也可以透露其中消息。在西部，印度教徒占垄断地位。

我个人觉得，Smith 先生这种推理方法有点近似猜谜。为了坚决否认中国有白糖传入印度，他费了极大的力气，绕了极大的弯子，提出了自己的论断。但是这种论断可靠不可靠呢？下面我用事实来回答这个问题。Smith先生之所以前后矛盾，闪烁其词，捉襟见肘，削足适履，就是因为没有把事实弄清楚。只要事实一弄清楚，这个貌似繁难的问题就可以迎刃而解了。

Smith说，中国在唐以前只有麦芽糖，这不是事实。《楚辞》已经有“柘（蔗）浆”。从公元二三世纪后汉后期起，“西极（国）石蜜”已经传入中国。大约到了六朝时期，中国开始利用蔗浆造糖[2]，在过去蔗浆是只供饮用的。7世纪时，唐太宗派人到印度摩揭陀去学习熬糖法，结果制出来的糖“色味愈西域远甚”。看来中国人从印度学来了制糖术以后，加以发扬，于是就出于蓝而胜于蓝。《新唐书》所谓“色味”，“味”比较容易理解，“色”我理解是颜色白了一点。总之是在技术方面前进了一步。这种技术当然又继续发展下去。到了宋代，出了讲制糖的书，比如洪迈的《糖霜谱》等，技术又有了新的进步。到了元代，在13世纪后半马可·波罗（1254？—1324）来到中国。此事Smith也已谈到。沙海昂注，冯承钧译《马可·波罗行记》[3]，页600、603，讲得比较简略。陈开俊、戴树英、刘贞琼、林键合译《马可·波罗游记》[4]，页190—191，讲得比较详细。我现在根据William Marsden的英译本[5]把有关福建制糖的那一段译在下面。Marsden虽被冯承钧贬为“翻译匠”，可我觉得他这一段译文很全面，值得一译：

> 此地（福建的Unguen）因大量产糖而引起重视。人们把糖从此地运往汗八里城，供宫廷食用。在归入大汗版图以前，此地居民不懂精炼白糖的手艺，他们只用不完备的办法来煮糖，结果是把糖熬好冷却后，它就变成一堆黑褐色的浆糊。但是，此城成为大汗的附庸后，碰巧朝廷上有几个从巴比伦来的

> 人，精通炼糖术，他们被送到此地来，教本地人用某一些木材的灰来精炼白糖的手艺。(Book Ⅱ，chapter LXXV)

这里面有几个问题要弄清楚。第一，巴比伦是什么地方？Marsden 加了一个注，说是巴格达。上面引用的 Smith 的说法，说是埃及。后者的可能性更大一些。第二，为什么使用木材的灰？木头灰里面含有碱性，能使黑褐色的糖变成白色。这里需要对白色加几句解释。所谓白，是一个相对的概念，用一个模糊数学的术语来表达，白是一个模糊的概念。意思不过是颜色比较白一点，白中带黄，根本不能同今天的白糖相比。现在的白糖是机器生产的结果，过去是完全办不到的。第三，Unguen 指的是什么地方？冯承钧，前引书，页 603，注 7："武干一地，似即尤溪"。陈开俊等译《马可·波罗游记》，页 190，注 3："似今之尤溪"。

生在 14 世纪，比马可·波罗晚生 50 年的摩洛哥旅行家伊本·白图泰（1304—1377），于元顺帝至正 6 年（1346）以印度苏丹使者的身份来到中国，比马可·波罗晚几十年。在这不算太长的时间，中国制糖术显然已经有了进步。在《伊本·白图泰游记》[6]中有这样一段话："中国出产大量蔗糖，其质量较之埃及蔗糖实有过之而无不及。"（页 545）可见中国学生已经超过埃及老师了。

到了 16、17 世纪的明代的后半叶，上距马可·波罗和伊本·白图泰的时代，已经有二三百年多了。中国的熬糖术又有了新的相当大的提高。此时有不少讲制糖术的书，比如宋应星的《天工开物》、陈懋仁的《泉南杂志》、刘献廷的《广阳杂记》、何乔远的《闽书南产志》、顾炎武的《天下郡国利病书》、王世懋的《闽部疏》，还有《遵生八笺》等等。这些书有一个和从前不同的特点，这就是，几乎都强调白糖的生产。"白糖"一词儿过去不是没有；但是估计所谓"白"只不过是比黑褐色稍微鲜亮一点而已。到了明代后半叶，熬糖的技术更提高了，熬出来的糖的颜色更白了，于是就形成了当时“白糖”的概念。上面已经谈到，马可·波罗在中国看到了用木材灰熬炼的白糖。明末的白糖可能比元代更白一点，决不可能同机器生产的白糖相提并论。

明末的白糖是怎样熬炼的呢？刘献廷《广阳杂记》说：

> 嘉靖（1522）以前，世无白糖，闽人所熬皆黑糖也。嘉靖中，一糖局偶值屋瓦堕泥于漏斗中，视之，糖之在上者，色白如霜雪，味甘美异于平日，中则黄糖，下则黑糖也。异之，遂取泥压糖上，百试不爽，白糖自此始见于世。

同一个故事或类似的故事，还见于其他书中，不具引。利用泥来熬糖，恐怕同利用木材灰一样，其中的碱性发挥了作用。科学史上一些新的发明创造，有时候出于偶然性，白糖的出现出于偶然，不是不可能的；但也不一定就是事实，有人故神其说，同样也是可能的。明末清初中国许多书中都有关于制造白糖的记载，我将在我准备写的《糖史》中专章论述，这里不再一一征引。至于说到嘉靖以前没有白糖，根据其他史料，这恐怕不是事实。

上面说的是从元到明中国能生产白糖[7]。

生产的白糖是仅供国内食用呢，还是也输出国外？根据记载，也输出国外，而且输出的范围相当广。日本学者木宫泰彦在他所著的《日中文化交流史》中，在《萨摩和明朝的交通贸易》一章中说，1609年（明万历37年）7月，有中国商船10艘到了萨摩。船上装载的东西中有白糖和黑糖[8]。这说明白糖输出到了日本。韩振华教授讲到，在郑成功时代，中国白糖输出到巴达维亚[9]。中国白糖不但输出到亚洲一些国家，而且还输出到欧洲。日本学者松浦章在《海事交通研究》杂志（1983年第22集）上发表了《清代前期中、英间海运贸易研究》一文，谈到康熙时期中国白糖输入英国[10]。康熙距明末不久，所以在此一并论及。

上面说的是中国白糖输出国外。

输出国外，是不是也输出到印度去了呢？是的，中国白糖也输出到了印度。德国学者 Lippmann[11]在讲述了马可·波罗在福建尤溪看到了白糖以后，又讲到蒙古统治者重视贸易，发放签证，保护商道；对外国的和异教的手工艺人特别宽容、敬重，不惜重金，加以笼络。“这件事情在精炼白糖方面也得到了最充分的证实，因为中国人从那以后，特别是在炼糖的某一方面，也就是在制造冰糖方面，成为大师，晚一些时候甚至把这种糖输出到印度，不过名字却叫做 misri，这一个字的原始含义（埃及糖）已经被遗忘了。”英国马礼逊说：“印度国每年亦有数船到是港（新埠），载布疋，易白糖等货。”[12]这里谈的可能是中国白糖经过新加坡转口运至印度。无论如何，中国白糖输出到印度已经是无可辩驳的事实了。

我在这里想顺便讲一件事情。《天工开物》，《甘嗜第六》有一句话：“名曰洋糖。”夹注说：“西洋糖绝白美，故名。”中国人造的白糖竟名之为“洋糖”，可见当时西洋白糖已经输入中国，而且给人们留下了深刻的印象。这情况在清朝末年屡见不鲜，在中国“洋”字号的东西充斥市场，什么“洋面”、“洋布”、“洋油”、“洋火”等等。但这是在19世纪后半叶和20世纪初叶。宋应星《天工开物》序写于明崇祯10年丁丑，公历1637年，是在17世纪前半。这情况恐怕是很多人难以想像的。在这里先提一句，以后还要继续探讨。

我在上面分三个层次论证了中国能生产白糖，中国白糖输出国外，也输出到了印度。我讲的全都是事实。把这些事实同 Smith 先生的说法一对照，立刻就可以看出，他的说法是完全站不住脚的。根据事实，我们只能说，cīnī 的含义就是“中国的”，转弯抹角的解释是徒劳的。印度自古以来就能制造蔗糖。不知什么原因，在一段相当长的时间内，反而从中国输入白糖，而且给了它“中国的”这样一个名称，说明它的来源。不管怎样解释，这个事实是解释不掉的。

Smith先生的文章里不能否定cīnī的意思是“中国的”，但是却坚决否认中国白糖运至印度。他斩钉截铁地说，中国没有任何白糖运至印度。可同时他却又引用Lippmann的那一段说中国白糖运到印度的话，而不加任何解释，没有表示同意，也没有表示不同意，使他自己的论点矛盾可笑，殊不可解。

我觉得，还有几点需要进一步加以说明。第一个是中国白糖输入印度的地点问题。从种种迹象来看，进口地点是东印度。在这里，语言给了我很多启发。在西印度近代语言中，表示“糖”的字来自梵文字śarkarā，我在上面已经说过。这些字的意思是黑褐色的粗糖，是农村制造为穷人食用的，价钱比较便宜。cīnī或和它类似的字流行于中印度和东印度，包括尼泊尔语在内。意思是精细的白糖，是供印度贵人和富人食用的，价钱非常昂贵，最初都是“洋货”。东西和精粗的界限异常分明。所以结论只能是，中国白糖由海路首先运至东印度，可能在孟加拉的某一个港口登岸，然后运入印度内地。西印度路途遥远，所以难以运到，在语言上也就没有留下痕迹。

第二个是中国白糖输入印度的时间问题，这里问题比较复杂一点。我在上面着重讲的是明末清初中国白糖输入印度的情况。明末清初约略相当于16、17世纪。可是Smith在文章中说，cīnī这个字在印度、孟加拉16世纪已经确立。他又推断，这个字开始出现于13世纪末。这就有了矛盾。在孟加拉最早出现的cīnī这个字不可能表示16、17世纪才从中国输入的白糖。这怎样来解释呢？我在上面讲到马可·波罗在尤溪看到中国制的白糖，时间是1275年。

中国人从埃及人那里学习了制糖术，造出了白糖。这样的白糖从近在咫尺的泉州港装船出口是完全可能的。泉州从宋代起就是中外贸易的著名港口，同印度有频繁的交通关系，至今还保留着不少的印度遗迹。白糖为什么不能从这里运到印度去呢？从时间上来看，这同 Smith 所说的 13 世纪末是完全吻合的。因此，我们可以说，孟加拉文中的 cīnī 最初是指 13 世纪后半从中国泉州运来的白糖的。

cīnī 这个字在印度出现的时间，是我多年来考虑的一个问题。Smith 先生的文章至少帮助我初步解决了这个问题，谨向他致谢。

**注　释**

[1]　Indologica Taurinensia, Official Organ of the International Association of Sanskrit Studies, Volume Ⅶ, 1984, Edizioni Jollygrafica, Torino (Italy).

[2]　参阅季羡林：《蔗糖的制造始于何时?》，《社会科学战线》，1982 年第 3 期，第 144—147 页。

[3]　1937 年，商务印书馆，上、中、下三册。

[4]　1982 年，福建科学技术出版社。参阅张星烺译本。

[5]　The Travels of Macco Polo, translated from the Italian with Notes by William Marsden, London 1918.

[6]　马金鹏译，1985 年，宁夏人民出版社。

[7]　参阅于介：《白糖是何时发明的?》，《重庆师范学院学报》（哲学社会科学版），1980 年第 4 期，第 82—84 页。

[8]　《日中文化交流史》，[日] 木宫泰彦著，胡锡年译，商务印书馆，1980 年，第 622 页。

[9]　韩振华：《1650—1662 年郑成功时代的海外贸易和海外贸易商的性质》，《南洋问题文丛》，1981 年，第 73 页。

[10]　转引自《中国史研究动态》2，1984 年，第 30—32 页。明陈懋仁《泉南杂志》，卷上："甘蔗干小而长，居民磨以煮糖，泛海售商。"在这里"泛海"，可能指的是

用船运往国外。

［11］ E.O.v.Lippmann，Geschichte des Zuckers seit den altesten Zeiten bis zum Beginn der Rubenzucker-Fabrikation，Berlin，1929，p.264.

［12］ 英国马礼逊著《外国史略》，《小方壶斋舆地丛钞》，再补编，15。

# 再谈 cīnī 问题

1987 年，我写过一篇文章，叫做《cīnī 问题——中印文化交流的一个例证》，刊登在《社会科学战线》1987 年第 4 期上。文章的主要内容是针对 W.L.Smith 一篇文章中的论点的。cīnī 在印度的一些语言中有“白沙糖”的意思，而这个字的本义是“中国的”。这就说明，印度的白沙糖，至少是在某一个地区和某一个时代，是从中国输入的，产品和炼制术可能都包括在里面。然而，Smith 先生却坚决否认这一点，说中国从来没有把白沙糖输入印度。他说出了许多理由，却又自相矛盾，破绽百出。他的论点是根本不能成立的。

针对 Smith 先生的论点，我的论点是：中国的白沙糖确曾输入印度。输入的地点是印度东部的孟加拉，输入的道路是海路。至于输入的时间，则问题比较复杂。我经过一番考证，得到了这样的认识：中国的明末清初，也就是公元 16、17 世纪，中国的炼糖术在从 13 世纪起学习埃及或伊拉克巴格达的制糖技术的基础上，又有了新的发展，中国的白沙糖大量出口。至迟也就是在这个时候，中国的白沙糖也从泉州登船，运抵印度的孟加拉。这是从中国到印度来的最方便的港口。时间还可能更早一些。这就是 cīnī 这个涵义为

“白沙糖”的字产生的历史背景。

论证是完美无缺的，结论也是能站住脚的，然而并非万事大吉，它还是有缺憾的，而且是致命的缺憾：它没有证据。实物的证据不大可能拿到了，连文献的证明当时也没有。我为此事一直耿耿于怀。

最近写《明代的甘蔗种植和沙糖制造》，翻检《明史》，无意中在卷321《外国传》，榜葛剌（即孟加拉）这一节中发现了下列诸语：

> 官司上下亦有行移医卜阴阳百工技艺，悉如中国，盖皆前世所流入也。

我眼前豁然开朗，大喜过望：这不正是我要搜求的证据吗？地点是孟加拉，同我的猜想完全符合。这里的“百工技艺，悉如中国”，紧接着就说“皆前世所流入”，是从前从中国传进来的。“百工技艺”，内容很多。但从各方面的证据来看，其中必须包括炼糖术，是没法否认的。有此一证，我在前文中提出的论点，便立于牢不可破的基础之上。

到明初为止，中印文化交流可能已经有了两千多年的历史；也就是说，在佛教传入中国之前，中印文化已经有了交流。到了明成祖时代，由于政治和经济的发展，孟加拉成了交流的中心。这从当时的许多著作中都可以看到，比如马欢的《瀛涯胜览》、费信的《星槎胜览》、巩珍的《西洋番国志》等等。从明代的“正史”《明史》（清人所修）也可以看到。从《明会典》中也可以看到同样的情况。这些书谈到孟加拉（榜葛剌），往往提到这里产糖霜，有的还谈到贡糖霜，比如《明会典》卷97。

从表面上来看，白沙糖（cīnī）只不过一个微末不足道的小东西，值不得这样大作文章。然而，夷考其实，却不是这样子。研究中印文化交流史的人，都感到一个困难：既然讲交流，为什么总是讲印度文化如何影响中国呢？印度学者有的甚至称之为 one-way traffic（单向交流）。中国文化真正没有影响印度吗？否，决不是这样。由于印度人民不太注意历史，疏于记载，因此，中国文化影响印度的例证不多。我研究中印文化交流史，力矫此弊，过去找到过一些例证，已经写成文章，比如《佛教的倒流》等就是。我这样做，决不是出于狭隘的民族主义，想同印度争一日之长，而完全是出于对科学研究的忠诚。科学研究唯一正确的态度是实事求是，我们追求的是客观真理。

cīnī 问题就属于这个范围。所以继前一篇之后，在得到新材料的基础上又写了这一篇。

1993 年 11 年 7 日

# 《列子》与佛典

## ——对于《列子》成书时代和著者的一个推测

《列子》是一部伪书，自来学者少有异议。自唐柳宗元，宋高似孙、黄震、朱熹、叶大庆，明宋濂，清姚际恒、钱大昕、钮树玉、姚鼐、何治运、俞正燮、吴德旋、汪继培，下至章炳麟、陈三立、梁启超、顾实、马叙伦、陈文波、冯友兰、王德箴[1]，有的认为《列子》本有其书，只是经过了后人的增窜；有的认为全书都是伪造的。怀疑的程度虽然不同，但大家都认为《列子》是一部伪书。只有很少数的人读到《列子》而没有怀疑，像梁刘勰，宋洪迈，元刘埙，明王世贞，清褚人获[2]等。另外还有两家，虽然也承认《列子》不是出于列御寇之手，但大体上却是替《列子》辩护的：一是《四库全书总目提要》二十八子部道家类；一是日本学者武内义雄[3]。可惜这些替《列子》辩护的学者们的意见都太空虚，不能让人心服。

替《列子》辩护既然难成立，我们回头再看怀疑《列子》的学者的意见。统观这些学者，我觉得他们每个人都举出了很坚实可靠的证据，但他们却只证明了一点，就是：《列子》是一部伪书。至于这部书究竟伪到什么程度，换句话说，就是：这部书究竟是在哪一年著成的？著者究竟是谁？虽然他们有的也多少说到过，但我总觉得理由都太空洞，或者只是想象之辞。钱大昕说："恐即晋人依托。"[4]姚鼐以为《列子》里面有汉魏以后人的附益，也许张湛就有所矫入。何治运举出了许多证据，说《列子》出于《尔雅》、《易纬》，在佛法入中国和两汉"圣学昌明"之后，没有确定说什么时候[5]。俞正燮说：

《列子》晋人王浮葛洪以后书也，以《仲尼篇》言圣者，《汤问篇》言火浣布知之。

这理由似乎不大充足。《仲尼篇》言圣者，最多只能证明《列子》出于佛法入中国之后；《汤问篇》言火浣布也只能证明《列子》出于火浣布输入以后，都不能证明《列子》是王浮葛洪以后的书。大概王浮葛洪都是制造伪书的专家，所以俞正燮就想到他们身上去了。章炳麟先说《列子》作于佛法初兴之世，后来又说：

《列子》书汉人无引者。王何嵇阮下及乐广，清谈玄义，散在篇籍，亦无有引《列子》者。观张湛序，殆其所自造。湛谓与佛经相参，实则有取于佛经尔。

他说《列子》可能是张湛伪造的，实在是一个大胆的假设，发前人所未发；但可惜并没能举出具体的证据，只是一个揣测而已[6]。陈三立以为季汉魏晋之士，看了佛典以后，就杨朱之徒所依托的，增窜而成《列子》。马叙伦举了二十个事例证明《列子》是伪书，连刘向的《叙录》也是伪造的。他的结论是：

魏晋以来，好事之徒，聚敛《管子》、《晏子》、《论语》、《山海经》、《墨子》、《庄子》、《尸佼》、《韩非》、《吕氏春秋》、

《韩诗外传》、《淮南》、《说苑》、《新序》、《新论》之言，附益晚说，成此八篇，假为向叙以见重。

他最后说：

夫辅嗣为《易》注多取诸老庄，而此书亦出王氏，岂弼之徒所为与？

陈文波在他的论文《伪造列子者之一证》里举出了几个前人没有注意到的证据，他先说《列子》“颇似魏晋时之出产品”，又说“晋人或有见于《庄子》之寓言，于是杂凑群书，以成《列子》”。以上这些说法都太笼统。

我们上面谈到，学者们对于《列子》成书年代的意见既然都未免有点空泛，那么我们是不是还有办法把这部书著成的年代更精密的确定一下呢？我觉得我们还有办法，而且办法也许还不止一个。我现在只根据中译的佛典来试一试。

张湛在《列子序》里说：

然其所明，往往与佛经相参。

章炳麟已经怀疑到，并不是《列子》与佛经相参，而是《列子》钞佛经。我也有同样的感觉，我觉得张湛在这序里不打自招地说出了《列子》一部分取材的来源。关于《列子》与佛典的关系，以前有许多学者谈到过。高似孙说：

至于“西方之人，有圣者焉，不言而自信，不化而自行。”此固（故）有及于佛，而世犹疑之。[7]

朱熹说：

> 又观其言“精神入其门，骨骸及其根，我尚何存?”者，即佛书四大各离，今者妄身尚在何处之所由出也。他若此类甚众，聊记其一二于此，可见剽掠之端云。

叶石林说：

> 《列子》《天瑞》《黄帝》两篇皆其至理之极尽言之而不隐，故与佛书直相表里。[8]

王应麟说：

> 《列子》言西方之圣人，西极之化人，佛已闻于中国矣。[9]

明宋濂举出许多《列子》与佛典相合的例子。清何治运以为《周穆王篇》的西极化人和《仲尼篇》的西方圣人就是指的佛。龚自珍[10]和杨文会[11]也有同样的意见。章炳麟和陈三立都指出《列子》与佛典的关系。马叙伦说的尤其详尽。他先指出西方之人就是佛，最后又说：

> 又如《天瑞篇》言天地空中之一细物，有中之最巨者。《周穆王篇》言西极之国，有化人来，入水火，贯金石，反山川，移城邑，乘虚不坠，触实不硋，千变万化，不可穷极，既已变物之形，又且易人之虑。《汤问篇》言其山高下周旋三万里，其顶平处九千里，山之中间相去七万里，以为邻居焉。其

上台观皆金玉，其上禽兽皆纯缟，珠玕之树皆丛生，华实皆有滋味，食之皆不老不死，所居之人皆仙圣之种。一日之夕，飞相往来者不可数焉。此并取资于浮屠之书，尤其较著者也。

这些意见有的都很中肯；但类似上面举出的这些记载散见佛典，我们虽然可以说，《列子》剽掠了佛典，我们却不能确切地指出剽掠的究竟是哪一部，因而也就不能根据上面这些证据推测出《列子》成书的年代。反过来说，倘若我们能够在《列子》里找出与佛典相当的一段，而且能够指出钞袭的来源，我们也就能够推测《列子》成书的时代。这种例子，在《列子》里并不是没有，下面我就举出一个来。

《列子·汤问篇》五有这样一段：

周穆王西巡狩。越昆仑，不至弇山，反还。未及中国，道有献工人名偃师，穆王荐之，问曰："若有何能？"偃师曰："臣唯命所试。然臣已有所造，愿王先观之！"穆王曰："日以俱来，吾与若俱观之！"翌日，偃师谒见王。王荐之曰："若与俱来者何人邪？"对曰："臣之所造能倡者。"穆王惊视之，趋步俯仰，信人也，巧夫！钡其颐，则歌合律；捧其手，则舞应节；千变万化，惟意所适。王以为实人也，与盛姬内御并观之。技将终，倡者瞬其目而招王之左右侍妾。王大怒，立欲诛偃师。偃师大慑，立剖散倡者以示王：皆傅会革木胶漆白黑丹青之所为。王谛料之：内则肝胆心肺脾肾肠胃，外则筋骨支节皮毛齿发，皆假物也，而无不毕具者，合会复如初见。王试废其心，则口不能言；废其肝，则目不能视；废其肾，则足不能步。穆王始悦而叹曰："人之巧乃可与造化者同功乎？"诏贰车载之以归。夫班输之云梯，墨翟之飞鸢，自谓能之极也。弟子东门贾禽滑厘闻偃师之巧，以告二子。二子终身不敢语艺，而时执规矩。

在西晋竺法护译的《生经》（Jātaka-nidāna）卷三《佛说国王五人经》二十四里有一个相同的故事：

时第二工巧者转行至他国。应时国王喜诸技术。即以材木作机关木人，形貌端正，生人无异，衣服颜色，黠慧无比，能工歌舞，举动如人。辞言："我子生若干年，国中恭敬，多所馈遗。"国王闻之，命使作技。王及夫人，升阁而观。作伎歌舞，若干方便。跪拜进止，胜于生人。王及夫人，欢喜无量。便角睒（宋元明本作眨）眼，色视夫人。王遥见之，心怀忿怒。促敕侍者，斩其头来："何以睒眼，视吾夫人？"谓有恶意，色视不疑。其父啼泣，泪出五（宋元明本作数）行。长跪请命："吾有一子，甚重爱之。坐起进退，以解忧思。愚意不及，有是失耳。假使杀者，我共当死。唯以加哀，原其罪亹。"时王恚甚，不肯听之。复白王言："若不活者，愿自手杀，勿使余人。"王便可之，则拔一肩榍，机关解落，碎散在地。王乃惊愕："吾身云何嗔于材木？此人工巧，天下无双，作此机关，三百六十节，胜于生人。"即以赏赐亿万两金。即持金出，与诸兄弟，令饮食之，以偈颂曰：

观此工巧者　多所而成就
机关为木人　过逾于生者
歌舞现伎乐　令尊者欢喜
得赏若干宝　谁为最第一[12]

我们比较这两个故事，内容几乎完全相同，甚至在极细微的地方都可以看出两者间密切的关系，譬如《列子》里说：“倡者瞬其目而招王之左右侍妾”，《生经》里就说：“便角睒眼，色视夫人。”但这两个故事间的关系究竟应该怎样去解释呢？看了这两个故事这样相似，我想无论谁也不会相信这两个故事是各不相谋 的独立产生的，一定是其中的一个抄袭的另外一个。现在我们就看，究竟哪一个是抄袭者。

首先我们要追究，这个故事的老家究竟是在什么地方，是印度呢？还是中国？在中文译本里，整个故事叫做《佛说国王五人经》，这个机关木人的故事只是其中一部分。《佛说国王五人经》讲的是五个王子的故事：第一个智慧（Prajñāvanta），第二个工巧（śilpavanta），第三个端正（Rūpavanta），第四个精进（Vīryavanta），第五个福德（Puṇyavanta）。每个王子各有所长，正如他的名字所表示的。每个王子都找到机会显他的本领，结果还是福德王子占了第一。这五个王子显本领就用五个故事来叙述，我们上面钞的机关木人的故事是属于第二个工巧王子的。这五个小故事合起来成了一个大故事，就是《佛说国王五人经》。这个大故事在印度很流行。除了《佛说国王五人经》以外，保存在中文《大藏经》里的还有《佛说福力太子因缘经》（Buddhabhāṣitapuṇyabalāvadāna，《大正新修大藏经》第173号，南条文雄《目录》第953号）。在用混合方言写成的Mahāvastu里也有这个故事（ed. Senart第三本第33—41页）。不但在印度，在中亚也可以找到这故事，譬如在吐火罗文A方言（焉耆文）的残卷里就可以找到（Sieg und Siegling，Tocharische Sprachreste，I. Band，Berlin und Leipzig 1921，pp. 1—14）。有一点我在这里先要声明：整个大故事的内容和结构虽然差不多都一样，但每个王子的故事有时候却多少有点差别。属于第二个工巧王子的机关木人的故事，我一直到现在除了在《生经》《佛说国王五人经》里找到以外，在别的地方还没有发现类似的故事。但这个小故事既然嵌在那个大故事里面，所以我相信，它的老家也一定就是印度。[13]

我们上面已经说到，《列子》与《生经》里机关木人的故事绝不会是各不相谋的独立产生的，一定是其中的一个抄袭的另外一个。现在我们既然确定了印度是这个故事的老家，那么，《列子》抄袭佛典恐怕也就没有什么疑问了。

我们现在再看，在中文《大藏经》里除了竺法护的译文以外，是不是还可以找到别的与《生经》机关木人的故事相类的故事。倘若有的话，《列子》也许并不是抄袭竺法护。但据我浅见所及，在竺法护以前并没有任何相同或相似的译文。所以我们现在还可以再进一步说，《列子》里这个故事不但是从佛典里抄来的，而且来源就正是竺法护译的《生经》。

这一点弄清楚，我们再来看竺法护的译本。在所有古代的经录里面，竺法护译的《生经》都有著录。

梁僧祐《出三藏记集》卷二：

《生经》五卷或四卷[14]

隋法经《众经目录》卷三：

《生经》五卷[15]

隋彦悰《众经目录》卷一：

《生经》五卷或四卷[16]

唐静泰《众经目录》卷一：

《生经》五卷或四卷一百七纸[17]

唐道宣《大唐内典录》卷二：

《生经》五卷太康六年正月十九日译，或四卷见《聂道真录》。[18]

从上面的著录来看，译者毫无问题。至于译出的时间据道宣《大唐内典录》是太康六年，相当公元285年。我们也没有理由怀疑这个记载。

写到这里，我觉得我们对《列子》成书的时代可以作一个比较确切的推测了：《列子》既然抄袭了太康六年译出的《生经》，这部书的纂成一定不会早于太康六年（公元285年）。陈文波曾指出《列子》钞《灵枢经》。《灵枢经》据说是钞自皇甫谧所集的《内经·仓公篇》。陈文波就认为《灵枢经》之出世当在皇甫谧时。据《晋书》五十一《皇甫谧传》，皇甫谧死在太康三年（公元282年）。所以，就我们现在所发现的材料来说，《列子》钞的最晚的一部书就是《生经》。

关于《列子》注者张湛的身世，我们知道的极少。唐殷敬顺《列子释文》也只说：

> 张湛，字处度，东晋光禄勋，注此《真经》。

《晋书》又没有传，生卒年月不详。我们唯一可根据的就是他的《列子序》。我现在钞一段：

> 湛闻之先父曰：吾先君与刘正舆、傅颖根皆王氏之甥也。并少游外家。舅始周，始周从兄正宗辅嗣皆好集文籍。先并得仲宣家书，几将万卷。傅氏亦世为学门。三君总角，竞录奇书。及长，遭永嘉之乱，与颖根同避难南行。车重各称力，并有所载。而寇虏弥盛，前途尚远。张谓傅曰："今将不能尽全所载，且共料简世所希有者，各各保录，令无遗弃。"颖根于是唯赍其祖玄父咸子集。先君所录书中有《列子》八篇。及至江南，仅有存者，《列子》唯余《杨朱》《说符》目录三卷。比乱正舆为扬州刺史，先来过江。复在其家得四卷。寻从辅嗣女婿赵季子家得六卷，参校有无，始得全备。

这序里面提到的人名，在正史里面大半都可以找得到。傅颖根就是傅敷，《晋书》卷四十七《傅玄传》附有他的传，说他：

永嘉之乱，避地会稽。

与张湛序相合。又据《三国志·魏志》卷二十一《王粲传》：

献帝西迁，粲徙长安。左中郎将蔡邕见而奇之。时邕才学显著，贵重朝廷，车骑填巷，宾客盈坐，闻粲在门，倒屣迎之。粲至，年既幼弱，容状短小，一坐尽惊。邕曰："此王公孙也。有异才，吾不如也。吾家书籍文章，尽当与之。"

《三国志·魏志》卷二十八《钟会传》附《王弼传》裴注：

《博物记》曰：初王粲与族兄凯俱避地荆州。刘表欲以女妻粲，而嫌其形陋而用率。以凯有风貌，乃以妻凯。凯生业，业即刘表外孙也。蔡邕有书近万卷，末年载数车与粲。粲亡后，相国掾魏讽谋反，粲子与焉。既被诛，邕所与书悉入业。业字长绪，位至谒者仆射。子宏，宏字正宗，司隶校尉；宏，弼之兄也。

《魏氏春秋》曰：文帝既诛粲二子，以业嗣粲。

也与张湛序相合。以上两件事都证明他的序与史实相符。但我们却不能因为他说到的几件事都可靠，就认为序里所有的话全可信。关于钞录《列子》一段，我觉得就绝不可信。张湛的序要我们相信，《列子》这部书是他祖父在永嘉之乱逃难时钞录下来的，原本当然更早。永嘉之乱大概是指的永嘉五年（公元311年）晋怀帝的被虏。我们上面已经说到，《列子》的成书不会早于太康六年（公元285年）。永嘉五年上距太康六年只有二十六年。我们绝对不能相信，在《生经》译出后短短二十几年内，在当时书籍传播困难的情况下，竟然有人从里面钞出了一段凑成一部《列子》。而且据张湛的暗示，这书藏在王家不知已经藏了多少年，这更是绝不可能的。我以为，这都是张湛在捣鬼。但他为什么这样做呢？最合理的推测就是，《列子》本文完全是张湛伪造的。为了灭迹起见，他写了这篇序，以史实为根据，加入一段童话般的故事，目的在惑乱读者。

归纳起上面所说的来看，我们可以立一个假设：《列子》这部书是彻头彻尾一部伪书[19]，刘向的《叙录》[20]，《列子》本文，《列子序》和《列子》注都出于张湛一人之手，都是他一个人包办的。我希望将来能够找到更多的材料证成这一个假设[21]。

1948年12月4日初稿

1949年2月5日改作毕

**注　释**

[1]　柳宗元，见《柳河东集》卷四，《辩列子》。高似孙，见《子略》，顾颉刚校，第58页。黄震，见《慈谿黄氏日抄》卷五十五，《读诸子》：《列子》。朱熹，见《朱子全书》卷五十八。叶大庆，见《考古质疑》卷三（见《海山仙馆丛书》）。宋濂，见《诸子辨》，顾颉刚标点，第三版，第15—16页。姚际恒，见《古今伪书考》，顾颉刚校点，第54—56页。钱大昕，见《十驾斋养新录》卷十八，《释氏轮回之说》。钮树玉，见《匪石先生文集》卷下，《列子跋》。姚鼐，见《惜抱轩文后集》卷二，《跋列子》（见《四部备要》）。何治运，见《何氏学》卷四，《书列子后》。俞正燮，见《癸巳存稿》卷十，《火浣布》说。吴德旋，见《初月楼文续钞》，《辨列子》。汪继培，见《列子张注》八卷，附《释文》二卷，汪继培序（见《湖海楼丛书》）。章炳麟，见《菿汉昌言》卷四。陈三立，见《东方杂志》第14卷第九号，《读列子》。梁启超、顾实，见霍世休

《唐代传奇文与印度故事》，《文学》中国文学研究专号第1053页注［8］。马叙伦，见《国故》第1—3期，《列子伪书考》（又见《天马山房丛书》）。陈文波，见《清华学报》第一卷第一期，《伪造列子者之一证》（又见《古史辨》第四册）。冯友兰，见《中国哲学史》下册，第619页。王德箴，见《先秦学术思想史》第51页。

［2］　刘勰，见《文心雕龙》卷四，《诸子》。洪迈，见《容斋续笔》卷十二，《列子书事》。刘埙，见《隐居通议》卷十九，《列子精语》。王世贞，见《读列子》。褚人获，见《坚瓠续集》卷四。

［3］　江侠庵编译《先秦经籍考》中，《列子冤词》。

［4］　钱大昕《十驾斋养新录》说，释氏轮回之说出于《列子》，非常可笑。

［5］　马叙伦《列子伪书考》说："何治运以为出郭璞后人所为。"不知何据。

［6］　梁任公、顾实、霍世休也有同样的揣测。见霍世休《唐代传奇文与印度故事》二。霍氏说，他曾著《〈列子·汤问篇〉质疑》一文，不知写成了没有。

［7］　黄震、沈濂（《怀小编》卷三，"西方之人"）、王世贞、顾颉刚都怀疑"西方之人"不是指的佛。

［8］　马端临《文献通考》卷二百十一，《经籍考》三十八，子，道家引叶氏语。

［9］　《困学纪闻》卷十。

［10］　《定庵文集补编》卷二，最录《列子》。

［11］　《冲虚经发隐》。

［12］　《大正新修大藏经》（下面缩写为㊅），3，88a。E. Chavannes 法译文见 Cinq Cents Contes et Apologues，Tome Ⅲ .pp. 166—175。季羡林德译文见 Zeitschrift der Deutschen Morgenländischen Gesellschaft H.2，1943。

［13］　关于机关木人的传说请参阅 C.H.Tawney 和 N.M.Penzer，The Ocean of Story Vol.Ⅲ，p.56.ff.。

［14］　㊅55，7b。

［15］　㊅55，128a。

［16］　㊅55，154a。

［17］　㊅55，186c。

［18］　㊅55，233a。

［19］　这并不是一个新意见，参阅注［6］。但真正找到确凿的证据恐怕还是第一次。

［20］　僧徒也有伪造刘向文的，参阅俞正燮《癸巳类稿》，《僧徒伪造刘向文考》。

［21］　《民彝》杂志一卷三期有一篇文章《读〈列子·汤问篇〉》，我还没能看到。

**附记：**

此文初稿曾送汤用彤先生审阅，汤先生供给了我很多宝贵的意见，同时又因为发现了点新材料，所以就从头改作了一遍。在搜寻参考书方面，有几个地方极得王利器先生之助，谨记于此，以志心感。

2月5日羡林记于北京大学图书馆

# 三国两晋南北朝正史与印度传说

陈承祚三国志间采印度故事，陈寅恪师既为文论之矣[1]。兹又得一例证，非但见于三国志，而且见于晋书，陈书，魏书，北齐书，周书。惟迹象颇隐晦，骤视之殊不能定其为外来影响。谨论列如下，或亦读史者之一助也。

三国志魏书明帝纪裴注引孙盛曰：

闻之长老：明帝天姿秀出，立发委地。

三国志蜀书贰先主纪：

（先主）身长七尺五寸，垂手下膝，顾自见其耳。

华阳国志陆刘先主志：

（先主）长七尺五寸，垂臂下膝，顾自见耳。

晋书叁武帝纪：

中抚军聪明神武，有超世之才，发委地，手过膝，此非人臣之相也。

陈书壹高祖纪：

（高祖）身长七尺五寸，日角龙颜，垂手过膝（南史玖陈本纪上第玖同）。

陈书伍宣帝纪：

及长，美容仪，身长八尺三寸，手垂过膝（南史拾陈本纪下第拾同）。

魏书贰太祖纪：

（太祖）弱而能言，目有光曜，广颡大耳（北史壹魏本纪第壹同）。

北齐书壹神武纪：

（神武帝）目有精光，长头高颧，齿白如玉（北史陆齐本纪第陆同）。

周书壹文帝纪：

及长，身长八尺，方颡广额，美须髯，发长委地，垂手过膝，背有黑子，宛转若龙盘之形，面有紫光，人望而敬畏之（北史玖周帝纪上第玖同）。

羡林案，自古创业开基之王或其他大人（梵文 mahāpuruṣa，佛典译为大人或大丈夫）多有异相，史籍所载，其例不胜枚举。其事之可信与否，姑置不论。但既为大人，则在一般人心目中，必有异于常人者，即姿貌亦然。于是就其姿貌上稍特异之点从而夸大之，神化之，遂演为种种传说，浸假而形成一固定信仰。此信仰之起源，当必甚早。皇古之世，或已肇端。荀子非相篇所记圣人怪异状貌必即民间信仰之反映。先秦典籍中亦间有相者故事厕杂其间。秦以后典籍中关于大人姿貌之记述约可分为三类型。

《史记·项羽本纪》：

舜目盖重瞳子，又闻项羽亦重瞳子，羽岂其苗裔耶？

《高祖本纪》：

高祖为人隆准而龙颜，美须髯，左股有七十二黑子。[2]

《孔子世家》：

（孔子）生而首上圩顶，故因而名曰丘云。

关于“重瞳子”，“隆准”，“龙颜”，各家注释，虽多歧异；但无若何神秘之处，则可断言。[3]至左股有七十二黑子，亦非事实上绝不可能者。故《史记》所述诸大人之像貌当颇近事实，此第一类型也。

至纬书兴，则所记大人状貌多奇异怪诞，为事实上绝不可能者。如《尚书》纬帝命验：

> 禹身长九尺有只（六?），虎鼻河目，骈齿鸟啄，耳三漏，载成铃，怀玉斗。[4]

春秋纬合诚图：

> 伏羲龙身牛首，渠肩达掖，山准日角，奯目珠衡，骏毫翁鬣，龙唇龟齿，长九尺有一寸，望之广，视之专。[5]

司马贞补史记三皇本纪：

> 女娲氏，亦风姓，蛇首人身。
> 炎帝神农氏，人身牛首，

盖颇受纬书影响，与史迁迥异。论衡骨相篇：

> 传言：黄帝龙颜，颛顼戴午，帝喾骈齿，尧眉八彩，舜目重瞳，禹耳三漏，汤臂再肘，文王四乳，武王望阳，周公背偻，皋陶马口，孔子反羽。

亦多与纬书相通之处。此第二类型也。

以上所引三国志魏书明帝纪，蜀书先主纪，华阳国志刘先主纪，晋书武帝纪，陈书高祖纪，宣帝纪，魏书太祖纪，北齐书神武纪，周书文帝纪则属第三类型。所谓垂手过膝，目能自顾其耳，据医学家云，为事实上绝不可能者，如此则与第一类型异。但又不似纬书之荒诞诡异，如此则又与第二类型异。中国古籍中绝无迹象可寻，其故何哉？

考天竺佛典往往载世尊三十二大人相（dvātriṃśan mahāpuruṣ-alakṣaṇāni）及八十种好（aśītyanuvyañjanāni），此本天竺固有信仰[6]，婆罗门教及耆那教亦有类似传说，不独佛教为然也。惟佛典记述独详。后汉竺大力共康孟详译修行本起经已有三十二相之名[7]；惟语焉不详。至译出较晚诸经，如吴支谦译太子端应本起经[8]，西晋竺法护译普曜经[9]，后秦佛陀耶舍共竺佛念译长阿含经[10]，东晋瞿昙僧伽提婆译中阿含经[11]，刘宋求那跋陀罗译过去现在因果经[12]，后秦鸠摩罗什译大智度论[13]，隋阇那崛多译佛本行集经[14]，唐地婆诃罗译方广大庄严经[15]唐玄奘译大般若波罗蜜多经等[16]，则一一胪列，次第井然矣。至八十种好，修行本起经[17]已著其名，大智度论[18]，佛本行集经[19]，方广大庄严经[20]，大般若波罗蜜多经[21]及少数晚出经典更详举其目。三十二相之次第因佛教宗派之不同而异[22]，相与好之间亦多重复之处；但三十二相中有二相，其一为

sthitāvavanatajānupralambabāhuḥ[23]

中文译文：

修臂（太子瑞应本起经）

修臂（普曜经）

平立垂手过膝（长阿含经）

大人身不阿曲，身不曲者，平立申手以摩其膝（中阿含经）

平住两手摩膝（过去现在因果经）

平住两手摩膝（大智度论）

太子正立不曲，二手过膝（佛本行集经）

垂手过膝（方广大庄严经）

如来双臂修直臃圆，如象王鼻，平立摩膝（大般若波罗蜜多经）

**另一相为**

suśukladantah

**中文译文**

齿白齐平（太子瑞应本起经）

齿白（普曜经）

齿白鲜明（长阿含经）

大人四十齿，牙平，齿不疏，齿白，齿通味第一味（中阿含经）

齿白齐密而根深（过去现在因果经）

齿白齐密而根深（大智度论）

四牙白净（佛本行集经）

齿白如军图花（方广大庄严经）

如来齿相四十，齐平，净密，根深，白逾珂雪（《大般若波罗蜜多经》）

**八十种好中有三好，其一为**

śukludaṃṣṭraḥ

中文译文：

如来诸齿方整鲜白（大般若波罗蜜多经）[24]

其一为

pīnāyatakarṇaḥ

中文译文：

如来耳厚广大修长轮埵成就（大般若波罗蜜多经）

其一为

如来首发修长，绀青，稠密，不白（大般若波罗蜜多经）则几为各经所同者。巴利文佛典中亦有三十二相（dvāttiṃsamahāpurisalakkhaṇāni）之详目。

所谓垂手过膝相即巴利文之

ayaṃ hi deva kumāro ṭhitako vā anonamanto ubhohi pāṇitalehi jannukāni parimasati parimajjati etc.[25]

所谓齿白鲜明相即巴利文之

ayaṃ hi deva kumāro susukkadāṭho etc.[26]

中亚古代语言译经中亦有相好之记述；惟多为断简残篇，不能窥其全豹。古于阗文佛典残卷中存第一至第六相，见 E. Leumann, *Buddhistische Literatur*, pp. 116—122. E. Sieg 及 W. Sieg-ling 校订之吐火罗文残卷（*Tocharische Sprachreste* Berlinund Lelpzig 1921）212b 6—213a 7 存第一至第三十二相，291—292 存第九至第三十二相，惟残缺漫漶，颇多滞硋难通之处。垂手过膝相为第九相，213a 1 残存三字

sne nmālune kapśiñño ā ////

相当梵文之 anavanata，中文中阿含经之“身不阿曲”。291b 5 残存四字

（kä）lymāṃ kanweṃ ṣinās täpäkyā ////

相当梵文之 sthita-jānu-。齿白鲜明相为第二十四相，213a 6

sokyo ā （r） ky （aṃ）ś āṅkari

与梵文之 suśukladantaḥ 完全相当。

综上所论，可见相好传说传播之广，亦可见《三国志》，《晋书》，《陈书》，《魏书》，《北齐书》，《周书》所记诸帝形貌多非事实，而实有佛教传说杂糅附会于其间。至陈承祚独将天竺大人相好加诸先主之身，其故亦有可得而言者。《华阳国志·陆刘先主志》：

布同先主曰：大耳儿最叵信者也。

公曰：大耳翁未之觉也。

可见先主之耳或实较常人稍大，传者从而神化之，史家又附会天竺传说，遂谓顾自见其耳矣。至先主之臂是否长于常人，除上所引《三国志·蜀书·先主纪》外，史无明文，无从参证。意者先主之臂本不异常人，惟先主为创业开基之雄主，史家乃以天竺传说大人三十二相中极奇特之一相加诸其身，以见其伟大耳。其后史书于帝王姿貌记述，遂多采天竺相好传说以杂糅其间，晋书武帝纪、陈书、高祖纪、宣帝纪、魏书太祖纪、北齐书神武纪、周书文帝纪皆是也。生理上绝不可能之垂手过膝相竟数数见于中国正史，始作俑者，岂即陈承祚乎？此外中国相法颇受天竺影响，当另为文论之，兹不赘。

1949年2月18日稿

**注 释**

[1] 《三国志曹冲华陀传与印度故事》，《清华学报》第6卷第1期。

[2] 《论衡·骨相篇》引此段。

[3] 参阅泷川龟太郎史记会注考证二项羽本纪，高祖本纪。

[4] 见马国翰《玉函山房辑佚书》。

[5] 同前。类此之例散见纬书中，不能一一列举。

[6] 智度论八十八："随此间阎浮提中天竺国人所好，则为现三十二相。"

[7] 《大正大藏经》卷3，461a。

[8] 同上书，卷3，474。

[9] 同上书，卷3，496。

[10] 同上书，卷1，5。

[11] 同上书，卷1，493—494。

[12] 同上书，卷3，627。

[13] 同上书，卷25，681。

[14] 《大正大藏经》卷，卷3，692—693。

[15] 同上书，卷3，557。

[16] 同上书，卷7，960。

[17] 同上书，卷3，461a。

[18] 同上书，卷25，684。

[19] 同上书，卷3，696。

[20] 同上书，卷3，557。

[21] 同上书，卷7，460—461。

[22] 参阅 W.Couvreur，Le caractère sarvāstivādin-vaibhāsika des fragments tochariens A dáprès les marques et épithètes du Bouddha，Muséon，tome LIX 1—4。

[23] *Mahāvyutpatti*：sthitānavanatapralambabāhutā；*Lalitavistara*：sthitónavanatapralambabāhuh。

[24] 其余诸经译文从略。

[25] *The Dīgha-nikāya*，ed.by T.W.Rhys Davids and J.Estlin Carpenter PTS, 1903，vol.Ⅱ.p.17.cf.vol.Ⅲ.p.143。

[26] 同上 vol.Ⅱ.p.18。

# 《西游记》里面的印度成分

吴承恩《西游记》中有印度成分，过去已经有人说到过。比如陈寅恪先生[1]曾经详细论证了玄奘三个弟子故事的演变。孙悟空大闹天宫的故事，出自《贤愚经》卷一三《顶生于像品》六四。猿猴故事出自《罗摩衍那》第六篇工巧猿那罗造桥渡海的故事。猪八戒的故事出自唐义净译《根本说一切有部毗奈耶杂事》卷三《佛制苾刍发不应长因缘》。这个故事发生在印度憍闪毗国，“憍”“高”音相似，遂讹为“高老庄”。沙僧的故事出自《慈恩法师传》卷一玄奘度长八百里的莫贺碛的记载。所谓“出自”，当然并非完全抄袭，只是主题思想来自那里，叙述描绘，则自然会有所创新。

年来在浏览汉译佛典时，我自己也做了一些《西游记》来源的笔记。现在选取几个写在下面。

萧齐外国三藏僧伽跋陀罗译《善见律毗婆沙》卷第二有这样一段记述：

> 尔时罽宾国中有龙王，名阿罗婆楼（Aravāla）。国中种禾稻，始欲结秀，而龙王注大洪雨，禾稻没死，流入海中。尔时大德末阐提（Majjhantika）比丘等五人，从波咤利弗国（Pāṭali-

putra)飞腾虚空，至雪山边阿罗婆楼池中下，即于水上行住坐卧。龙王眷属童子入白龙王言：“不知何人，身著赤衣，居在水上，侵犯我等。”龙王闻已，即大瞋忿。从宫中出，见大德末阐提，龙王忿心转更增盛。于虚空中作诸神力，种种非一，令末阐提比丘恐怖。复作暴风、疾雨、雷电、霹雳、山岩崩倒，树木摧折，犹如虚空崩败。龙王眷属童子复集一切诸龙童子，身出烟竟，起大猛火，雨大砾石，欲令大德末阐提恐怖。既不恐怖而便骂言：“秃头人！君为是谁？身著赤衣。”如是骂詈，大德颜色不异。龙王复更作是骂言：“捉取打杀！”语已更唤兵众，现种种神变，犹不能伏。大德末阐提以神通力蔽龙王神力，向龙王说：“若妆能令诸天世人一切悉来恐怖我者，一毛不动。汝今更取须弥山王及诸小山掷置我上，亦不能至。”大德作是语已，龙王思念：“我作神力，便已疲倦。”无所至到，心含忿怒，而便停住。是时大德知龙王心，以甘露法味教化示之，令其欢喜归伏。龙王受甘露法已，即受三归五戒。与其眷属八万四千俱受五戒。(《大正大藏经》卷24、页685a—b)

这里讲的是高僧末阐提同恶龙斗法的故事。《西游记》里也讲到东海龙王。同孙悟空只是文斗，没有武斗。龙王这东西本身就不是国货。叶公好龙的“龙”，同以后神话小说中的龙，龙女或龙王，完全是两码事。后者来源于印度，梵文 nāga，意思就是“蛇”，所说龙王者实际上就是蛇王。

我再举一个类似的例子。唐义净译《根本说一切有部毗奈耶药事》卷第九：

尔时世尊告金刚手药叉：“汝可共我诣无稻芊龙王宫中。”

"唯然！世尊！"尔时如来，与金刚手药叉，到龙王宫中。于时无稻芊龙王，既见世尊到于宫里，便即瞋怒，念起害心，发诸烦恼，上升虚空，降注雹雨，并诸土块。于时世尊知龙瞋怒，便即运想，入慈心定。既入定已，所注土雹，于如来上，变为沈檀多摩罗末香等，如云而下。时龙即见不害世尊，便即放轮及诸兵器，寻即化为四色莲华，空中而下。是时无稻芊龙王遂放烟云。尔时如来以神通力，亦放烟云。于是龙王贡高狂慢因斯除息，遂便入宫，止息而住。尔时世尊便作是念："由二种因。能得降伏一切恶龙：或令怕惧。或令瞋怒。然此龙王合受怕惧。"作是念已。告金刚手药叉曰："汝可恼触此恶龙王。"尔时药叉受如来教，以金刚杵，击破山峰。其山既倒，压半龙池。是时龙王忧愁怕惧，即欲逃窜。尔时世尊入火界定，令其十方，悉皆火聚。是时龙王逃走无路，唯世尊足立之处，寂静清凉。是时龙王诣世尊所，顶礼双足，而白佛言："世尊！何故恼乱于我？"佛即答言："我是法王。岂得恼汝！我若不获如此胜慈，早已灭没。唯留空名。"尔时世尊以千辐轮網缦吉祥无畏之手，摩龙王顶，便即告言："贤首当知，汝由清净饮食供养声闻，并施贤瓶，盛满净水，合于三十三天中生。由邪愿故，受傍生身，害诸众生，而自活命。此身灭后，当堕地狱。"时彼龙王便即白言："唯愿世尊示我所作！"佛告龙王："汝于我所，归依三宝，受清净戒，住摩揭陀一切人众，宜施无畏。"时彼龙王白佛言："世尊！我今受清净戒。"时龙妻子，并诸眷属，合掌顶礼，而白佛言："世尊！我等亦愿归依三宝，受清净戒。"无稻芊龙王复白佛言："我等诸龙，多有怨害。又有龙王名箭。唯愿世尊与受净戒。令发慈心。"[2]

看过《西游记》的人立刻就可以发现，类似上面这样僧魔斗法的故事，在《西游记》里真可以说是俯拾即是。《西游记》八十一难几乎都是这些东西。在汉译佛典里面这样的故事，也可以说是俯拾即是。每次花样虽然多少有点翻新，但结局都同末阐提比丘斗龙和如来佛斗龙差不多，我在这里不一一列举了。两者这样相似，难道可能是独立产生的吗？我们如果不承认它们之间的渊源关系，那无论如何也说不过去的。

但是还有更相似的例子。失译人《佛说菩萨本行经》卷中：

> 时阿阇世王往至佛所，头面作礼、长跪白佛："国界人民为恶龙疫鬼所见伤害，死者无数。唯愿世尊大慈大悲怜愍一切，唯见救护，禳却灾害。"佛即可之。尔时世尊明日晨朝，著衣持钵，入城乞食，诣于龙泉。食讫洗钵。洗钵之水澍（注）于泉中。龙大瞋恚，即便出水，吐于毒气，吐火向佛。佛身出水灭之。复雨大雹，在于虚空，化成天花。复雨大石，化成琦饰。复雨刀剑，化成七宝。化现罗刹，佛复化现毗沙门王，罗刹便灭。龙复化作大象，鼻捉利剑。佛即化作大狮子王，象便灭去，适作龙象。佛复化作金翅鸟王，龙便突走。尽其神力，不能害佛，突入泉中。密迹力士举金刚杵打山。山坏半堕泉中，欲走来出。佛化泉水，尽成大火，急欲突走。于是世尊蹈龙顶上。龙不得去，龙乃降伏。长跪白佛言："世尊！今日特见苦酷。"佛告龙曰："何以怀恶苦恼众生？"龙便头面作礼，稽首佛足，长跪白佛言："愿见放舍！世尊所敕，我当奉受。"佛告龙曰："当受五戒，为优婆塞。"龙及妻子尽受五戒，为优婆塞，慈心行善，不更霜雹。风雨时节，五谷丰熟。诸疫鬼辈尽皆走去，向毗舍离。摩羯国中人民饱满，众病除愈遂便安乐。[3]

我们拿这一段同《西游记》孙猴子大闹天宫时同杨二郎斗法的故事比一比，立刻就可以发现，这两个故事简直太相似了。《西游记》第六回里描绘：孙猴子被杨二郎打败了，想靠自己的变化神通逃跑，他先变成麻雀儿，杨二郎就变成雀鹰儿，扑上去捉猴子。猴子连忙变化大鹚老，二郎就变作大海鹤。猴子变作鱼，淬入水内，二郎就变作鱼鹰儿。猴子变作水蛇，二郎就变作朱绣顶的灰鹤。猴子变作花鸨，二郎见他变得低贱，便现原身，用弹弓把它打个踋踵。猴子又滚下山去变作一座土地庙儿，大张着口，似个庙门；牙齿变作门扇，舌头变作菩萨，眼睛变作窗棂，只有尾巴不好收拾，竖在后面，变做一根旗杆。二郎想用拳先捣窗棂，后踢门扇。猴子一见跳窜。此时托塔李天王高擎照妖镜，与哪吒伫立云端。猴子逃到灌江口二郎的老家，摇身变作二郎爷爷的模样。最后还亏老君丢下金钢套，打中猴子，猴子终于被二郎的细犬咬住被擒。

这个故事同《菩萨本生经》里的这个故事多么相似啊！连细节都完全一样。《西游记》里托塔天王站在云端，《菩萨本生经》里佛化作毗沙门天王。毗沙门天王就是托塔李天王。如果说《西游记》里猴子与二郎斗法的故事源于佛典，有什么理由可以反驳呢？

在这里，我再举一个例子。唐义净译《根本说一切有部毗奈耶药事》卷一五：

> 复次，大王！乃往古昔，菩萨尔时在不定聚，于大海中，作一龟王。复于后时，有五百商人，乘船入海。乃被海兽打破船舶。其龟取五百商人，置于背上，渡出海中。尔时商人皆悉安隐，全其身命。[4]

《根本说一切有部毗奈耶破僧事》卷第一一：

> 佛告诸苾刍："汝等谛听。我于往昔在不定聚，于大海中而作龟身。于诸龟中而复为王。后于异时，有五百商人，乘舡入海，到于宝所，采种种宝。既获宝已，而还本国。于其中路遇摩羯鱼，非理损舡。诸商人皆悉悲号，同声大叫。时彼龟王闻此叫声，从水而出，诣商人所作是言："汝等勿怖！宜上我背。我今载汝，令得出海，身命得全。"于是众商一时乘龟而发趣岸。人众既多，所载极重。住于精进，心不退转，受大疲苦。既已度毕，便于岸上展头而卧。去身不远，有诸蚁城。其中一蚁渐次游行。闻龟香气，前至龟所。乃见此龟舒颈而卧。身既广大，复不动摇。蚁即速行，至于本城。呼诸蚁众，共数八万，同时往彼。是时彼龟睡重如死，都不觉知。蚁食皮肤，困乏未觉。渐食精肉，方始觉知。乃见诸蚁，遍身而食。便作是念："我若动摇回转身者，必当害蚁。乍可弃舍身命，终不损他。"作是念已，支节将散，要处穿穴。便发愿言："如我今世以身血肉济诸蚁等，令得充足。于当来世证菩提时，此诸蚁等皆以法味令其充足。"[5]

这两个故事实际上是一个故事，只是第二个增添了诸蚁食龟的内容。《西游记》第99回通天河里的老鼋不就是这里的大龟吗？其间的渊源关系非常明确，还有什么可以怀疑的呢？

要想在汉译佛典中找类似上面的例子，那还多得很。我在这里不再列举了。这些例子已经足够说明《西游记》中许多故事是取自印度的。世界上几个古老的有高度文化的民族在文学创作方面都各有其特点。印度的特点就是幻想丰富，这一点连鲁迅也是承认的。他在《集外集》《〈痴华鬘〉题记》中说："尝闻天竺寓言之富，如大林深泉，他国艺文，往往蒙其影响。"因为印度人民有这样的特点，从渺茫的远古以来，他们就创作了无数的寓言、童话、小故事，口头流传在民间。印度的统治者利用这些故事来教育自己的儿子、接班人，比如《五卷书》、《嘉言集》都属于这一类。印度的每一个宗教也都想利用这些故事来宣传自己的教义。婆罗门教和印度都这样做，耆那教是这样做，佛教也是这样做。我们在佛典中发现大量的民间故事。《本生经》搜采了五百多个民间故事、寓言、童话，用一套很简单很单调的模子来编造释迦牟尼的前生的故事。连名闻全球的印度两大史诗《摩诃婆罗多》和《罗摩衍那》的故事都可以在佛典中找到。此外，在很多的佛经中都有不少的小故事间杂其间。

这些故事不但流行于国内，还逐渐传到国外去。世界上许多流行民间的寓言、童话、小故事等等。其来源都是印度。寓言、童话等等是最容易传播的，而且传播有时候并不靠写本，而是通过口头。古代希腊有许多著名的寓言，比如《伊索寓言》也有些是来自印度。当然，这个问题也并不是这样简单。很长时间以来，一直是有争论的。有的学者主张源于印度，有的学者又主张源于希腊。但是总的趋势是印度来源说占了上风。在中国也有类似的争论。比如《西游记》中最著名的孙悟空的来源就引起过争论。有人说他来自印度，至少是部分来自印度，有人说他纯粹是国产无支祁。陈寅恪主张前者，鲁迅对这个问题似乎倾向于后者。他在《中国小说史略》中说："明吴承恩演《西游记》，又移其神变奋迅之状于孙悟空，于是禹伏无支祁故事遂以堙昧也。"我的意见是，不能否认孙悟空与《罗摩衍那》的那罗与哈奴曼等猴子的关系，那样做是徒劳的。但同时也不能否认中国作者在孙悟空身上有所发展、有所创新，把印度神猴与中国的无支祁结合了起来，再加以幻想润饰，塑造成了孙悟空这样一个勇敢大胆、敢于斗争、生动活泼的、为广大人民所喜爱的艺术形象。勤劳智慧的中华民族是一个有很高创造力的民族。又博取他人之长，加以补充发扬，化为自己的东西。一部中国文化史可以充分说明这个问题。一直到现在，我们汉语词汇中还有不少带“胡”字、带“洋”字的东西，比如“胡琴”、“胡萝卜”、“洋琴”等等，所谓“胡”者即“洋”也。连菠菜、石榴、土豆、老玉米都是外来的。难道这些东西吃下去就不能增加营养吗?

话又收回来，再谈到《西游记》，情况也是如此。这部著名小说有一个逐渐演变的过程。我在这里不详细讨论，过去胡适、郑振铎等对这个问题做过一些探讨。印度的许多民间故事寓言童话很早就传入中国。《西游记》是写唐僧取经的，是与佛教有直接关系的。“近水楼台先得月”，它吸收了一些印度故事，本来是很自然的，毫不足怪的，但吴承恩和他的先驱者，决不是一味抄袭，而是随时随地都有所发现，有所创新。鲁迅在《中国小说史略》中说：“故虽述变幻恍忽之事，亦每杂解颐之言，使神魔皆有人情，精魅亦通世故，而玩世不恭之意寓焉。”这就是《西游记》的发展和创新。我对《西游记》同印度传统故事之间的关系就做如是观。

1978年12月26日

**注 释**

[1] 《〈西游记〉玄奘弟子故事之演变》，《国立中央研究院历史语言研究所集刊》，第二本，第二分，1930年，第157—160页。

[2] 《大正大藏经》，卷24，40b－c。

[3] 同上书，卷3，116b－c。

[4] 同上书，卷24，70c。

[5] 同上书，卷24，155b－c。

# 印度文学在中国

**羡林按：**

这是二十多年前写的一篇文章。记得是讲课时发给同学作参考用的。观点当然是当时的观点，材料也是当时的材料。现在重读一遍，觉得尽管已经过了那样长的时间，但是里面的材料还是很有用的。而且在这方面还没有见什么人作更进一步的研究。这样一来，我保留这一篇东西就不仅仅是敝帚自珍了。最近几年来，印度朋友对中印文化关系的研究表现出令人欢欣鼓舞的热情。他们翻译了不少的中国文学作品，现代的有，古典的也有，比如曹植的《洛神赋》之类。但是关于文学方面的系统的著作却还没有见到。因此，我就把这篇文章检了出来，加上了一点新材料，只在个别地方作了一点很小的修改，整个的框架以及观点都保留原样，发表出来，供中外志同道合的学人参考。同时还希望，能有更多的人在这方面作更多的工作。这方面的材料很多，倘加以搜集、整理与研究，会对增强中印两国人民的友谊，促进两国人民的互相了解起很大的作用。我检查自己的旧笔记，发现我搜集的材料还有不少。我以前曾写过一些这类的文章。现在在这方面的兴趣更是浓烈未衰。倘有适当的机会，当再整理发表。

1980 年 1 月 26 日记

中国同印度这两个伟大的国家，国境毗连；我们作了几千年的好邻居、好朋友。在这漫长的时间内，我们几乎在文化的各个领域内都进行了交流的工作。文学也是其中的一部分。

文学这一部分，正像其他的部分一样，交流的头绪是非常复杂的，问题是很多的。我在这里只想谈一下印度文学在中国所起的一些影响。

要想追本溯源，印度文学传入中国应该追到远古的时代去。那时候的所谓文学只是口头文学，还没有写成书籍。内容主要是寓言和神话。印度寓言和神话传入中国的痕迹在中国古代大诗人屈原的著作里可以找到。《天问》里说：

厥利惟何，而顾菟在腹?

虽然在最近几十年内有的学者把“顾菟”解释成“蟾蜍”[1]，但是从汉代以来，传说的说法总是把“顾菟”说成是兔子。月亮里面有一只兔子的说法在中国可以说是由来久矣了。

但是这种说法并不是国产，它是来自印度。从公元前1000多年的《梨俱吠陀》起，印度人就相信，月亮里面有兔子。梵文的词汇就可以透露其中的消息。许多意思是月亮的梵文字都有śaśa（兔子）这个字作为组成部分，譬如śaśadhara和śaśabhṛt，意思是“带着兔子的”；śaśalakṣaṇa，śaśalakṣmaṇa和śaśalakṣman，意思都是“有兔子的影像的”。

此外，印度神话寓言里面还有许多把兔子同月亮联系起来的故事，譬如巴利文《佛本生经》（Jātaka）第三一六个故事。在中译佛经里面，也有不少这样的故事，譬如吴康僧会译《六度集经》，二一，《兔王本生》；吴支谦译《菩萨本缘经》，六，《兔品》；竺法护译《生经》，三一，《兔王经》；宋绍德慧询等译《菩萨本生鬘论》，六，《兔王舍身供养梵志缘起》，等等。唐朝的和尚玄奘还在印度婆罗痆斯国（今贝拿勒斯）看到一个三兽窣堵波，是纪念兔王焚身供养天帝释的。

除了这一个月兔故事以外，在先秦的书籍里还可以找到其他的一些可能是从印度传来的寓言和神话，《战国策·楚策》里记载的一个狐假虎威的故事就是其中的一个例子。

到了三国时代，中印交通的道路开辟了，来往频繁了，同时佛教已经传入中国；这些都给印度人民创造的一些美丽动人又富有教育意义的故事传入中国提供了有利的条件。于是印度各种类型的故事就大量传入中国。

我只举一个例子。《三国志·魏书》卷二〇《邓哀王冲传》：

> 邓哀王冲，字仓舒，少聪察岐嶷。生五六岁，智意所及，有若成人之智。时孙权曾致巨象，太祖欲知其斤重，访之群下，咸莫能出其理。冲曰："置象大船之上，而刻其水痕所至，称物以载之，则校可知矣。"太祖大悦，即施行焉。

我们在小学教科书念到的曹冲称象的故事，来源就在这里。虽然这个故事已经写入正史，而且同一个具体的人联系起来；但是它仍然不是国货，它的故乡是印度。元魏吉迦夜共曜译《杂宝藏经》卷一《弃老国缘》里面就有这样一个称象的故事。它也许在后汉时代就已经从口头上流传到中国来了。我现在把《杂宝藏经》原文抄在下面以资比较：

> 天神又复问言："此大白象，有几斤两？"群臣共议，无能知者。亦募国内，复不能知。大臣问父。父言："置象船上，著大池中。画水齐船，深浅几许。即以此船，量石著中。水没

齐画，则知斤两。”即以此智以答。[2]

到了六朝时代，印度神话和寓言对中国文学影响的程度更加深了，范围更加广了。在这时候，中国文学史上出现了一类新的东西，这就是鬼神志怪的书籍。只要对印度文学稍稍涉猎过的人都能够看出来，在这些鬼神志怪的书籍里面，除了自秦汉以来中国固有的神仙之说以外，还有不少的印度成分。这情况，中国伟大文学家鲁迅在他的《中国小说史略》里早就指出来过。

从内容方面来看，这些鬼神志怪的故事里面有一些对中国来说是陌生的东西，最突出的是阴司地狱和因果报应。我们当然不能说，在佛教输入以前，中国就没有阴间的概念。但是这些概念是比较渺茫模糊的、支离破碎的。把阴间想象得那样具体，那样生动，那样组织严密，是印度人的创造。连中国的阎王爷都是印度来的“舶来品”。

六朝时代有许多小说，全部书都谈的是鬼神的事情，譬如荀氏《灵鬼志》、祖台之《志怪》、《神怪录》、刘之遴《神录》、《幽明录》、谢氏《鬼神列传》、殖氏《志怪记》、曹毗《志怪》、《祥异记》、《宣验记》、《冥祥记》等等。这些书，只要一看书名字，就可以知道内容。其中的《宣验记》和《冥祥记》主要是谈因果报应。里面宣传，信佛得善报，不信得恶报。有一些故事已经中国化了，有的正在化的过程中，有的才开始，印度气息还十分浓厚。谁也不会相信，它们与印度无关。

我在这里举一个例子，说明印度故事中国化的过程。《宣验记》里记载了一个故事：

有鹦鹉飞集他山。山中禽兽，辄相爱重。鹦鹉自念：“虽乐，不可久也。”便去。后数月，山中大火，鹦鹉遥见，便入水沾羽，飞而洒之。天神曰："汝虽有志意，何足云也！"对曰："虽知不能救，然尝侨居是山，禽兽行善，皆为兄弟，不忍见耳。"天神嘉感，即为灭火。[3]

从这个故事本身我们看不出它是什么来源。说它完全是一个中国故事，也未始不可。但是元魏吉迦夜共昙曜译《杂宝藏经》十三《佛以智水灭三火缘》和吴康僧会译《旧杂譬喻经》二三，都有这样一个故事。为了比较起见，我把《旧杂譬喻经》的那一个故事也抄在下面：

昔有鹦鹉，飞集他山中。山中百鸟畜兽，转相重爱，不相残害。鹦鹉自念："虽乐，不可久也，当归耳。"便去。却后数月，大山失火，四面皆然。鹦鹉遥见，便入水，以翅取水，飞上空中。以毛衣润入洒之，欲灭大火。如是往来往来。天神曰："咄！鹦鹉！汝何以痴！千里之火，宁为汝两翅水灭乎？"鹦鹉曰："我由知而不灭也。我曾客是山中，山中百鸟畜兽，皆仁善，悉为兄弟，我不忍见之耳。"天神感其至意，则雨灭火也。

把两个故事拿来一比较，我们立刻就会发现，《宣验记》其实是抄袭了《旧杂譬喻经》，只是把一些字句润饰得更加简炼而已。印度故事中国化可能有很多方式；但是大体上说起来，不外两大类：一是口头流传，一是文字抄袭。前者可以拿月兔故事做一个例子，而后者的代表就是这一个鹦鹉灭火的故事。

这个故事还有一个变体，也见于《宣验记》：

野火焚山。林中有一雉，入水渍羽，飞故灭火。往来疲乏，不以为苦。

只是把鹦鹉换成了野鸡。这个以野鸡为主的故事，也来自印度。《大智度论》卷十六就有这个故事。唐玄奘《大唐西域记》卷六，拘尸那揭罗国说：“精舍侧不远，有窣堵波，是如来修菩萨行时，为群雉王救火之处。”这里讲的也是雉王，而非鹦鹉。

我觉得这情况可以代表印度故事转化为中国故事的过程。这个过程大概是这样子的：印度人民首先创造，然后宗教家，其中包括佛教和尚，就来借用，借到佛经里面去，随着佛经的传入而传入中国，中国的文人学士感到有趣，就来加以剽窃，写到自己的书中，有的也用来宣扬佛教的因果报应，劝人信佛；个别的故事甚至流行于中国民间。

鹦鹉灭火的故事就是按照这个过程传入中国的。我在这里顺便说一下，它的传播过程还不就到《宣验记》为止。清周亮工《栎园书影》第二卷中又出现了这个故事：

> 昔有鹦鹉飞集陀山。乃山中大火，鹦鹉遥见，入水濡羽，飞而洒之。天神言“尔虽有志意，何足云也？”对曰：“尝侨居是山，不忍见耳！”天神嘉感，即为灭火。

《鲁迅全集》五《伪自由书》《王道诗话》（实为瞿秋白所作）也引用了这个故事。

印度文学对中国文学的深而广的影响，六朝以后仍然继续发展下去。到了唐代，可以说是又达到一个新的阶段。唐代文学产生了两种崭新的东西：一是传奇，二是变文。而这两种东西都是与印度影响分不开的。

我们先从文体上来看一下这个影响。六朝那些鬼神志怪的故事，一般说都是很短的，每篇只谈一个故事，从头到尾，平铺直叙。但是到了唐初，却出现了像王度的《古镜记》这样的小说。里面有一个主要的故事作为骨干，上面穿上了许多小的故事。这种体裁对中国可以说是陌生的，而在印度则是司空见惯的事。印度古代著名的史诗《摩诃婆罗多》的结构就属于这个类型。作为骨干的主要故事是难敌王（Duryodhana）和坚阵王（Yuddhiṣṭhira）的斗争，里面穿插了很多的独立的小的故事。巴利文《佛本生经》（Jātaka）是以佛的前生为骨架，把几百个流行民间的故事汇集起来，成了这一部大书。流行遍全世界的《五卷书》（Pañcatantra）也是以一个老师教皇太子的故事为骨干，每一卷又以一个故事为骨干，叠床架屋，把许多民间故事搜集在一起，凑成了一部书。中译佛典里的吴康僧会译《六度集经》、吴支谦译《菩萨本缘经》、西晋竺法护译《生经》、朱绍德、慧询译《菩萨本生鬘论》、元魏慧觉等译《贤愚经》等等都同巴利文的《佛本生经》是一个类型。这种例子在印度文学里是不胜枚举的。我们很难说，唐代传奇文的这种新的结构不是受了印度的影响。

体裁方面另一个特点突出地表现在所谓变文上。变文的结构多半是韵文和散文间错成文。有的地方叙事用散文，说话用韵文；有的地方悲叹用韵文；有的地方描写用韵文；有的地方韵文复述散文的内容。总而言之，就是韵文和散文互相间错。这种体裁也不是中国固有的，而是来自印度。

古代印度的许多著作都是用这种体裁写成的。譬如用混合梵文写成的《大事》（Mahāvastu）和《方广大庄严经》（Lalitavistara）都是这样。在这些佛典里面，韵文与散文的关系大别之可以分为两个类型：一是韵文与散文相续成文；二是韵文的内容再用散文重复一遍。上面提到的《五卷书》也是用散文和韵文相间写成的。

中国接受这一种新的体裁，除了通过佛典翻译这一条路以外，可能还通过另一条路，这就是中央亚细亚的古代语言。我现在举一个例子来说明这个情况。《木师与画师的故事》在中译大藏经里有好几个异本：比丘道略集《杂譬喻经》八；《经律异相》第四十四卷；义净译《根本说一切有部毗奈耶药事》卷十六等等。这些异本都是用散文写成的，里面没有韵文。吐火罗文里面也有这样一个故事，却是散文和韵文交错。在中印文化的交流中，吐火罗文是桥梁之一。在这种体裁输入中国方面，吐火罗文也可能起了媒介作用。

上面谈的是文体方面的一些影响。在内容方面，影响还更要复杂，更要普遍，更要深刻。虽然唐代的传奇文从主要方面来说继承的和发扬的仍然是六朝以来的中国固有的传统，但是印度的影响却到处可见。上面谈到的阴司地狱和因果报应仍然继续存在。此外还添了许多新的从印度来的东西，其中最突出的也许就是龙王和龙女的故事。

龙这个东西，中国古代也有的。有名的典故“叶公好龙”可以为证。但是龙究竟是一个什么东西呢？谁也没有看到过，谁也说不清。据闻一多的意见，龙只是一种存在于图腾中而不存在于生物界中的神秘虚构的生物。它似乎是蛇，又似乎不是。但是自从佛教传入以后，中译佛经里面的“龙”字实际上是梵文 Nāga 的翻译。Nāga 的意思是“蛇”。因此，我们也就可以说，佛教传入以后，“龙”的涵义变了。佛经里，以及唐代传奇文里的“龙王”就是梵文 Nāgarāja，Nāgarāj 或 Nāgarājan 的翻译。这东西不是本国产的，而是由印度输入的。

龙王和龙女的故事在唐代颇为流行，譬如柳宗元的《谪龙说》，沈亚之的《湘中怨》，以及《震泽龙女传》等等都是。其中最著名的最为人所称道的是李朝威的《柳毅传》。不管这些故事多么像是中国的故事，多么充满了中国的人情味，从这种故事的本质来说，它们总还是印度货色。

谈到变文，印度影响就表现得更明显。里面当然也有不少的是讲中国的故事，譬如《伍子胥变文》、《孟姜女变文》、《捉季布变文》、《李陵变文》、《王昭君变文》、《董永变文》等等都是。但是更多的却讲的是印度佛教故事，譬如《太子成道经》、《太子成道变文》、《八相变文》、《破魔变文》、《降魔变文》等等都是。此外还有许多讲经文，例如《金刚般若波罗蜜经讲经文》、《妙法莲华经讲经文》等等，也属于这一类。在变文里面，有一些对以后文学和民间传说产生了很大的影响，譬如《大目乾连冥间救母变文》。在极长的时间内，目连救母的故事流行于中国民间，目连甚至有了中国名字，小说戏剧也取材于这个故事，可见其影响之大了。

印度文学影响唐代文学的内容当然还不限于上面说到的这一些，其他类型的故事也受到了印度的影响。属于梦幻的故事的李公佐的《南柯太守传》和沈既济的《枕中记》，属于离魂一类的陈玄祐的《离魂记》、张荐的《灵怪录》和李亢的《独异志》，属于幽婚一类的戴君孚的《广异记》里的许多故事，里面都或多或少能够找到一些印度色彩。

是不是有整个的故事从印度搬过来的呢？有的，而且数目还不算很少。例子前人已经举出来过，我在这里再举一个新的例子。《太平广记》二八七，引《潇湘记》襄阳老叟。内容大概是这样的：一个人从一个老头那里得了一把神斧，“造飞物即飞，造行物即行。”后来给一个富人造一独柱亭，晚上爬墙去勾引富人的女儿。富人发觉了，要打发他走。他用神斧造了一双木鹤，同富人的女儿乘上，飞走。一个内容很相似的故事见于《五卷书》第一卷，第八个故事。我看，这就是中国故事的来源。

就连柳宗元那一篇著名的文章《黔之驴》，我看，恐怕也与印度文学有一些瓜葛。我先把《黔之驴》抄在下面：

黔无驴。有好事者，船载以入。至则无可用，放之山下。虎见之，庞然大物也，以为神，蔽林间窥之。稍出近之，慭慭然莫相知。他日，驴一鸣，虎大骇，远遁。以为且噬己也，甚恐。然往来视之，觉无异能者。益习其声，又近出前后，终不敢搏。稍近益狎，荡倚冲冒。驴不胜怒，蹄之。虎因喜，计之曰："技止此耳。"因跳踉大㘎，断其喉，尽其肉乃去。

据我的看法，这个故事与流行世界的驴蒙虎皮或狮皮的那一个类型的故事是有联系的，而这一个类型的故事来源就是印度。我现在把《五卷书》第四卷第七个故事译抄在下面：

在某一座城市里，有一个洗衣匠，名字叫做叔陀钵吒。他有一条驴，因为缺少食物，瘦弱得不成样子。当洗衣匠在树林子里游荡的时候，他看到了一只死老虎。他想到："哎呀！这太好了！我要把老虎皮蒙在驴身上，夜里的时候，把它放到大麦田里去。看地的人会把它当做一只老虎，而不敢把它赶走。"他这样做了，驴就尽兴地吃起大麦来。到了早晨，洗衣匠再把它牵到家里去。就这样，随了时间的前进，它也就胖起来了，费很大的劲，才能把它牵到圈里去。

有一天，驴听到远处母驴的叫声。一听这声音，它自己就叫起来了。那一些看地的人才知道，它原来是一条伪装起来的驴；就用棍子、石头、弓箭，把它打死了。

这两个故事非常相似。第一，里面的主角都是驴。第二，在《黔之驴》里，老虎亲自出台，在《五卷书》里，老虎虽然没有活着出台，它的皮却蒙到驴身上去了。第三，在两本书里，驴都是因为鸣叫而泄露了真相。第四，这两个故事都有教训意义，在《五卷书》

里不必说了，而《黔之驴》本身就是“三戒”之一。

这一故事几乎流行于全世界，形成了一个广大的类型。这里不详细说了。

宋代以后，中印两国的文化交流，特别是宗教方面的往来逐渐减少，代之而起的是贸易方面的往来。在这样的情况下，从表面上看起来，印度文学似乎是已经停止对中国文学发生影响。但是，倘若仔细观察研究，情况并不是这样子。这影响不但仍然存在，而且是更深入，更细致了。

元代的戏曲可以说是中国文学史上一枝奇丽的花朵。很多杂剧取材于唐代的传奇，像马致远的《黄粱梦》取材于《枕中记》，郑德辉的《倩女离魂》取材于《离魂记》，尚仲贤的《柳毅传书》取材于《柳毅传》，这都是最著名的例子。因此我们也可以说，印度文学间接影响了元代的戏剧。

有没有直接的影响呢？少数的学者倾向于肯定的答复。他们想证明，某一“型”的中国戏剧是受了印度的影响，譬如“赵贞女型”。也还有人想证明，某一个杂剧受了印度的影响，譬如《陈巡检梅岭失妻记》。但是，我们必须承认，这些证明都是缺乏根据的。

明代是中国长篇小说开始发扬光大的时期。最著名的长篇小说之一《西游记》里面就有大量的印度成分。要想研究孙悟空的家谱，是比较困难的。不可否认，他身上有中国固有的神话传统；但是也同样不可否认，他身上也有一些印度的东西。他同《罗摩衍那》里的那一位猴王哈奴曼（Hanumān）太相似了，不可能想象，他们之间没有渊源的关系。至于孙悟空跟杨二郎斗法，跟其他的妖怪斗法，这一些东西是中国古代没有的；但是在佛经里面却大量存在。如果我们说，这些东西是从印度借来的，大概没有人会否认的。

同以前一样，在明代也有印度故事整个地搬到中国来的。我只举一个例子。明刘元卿《应谐录》里面记载了一篇短的寓言，说一家人有一只猫，起个名字叫“虎猫”。有人建议说，虎不如龙，不如叫“龙猫”。又有人建议叫“云猫”，叫“风猫”，叫“墙猫”，最终叫成“鼠猫”。这样一个故事在世界各处都可以找到，但是大家都公认，它的故乡是印度。在梵文故事集《说海》（Kathāsaritsāgara）里有这样一个故事；在《五卷书》里也有这样一个故事。它从印度出发，几乎走遍了全世界。东方的中国和日本也留下了它的足迹。

自从西方的殖民主义侵入东方以后，中印两个国家都逐渐沦为殖民地或半殖民地。我们的经济发展受到了阻碍，我们的文化发展受到了破坏。在殖民主义的枷锁下，我们自顾不暇，几千年来的文化交流的古老传统几乎陷于停顿了。

一直到20世纪初年，当我们两国的民族复兴的运动逐渐高涨的时候，我们这两个老朋友才又有了机会恢复以前的友谊。两国人民彼此关心对方的民族解放运动就是这一个新友谊的基础。

和尚诗人苏曼殊在1909年4月曾写信给他的朋友，说他译了印度女诗人侘露哆（Taru Dutt）的诗篇。在同一年，他又写信告诉他的朋友，说他准备同一位印度的梵文学者共同翻译印度古代最伟大的诗人迦梨陀娑的长篇抒情诗《云使》。是否已经译成，不得而知。

1924年，印度近代爱国主义的大诗人泰戈尔到中国来访问。这在当时是轰动一时的事情。绝大多数的报纸和杂志都有专文介绍泰戈尔的生平、思想和作品。《小说月报》特别出了《泰戈尔号》（第十四卷第九号、第十号）和临时增刊（第十五卷第四号，《欢迎泰戈尔先生！》Welcome to Mr. Rabindranath Tagore!）。在这些专号和临时增刊里，中国的作家们详尽地介绍了泰戈尔，给他写了传，分析了他的思想，选择了他的作品。在他来华前后，中国可以说是有一股泰戈尔热。他的许多作品都译成了汉文，譬如《园丁集》、《飞鸟集》、《新月集》等诗集，《邮政局》、《牺牲》、《齐德拉》、《春之循环》等戏剧一时都有了中译本。

既然有了这样多的译本，影响当然也就不会很小。但是他的影响究竟有多大呢？我还是借用已故诗人徐志摩的话来说明这情况吧。他说：

> 在新诗界中，除了几位最有名神形毕肖的泰戈尔的私淑弟子以外，十首作品里至少有八九首是受它直接或间接的影响的。这是很可惊的状况，一个外国的诗人，能有这样普及的引力。[4]

熟悉当时文坛情况的人就会承认，徐志摩的话一点也没有夸大。当时最流行的是那一种半含哲理半抒情的小诗。这些小诗的蓝本就是泰戈尔的《园丁集》、《飞鸟集》和《新月集》。

一直到死，泰戈尔都是中国人民忠实的朋友。第二次世界大战以前，正当中国人民处境最困难的时候，他却对中印两国人民的未来唱出了他的热烈而真挚的希望：

> 正像早晨的鸟儿，在天还没有完全破晓的时候，就唱出了和宣告了太阳的升起。我的心在歌唱，宣告一个伟大的未来的到临——这个伟大的未来已经很迫近我们了。我们一定要准备好来迎接这个新的世纪。

诗人的希望今天可以说是都已经实现了。

中国近代的伟大作家新文化运动的主将鲁迅很重视印度文学。他对汉译佛典中文学气味比较浓的那一部分进行过精细的研究。在他所著的《中国小说史略》里，他一再指出印度文学对于中国文学的影响。他指出《汉武帝内传》窃取了佛教的东西；他指出，吴均《续齐谐记》里的阳羡鹅笼的故事说的是一个中国书生，但是在晋人荀氏的《灵鬼志》里也记载了这个故事，这里不是一个中国书生，而是一个来自外国的道人。他用这一个例子来说明印度故事中国化的过程。他还把僧伽斯那撰、萧齐天竺三藏求那毗地译的《百喻经》（《痴华鬘》）加以断句，付印。所谓“百喻”，实际上就是一百篇短的寓言和故事，名称虽是佛经，却是印度人民的创作，由佛教僧徒加以汇集利用。他之所以喜欢它者，原因也正在此。在《〈痴华鬘〉题记》里他写道：

尝闻天竺寓言之富，如大林深泉。他国艺文，往往蒙其影响。即翻为华言之佛经中，亦随在可见。

可见他对印度寓言估价之一斑。

此外，熟悉汉译佛典的人都会发现，鲁迅在运用词汇时有时候很受佛典的影响。这种例子很多，不能一一列举。我在这里只举一个。《〈华盖集〉题记》里有这样几句话：

我知道伟大的人物能洞见三世，观照一切，历大苦难，尝大欢喜，发大慈悲。

这里面很多词儿不是明明白白地从佛典里面借来的吗？

另外一个民主斗士同时也是白话诗人和古典文学研究者的闻一多也很重视印度文学。在他的文章里，他曾着重指出了印度文学对中国文学的影响。他还曾译过印度爱国女诗人奈都夫人（Sarojini Naidu）的诗。

小说家和梵文学者许地山对印度文学有特殊的爱好。他的许多小说取材于印度神话和寓言，有浓重的印度气息。他根据英文翻译过一些印度神话，像《太阳底下降》（The Descent of the Sun）和《二十夜间》（A Digit of the Moon）等等。他也曾研究过印度文学对于中国文学，特别是对中国戏剧的影响。他的结论我们虽然不能全部同意，但是其中有一些意见是站得住的，这一点大家都会承认。此外，他还写过一部书，叫做《印度文学》。篇幅虽然不算多，但是比较全面地讲印度文学的书在中国这恐怕还是第一部。它从吠陀文学讲起，一直讲到近代文学，印度文学史上主要的作品和作家，主要的流派都讲到了。对想从事于印度文学研究的人来说，是一部有用的书。

小说家沈从文有时候也取材于印度的寓言文学。他利用这些材料主要是通过汉译的佛经。《五卷书》第一卷第十六个故事的内容是：两个天鹅和一个乌龟做朋友。天旱的时候，两个天鹅让乌龟咬住一个木棒，它俩各叼一头，准备把乌龟运到有水的地方去。后来乌龟不遵约言，张嘴说话，从天空里掉下来，摔死。这个故事当然也是印度人民的创作，通过佛经传到中国来。沈从文把它涂上了地方的色彩。写成了一篇寓言小说。在他的一部叫做《月下小景》的短篇小说集里，除了第一篇以外，其余的都取材于汉译佛典。供他取材的书有：《长阿含经》、《杂譬喻经》、《智度论》、《法苑珠林》、《五分律》、《生经》、《大庄严论》、《太子须大拿经》等。在这部书的题记里，他说，“这些带有教训意味的故事，篇幅虽极短，却常在短短篇章中，能组织极其动人的情节。”

以上举的只能算是几个例子，近代中国文学中的印度影响并不止此。然而仅从这几个例子中我们已经可以看到，从公元前几百年起，一直到近代，印度文学对于中国文学影响一直是持续不断。它就像是一条河流，有时经过深山，有时经过密林，有时流在光天化日之下，有时又潜流于地中，有时波涛汹涌，有时又潺潺细流，就这样，流下来，流下来，一直流到现在。

然而现在情况却大大地改变了。

1947 年，印度获得了独立；1949 年，中国解放。多少年来套在我们两国人民脖子上的殖民主义的枷锁，终于给我们挣断了。长期阻挠着我们进行文化交流和和平往来的绊脚石去掉了。我们之间几千年长久的古老的友谊又在新的基础上获得了新的内容和新的意义。

8 年多以来，我们两国的政府和人民利用各种形式来进行文化交流的工作。虽然我们做这工作已经做了几千年；但是从交流的规模上来看，从交流的范围上来看，从交流的意义上来看，这 8 年多的工作可以说是空前的。

在文学的交流方面，我们也做了不少的工作。两国的文学家互相访问，报告本国的文学方面活动的情况，交流文学研究的意见，把彼此访问时所见所闻以及个人的一些体会和感想写成文章，写成书。很多印度诗人以无比的热情歌颂了新中国，歌颂了中印两国人民的友谊。中国诗人也同样以无比的热情歌颂了这种万古长青的友谊。这种文章和诗歌在两国人民中广泛地传播开来，大大地增强了两国人民的友谊和互相了解。

但是最足以表现文学方面交流工作的加强的还是翻译。8 年多以来，印度方面翻译了大量的新中国的文学作品，受到了广大的印度人民的欢迎。中国方面也翻译大量的印度文学作品，同样受到广大的中国人民的欢迎。

中国方面翻译印度文学作品的范围是很广的。印度古代著名的史诗《摩诃婆罗多》（Mahābhārata），我们有了选译本，是直接从梵文里翻译过来的。印度最伟大的诗人迦梨陀娑（Kālidāsa）的杰作《沙恭达罗》（Śākuntalā）在解放前已经有八九个中译本，但是都不是从梵文直接译的。解放后又出了一个从梵文译出来的本子，而且还搬上了中国舞台。把《沙恭达罗》搬上中国舞台这一件事情是值得重视的。这是一个空前的尝试，而且事实又证明，这是一个成功的尝试。它引起了印度方面的重视，受到了中国人民的欢迎，是很自然的。迦梨陀娑的另一部杰作抒情诗《云使》（Meghadūta）也翻成了汉文。此外，梵文古典名著译成汉文的还有首陀罗迦的《小泥车》，戒日王的《龙喜记》，都是从梵文译过来的。

在近代和现代的作家中，泰戈尔仍然受到重视。他的作品有的有了新译本，有的出了改订本，譬如《吉檀迦利》、《新月集》、《我的童年》、《沉船》等等。印度近代现实主义作家普列姆·昌德（Prem Chand）过去几乎没有介绍过，现在我们也出了他的短篇小说集，很多篇是直接从印地文里译过来的。其他近代印度作家的作品译成汉文的还有：萨拉特·钱达·查特吉的《嫁不出去的女儿》、克里山·钱达尔的《钱达尔短篇小说集》、阿巴斯的《阿巴斯短篇小说集》、查托巴迪雅亚的《我歌唱人类》、巴达查理亚的《饥饿》、巴伦·巴苏的《新兵》、马尼克·班纳济的《帕德玛河上的船夫》、巴尔文·迦尔琪的《第一个微波》、穆·拉·安纳德的《苦力》和《印度童话集》，以及其他作家的一些作品。

从上面这一个并不完全的叙述里，我们已经可以看到，在解放后短短的8年多以内，我们在翻译印度文学作品方面，的确是做了不少的工作。

但是我们必须指出，这还只是一个开始。现在中国人民对于印度文学的兴趣一天一天地加强。访问过印度的人们对印度文学艺术歌舞音乐都赞口不绝；在中国有机会接触到印度文学艺术歌舞音乐的人们同样是赞口不绝。去年，当《两亩地》、《流浪者》等印度影片在中国上映的时候，街上走路的人嘴里哼的都是印度歌曲。同时周恩来总理又号召我们向其他国家学习，学习他们的文学艺术和科学技术，学习他们的优秀的文化传统来充实我们的社会主义文化。这更提高了我们学习的热情。在我们学习的对象中，印度占一个显著的地位，而印度的文学艺术在我们可能向印度学习的东西中又占一个显著的地位。

在这样的情况下，我们相信，将来还会有更多的优秀的印度文学作品译成中文。据我所知道的，现在已经有人在那里从事《摩诃婆罗多》和《罗摩衍那》（Rāmāyaṇa）的研究和翻译，已经有人在那里专门研究和翻译泰戈尔的作品，已经有人在那里研究和翻译名闻世界的寓言集《五卷书》（Pañcatantra）。

我们中印两国人民在文学方面相互学习已经2000多年了。如果拿一棵古老的树干来比拟这古老的传统的话，我们就可以说，这棵树干上曾经开过无数的灿烂的花朵；但是这棵树并没有老，在中国解放后，它又返老还童了，它将来开出的花朵还会更多，还会更灿烂。瞻望前途，我们充满了无限的信心。

1958年1月10日

**注　释**

[1] 见闻一多：《天问释天》，《清华学报》第9卷，第4期，1936年1月。

[2] 《大正新修大藏经》，卷4，449b。

[3] 鲁迅：《古小说钩沉》，《宣验记》。

[4] 《小说月报》第14卷，第9号。

# 《十王子传》浅论

在许多国家的古代文学史上，长篇小说是比较稀见的、甚至是根本不见的一个文学品种。印度的情况也是这样。在这里，流传下来的长篇小说不过十几部，最有名的只有四部。昙丁的《十王子传》就是其中之一。

关于本书的作者，仅仅留下来了一个名字，叫做“昙丁”，意思是“执杖者”，看来也不像是一个真名。有的学者主张，所谓“执杖者”是一个官名，是王国内十八个大官的第五个，地位在太子和后宫管理大臣之间。印度古代政治家憍胝厘耶在他所著的《政事论》里对这个官做过一些规定。古代最著名的文艺理论著作《诗境》的作者也叫做“昙丁”。两个“昙丁”是否是同一个人，学者们的意见也是不一致的。主张是一个人的占多数。

至于昙丁的生卒年代，更是掩在一片浓雾中。尽管各国的梵文学者已经做了很大的努力，提出了不少的假设和看法，却并没有一个为大多数的人所接受。从各方面的材料来看，我们目前只能说，昙丁大概生在五世纪到八世纪之间。这时候正是印度封建社会从形成到逐渐发展的阶段。在印度北部，统治了几个世纪的笈多王朝已经分崩离析，又出现小国割据的局面。这些小国，纵横捭阖，互争雄长，武力进攻，阴谋兼并，搞得乌烟瘴气。

中国和尚法显于五世纪初游历印度，他对当时印度的情况有过一些描述。他常用“诸国国王”、“西天竺诸国”、“北天竺诸国”等等辞句，可见当时印度小国之多了。

另一个中国和尚玄奘于七世纪前半到了印度。在他所著的《大唐西域记》里，他对印度有极其生动、具体、翔实的描述。在卷二里，他写道：

> 若其封疆之域，可得而言。五印度之境，周九万余里。三垂大海，北背雪山。北广南狭，形如半月。画野区分，七十余国。

在同一卷里，他又写道：

> 君王奕世，唯刹帝利。篡弑时起，异姓称尊。国之战士，骁雄毕选。子父传业，遂穷兵术。

可见到了七世纪，印度的政治局面并没有改变。昙丁的生存时代可能就正在法显和玄奘之间。他在《十王子传》里所描写的也正是中国的两个和尚所记述的那种情况。

《十王子传》的故事情节大体上是这样的：摩揭陀国王罗阇杭婆战败出走，逃入大森林中。在这里，王后生子名叫罗阇婆诃那。四大臣也各得一子。后来，又通过各种奇遇，陆续有五个男孩子被送到国王这里来。合起来，共有十个男孩子。这一群孩子长成以后，国王派他们出去征服世界。最初他们十人同行。后来，在频底耶山大森林中，一个婆罗门偷偷地把太子罗阇婆诃那领走，从地道中进入波陀罗城，成了那里的国王。其余的九个男孩子也都走散了。每个人都四处漂泊，寻找太子。每个人都经历了不平凡的事迹，通过阴谋或侥幸取得了王位和妻子。最后是大团圆，十个王子又会合在一起。各人讲了自己的遭遇，汇合起来，就构成这一部长篇小说《十王子传》。

这样的内容究竟想说明什么问题呢？主题思想究竟是什么呢？我觉得，它首先就说明，作者期望印度能够统一。书中十位主人公努力想达到的也就是印度统一这个目的。他当然不可能说得这样明显，他只是用“征服世界”这样一个说法来表达自己的愿望。在这一点上，他也表达了当时印度一般人民的愿望。

由于种种原因，从公元前印度有历史的时候起，一直到昙丁时代，在印度形成统一的大帝国的时候是绝无仅有的。公元前三世纪的阿育王、公元四世纪至五世纪的鼎盛时期的笈多王朝，虽然声势煊赫，但也只是在北印度和中印度建成了大帝国，并没有能统一全印度。

在小国林立的情况下，在一个小国内部就是“篡弑时起，异姓称尊”。在小国与小国之间就是“境壤相侵，干戈不息”。这些都是不义之战，对人民一点好处都没有。人民不能安心从事自己的工作，生命财产得不到保障，因而对这样的局面是厌恶的。我们且引《大唐西域记》里几段记载来说明当时印度的情况。卷三呾叉始罗国条写道：

> 酋豪力竞，王族绝嗣。往者役属迦毕试国，近又附庸迦湿弥罗国。

卷四萨佗泥湿伐罗国条写道：

> 闻诸先志曰：昔五印度国二王分治。境壤相侵，干戈不

> 息。两主合谋，欲决兵战，以定雌雄，以宁氓俗。黎庶胥怨，莫从君命。

下面是一段记述一个梵志伪造神书、诱骗人民的故事。最后是：

> 于是人皆兵战，视死如归。王遂下令，招募勇烈。两国合战，积尸如莽。

战争之惨酷可以想见。人民反对这种不义之战，但又没有什么好的方法；只好幻想有那么一个大王，勇武无敌，他终于统一了天下。

这种幻想不自昙丁始，实在是古已有之。在古代印度的文献上，有一种叫做 Cakravartin 的人物，汉译“转轮王”。他有大威力，他的车轮滚遍世界，无碍无阻，到处胜利，他终于成为统一世界的英主。在大史诗《摩诃婆罗多》里面，已经提到这样的人物。在《薄迦梵往世书》里面也有。印度古代最伟大的诗人迦梨陀娑也经常在自己的著作里提到转轮王。比如在《沙恭达罗》第七幕里，国王豆扇陀在仙人摩哩折的净修林里看到自己的儿子，发现他手指头中间有一幅薄薄的肉网，就像是一朵花瓣儿几乎联在一起的莲花，他认为这就是“转轮王相”，这孩子将来一定会成为统一宇内的大王。在《鸠摩罗出世》里面，迦梨陀娑也提到转轮王。至于在佛教经典里面，转轮王出现的次数就更多了。《方广大庄严经》、《妙法莲华经》等等都经常提到转轮王。甚至还有专门谈转轮王的经，像《轮王七宝经》等。在受到佛教影响而制造的地狱里，有一个阎王爷，名字就叫做“转轮王”。

在实际生活中，转轮王这东西是根本没有而且也不可能有的。为什么他竟这样流行、这样受到爱戴呢？我觉得，这就是老百姓厌恶不义之战、向往统一的自然流露，转轮王是他们幻想的产品。应该说，这种向往和幻想有其积极的意义。昙丁在《十王子传》里正表达了这种向往和幻想。

至于实现这些向往和幻想的手段却多半是巧取豪夺、阴谋诡计，有点只问目的不择手段的意味。比如，昙丁原本的第五章讲的是婆罗摩提的故事。婆罗摩提觉得自己在梦中遇到了一个美女。他为爱情所颠倒，走向舍卫城去。在城外的一个花园里沉沉睡去。一阵玎珰的脚环声惊醒了他。他睁眼看到一个女郎，手里拿着一张画，上面画着的正是他似乎是在梦中遇到的那个美女。同时还画着一个同自己十分相似的男子。这个女郎把他带回家中，招待他洗澡吃饭。原来画上画的是公主，公主也爱上了他。他在一个老婆罗门的帮助下，定下一计。他男扮女装，让老婆罗门带他到国王那里去，说是老婆罗门的女儿，就留在王宫里。他偷偷地找到公主，同她幽会。后来老婆罗门把男子的衣服带给他。他换了男装，跟老婆罗门去见国王，说是他的女婿。老婆罗门替他大大地吹嘘了一番，然后假装要跳入火中。国王和大臣都跪在地上，请求他不要这样作。最后国王把公主嫁给婆罗摩提，连王位也传给了他。

其他几位“王子”，虽然经历各有不同；但是其为阴谋诡计则一也。他们也都得到了王位。有的还寻到了娇妻。

我们应该怎样来看待这个巧取豪夺、阴谋诡计的问题呢？用这种方法去对付敌人，并不是昙丁的发明。他是有根据的，根据就是憍胝厘耶的《政事论》。这部书的第九章和第十章讨论的是军事。这里面明确地规定了，如果战不胜敌人，什么样的手段都可以采用。第十章结尾处有一首诗：

射手射出的箭只射死一人，
甚至连一个人也射不死；
可是聪明人想出的诡计，

却能在母体内杀死孩子。

以下几章都是讲阴谋诡计的。为了对付敌人，国王可以派遣间谍、密探和叛徒；他可以派人去放毒，甚至可以雇用女密探，利用宗教机构。他可以把密探打扮成术士，把毒药当做春药送给敌人。他也可以把间谍打扮成商人、牧童、苦行者，派出国去刺探敌情；把他们打扮成酒商、屠户，到外国去放毒。当敌人群集拜神的时候，他可以巧设机关，把墙推倒，将敌人压死。为了征服一个堡垒、一个村庄，他可以先派人散布流言，说他未卜先知，与神为伍。把事先通过间谍和信鸽获得的情况，公开散布，证明他的先知。把密探藏在神坛下面的地洞里，他公开说是同神仙谈话，实际上说话的就是这个密探。他可以把间谍打扮成剃光了脑袋的或披散着头发的苦行者，说自己已经活了四百岁，骗国王到他那里去看他跳入火中，就在这时候把国王杀死。如此等等。

以上这一些也只是举例，远不足以窥其全豹。然而鼎尝一脔，我们也就可以看到，古代印度最有权威的政治家的这一部最有权威的著作简直成了一部阴谋大全。凡是人们的幻想能够想得到的阴谋诡计，这里面几乎都网罗无遗。这些东西都是堂堂正正地载入书中，目的是垂诸万世，永作人君的南针。在这里，唯一的原则就是，只要能达到目的，什么手段都是可以允许的，在道德方面是无可指摘的。昙丁在《十王子传》里所描述的，尽管看起来已经极诡谲之能事，会让一个不懂古代印度传统治术的人毛骨悚然；然而这些东西并没有超出《政事论》规定的范围，不比上面举出的那些手段更可怕，更令人厌恶。

那么，昙丁是不是就完全同意这些手段呢？完全同意《政事论》这一部“经典著作”的看法呢？不是这样。再拿原本的第五章为例。这是一个充满了喜剧性的故事。其中虽然也有阴谋手段，但是总起来说，是无伤大雅的。到了故事的结尾处，罗阇婆诃那明确地说出了自己的意见："在游戏中显示英武，用轻松巧妙的手段从事活动，这正是有学问的人们所向往的道路。"我想，这也就是昙丁自己的意见。从这里我们可以看出，他对《政事论》里那种肆无忌惮的阴谋手段是有一些意见的，不是完全赞同的。虽然我们还不能因此就把他同传统的治术截然分开；但究竟有一些不同，这一点是值得我们注意的。

本书的主题思想，以及实现这个主题思想的方式方法，我觉得就是这样。

至于围绕着这个主题思想而展开的叙述和描绘则是五花八门的。从全书描写的深度和广度来看，作者大概到过很多地方，他的生活经历十分丰富。书中人物活动的地区是很广阔的。迦摩缕波(阿萨姆)、鸯伽、摩揭陀（贝哈尔)、迦湿（贝拿勒斯)、憍萨罗(乌德以北)、摩腊婆（中印度)、摩诃剌佗、达罗毗荼、羯馂迦、案达罗等等地方都包括在里面，换句话说，从北印度到南印度，从东印度到西印度，都牵涉到了。

在这样广大的地区内，作者接触到各阶层的人物。在这一部书中，不但像当时的其他文学作品一样，有上层人物、国王帝师之流出场，而且也有下层人物：妓女、赌棍、盗贼、小偷、破落婆罗门、魔术师等等。这一点是很值得注意的。昙丁对上层人物的生活和下层人物的生活好像都很熟悉。他在书中的许多地方暴露了国王的荒淫生活。在第八章里，他还具体生动地描写了国王一天的活动情况。从起床开始，一直到深夜，国王每时每刻都有许多事情。他日理万机，不轻松，也不愉快。连吃饭的时候，也惴惴不安，怕别人在饭中放毒。对廷臣和后宫嫔妃，他也有一些叙述。

但是最令人吃惊的是他对民间生活的了解和描绘。在古代印度的文学作品中，对民间生活描绘是比较稀见的。即使东鳞西爪能够找到一点，也决没有《十王子传》这样丰富、生动而具体。在这一部书里，我们看到刑场的描写和赌场的描写。篇幅虽短，但却细致生动，大大地有助于我们了解古代印度的情况。昙丁描写森林中的旅行，描写女子的一些生活情况，也有独到之处。我们读了他的文章，恍如身临其境。他对盗贼行窃的活动和妓女的活动，也十分熟悉。他描写盗贼如何根据“盗贼教科书”来行窃，描写一个母亲如何把自己的女儿培养成妓女，以及妓女如何骗取人们的钱财，都给人以真实的感觉。

对了解古代印度一部分人民的生活情况来说，这些描写都有重要的意义。但是，更重要的还在于昙丁对待这一些出身低级种姓的人们的态度。在他笔下，有一些窃贼和妓女并不可厌可恶，而是可喜可爱。窃贼打抱不平，窃富济贫，帮助有情人结成眷属。比如，在第二章里，阿波诃罗婆哩曼虽然也是王子之一，然而在这里他干的却是窃贼的勾当，我们只能把他当做窃贼看待。有一天夜里，他碰到一个美女，名字叫做俱罗波里迦。她原来已经许配给檀那密多罗。后来她父亲嫌贫爱富，又把她转许给阿哩陀波提。她为了逃婚，正想趁着暗夜到丈夫家里去。阿波诃罗婆哩曼听了，义愤填膺，答应一定要帮助她。他把偷盗来的钱财都送给檀那密多罗，并且散布流言，说檀那密多罗得到了一个宝囊，要什么，里面就出什么。最后，她父亲还是把她嫁给了檀那密多罗。有情人终成了眷属，要归功于这个窃贼。

妓女也不完全干坏事。昙丁在第二章里描写了一个妓女迦摩曼折莉。有一天，她忽然来到大仙人摩哩折的净修林，说是要跟他修行。她母亲一把鼻涕一把眼泪地跟了来，要她回去，她坚决不肯。仙人大发慈悲，把她留下，意思是让她尝一尝净修林里的味道，她受不了苦，自然就会回去了。然而，出乎他的意料，她竟真地留下不走，每天为他扫地、折花、祭神、摆供、唱歌、跳舞。她竟然还摆出一副哲学家的面孔，同他讨论人生三要素：法、爱、财等等的哲学问题。这一位道貌岸然苦修禁欲的大仙人终于动了凡心，深深地陷入情网，爱上了这个美丽的妓女，完全成了她的俘虏。最后她把他带进城去，在众目睽睽之下带到国王的花园里。到这里，谜底才算揭开。原来她同别人打赌，要把大仙人诱进城来。现在她胜利了。在群众惊呼声中，她拿着金银财宝，离开王宫。仙人垂头丧气，转回山林。在印度人心目中，仙人是神圣不可侵犯的东西。然而，昙丁却把他写成呆头呆脑的丑角，让他当众出丑，而使他出丑的人却是一个妓女。这样的妓女不是很可喜可爱令人解颐吗？

也许有人会说，妓女引诱仙人这样的故事，在印度是古已有之的，在西方也并不缺少；因此，昙丁只是抄别人的，并不能认为他对妓女的态度就是这样。我不同意这种看法。既然昙丁在这里单单抄这一篇故事，而不抄别的，这就说明，他是同意故事中的观点的。这一点不是很明显的吗？

从这个故事上，从昙丁对待大仙人的态度上，我们还会联想到他对宗教的态度。在古代印度，宗教对作家是有着十分深厚的影响的。几乎没有什么作家能摆脱掉这样的影响。古代印度最伟大的诗人迦梨陀娑也并不是例外。他是崇拜湿婆的。在《沙恭达罗》和《优哩婆湿》的序幕的献诗里，他歌颂的就是湿婆。但是，昙丁的情况却有所不同。《十王子传》开始的一部分不是出于他的手笔。在这一部分里，大神毗湿奴被歌颂了，婆罗门被赞美了。一到昙丁写的那些篇章里，宗教气息就顿然稀薄。他讽刺婆罗门和苦行者，他丑化大仙人。他对于这一些神圣的人物根本没有敬意。他绘声绘色地描写大仙人摩哩折为妓女所骗，并不是偶然的。这种情况在印度文学史上是比较稀见的，因而也就值得我们重视了。

正如印度古代的作家离不开宗教，他们也离不开爱情。印度古代所有的文学作品几乎都与爱情有关。《十王子传》当然也不会是例外。十王子的目的是征服世界。在征服的过程中，他们每一个人几乎都有自己一套恋爱的经历。恋爱离不开美女；因此，昙丁就在书中的许多地方对女子的美做了生动的描绘。他似乎十分喜欢而且也十分擅长描绘女子的美。在第二章里，他用他那生花的妙笔描绘了公主菴波梨迦熟睡时的情况。在第五章里，他又描绘了睡公主那婆茉莉迦的美。

除了外表上的美丽以外，昙丁在许多地方对爱情的享受也作了描写。我们要知道，在古代印度，爱情算是一门“学问”，一门十分严肃的“学问”。在许许多多专门研究爱情问题的著作，其中最著名的就是闻名全世界的瓦刹耶那著的《爱经》。在这一部书里，对爱情活动的各个方面都做了十分细致的规定。它是摹仿《政事论》的结构而写成的。两书的体系完全相同。《政事论》里讲究权术，《爱经》里也大谈权术，通过权术才能获得爱情。《爱经》分析爱情，正如《政事论》分析政治经济。它对与爱情有关的问题分析得琐碎到让我们觉得可笑的程度。然而作者却是一本正经，而印度人也不认为这一部书是秽亵的书。在他们眼中，爱情，同宗教（法）和财产一样，是人生三要素之一。王子们必须学习《爱经》，正如他学习语法一样。诗人也必须精通爱学。在书中描写爱情的时候，一定要字字都有来历，不能任意创造。事实上，古代大诗人都是深通《爱经》的。迦梨陀娑也精于此道，须般荼和婆缚菩提都不是外行。

昙丁呢，当然也不会是外行。他也按照《爱经》的规定，来描写有关爱情的场面。这样的场面在全书很多地方都可以找到。比如，他描写妓女运用权术，散布流言，来提高自己的身价；他描写情人的幽会；他描写两个都没有经验的情人初次见面的情景。在我们看来，有一些地方他的描写有点秽亵。但是，就诗人来说，他却是认真严肃，一丝不苟，一板一眼，几乎都有所本。认为爱情是人生三要素之一的古代印度人也不会有什么刺目的感觉。

但是，在描写爱情方面，《十王子传》的特点还不在这里。因为别的作家也几乎都是按照《爱经》的规定认真严肃循规蹈矩地描写与爱情有关的场面。不过有一些作家描绘有些过火、有些过于露骨，自然主义的手法过于显著。而昙丁在这方面是比较有节制的、比较温和的，不是十分露骨的。我认为，这正是《十王子传》的特点，也可以说是优点吧。

写到这里，我想到马克思论印度宗教的一段话：

> 意大利和爱尔兰——一个淫乐世界和一个悲苦世界——这样奇怪地结合在一起的现象，在印度斯坦的宗教的古老传统里早就显示出来了。这个宗教既是纵欲享乐的宗教，又是自我折磨的宗教；既是林加崇拜的宗教，又是扎格纳特的宗教；既是和尚的宗教，又是舞女的宗教。
>
> ——《不列颠在印度的统治》，《马克思恩格斯全集》，第 9 卷，第 143—144 页

这是十分深刻的观察。从吠陀时代起，印度的宗教，印度的生活也一样，就把两种截然不同的、甚至是互相矛盾的精神包容在一起。人们一方面提倡禁欲，不是普通的禁欲，而是有点走向绝对化的禁欲；一方面又鼓励纵情欢乐，用感官享受人世间的快乐。他们从早到晚狂赌掷骰子，赌输后连老婆、孩子，甚至自己都当赌注押上；他们赛马打猎，狂饮苏摩酒，玩弄妓女。但是，在另一方面，他们又追求内心静观，在深山老林中打坐苦行。他们甚至把人生分为四个阶段，有享受人间幸福的家主期，有退隐山林的林栖遁世期。这种风气世代相传，到了公元后五世纪至八世纪的昙丁时代，情况一点也没有改变。这种情况当然也会反映到文学创作上来。在文学作

品里，既有 dharma（法，宗教），也有 kāma（爱情）。从我们上面的叙述里可以看到，《十王子传》也是如此。同其他同时期或稍前稍后的文学作品比较起来，它的特点只在于：在“法”与“爱情”两个方面，描写都比较有节制、比较适中。昙丁对宗教没有狂热，对苦行有所讽刺。他对爱情的享受也认为不能过分。这个特点看起来不算大；但是它却是有比较重要的意义的。《十王子传》之所以能高出其他的一些文学作品，我觉得，这是重要原因之一。

至于本书的结构，也有它的特点。名为长篇小说，实际上是许多短篇小说的汇合。本书的中心故事是太子罗阇婆诃那率领九个王子出去“征服世界”。第二章（指的是真正出于昙丁手笔的那一部分）讲的就是太子的故事，讲到几个王子分而复合的情形。太子讲完了自己的故事以后，就请每一个王子讲自己的遭遇。从第二章到第八章，每一章是一个王子的故事。每当一个王子讲完后，太子就微笑赞许，对整个的故事加上几句断语。然后目光转向另一个王子，这个王子就立刻讲自己的故事。除了开头几章和结尾的一部分是后人伪造的以外，全书的结构就是这样地单纯而单调。

这样的结构形式是不是昙丁创造的呢？不是的。他是有所本的。应该说，这是古代印度“长篇小说”的比较习见的形式。古代印度人民似乎很喜欢大故事中套小故事，小故事中套更小的故事，以致后来头绪弄得异常复杂，找不到线索。有名的《五卷书》就是这样。其他流行很广的书，像《故事海》等等也都是这样。《故事海》里面还吞下了不少其他的书，例如《僵尸鬼二十五故事》等等。这一些被大书整部吞下去的小书也有这样的结构形式。

这样的结构形式在印度以外也有比较广泛的影响。在我国新疆发现的吐火罗语残卷里，有一部书，叫做《福力太子本生故事》。虽然已经无头无尾，残缺不全；但是仅就剩下的那一部分来看，它的结构也是大故事套小故事，小故事中还有更小的故事。这显然是受了印度的影响。在唐人小说里，也有类似的形式。比如，王度的《古镜记》以一面古镜为主要线索，中间夹入不少的小故事。是否也受了一些印度的影响，那就不敢说了。

《十王子传》的这种结构形式使得它有可能容纳许多独立成篇的短故事。这一些短故事有的是他自己创作的，有的采自民间故事。比如第二章摩哩折仙人为妓女所骗的故事，就不是昙丁的创作。大史诗和佛经里都有独角仙人的故事，这就是摩哩折故事的来源。当然昙丁也并不是一字一句地照抄，而是添加了一些新东西，把这个在印度民间流行已久的故事叙述得更完整、更生动。至于第六章插入密多罗笈多的故事中的那四个小故事，一看就知道是民间故事。其中尼昙巴婆提的故事讲的是一个负义女子。属于这一个类型的故事流行于全世界，印度也不缺少。在《五卷书》、《故事海》、《佛本生故事》等等里面都可以找到。同章瞿弥尼的故事讲的是一个理想的妻子。属于这一个类型的故事也流行极广，在《佛本生故事》等等书里面也都可以找到。在叙述这些故事的时候，昙丁也运用他那独特的手法，绘声绘色，写得异常绚丽多彩，异常细致生动。

从文体方面来看，《十王子传》在印度古代文学史上可以说是占着一个承上启下的地位。古典梵文文学早期作家，像迦梨陀娑、阿摩鲁等等的文体，已经渐趋华丽，但是还没有发展到堆砌词藻的程度，使用的离合释（复合名词）也都比较短。到了昙丁时代，词藻华丽的程度增加了，堆砌的风气形成了，技巧的卖弄愈来愈显著了，离合释愈来愈长了。在《十王子传》里已经可以看出这种情况。昙丁在他所著的《诗镜》里（Ⅰ，80）明确主张：离合释是散文的生命。他确实使用了不少的离合释，有的也不短。在卖弄技巧方面，他也有所表现。比如第七章曼陀罗笈多的故事。据说曼陀罗笈多的嘴唇给情人咬伤了，不能用嘴唇说话。于是全章就没有一个唇音字母。

但是，同以后的作家，像波那、须般荼等等比较起来，昙丁使用的词藻华丽而不堆砌，离合释还没有长到没有边儿，语言技巧也还不过于刁钻古怪。他被尊为语言大师，原因也就在这里。

昙丁就用这样的文体，在《十王子传》里写下了许多有名的篇章。有的描绘风景、人物，有的描写人民的生活。比如第二章里描写落日，第五章里描写斗鸡，第六章里描写美人拍球和女子煮饭，都是著墨不多，而逸趣无穷。我们读了以后，感到栩栩如生，宛然如在目前。

以上从内容方面，从结构方面，从文体方面简略地谈了谈我对昙丁的长篇小说《十王子传》的看法。我主要谈的是优点，是精华。当然，本书决不会只有优点，只有精华。缺点、糟粕也是有的。我现在只能举其荦荦大者，稍加论述。

在本书的思想内容方面，最成问题的、为害最大的是宿命论。在古代印度，这是一种十分流行的、影响十分大的思想。几乎所有的大作家都是宿命论者，他们都不能够跳出这个圈子。迦梨陀娑等伟大作家，在思想上有许多健康的东西；但是，一提到命运，他们就好像是束手无策。他们十分认真严肃地相信，一切都是前定，人力无可奈何。人定胜天的思想在他们身上是找不到的。昙丁也不例外。他虽然对宗教本身，对那些神仙，对那些婆罗门没有多少敬意。但是他也过不了命运这一关。他在第二章里写道："人，即使是非常机灵，也跳不出命运划的那一条线。"在书中别的地方，他也流露出了同样的思想。这样就会削弱人们的斗志，甘受压迫与欺凌，是为反动的统治者效劳的一种思想。我们虽然不能对古人苛求，但也必须指出昙丁思想中这一个阴暗面。

此外，在一些道德观点方面，昙丁也有不对头的地方。比如，在第三章里，主人公伏波诃罗婆哩曼想去偷别人的老婆，他自己心里想："偷了别人的老婆，法（宗教、道德）可能会受到阻碍。但是，如果能同时获得财产与爱情的话，古代圣书的作者是允许这样作的。"这可能是古代"圣书的作者"的看法；但是，昙丁在这里引用，没有提出不同的看法。因此，我们只能说，昙丁的看法也是这样。这一点也必须在这里着重指出。

至于在本书的许多地方在描写手法方面那一种自然主义的倾向也是我们所应该摈斥的东西，现在在这里一并指出。

昙丁的《十王子传》是印度文学史上的名著，一直到今天还在印度国内国外受到重视，欧洲许多国家都有译本，只是德文译本就有三四种之多。过去有不少人对于这一部书作过评论，论点很多是难以令人接受的。我写这一篇东西，也只能算是一个尝试，诚恳地希望能够得到批评与指正。

1963年6月19日

# 《沙恭达罗》译本序

印度古典文学有着悠久的、光荣的传统。从质的方面来看，它可以媲美中国和希腊的古典文学。从量的方面来看，它远远超过古代希腊。从公元前一千多年的《梨俱吠陀》起，印度古典文学传统可以说是基本上没有中断。到了公元四世纪到六世纪的笈多王朝时代（约等于中国的东晋到南北朝），梵文文学的发展达到了光辉的顶点，被后世的许多历史学家称为“黄金时代”。有些学者把这时代叫做“梵文文学的文艺复兴时代”。这是不完全正确的，因为没有中断，就谈不到什么复兴。在这个过渡期间，作家和作品显得少了一点，这也是事实。这可能是由于印度古代缺少史籍，年代先后，模糊一团。许多作家和作品的年代都无从确定。从而看起来就似乎中断了一个时期。到了笈多王朝时代，名家如林，灿若繁星，作品光彩，映照千古，似乎真地是“文艺复兴”了。

梵文文学为什么在笈多王朝最发达呢？这原因应该到当时的社会环境里和梵文文学发展的规律中去找。笈多王朝建立于公元320年，创始人是旃荼罗笈多一世(320年至330年)。他以后名王辈出,最盛时期的版图包括整个北印度和中印度的一部分,是阿育王以后的第一个大帝国,也是印度封建社会发展到了高峰的一个大帝国。

在这期间到印度去留学的中国和尚法显对当时的印度社会情况有这样的描述：

> 从是以南，名为中国。中国寒暑调和，无霜、雪。人民殷乐，无户籍官法；惟耕王地者，乃输地利。欲去便去，欲住便住。王治不用刑罔，有罪者但罚其钱，随事轻重。虽复谋为恶逆，不过截右手而已。王之侍卫、左右，皆有供禄。举国人民，悉不杀生，不饮酒，不食葱、蒜，惟除旃荼罗。旃荼罗名为恶人，与人别居。若入城市，则击木以自异，人则识而避之，不相唐突。国中不养猪、鸡，不卖牲口。市无屠沽及沽酒者。货易则用贝齿。惟旃荼罗猎师卖肉耳。自佛般泥洹后，诸国王、长者、居士，为众僧起精舍供养，供给田宅、园圃、民户、牛犊，铁券书录。后王王相传，无敢废者，至今不绝。（《法显传》）

这里描绘的是北印度恒河盆地所谓雅利安地区（Āryāvarta）的情况。这里是笈多王朝龙兴之地，是它的基础，是由大皇帝直接统治的。在法显的简短、具体又生动的描述中，我们可以看到，当时生产的基础组织主要仍然是农村公社，因此才没有户籍官法。此时印度历史已经进入封建剥削制高度发展的阶段。为什么“惟耕王地者，乃输地利”呢？为什么在法显眼中，赋税竟如此之轻呢？印度学者高善必（D.D.Kosambi）认为，这可能是由于同苛重的中国赋税比较起来，显得如此而已（见所著《印度史研究导论》Introduction to the Study of Indian History，第278页）。在“中国”（Madhya-deśa）以外的田地是一定要收租的，一般是收获物的六分之一。大皇帝直接统治的地区，赋税会轻一点，这是可以理解的。所谓“欲去便去，欲住便住”，是说明这里没有农奴制。奴隶已经不允许买卖，但是社会上种姓制度还非常严格。旃荼罗不许住在城内；进城时，必须敲击木头，让别人闻声躲开，以免接触。今天流行在印度的所谓“不可接触”的制度，当时已经根深蒂固。国王、长者等赠送田地给僧伽。高善必在这里看出了没有土地私有制。我认为，这是不正确的。土地私有制从公元前五六世纪封建社会开始就已存在于印度，到了笈多王朝时期，早已不是什么新鲜事物，更谈不到什么不存在的问题了。

在这个囊括北印度的大帝国以内，特别是在笈多王朝全盛时期，政治上是统一的，政令是能够通行全国的。在经济方面，生产力是相当高涨的。城市很繁荣，商业很昌盛，国内和国外交通都比较发达。国外贸易北至中亚，东至中国、印度尼西亚，西至小亚细亚、中近东，到处都呈现出一片欣欣向荣的气象。拿中国的历史来比一下，这是“分久必合”的时期，是所谓“盛世”。

笈多王朝全盛时期，情况大体上就是这样子。

马克思在《〈政治经济学批判〉导言》中指出，艺术生产与物质生产发展是不平衡的。证之许多国家的文学史，情况确确实实是这样的。古代希腊就是一个很好的例子。但是在东方一些国家，比如中国和印度，例外的情况是可以找得到的。在中国文学史上和印度文学史上，往往有艺术生产与物质生产正相适应的时期。中国的盛唐文学就是如此。印度的笈多王朝的文学也是如此。笈多王朝是印度经济高度发展的时期，与之相适应的是一个文学艺术的高度发展。

但是只从物质基础的发展上还不足以完全说明梵文文学之所以在这个时候特别发达的原因。我们还应该把其他方面的情况也仔细探讨一下。

我们首先看一看文字工具和文体风格方面的情况。在印度古代，书面语言主要是梵文，此外还有少量的俗语。大家都知道，保留到现在的最古的印度文学语言是吠陀语。吠陀语的语法变化异常繁复，无论是名词、动词，还是代词、形容词，语法形式都是异常地多的。但是文体风格却是比较明畅而淳朴。继吠陀梵语而起的是史诗梵语。语法变化已经有所简化。接下去就是古典梵语。我们平常所说的梵语就是指的这种语言。作为表达思想的工具，到了笈多王朝，古典梵语已经有了一千多年的历史。在这一千多年中，文学语言的发展约略可以分为三个阶段：梵语——俗语——梵语，有点辩证法否定之否定的意味。至于文体风格的发展却是一条直线的：从明畅淳朴向着繁缛雕饰发展。对婆罗门教来说，梵语是神圣的语言。在最初，宗教、哲学、文学、艺术，甚至医学、天文学等方面的书籍都是用梵语来写的。到了后来，随着社会的发展，随着阶级斗争的发展，新的宗教兴起了，梵语的一统天下随之而动摇。比如佛教和耆那教一兴起，为了对抗婆罗门教，争取群众，立刻就否定梵语的神圣地位，而采用俗语作为经堂语言。佛教和耆那教的经典都是用俗语写成的，同婆罗门教使用梵语形成了鲜明的对照。不但在宗教方面，而且在政治方面，梵语的垄断地位也动摇了。公元前四世纪兴起了的孔雀王朝，是印度历史上第一个版图最广的大帝国，几乎统一了整个印度。这个王朝的官方语言不是梵语，而是古代半摩揭陀语。有名的阿育王的碑铭可以为证。为什么产生这样的现象呢？同样是统一的帝国，何以孔雀王朝用俗语，而笈多王朝用梵语呢？我们现在还无法说得很清楚。原因之一可能是在阿育王时代，梵语的规范化工作还没有完成，公元前四世纪，波你尼正在努力使梵文规范化。也许是由于他的语法体系最科学、最合理，就为大众所接受，因而产生了巨大影响。到了公元后的笈多王朝时代，这个规范化的工作完成了，于是梵语一跃而成为官方语言。不但在政治方面是这样，连在宗教方面也表现了相同的情况。佛教的教祖原来是竭力反对梵语的。但是一旦梵语作为文学语言流行起来了，有的佛教宗派也开始使用梵语，说一切有部就是这样。到了佛教的大乘，就公然使用起梵语来，连违背祖训这样的感觉似乎都没有了。梵语又重新夺回了一统天下。

在文学方面，也表现了同样的情况。大约生于公元一二世纪的佛教著名僧侣和诗人、戏剧家马鸣就使用梵语写作。他写的有关佛教教义的论著、长篇诗歌，甚至戏剧都使用梵语。只有某些脚色说俗语。另外一个作家跋娑（Bhāsa）可能也生在这个时候，或者略早一点。关于这个作家，一直到今天仍然争论很多，我们在这里不去细谈。他留下来的作品用的也是梵语。跋娑的文体非常简朴，几乎没有什么文采。马鸣却是在简朴中富有文采。他的名著《佛所行赞》已大兴藻饰雕绘之风，向着形式主义发展，不过还没有达到公元六七世纪檀丁（Daṇḍin）、波那（Bāṇa）、苏般度（Subandhu）等作家那样，“五色相宣，八音协畅，由乎玄黄律吕，各适物宜”，有点像中国的齐梁文体而已。

上面讲的是文字工具和文体风格两方面的发展，都为笈多王朝的梵语文学的兴起打下了基础，创造了条件。

帝王对艺文的奖掖对于梵语文学的发展也起了促进的作用。中外历史都不乏这样的例子。中外历史上的国王、皇帝所关心的首先是巩固统治、扩大版图，为了达到这个目的，一定要穷兵黩武，大动干戈。打了胜仗，必须立碑记功，这就用得着文人，用得着“大手笔”。后汉窦宪伐匈奴，大胜，就让班固写文章记功，勒石燕然山上。平常也总要装模作样，附庸风雅，请文人写篇把文章署上自己的名字。中国的明太祖等皇帝，恐怕肚子里都没有多少墨水，但却都有“著作”。连自命风雅的乾隆皇帝也干类似的勾当。用他人的文章垂自己的名声，只好弄虚作假了。除了巩固统治、扩大版图和沽名钓誉以外，他们还深切关心传宗接代问题。中国秦始皇所谓“后世以计数，二世、三世，至千万世，传之无穷”，是一个典型的例子，在这一方面，也用得着文人。文人能写文章，为他们“圣上”传宗接代祈求祷祝。因此，“圣上”们也就奖掖艺文，总在朝廷上豢养一批文人，平常吟风弄月，歌功颂德；打起仗来，则草檄记功，勒石名山，两方面互相利用，国王要一些人鼓吹昇平，文人借此得到点残羹剩饭。国王实际上是把这一批文人“倡优畜之”，借用鲁迅先生的话，就是把他们看作“帮闲”。在中国，文人还可以搞科举，做官，在印度好像连这一条路也没有。文人们只好依附朝廷，成为什么“九宝”之类。从《罗摩衍那》起，宫廷诗人的地位就不是很高的。他们主要是歌唱颂诗，唤醒国王，有点像中国唐诗：“绛帻鸡人报晓筹，尚衣方进翠云裘”里的“鸡人”。中国诗人自己不唱诗催醒，只写诗颂圣，印度则须兼而有之，这恐怕是仅有的区别，其地位恐怕是不相上下的。

与上面的情况有联系的还有一个帝王本身对于梵语文学的态度。在笈多王朝全盛时期，几个皇帝都热爱梵语文学。在这一点上最突出的可以说是三摩答剌笈多（Samudragupta）。他不但非常喜爱梵语文学，自己还从事创作。从“诗王”（Kavirāja）这一个称号上，可以看出他在这一方面的自负与野心。至于文章是否真是他自己写的，那是另一个问题。大约在公元345年，在阿拉哈巴地方（这是以后的名字）建立起来的一个石柱上，有一篇铭文，是出自三摩答剌笈多的宫廷诗人噉里尸那（Hariṣiṇa）之手。在这一篇铭文里，诗人歌颂了国王的战功，同时也颂扬了他的写诗与音乐的天才。这在中国已有先例。上面谈到的班固只不过是例子中的一个而已。

有以上谈到的这些情况，梵语文学在笈多王朝时代特别发展起来，几乎形成了一个发展的高峰，也就是完全可以理解了。公认为印度最伟大的诗人、世界文学史上伟大作家之一迦梨陀娑就生在这一个时代。

说他生在这个时代，实际上也是推测之辞。我们对于这一位伟大作家的生年卒月、生平活动，几乎是一无所知。在印度古代文学史上，几乎所有的作家情况都是这样，迦梨陀娑并非例外。

关于他出生的时代，有种种不同的学说。尽管印度和印度以外其他国家的梵文学者已经写了无数的文章来讨论这个问题，可是一直到今天也并没有大家都承认的结论。有的学者主张，他生在公元前几百年；有的学者又主张，他生在公元后几百年。他们列举论据的时候，真是八仙过海，各显神通；看来头头是道，条条有理。但是，只要从另一个角度一看，这些论据又往往站立不住，不攻自破。在这些错综复杂的学说之中，有一个学说是比较为大家所接受的，这就是：迦梨陀娑生在笈多王朝时代。

印度有一个传说：迦梨陀娑是一个婆罗门的儿子，幼年父母双亡，一个牧人把他养大。后来同一个公主结婚。因为表面上看起来出身微贱，公主极以为耻。他没有办法，就去向女神迦梨祈祷，女神加恩赐给他智慧，他于是一变而成为大诗人、大学者。因此人们就称他为“迦梨陀娑”（迦梨女神的奴隶）。

这个传说当然是不可靠的，我们毋宁说，这只是他的名字的一个文字游戏。根据他的作品，我们只能推测出，他是一个婆罗门，是湿婆的崇拜者；他对喜马拉雅山的风光很熟悉。在《云使》（Meghadūta）里，他对邬阇衍那（优禅尼）城有极其生动的充满了热爱的描写。我们因而可以推断，邬阇衍那城就是他的故乡。他有一个剧本，叫做《优哩婆湿》（Vikramorvaśīya）。这里可能隐含着一个国王的名字超日王（Vikramāditya），他可能在一个叫做超日王的国王的朝廷上生活过。这个推测是与一般的传说相符合的。一般传说就认为他是笈多王朝超日王朝廷上九宝之一。但是不巧得很，笈多王朝两个国王——旃荼罗笈多二世和塞建陀笈多——都在自己的钱币上刻着超日王这个徽号。因此看起来比较简单的问题就复杂起来了。从梵文文学的发展情况来看，旃荼罗笈多二世的可能性更大一些。他的首都正是邬阇衍那，这也与《云使》里的描写相符合。旃荼罗笈多二世在位期间约为公元 380 年至 413 年。因此，如果把迦梨陀娑生年的上限规定为 350 年前后，是比较靠得住的。曼陀娑尔（Mandasor）太阳神庙中有一个碑，立于 473 年，铭文的作者是一个不著名的诗匠，名字叫做婆茶跋底（Vatsabhaṭṭi）。他自己吹牛说，他要跟大名鼎鼎的迦梨陀娑比赛一下。他真地在模拟迦梨陀娑的风格。根据这一件事实，迦梨陀娑生存时代的下限可以定为 472 年。总起来说，他大概生于 350 年到 472 年之间。

迦梨陀娑留下了不少的作品。但是，正如他的生卒年月一样，他的作品的真伪也引起了不少的争论。一般认为可靠的作品有剧本《沙恭达罗》（Śakuntalā）和《优哩婆湿》，有抒情诗《云使》，有叙事诗《鸠摩罗出世》(Kumārasambhava)和《罗怙世系》（Raghuvaṃśa）。此外还有两部著作：《摩罗毗伽和阿祇儞密多罗》(Mālavikāgnimitra）和《时令之环》（Ṛtusaṃhāra）也很可能是迦梨陀娑的作品。

在这些作品里面，最重要的就是《沙恭达罗》。印度人民以及外国的梵文学者都一致认为，这是迦梨陀娑的最伟大的作品。

《沙恭达罗》的伟大之处究竟何在呢？从故事情节方面来看，看不出什么伟大之处；因为这情节是从古书上抄来的。在大史诗《摩诃婆罗多》中已经有沙恭达罗的故事（Śakuntalopākyāna, i62.1—69.51)。在《莲华往世书》(Padmapurāṇa)中也有（Svargakh.1—5)。故事的基本情节已粗具规模。在大史诗里所缺的是仙人诅咒、失掉戒指。往世书已经有了戒指和仙人诅咒。迦梨陀娑创新的东西并不多，他只不过把爱情这个主题思想特别突出出来。因此，我们可以说，从主题思想方面来看，这一部作品看不出什么伟大之处。剧中着力描写的是男女的爱情，而爱情这样一个主题又是世界一切国家的文学中司空见惯的，丝毫也没有什么特异之处。然而据我看，迦梨陀娑的伟大之处就正在这里：他能利用古老的故事，平凡的主题，创造出万古长新的不平凡的诗篇。

迦梨陀娑自己是宫廷诗人。虽然从我们上面已经谈过的情况来看，他的地位不见得很重要。但是，既然依附宫廷，就必然要对皇帝作一些阿谀奉承的颂词。在迦梨陀娑的作品里就有不少歌颂当代帝王的诗篇。例如《罗怙世系》1.18：

为了人民的利益，
他征收了租税。
太阳把水吸上去，
落下来增加了千倍。

封建帝王是地主阶级的总头子，他主要依靠剥削农民生产的粮食来恣意挥霍。依附他们的像迦梨陀娑这样的诗人为他们歌功颂德，是不足怪的。迦梨陀娑不但歌颂国王的剥削，在《沙恭达罗》第四幕里，他还借干婆的嘴宣传服从长辈、敬事丈夫等一整套三从四德的封建道德。这同《罗摩衍那》女主人公悉多的伦理标准差不多，是一脉相承的。迦梨陀娑不但为国王的目前统治服务，他还关心国王的传宗接代问题，为他们将来的子子孙孙的统治服务。很多古代印度诗人都是如此。为什么《罗摩衍那》的作者蚁垤大肆宣扬一夫一妻制，宣扬悉多的贞节呢？说穿了，不外是替国王的继承问题操心而已。迦梨陀娑也不例外。在《沙恭达罗》第四幕里，他一再讲到沙恭达罗要生一个圣洁的儿子，做大王统治天下。在第六幕里，国王泄露了他谈情说爱的目的，也不过是为了得子继承王位。在《罗怙世系》和《鸠摩罗出世》里，迦梨陀娑同样也讲的是这个问题。在《沙恭达罗》第六幕里，谈到一个富商航海遇难，没有孩子，无人继承财产。国王说："没有孩子真悲惨。"迦梨陀娑给帝王操心，真可以说是到了家了。

但这只是一个方面。在另一方面，迦梨陀娑对当时上层统治阶级的所作所为也并不完全赞成。在长诗《罗怙世系》中，他用宛转曲折的笔调对国王提出了批评。罗摩遗弃了悉多，他把他描绘成为一个残酷无情的人。十车王误射死修道人之子，他认为他轻率、草菅人命。在《沙恭达罗》里，他利用丑角的插科打诨，隐隐约约地讽刺国王，讽刺他喜新厌故，玩弄女性，“家花不及野花香”。在第五幕里，他先描绘了被遗弃的王后恒娑婆抵在幕后的哀怨的歌声。然后写了被遗弃的沙恭达罗，写得缠绵悱恻，动人心魄。作者的同情显然都是在被遗弃者的方面。写沙恭达罗的被遗弃，其中好像还反映了封建主与农民、城市与乡村的矛盾。在第五幕里乡村人骂城市，沙恭达罗骂国王。作者的同情显然在受害者和农民一方面。同时，他对那些下层阶级里的人物，例如渔夫、宫女等等也同样是怀着一些好感的。第六幕里那两个宫女写得特别好。宫女一说：“几天以前总督老爷弥呾罗婆苏才把我们俩送到万岁爷脚下来，让我们在这后宫花园里做些杂活。”听口气，很像是总督买的女奴隶。诗人写了短短的几行就把这两个宫女的声音笑貌都生动地描绘出来了。诗人把她们写得活泼可爱，也写出了她们对美好生活的向往，对一切美好的东西的热爱。

所有这一切无疑都是本书的精华。

迦梨陀娑对国王又歌颂又讽刺，这不是有点矛盾吗？在这里，矛盾是不能否认的，但也是完全可以理解的。我们举一个中国的例子。唐代伟大的诗人杜甫，忠君爱国，几乎达到念念不忘的程度。他关心人民疾苦，也是众所周知的。《自京赴奉先县咏怀五百字》：“生逢尧舜君，不忍便永诀。当今廊庙具，构厦岂云缺？葵藿倾太阳，物性固莫夺。”他对唐王的感情多么深厚啊！然而就在同一长诗里，他却唱出了千古流传的名句：“朱门酒肉臭，路有冻死骨。”在《丽人行》里，他又写道：“炙手可热势绝伦，慎莫近前丞相嗔。”难道人民这种凄惨的情况和大官这种跋扈的情况同他所依恋的唐王没有一点关系吗？难道杜甫对于这一点根本不知道吗？当然不是。在中国忠君是一种传统的力量，压在杜甫身上，使他不能自拔。但是人民眼前水深火热的生活又是活生生的现实，他不能视而不见，很难想象一个伟大作家对人民生活竟然漠不关心。对人民生活漠不关心的伟大作家是没有的。这样就产生了矛盾，反映到作品上就是又歌颂，又不满。杜甫毕生都陷在这个矛盾中。尽管中国诗人同印度诗人不完全相同，但他们之间总有一些相通的地方。在印度，忠君的传统势力可能要小一些。但是从史诗时起，比如在《罗摩衍那》里，作者就大肆鼓吹国王的重要性，大肆宣扬要敬重国王，歌颂国王。他拼命为国王涂脂抹粉。这种情况在印度好像也形成了一个传统，不能说迦梨陀娑就受不到它的影响。再加上既要依附国王，如果不说两句好话，饭也许就吃不下去。这就是迦梨陀娑的处境。我们对《沙恭达罗》中的矛盾只能做如是观。这是当时社会环境所决定的，我们对于古人不能形而上学地苛求。否则就是历史唯心主义。

不可否认，诗人所着重描写的还是国王豆扇陀和沙恭达罗之间的爱情。在当时的社会情况下，这种爱情是合乎理想的，无可非议的。沙恭达罗爱自己的丈夫，国王也爱沙恭达罗。经过了一些意想不到的曲折，两个人终于团圆。诗人用了很大的力量，描写两方面的相思。对沙恭达罗的思想和感情的活动，诗人更是挖空心思去加以描绘。她一方面想念自己的丈夫，愿意尽早地看到他；但是另一方面，她又舍不得离开自己的义父、朋友、心爱的小鹿和春藤。在她离别的时候，她对净修林里的一草一木都有无限的感情，依依难舍；而这些动物和草木也对她有无限的感情，也是依依难舍。诗人把人性赋予这些草木动物，它们也为沙恭达罗的别离感到悲哀：

小鹿吐出了满嘴的达梨薄草，孔雀不再舞蹈，蔓藤甩掉褪了色的叶子，仿佛把自己的肢体甩掉。

这样一来，弥漫在净修林里的离情别意就更加浓厚起来了。中国唐代大诗人杜甫的诗句：

感时花溅泪，
恨别鸟惊心。

描写的也是同样的意境。这样的意境是有感人的力量的。《沙恭达罗》第四幕之所以特别为印度人民所喜爱，原因大概就在这里吧。

在第六幕里，诗人又着重描写了国王对沙恭达罗的想念，写下了许多众口传诵的诗篇。在印度人民心目中，第六幕是仅次于第四幕最受人欢迎的一幕。

迦梨陀娑一方面隐约地讽刺国王是沾惹闲花野草，玩弄女性，一方面又认真地描绘国王与沙恭达罗之间的爱情。这不是又有点矛盾吗？在这里，矛盾也是不能否认的。但同样是可以理解的。我们也举一个中国的例子。唐代大诗人白居易有一篇脍炙人口传诵千古的长诗《长恨歌》。内容是大家都熟悉的，它歌颂了唐明皇与杨贵妃的爱情。千余年来，不知有多少千万读者为唐明皇的真挚的爱情所感动。然而，就在本诗内白居易先说："六宫粉黛无颜色"，又说："后宫佳丽三千人"，可见唐明皇嫔妃之众多。这样一个荒淫的"天子"哪里谈得上什么真正的爱情呢？他曾在马嵬坡前为了保住江山，忍心丢掉杨贵妃，"宛转蛾眉马前死"，"君王掩面救不得"，难道真是救不得吗？这是大家都要问的一个问题。然而在白居易笔下，唐明皇却成了一个情种，居然讲出什么"在天愿作比翼鸟，在地愿为连理枝"一类的话。白居易说的是真话呢，还是假话呢？我看又真又假。真指的是白居易认为唐明皇应该这样子。假指的是现实中的唐明皇并不是这样子。诗人是把他自己理想中的爱情强加到皇帝身上。在《沙恭达罗》里，我们遇到同样的情况，迦梨陀娑明明知道，国王爱沙恭达罗，不过是寻欢作乐，逢场作戏。他一回宫就变了脸，根本不想承认他同沙恭达罗的关系。然而在诗人的笔下，国王也成了一个情种。迦梨陀娑说的是真话呢，还是假话？我看也有真有假。

这里牵扯到一个艺术与现实的问题。艺术能反映现实，不然就不成其为艺术。但又高于现实。毛主席说："文艺作品中反映出来的生活却可以而且应该比普通的实际生活更高，更强烈，更有集中性，更典型，更理想，因此就更带普遍性。"

德国伟大诗人歌德对文学艺术发表过类似的意见。1829 年 4 月 10 日，歌德把法国理想风景画家克罗特·罗伦（Claude Lorrain，1600—1682）的画拿给艾克曼看。从光线的来源来看，似乎与画上的景物有点矛盾；但是总起来看却是浑然一体，没有什么陌生的痕迹。歌德于是对艾克曼说：

> "现在你看到的是一个完人，他想得美妙，感觉得美妙，在他的心灵中有一个在其外任何地方都不容易看到的世界。——这些画具有最高的真实性（wahrheit），但是却没有一点现实性（wirklichkeit）的痕迹。克罗特·罗伦了解现实的世界，连细微末节都不会遗漏，他就使用这现实世界做手段，以表现他那美妙的心灵中的世界。而这就正是那种真正的理想性（Idealität），它能使用现实的材料，让外表上呈现出来的真实（das erscheinendè Wahre）唤起一种幻觉，好像它真是现实的。"
>
> （Eckermann，Gespräche mit Goethe，Weimar 1918. 1. Bd. S. 300—301；Conversation of Goethe with Eckermann and

Soret, Transl. by John Oxenford, London 1850, vol. Ⅱ. pp. 175—176;《歌德对话录》周学普译 商务印书馆 1936年，第205—206页。)

艾克曼说，这是至理名言，同样适用于诗与造型艺术。歌德说："我也这样想。"

现实性（Wirklichkeit）指的是客观存在的事物，只把它如实地描绘出来，那还不能算是艺术。真实性（Wahrheit）比现实性更高、更深刻、更本质。艺术家的创造性就表现在由现实性提高到真实性。"外表上现出来的真实"唤起一种幻觉，让人看起来就像是现实的东西那样。国王同沙恭达罗的爱情就是这样。国王三心二意，这是现实的东西。经过迦梨陀娑的艺术加工，诗人写出了他认为应该是那样子的情况，换句话说，也就是诗人的憧憬或理想。于是国王就被写得一往情深。一千多年以来，印度国内外广大读者之所以深受感动，其动力来自真实性，而不是现实性。

这里还有一个问题我想谈一下。总起来看，《沙恭达罗》虽然基本上是一出喜剧，以大团圆结束，但是其中确实有一些悲剧的因素，几乎形成了一出悲剧。西方的文艺批评家分悲剧为两种：一种是由剧中人物的性格所决定的悲剧，一种是由一些偶然事件或命运所决定的悲剧。他们认为前者高于后者，而《沙恭达罗》是属于后者的。这种意见不能说是错误的。但是同印度具体情况结合起来，却不能完全应用。仙人诅咒竟然有那样大的威力，印度以外的人是不大能理解的。但是由于婆罗门（仙人就是他们的缩影）大力宣扬，印度人民相信了这一套，印度文人学士也把这一套搬进自己的著作中，关于这一点我们不应该过分苛求。

现在再谈一谈迦梨陀娑掌握语言工具的技巧和《沙恭达罗》的艺术风格。这二者是有密切联系的。梵文不是人民大众的语言，因而它就不能像人民大众的语言那样随时有洋溢着活力的源泉注入。它只在文人学士的笔下生存和发展。在长期发展的过程中，梵文逐渐失掉活力，走上雕琢堆砌的道路。不少的梵文作家专门发展一种刁钻古怪、冗长累赘的文体，有点像中国汉代的赋。像檀丁(Daṇḍin)的《十王子行述》(Daśakumāracarita)这样的作品，在印度文学史上也算是名著；但是里面的人物却多半都像影子似地没有血没有肉。这与文体是分不开的。然而在迦梨陀娑笔下的梵文都是淳朴而不枯槁，流利而不油滑，雍容而不靡丽，谨严而不死板。就用这样的语言工具，迦梨陀娑创造出来了一种新的艺术风格。这在印度文学史上是一件大事情。

关于艺术风格在印度文学史上衍变的情况，我在上面已经谈了一些。我现在专门谈一谈迦梨陀娑的艺术风格。简言之，他的风格既不像吠陀和史诗那样简朴，又不像檀丁、波那等那样“竞一韵之奇，争一字之巧”浓得化不开。在中国文学史上文（翰藻）与质(淳朴)总是交替地一起一伏地向前发展的。《诗经》的风格属于质，汉代的古诗也属于质，建安文学是由质到文的转折点。到了六朝来了一个文的大发展。初唐陈子昂等又提倡质。韩愈“文起八代之衰”。到了中晚唐，文又抬头。宋初又是质，南宋姜吴又是文。而在印度文学史上，情况却不是这样，它是直线发展的。迦梨陀娑就正处在这直线发展的中间。

我在这里并不想给文与质做什么评价。二者只要掌握得好，都各有优点。掌握得不得当，则失之毫厘，谬以千里。任何事物，都是如此。艺术风格也不例外。所以在这里关键是一个分寸问题，一个“火候”问题。我认为，迦梨陀娑是最能掌握分寸的，最能认识“火候”的，他的艺术风格在印度文学史上就成了空前绝后的典范。

迦梨陀娑就使用这样的语言工具，利用这样的艺术风格塑造出许多栩栩如生有血有肉的人物形象。我这里只想讲一个女主人公沙恭达罗。这样一个人物在印度文学史上是绝无仅有的。有比较才能鉴别。我先在这里举出几个中印文学史上的著名的妇女来比较一下。中国历史上和文学史上著名的妇女，如王昭君、蔡文姬等，虽然大名鼎鼎，但除了有点爱国主义之外，性格并不很明朗。杜甫讲到王昭君，也只不过说："分明怨恨曲中论。"唐朝的杨贵妃，除了谈情说爱，争风吃醋之外，似乎也没有多少具体的东西。《西厢记》里的崔莺莺敢于反封建，但是对于张生却是一味柔顺。在印度文学史上，性格明确的妇女似乎比较多。沙恭达罗以前在文学史中最著名的妇女大概是《罗摩衍那》的悉多。悉多代表的是公元前三四世纪的女性。按时间来看，沙恭达罗是在悉多之后；但从性格上来看，她却好像处在悉多之前。她身上倒有点《摩诃婆罗多》的味道。虽然干婆也大肆宣扬三从四德那一套，可是沙恭达罗本人却并不完全遵守。她不像悉多那样婉顺、柔和、屈从、容忍。虽然悉多也有两面性，但是总起来看，躬行三从四德之状可掬。沙恭达罗却还有点粗犷的味道，她又有点狡猾，她敢于当面痛骂国王（第五幕）。她先说："你引诱我这天真无邪的人。"又痛骂国王说："卑鄙无耻的人！你以小人之心度君子之腹。谁还能像你这样披上一件道德的外衣，实在是一口盖着草的井。"她还骂他是"骗子"。对于沙恭达罗这种性格，我们怎么去解释呢？可能有点史诗的残余的影响，也可能代表一些迦梨陀娑的观点：对国王不能百依百顺。

迦梨陀娑也使用了这样的语言工具，创造一个结构谨严，如无缝天衣，无懈可击的剧本。在剧本结构方面，他可以说是承前启后的。特别值得一提的是序幕这个形式。在序幕里，舞台监督和主要演员都出场。这种形式，在迦梨陀娑之前，跋娑就已经使用过。但跋娑的时代和作品的真伪到现在也还没有定论。因此，这个形式的来源究竟是谁，还不清楚。这种形式影响了德国伟大诗人歌德的

《浮士德》，这是众所周知的。

从序幕到第一幕过渡得非常自然，引人入胜。第一幕以后，剧情的发展有起有伏，宛如大海中的波浪，一波未平，一波又起；又像一首交响乐，一环扣一环，有联系，但又有区别。故事情节，有时候如光风霁月，有时候又如惊涛骇浪。“山重水复疑无路，柳暗花明又一村”，这两句著名的诗句约略可以描绘剧中的意境。中间有一些神话性的东西，有点像中国的“做戏无法，请出菩萨”；但在《沙恭达罗》中却是生动自然，如行云流水，一点没有硬凑的痕迹。读这样一个剧本，看这样一个剧本的演出，真可以说是一种艺术享受。《沙恭达罗》之所以受到广泛的欢迎，其原因大概就在这里吧。

在印度，很多方言都有《沙恭达罗》的译本。人民喜欢这个剧本，并且以有这样的剧本而自豪。里面的许多诗句，人们都能够背诵。不少的梵文学者能把这个剧本从头背到底。一直到最近，还有人用梵文原文上演它。这都足以说明，这个古典名剧是怎样为广大的印度人民所喜爱。

在国外，人们喜爱这个剧本的程度决不下于印度。英国梵文学者威廉·琼斯（William Jones）于1789年把《沙恭达罗》译成英文。1791年，乔治·弗斯特（Georg Forster）又从英文译成德文。在欧洲文学界，特别是德国，它立刻就获得了我们今天简直难以想象的好评。德国的大诗人，像赫德（Joh. Gottfried v. Herder）、歌德和席勒都赞不绝口。歌德写过几首诗赞美它。其中一首是：

我们还要知道什么更优秀的东西，
沙恭达罗·那罗，我们必须亲吻；
还有弥伽杜陀，这云彩使者，
谁不愿意把它放进我们的灵魂？

另一首是：

春华瑰丽，
亦扬其芬；
秋实盈衍，
亦蕴其珍。
悠悠天隅，
恢恢地轮，
彼美一人：
沙恭达纶。（苏曼殊译文）

一直到1830年10月9日，他还写信给法国梵文学者《沙恭达罗》梵文原本的编校者谢举（Chézy），满怀热情地赞扬《沙恭达罗》。我们已经提到，他的杰作《浮士德》里面的“舞台上序剧”，就是受了《沙恭达罗》的影响。

席勒也曾写信给威廉·封·宏保特（Wilhelm von Humboldt）说：“在古代希腊，竟没有一部书能够在美妙的女性温柔方面，或者在美妙的爱情方面与《沙恭达罗》相比于万一。”

歌德同席勒都曾考虑把《沙恭达罗》搬上舞台。沃尔凑根（A. V. Wolzogen）和莫莱（Morx Möller）都曾改编过《沙恭达罗》，在舞台上演出。施莱德（L. V. Schroeder）也曾改编过这个剧本，没有能够上演。在英国，这个印度古典名剧同样有上演的机会。1899年，在皇家植物学会的花园中演出过。1912年夏天，在剑桥大学留学的印度学生协助演出。1913年1月，在皇家阿伯特剧院（Royal Albert Theatre）演出，一连演了五次。在维也纳和巴黎，《沙恭达罗》被改编为芭蕾舞，在舞台上演出。

在中国近代，第一次注意到《沙恭达罗》的人是苏曼殊。他曾谈到要翻译它；是否真正翻译出来了，无从确定。据估计，大概是没有翻译。据说曾圣提也有译本；是否真有，也不敢确定。王哲武根据法译本译过，在《国闻周报》上发表。出过单行本的有王衍孔译本和王维克译本，都是根据法文译的；还有糜文开译本，是根据英文译的。卢冀野曾把《沙恭达罗》改为南曲，名叫《孔雀女金环重圆记》。

在印度，正因为这个剧本为广大人民所喜爱，所以各地流传的版本很多。大体归纳起来，可以分为四类：一、孟加拉本；二、克什米尔本；三、中印度本；四、南印度本。这些本子之间有相当大的差别。究竟哪一个本子最靠得住，学者们的意见很不一致。德国著名梵文学者皮舍尔（Richard Pischel）是拥护孟加拉本的。我现在根据的本子就是皮舍尔校订的孟加拉本(Kalidasa's Śakuntala, anancient Hindu Drama, critically edited by Richard Pischel, Harvard Oriental Series, volume sixteen, Cambridge, Massachusetts, Harvard University Press, 1992)。在这里还要加一点说明：梵文剧本有一点特别的地方，地位高的男人说梵文，地位低的男人和女人只准说俗语。如果把梵文译成文言，俗语译成白话，多少能表达这种气氛。但也有困难，所以一律译成白话了。

1959年，第一次出版了我翻译的《沙恭达罗》。北京青年艺术剧院还曾把这个剧本搬上舞台。今年春天，我去印度。印度朋友告诉我，译文片断曾在加尔各答电台上朗诵过。时隔二十年，现在我又把全书译文校阅了一遍，改正了一些错误和不足之处。又把一些译名同我翻译的《罗摩衍那》统一起来。把原有的译本序重新写了一遍，把我最近的对《沙恭达罗》的一些看法写了出来。翻译这样一部经历了一千多年传遍全世界的印度古典名剧，是并不容易的；对它作一个恰如其分的评价就更困难。在这两个方面，我的能力都是极其有限的，虽然经过了将近二十年，自己的进步却并不大，因此，译文改动不多，我现在的评价也还只能算是初步的，我诚恳地希望得到国内外学者的批评与纠正，来共同浇灌这棵中印文学因缘的大树，让它更加繁茂，更加苍蔚。

1978年11月写毕

# 原始佛教的语言问题

现在印度正以极其隆重的仪式纪念佛教创始人释迦牟尼涅槃2500周年。我们都知道，佛教在中印文化交流中起过很大的作用，对中国文化的许多方面都有过影响。因此，有很多人关心这次的纪念，这是完全可以理解的。下面我从佛教史里选出一个国外梵文学者和佛教研究者多少年来争而未决的问题，提出我的看法，借表纪念之意。

巴利文《小品》(Cullavagga) V. 33. 1叙述了一个故事：

> 这时有两个比丘，姓耶弥卢谛拘罗，是兄弟俩，原来生在婆罗门家中，声音良好，善于谈说。他们来到世尊那里，向世尊致过敬，坐到一旁去；坐下以后，两个比丘向世尊说："大德！现在的比丘，不同姓，不同名，不同门阀，不同家室，都来出家。他们用自己的方言俗语毁坏了佛所说的话。请允许我们用梵文表达佛语。"佛世尊呵责他们说："你们这些傻瓜，怎么竟敢说：'请允许我们用梵文表达佛语。'傻瓜呀！这样既不能诱导不信佛的人信佛，也不能使信佛的人增强信仰，而只能助长不信佛的人，使已经信了的人改变信念。"呵责完了以后，

又给他们说法，然后告诉比丘说："比丘呀，不许用梵文表达佛语！违者得突吉罗。"[1]

佛最后说：anujānāmi bhikkhave sakāya niruttiyā buddhavacanaṃ pariyāpuṇitun ti。

上面这个故事牵涉到原始佛教的一个比较重要的问题，语言的问题。佛教在初兴起的时候，在许多方面，可以说是对当时占统治地位的宗教婆罗门教的一种反抗，一种革命。它坚决反对使用婆罗门教的语言梵文，是非常自然的。尽管在公元前五六世纪，梵文的发展已达到最高峰，如果使用它的话，可以给宣传教义带来很多好处，然而为了贯彻自己的主张，佛仍然丝毫不加考虑，并且骂这两个比丘是"傻瓜"。这两个比丘大概是由于出身婆罗门家庭的关系，脑筋里还有一些旧的思想意识，所以向佛建议采用梵文，因而受到了佛的呵责。

不用梵文，究竟用什么语言呢？在宗教宣传方面，"语言政策"还是一个比较重大的问题，对这个问题必须有一个决定。佛最后的一句话，就是回答这个问题的。

然而问题也就出在这里。这一句话本身比较含混，直译出来就是：

我允许你们，比丘呀，用自己的语言学习佛所说的话。

从汉文译文看起来，这句话也还算是清楚。但是专就巴利文原文来看，"自己的语言"（sakāya niruttiyā）这个词就可能有两种解释：一种是"佛自己的语言"，另一种是"比丘自己的语言"。多少年来，国外梵文学者和佛教研究者争论之点，就在这里。

英国学者 T. W. Rhys Davids 和德国学者 H. Oldenberg 把这

个词解释为“比丘自己的语言”[2]。德国学者 W. Geiger 把它解释为“佛自己的语言”[3]。自从他们引起争端以后，国外的梵文学者和佛教研究者纷纷参加，展开了热烈的争论。大体上可以分为三派：一派同意前者，一派同意后者，一派异军突起，另立新说。否认 W. Geiger 的说法的有德国学者 F. Weller[4]、英国学者 A. B. Keith[5]、德国学者 M. Winternitz[6]等。

英国学者 E. J. Thomas 提出了一个新的解释。他把 nirutti 解释为“文法”，把佛最后说的那一句话译为：

> 我允许你们，比丘呀，根据它的文法去了解佛所说的话[7]。

这当然是讲不通的，因为 nirutti 决不能解释为“文法”[8]。

W. Geiger 看起来很孤立。但是他有一个很有力量的靠山。他引用了巴利文佛典注释的权威佛音（Buddhaghosa）的注释作为自己的依据：

此处所谓 sakā nirutti 就是三藐三佛陀所说的摩揭陀方言[9]。这又是怎么一回事呢？要想说明这些问题，解决这些纠纷，必须研究一下佛在世时所说的方言和佛典编纂的过程。

我们知道，释迦牟尼生在当时印度的北部边陲地区，在现在的尼泊尔境内。但是他一生游行传教却多半是在当时的摩揭陀国（Magadha，约当现在的比哈尔邦）。因而他利用的语言，很可能就是摩揭陀语。[10]从各方面来推测，他活着的时候，还不会有写定的佛典，不管用什么语言。

根据佛教的传说，他涅槃后不久，他的弟子大迦叶就在王舍城召集 500 罗汉，结集佛经。因为有 500 人参加，故名“五百结集”。佛涅槃后 100 年，佛教徒又在毗舍离集会。因为有 700 人参加这次大会，故名“七百结集”。据早期的传说，这次集会的主要目的是铲除教律方面的10种邪说[11]。但是较后的传说则说，这次集会延续了8个月，把世尊的遗说校阅了一遍[12]。这说法显然有点太过火了。但是，佛死了已经100年，前此专恃口头流传的佛经可能有一些已经写定下来。所以这个传说里面可能包含着一些历史事实。

据学者们一般的意见，大概在第三次结集的时候，大规模地编纂大藏经才有可能[13]。这时候正是佛教护法大王阿育王（即位时间约为公元前273年）在位的期间。高僧 Tissa Moggaliputta 在波吒利弗（Pāṭaliputra，现在的巴特那）会集众僧，来编纂佛典。我们上面已经说过，佛在世时宣扬教义所用的语言，可能是摩揭陀语。那么，在他死后，佛徒们根据口头流传下来的一些零碎经典而编纂佛典的时候，编定时所用的语言也就会是摩揭陀语。但又不会是纯粹的摩揭陀语，因为时间渐久，佛教传布的区域渐广，想保持一种纯粹的语言，是不能够想象的。所以德国学者 H. Lüders 就把这原始佛典所用的语言称为古代半摩揭陀语。Tissa Moggaliputta 属于上座部（梵文是 sthaviravāda，巴利文是 theravāda），所以他带头编纂的也就是这一派的经典。他还派遣和尚四出宣传佛教。被派到锡兰去的就是阿育王的弟弟（一说是阿育王的儿子）摩哂陀(Mahinda)[14]。据锡兰佛教徒的传说，现存的巴利文《大藏经》就是摩哂陀带到锡兰去的，而巴利文也就是摩揭陀语（Māgadhā nirutti，Māgadhikā bhāsā），换一句话说，巴利文就是佛所说的话，而巴利文《大藏经》也就是佛教的唯一正统的经典。

写到这里，我们再回头看上面说过的佛音对 sakā nirutti 这两个字的解释，我们就可以明白，他之所以这样解释，是他的立场决定的。他是巴利文佛经注释的权威，他拥护巴利文经典，他当然会不遗余力地为巴利文经典争一个正统的地位。他的解释之不可靠，之主观，原因也就在这里。

我们还可以从语言特征上来阐明巴利文不是摩揭陀语。关于巴利文的流行地区问题，学者们有各种不同意见。Westergaard[15]和E. Kuhn[16]认为巴利文是优禅尼（Ujjayinī）地方的方言。R. O. Franke从碑刻方面来着手研究这个问题，结论是：巴利文是宾陀山（Vindya）中部至西部一带的方言[17]。Sten Konow也以为宾陀山地带就是巴利文的故乡[18]，因为他发现巴利文与毗舍遮语之间相同的地方很多，而毗舍遮的故乡他就定为优禅尼[19]。H. Oldenberg最初主张巴利文是羯馂迦（Kaliṅga）方言[20]。附和此说者有E. Müller[21]。但是H. Oldenberg后来又放弃了前说，另立新说，说巴利文是马拉提语的前身[22]。E. Windisch[23]和W. Geiger[24]则复归旧说，说巴利文就是摩揭陀方言。[25]

上面这些说法虽然纷歧，但也有比较一致的一点，这就是，多数学者都主张巴利文是一个西部方言。事实上也正是这样子。巴利文的形态变化与阿育王石刻的吉尔那尔（Girnār）石刻相似，如“于”格的语尾是-amhi、-e，“业”格复数的语尾是-ne等等。但是另一方面，摩揭陀语则是一个东部方言，r就成l，s变成ś，以-a作尾声的字“体”格的语尾是-e等等。两者的区别是非常大的，无论如何也不能混为一谈。

根据上面的论证，我觉得，我们已经有把握来下一个结论了：sakā nirutti不是指“佛自己的语言”，也不是指什么“文法”，而是指“比丘们自己的语言”。佛允许比丘们用自己的方言俗语来学习佛所说的话。

如果还有人认为这样的论证还不够的话，那么我们可以再举出一些新的证据。上面引的巴利文《小品》里的那一个故事，在中译《大藏经》里有不少的异本。现在条列如下：

《毗尼母经》卷四：

有二婆罗门比丘，一字乌嗟呵，二字散摩陀，往到佛所，白世尊言："佛弟子中，有种种姓，种种国土人，种种郡县人，言音不同，语既不正，皆坏佛正义。唯愿世尊听我等依阐陀至（指梵文）持论，撰集佛经，次比文句，使言音辩了，义亦得显。"佛告比丘："吾佛法中不与美言为是。但使义理不失，是吾意也。随诸众生应与何音而得受悟，应为说之。"是故名为随国应作[26]。

《四分律》卷五十二：

时有比丘字勇猛，婆罗门出家，往世尊所，头面礼足，却坐一面，白世尊言："大德，此诸比丘众姓出家，名字亦异，破佛经义。愿世尊听我等以世间好言论（saṃskṛta，梵文）修理佛经。"佛言："汝等痴人，此乃是毁损，以外道言论而欲杂糅佛经。"佛言："听随国俗言音所解，诵习佛经[27]。"

《五分律》卷二十六：

有婆罗门兄弟二人，诵阐陀鞞陀（Chandas-veda）书，后于正法出家。闻诸比丘诵经不正，讥呵言："诸大德久出家，而不知男女语、一语多语、现在过去未来语、长短音、轻重音，乃作如此诵读佛经。"比丘闻羞耻。二比丘往至佛所，具以白佛。佛言："听随国音诵读，但不得违失佛意，不听以佛语作外书语，犯者偷兰遮。"[28]

《十诵律》卷三十八：

佛在舍卫国。有二婆罗门，一名瞿婆，二名夜婆，于佛法中笃信出家。本诵外道四围陀（Veda）书。出家已，以是音声诵佛经。时一人死，一人独在，所诵佛经，忘不通利。更求伴不得，心愁不乐，是事白佛。佛言："从今以外书音声诵佛经者，突吉罗。"[29]

《根本说一切有部毗奈耶杂事》卷六：

缘处同前。时尊者舍利子与二婆罗门子而为出家，一名牛授，二号牛生。二人悉教读诵经教。后时此二人共游人间，至一聚落，多获利养，便住此村。时彼二人先学婆罗门歌咏声法。由串习故，今时诵读作本音辞。时彼一人遇病，忽然身死。其现存者既溺忧心，经多废忘。即便还诣室罗伐城，入逝多林。既停息已，便诣尊者憍陈如所。礼敬事毕，白言："尊者，可共温经。"答言："善哉！我为汝诵。"既诵少多，报言："尊者所诵经典，文皆谬误，声韵不长，致有所阙。"答言："子我从先来如是习诵。"即便辞礼，更别往诣马胜、跋陀罗、大名、婆涩波、名称、晡律拿、牛主、毗摩罗、善臂、罗怙罗。既至彼已，白言："尊者，共我温经。"答曰："善哉！我为汝诵。"既诵少多，广如前说，乃至辞礼，遂诣尊者舍利子所。既礼敬已，白言："邬波驮耶，可共温经。"答曰："善哉！我为汝诵。"同诵之时，长引声韵。其舍利子声更倍长。白言："大师，自余尊老，诵习皆谬。唯独亲教，音句无差。"报言："汝愚痴人，自为谬误，谤余智者，不善诵经。彼诸大德，咸非谬误。"既被挫折，默尔无言。时诸苾刍以缘白佛。佛作是念："苾刍诵经，长牵音韵，作歌咏声。有如是过。由是苾刍不应歌咏引声而诵经法。若苾刍作阐陀（Chandas，梵文）声诵经典者，得越法罪。若方国言音，须引声者，作时无犯。”[30]

以上共引了五个异本。同一节经文，同一首伽陀，同一个故事，在佛经里可以找到许多异本，这是一件常见的事情。上面引用的异本里有相同的地方，也有相异的地方。相同的地方说明，它们出自一源；相异的地方说明，它们有了不同的发展。在这些异本里，尽管详略不同，但是基本内容是一致的，同巴利文《小品》里的那个故事比较，基本内容也是一致的。因此，我们可以说，这些中文异本同巴利文本也是来自同源。说明这一点是有必要的。只有在这个基础上，我们才能根据中文异本确定对巴利文本的解释。

这五个中文异本在“语言政策”方面都表达了同一个思想：梵文绝对不充许用，但是方言俗语的利用是完全可以的。根据这一点来看巴利文《小品》里那个故事最后佛所说的那一句话，它的涵义就非常清楚，毫无可以怀疑的余地了。那一句多少年来争论未决的话我们只能译为：

我允许你们，比丘呀，用（你们）自己的语言来学习佛所说的话。

这个结论看起来平淡无奇，但是它实际上却解决了一个佛教史上比较重要的问题，语言问题。我们上面已经说到过，佛教初兴起的时候，是对婆罗门教的一种反抗。因此它在被压迫的人民大众中间找到了不少的信徒。这些人流品很杂，语言不同，出身各种姓，来自各地区。如果决定利用梵文，或者利用摩揭陀语来作学习媒介，就一定会有不少困难，就一定会影响佛教在人民大众中的传播。因此，原始佛教采取了放任的语言政策，一方面它不允许利用婆罗门教的语言梵文；另一方面，也不把佛所利用的语言摩揭陀语神圣化，使它升为经堂语而定于一尊。它允许比丘们利用自己的方言俗语来学习、宣传佛教教义。这对于接近群众，深入群众有很大的好处。据我看，佛教初起时之所以能在人民群众中有那样大的力量，能传播得那样快，是与它的语言政策分不开的；另一方面，后来佛经异本很多，语言很杂，不像婆罗门教那样能基本上保持圣典的统一和纯洁，这也是与放任的语言政策分不开的。

1956 年 12 月 17 日

［附记］此文写完后，曾送请向觉明（达）先生指正。向先生回信说："我以为你的意见是正确的，也能说明佛陀的革命性和平等观。就在大乘佛教的传说中，也可以证明你的说法。如大乘佛教中经常说：'佛以一音演说法，众生随类各得解。'虽然是大乘的传说，而原始佛教的语言问题，就在这里也还是可以反映出一点真实情况来的。大乘佛教中这一传说应照尊说解释，剥去那神秘的外衣，归还佛陀的人间面目，从而连大乘佛教的用语问题也迎刃而解了。"我觉得觉明先生这个解释很好。爰本"貂尾续狗"之义，把它抄录在这里。

**注　释**

［1］ 巴利文《律藏》The Vinaya Pitakam, ed.by Hermann Oldenberg, Vol. Ⅱ, The Cullavgga, London 1880, p.139.

［2］ 巴利文《律藏》英译本 Vinaya Texts., Ⅲ, Sacred Books of the East XX, p.151.

［3］《巴利文,文献和语言》(Pāli, Literatur und Sprache). Strassburg 1916, p.5.

［4］《佛教杂志》Zeitschrift für Buddhismus, n.F. Ⅰ, 1992 p.211 ff.

［5］《印度历史季刊》Indian Historical Quarterly, Ⅰ, 1925, p.501.

［6］《印度文学史》A History of Indian Literature, Ⅱ, p.602.

［7］《佛陀传》The Life of Buddha, New York 1927, p.253 f.

［8］ 参阅 M.Winternitz,《印度文学史》, Ⅱ, p.602 ff.

[9] Samantapāsādikā ed. Saya u pye Ⅳ,416[10].

[10] H. Oldenberg,《佛陀》Buddha, London 1928, p.177.

[11] Cullavagga XX, Sacred Books of the East Vol. XX. p.409 ff.

[12] 巴利文《岛纪》Dipavaṃsa, V.27 ff.;《大纪》Mahāvaṃsa, Ⅳ.

[13] E.J. Thomas,《佛陀传》, p.170 f.; Copleston,《佛教》Buddhism, p.154, 171, 175.

[14] Barth,《印度的宗教》Religions of India, London 1921, p.130; Copleston,《佛教》, p.176 ff.

[15] 《论印度史的最古时代》Über den ältesten Zeitraum der indischen Geschichte. p.87

[16] 《巴利文法述论》Beiträge zur Pāli-Grammatik, p.6 ff.

[17] 《巴利文与梵文》Pāli und Sanskrit, p.131 ff.

[18] 《毗舍遮语的故乡》The Home of Paiśāci, ZDWG.64, p.95 ff.

[19] Grierson,《印度西北部的毗舍遮语》The Paiśāca Languages of North-Western India, Asiatic Society Monographs. Vol. Ⅷ, 1906. 书中说毗舍遮语是印度西北部方言。

[20] 巴利文《律藏》, Vol. I. London 1879, p.L ff.

[21] 《简明巴利文法》Simplified Grammar of the Pāli Language, London 1884, p.111.

[22] 《奥义书的学说和佛教的起源》Die Lehre des Upanishaden und die Anfänge des Buddhismus, Göttingen 1915, p.283.

[23] 《论巴利文的语言性质》Über den sprachlichen Charakter des Pāli, Actes du XIV$^{e}$ Congres International des Orientalistes, prem. partie, Paris 1906, p.252 ff.

[24] 同注[3]。

[25] 关于这个问题的文献不胜枚举,请参阅:季羡林《使用不定过去时作为确定佛典年代和来源的标准》Die Verwendung des Aorists als Kriterium für Alter und Ursprung buddhistischer Texte,德国《格廷根科学院集刊·语言学历史学类》,1949, p.288. Anm, 2.

[26] 《大正新修大藏经》(下面缩写为㊅),24,822。

[27] ㊅22,955a。

[28] ㊅22,174b。174 页中。参阅《五分律》卷六(㊅22,39c):“时诸比丘种种国出家,诵读经偈,音句不正。诸居士便讥呵言:‘云何比丘昼夜亲承,而不知男女黄门二根人语及多少语法?’诸比丘闻,各各羞耻,以是白佛。佛以是事集比丘僧,问诸比丘:‘汝等实尔不?’答言:‘实尔,世尊!’佛即遥责诸居士:汝愚痴人,如何讥呵异国诵经,音句不正!’”

[29] ㊅23,274a。

[30] ㊅24,232b—c。

# 再论原始佛教的语言问题

## ——兼评美国梵文学者弗兰克林·爱哲顿的方法论

在《北京大学人文科学学报》1957年第一期上，我写过一篇论文：《原始佛教的语言问题》。在这一篇论文里，我主要研究的是原始佛教的语言政策：它是否规定了一种语言做为标准语言？它是否允许比丘们使用婆罗门教的圣语梵文来学习佛教教义？我的结论是：原始佛教不允许比丘们使用梵文来学习佛教教义，它也没有规定哪一种语言做为标准语言；它允许比丘们用自己的方言来学习佛所说的话。[1]

在现在这一篇论文里，我想再进一步阐明：原始佛教经典是否是用一种语言写成的？换句话说，就是：佛教是否有一种用所谓“原始语言”写成的经典？这个问题同上面谈到的那个问题不相冲突。上面谈的是原始佛教不曾规定一种语言做为标准语；那是一个规定不规定的问题。现在谈的是最原始的佛教经典是否是用一种统一的语言写成的；这是一个有没有的问题。没有，当然就不能规定；但是即使是有，也不一定就规定。这是截然不同的两个问题，不能混淆。

写这一篇论文，还有另外一个目的。我最近看到了美国已故梵文学者弗兰克林·爱哲顿（Franklin Edgerton）著的《佛教混合梵文文法和字典》(Buddhist Hybrid Sanskrit Grammar and Dictionary, Yale University Press, 1953)。这一部书可以说是巨著，八开本，上册文法239页，下册字典627页。我在很长的时期内，也曾从事于佛教混合梵文的研究，看到爱哲顿先生的著作，心里当然很高兴。我觉得他的确是花费了极大的劳动，用了相当长的时间，做了一些有用的工作。这是值得我们向他表示敬意的。但是，据我看，我们的敬意也就只能表示到这个程度为止；超过了这个程度，那就是脱离实际，与事实不相符了。我最近接触到的一些（虽然还不算太多）关于这一部大著的书评，就正是脱离实际，与事实不相符的。有一些评论者把赞美的调子唱得过高了，难免有点混淆视听，给人们一些错觉。因此，我觉得有必要在这方面说几句话，特别是对他的方法论，我必须表示我的意见。

但是，要想给这一部巨著一个实事求是、恰如其分的评价，不是一件很简单的事情。逐字逐句去推求，没有必要，也不一定真正解决问题。如果用“擒贼先擒王”的办法的话，那么首先应该解决的问题就正是上面提出的那个问题：原始佛教经典是否是用一种语言写成的？佛教是否有一种用所谓“原始语言”写成的经典？这是一个根本性的问题；只谈“混合梵文的研究”，也回避不了这个问题，对于这个问题的肯定的或否定的答复，决定了两种研究方法，同时也决定了两种研究结论。正确的答复决定了正确的方法，也就能导向正确的结论。反之就不能。在混合梵文的研究方面，这是一个关键问题。

遗憾的是，也可以说侥幸的是，正是在这个关键问题上，我同爱哲顿先生有着截然不同的两种看法。所谓遗憾，爱哲顿先生费了那么大的劳力，他的理论却是建筑在一堆沙上；所谓侥幸，我只需要抓住这个关键问题把我们不同的看法阐述一番，对这样一部巨著的估价也就在其中了。我的看法，我曾在以前的两篇论文里详尽地阐述过[2]。爱哲顿先生对于我那一些看法在他的书里（《文法》，第 3—4 页）也曾攻击过。我如默而不答，就仿佛是承认了他的看法。因此，我觉得，我在这里也有责任对他的那一些批评一一予以答复。

我们的分歧之点究竟何在呢？简而言之，我同意德国梵文学者吕德斯（Heinrich Lüders）的意见，也主张原始佛教有一种用所谓佛教“原始语言”写成的佛典，这种语言就是印度古代东部的方言，所谓古代半摩揭陀语（Ardhamāgadhi）；而爱哲顿先生则不承认有这样一部佛典，当然更不承认这部原始佛典是用东部方言写成的。这就是基本的分歧。

我为什么主张佛教有一种用印度古代东部方言写成的原始佛典呢？这是一个比较复杂的问题，应该从很多方面来加以论证。我先从佛教各派的经典谈起。

我们知道，佛教从很古的时代起就分成了许多派别。各派都或多或少地有自己的经典。现在流传下来的大体上有四类：第一，用巴利文写成的；第二，用其他中世印度文写成的；第三，用所谓混合梵文写成的；第四，用梵文写成的[3]。这些经典，所属的宗派不同，使用的文字不同，写成的时代不同，保留下来的数量不同，流行的地区不同；不同之点是很多的，但是有一点却是相同的：其中有很多篇章是逐字逐句完全相同的，不同的地方只表现在语言的特点上。

这样的例子是不胜枚举的。过去有很多梵文巴利文学者在这方面做了不少钻研工作。为了说明问题起见，我在这里举出几个例子来：

巴利文 Suttanipāta 431：

aṇumattena 'pi puññena attho mayhaṃ na vijjati |

yesañ ca attho puññānaṃ te māro vattum arahati ‖

Lalitavistara 261，18：

aṇumātraṃ hi me puṇyair artho māra na vidyate |
artho yeṣāṃ tu puṇyena tān evaṃ vaktum arhasi ‖

Mahāvastu Ⅱ，238，17：
aṇumātraiḥ puṇyaiḥ artho mahyaṃ na vidyati |
yeṣāṃ tu artho puṇyehi kathaṃ tāṃ māra vadyasi ‖

第一首诗是用巴利文写成的；第二首和第三首都属于混合梵文的范围。这是语言方面的不同。巴利文是小乘上座部（Theravāda）的经典语言，Lalitavistara（大略与汉译佛典里面的《佛说普曜经》和《方广大庄严经》相当）是大乘的最广大经（vaipulyasūtra）之一，而 Mahāvastu 则是属于摩诃僧祇部（Mahāsāṅghika）的超世部（Lokottaravādin）的律。这是宗派方面的不同。尽管有这些不同，但是这三首诗却是如此地相似；除了个别的例外以外，简直是逐句逐字相当。我们只能承认，它们是从一个共同的来源里衍变出来的。没有其他的可能。至于这个共同来源是否就是三者之一，那是另一个问题。

在佛典里面，偈颂由于本身易于背诵，所以也就容易辗转传袭。但是这种现象却决不限于偈颂；在散文里面也同样可以找到。

巴利文 Dīgha Nikāya[4]

Ekodakī-bhūtaṃ kho pana Vaseṭṭhā tena samayena hoti an dhakāro andhakāra-timisā. Na candima-suryā paññāyanti, na nakkattāni tāraka-rūpāni paññāyanti, na rattin-divā paññāyanti, na māsaddha-māsā paññāyanti, na utu-saṃvaccharā paññāyanti, na itthi-pumā paññāyanti. Sattā Sattā tv eva saṅkhyaṃ gacchánti. Atha kho tesaṃ Vāseṭṭha sattānaṃ kadāci karahaci dīghassa addhuno accayena rasa-paṭhavī udakasmiṃ samatāni. Seyyathā pi nāma payasotattassa nibbāyamānassa upari santānakaṃ hoti, evaṃ evaṃ pātur ahosi. Sā abosi vaṇṇa-sampannā gandha-sampannā rasa-sampannā, seyyathā pi nāma sampannaṃ vā sappi, sampannaṃ vā navanītaṃ, evaṃ vaṇṇā ahosi; seyyathā pi nāma khuddamadhu anelakaṃ evaṃ assādā ahosi.

Mahāvastu —（I, 339, 1—9）

Ime candramasūryā loke na prajñāyensuḥ | candramasūryehi loke aprajñāyantehi tārakarūpā loke na prajñāyensuḥ | tārakarūpehi loke aprajñāyantehi nakṣatrapathā loke na prajñāyensuḥ | nakṣatrapathehi loke na prajñāyantehi rātriṃdivā loke na prajñayensuḥ | rātriṃdivehi loke na prajñāyantehi māsārdhamāsā loke na prajñāyensuḥ | māsārdhamāseṣu loke aprajñāyamāneṣu ṛtusaṃvatsarā loke na prajñāyante || dharmatā khalu bhikṣavo yaṃ tesāṃ satvānāṃ svayaṃ prabhāṇām antarīkṣa carāṇāṃ yāvadyenakāmaṃgatānāṃ || ayam api mahāpṛthivī udakahradaṃ viya samudāgacchet || sā cābhūd varṇasampannā rasasampannā sayyathāpi nāma kṣudraṃ madhvaneḍakaṃ evamāsvādo sayyathāpi nāma kṣīrasantānaṃ vā sarpisantānaṃ vā evaṃ varṇapratibhāso ||

Dīgha Nikāya 是用巴利文写成的，而 Mahāvastu 则正如上面说过的，是用混合梵文写成的。但是上面举出的这一段散文，却是这样相似。只要加以分析比较，立刻就可以看出两者的关系是非常密切的。[5]

上面举的两个例子是从不同的佛典里选出来的。在同一部佛典不同语言的各种本子中，也可以找到这种现象。我也举一个例子。

在巴利文 Dhammapada（《法句经》）里，有许多偈颂可以在驴唇体《法句经》[6]里找到。

Dhammapada，27：

> mā pamādaṃ anuyuñjetha mā kāmaratisanthavaṃ|
> appamatto hi jhāyanto pappoti vipulaṃ sukhaṃ

驴唇体残卷[6]：

> apramadi pramodi'a ma gami-radi-sabhamu|
> apramato hi jayadu viśeṣa adhikachadi|

把两首诗拿来一比，就可以发现，两者基本上是一首诗，但是字句又不完全一样。两者的关系同上面举的那几个例子是一样的。

这样的例子在佛经里面真是俯拾即是。为什么有这样的现象呢？可能有两个解释：第一，从印度语言的发展上来看，巴利文早于所谓混合梵文和其他俗语；因此，巴利文的本子很可能就是原本，而混合梵文的本子以及其他俗语的本子是从巴利文里抄来的。佛教梵文更是比较晚的，在解释上，不致发生困难。第二，混合梵文的本子、其他俗语的本子，以及梵文本子，都不是从巴利文抄来的，它们（包括巴利文）都来自同源，都是从一个地方抄来的。在抄的时候，巴利文本子“巴利化”，混合梵文本子“梵文化”，俗语的本子“俗语化”；从同一个来源出发，各自向着不同的方向演化，结果形成了现在这个样子。

现在我们来研究一下，究竟哪一个解释是正确的。如果抛开别的现象不谈，专从语言的发展上来看，巴利文的确是最老的，它有资格做其他本子的父亲；因此，第一个解释就对了。但是，如果再进一步加以仔细的分析，把其他现象也考虑进来，就会觉得，第一个解释是说不通的。在混合梵文和其他俗语里面，间或有一些语法形式与巴利文相冲突，而这种冲突又不能用后来的演变来解释。这就说明，它们不是从巴利文里面借来的，而是从其他一种可能更古的语言里演变出来的，例如 Suttanipāta 431 的 aṇumattena 是具格单数，在 Lalitavistara 里与它相当的字是 anumātraṃ 是业格单数，在 Mahāvastu 里是 anumātraiḥ，是具格复数。在这里，巴利文显然不会是共同的来源。根据吕德斯的意见，这三个字都是从一个最古的本子转译过来，而且是转译错了的。原文大概是 aṇumatte hi，字尾-e 在这里是体格单数，这种语法现象为后来的译者所不解，因而发生了错误。[7]

同样的情况也表现在第二个例子和第三个例子上。把巴利文的 Dīgha Nikāya 拿来同 Mahāvastu 仔细比较，或者把巴利文的《法句经》同驴唇体残卷拿来仔细比较，我们就会发现，在基本上一致之中，终究还有不一致的地方。这也说明巴利文不会是来源。两者有一个共同的更古的来源。

因此，我们必须承认第二个解释是正确的，必须假定，在过去确实有过一个原始佛典。其他比较晚出的佛典，不管是用巴利文写成的，用其他印度中世俗语写成的，用混合梵文写成的，还是用梵文写成的，都来自同一部原始佛典。只有这样，上面提到的那种现象才能解释得通。

这一部原始佛典是用什么语言写成的呢？揣情度理，它应该是一种东部方言。因为佛陀自己是生在印度东部，他一生游行说教也是在印度东部，他的许多大弟子也都是生在这一带。尽管当时还不可能有书面的记录；但是他们宣传教义必须用一种语言做为工具，而这一种语言又必须是他们自己掌握的同时又是当地老百姓所能够了解的。合乎这个条件的只有当时东部的方言。不这样，是无法理解的。

据我们现在的推测，佛典形成的过程大概应该是这样的：佛陀本人不会有什么著作，这一点是可以肯定的。但是他却不可能没有一些常说的话，佛典里面有关十二因缘的那一段经文可能就属于这一类。当时没有书籍，学习经典都是师傅口授，弟子口学。最初口授口学的一定就是佛陀经常所说的一些话；因为这些话一听再听，一传再传，就比较牢固地印在徒弟们的记忆里，时间一长，就形成了佛典的基础。在这个基础上，随着时代的推移，一代一代的师傅和徒弟逐渐增添上一些新的东西，到了编纂写定的时候，已经是一部比较大的书了。

既然佛陀本人，以及佛教初期那些大师都是东部人，说的是东部的话，最初这一部佛典，也就是我们所谓的原始佛典，也就应该是用东部方言写成的。不这样，是无法理解的。

也许有人会说，这只是毫无根据的幻想。我们说，不是这样。多少年来许多国家的梵文学者的研究结果给我们提供了颠扑不灭的铁证。我们现在就先从印度古代语言的发展方向，从方言的分布方面来研究一下这个问题。古代印度东部主要的俗语是摩揭陀语(Māgadhī)。印度古代俗语语法学家醯摩战达罗（Hemacandra，寒月），在他的《俗语文法》[8]举了摩揭陀语的特点：阳性体格单数字尾是-e（Ⅳ，287），r＞l（Ⅳ，288），s＞ś（Ⅳ，288）。这一些语法现象在别的语法书里也可以找到。此外，他还提出了下面两条规则：

saṣoḥ saṃyoge so 'grīṣme（Ⅳ，289）

s 和 ṣ，在一组辅音之前，就变为 s，grīṣma 是例外。

ṭṭaṣṭhayoḥ sṭaḥ（Ⅳ，290）

ṭṭa 和 ṣṭha 变为 sṭa。

这两条是别的书里面找不到的，我们不拿来做为讨论的依据。[9]

语法学家提出的摩揭陀语的这些特点在古代碑刻里得到了证实。我们拿阿育王碑来做一个例子。阳类以-a 作尾声的字体格单数的语尾，在东部碑刻（K.，Dh.，J.）里，的确是-e，而与此相当的西部碑刻（G.）则作-o。r 也的确是在东部碑刻里变为 l，譬如 rājā（国王）变为 lājā；西部方言的 ārabhisu，在西北部碑刻（Sh.，M）里是 arabhiyisu 和 arabhisu，而在东部方言里则是 alaṃbhiyisu 和 ālabhiyisu。既然语法学家的理论和碑刻完全相同，这一定就是事实，东部方言的特点一定就是这样子，再没有什么怀疑的余地。

但是原始佛典的语言是否就是纯粹的摩揭陀语呢？根据当时的各种情况和条件来推断，它不可能是纯粹的摩揭陀方言。阿育王时代的官方语言是古代半摩揭陀语（Ardhamāgadhī）。大概在阿育王以前很多年北印度的流行语言就是这种语言[10]。耆那教的信徒说，耆那教的始祖大雄（Mahāvīra）就是用这种语言来宣扬他的学说的，耆那教的早期经典也就是用这种语言写成的[11]。佛陀同大雄，生值同世，宣教活动的地区又完全一样，很难想象，他们俩使用的语言竟会不一样。因此，我们必须假定，佛陀和他的大弟子们宣传佛教时所使用的语言，佛教原始经典的语言，不会是纯粹的摩揭陀方言，而是古代半摩揭陀语。

我们对原始佛典语言特点的研究证实了这个假定。原始佛典的语言保留了摩揭陀语的许多特征，像阳类以-a 作尾声的字体格单数的语尾是-e，r>1 等等。但是也有同摩揭陀语不同的地方。譬如在摩揭陀语里，三个咝音ś，ṣ 和 s 都变成了ś，而在原始佛典里却同巴利文以及其他西部方言一样，三个咝音都变成了 s。这正是古代半摩揭陀语的特点。这些现象都说明，原始佛典的语言不可能是纯粹的摩揭陀语，而是古代半摩揭陀语。

我们上面已经说过，比较晚出的巴利文佛典、混合梵文佛典、其他中世印度俗语佛典，以及梵文佛典里面比较古老的那一部分都来自同源。他们之所以成为现在这个样子，是经过了一番翻译的手续。由于这些语言在语言形态方面很接近，又因为译者对语言的掌握能力不见得都很高，所以我们就不能要求他们的译文都完全正确。无论是在巴利文里，或者是在混合梵文，以及其他中世印度俗语里，都保留下了一些东部方言的残余。这种保留可能是有意的，他们想保留一些原始佛典里的东西；也可能是无意的，他们的语言水平决定了他们会犯错误。无论如何，东部方言的残余被保留下来，总是事实。学者们给这种残余起了一个名字，叫做“摩揭陀语残余”（Magadhismus）。

我们现在就来分别谈一下这些残余。

先从巴利文谈起。关于巴利文的性质问题，多年来学者们曾有过大争论，提出了五花八门的看法。到现在，大多数的学者都承认巴利文是一个西部方言。它的语法现象同阿育王碑里面的基尔纳尔（Girnār）石刻基本上是一致的，而基尔纳尔石刻所代表的正是西部方言。所以，巴利文的性质应该说是已经肯定了。

但是，在这样一部用西部方言写成的佛典里面，特别是在较古的那一部分里，却明显地有东部方言的残余。这又应该怎样解释呢？把这一种现象同我们上面谈到的承认有一种原始佛典存在的事实结合起来看，这个疑问就迎刃而解：巴利文佛典里较古的部分是从原始佛典里“翻译”[12]过来的。摩揭陀语残余就是在翻译的过程中留下来的。

在巴利文佛典里，这样的例子随处可见。[13]譬如-e代替-o；pure等于puras；attakāro变成attakāre；bahuke jane pāsapāṇike等于bahuko jano pāsapāṇiko。随处都可以遇到的呼格复数bhikkhave“比丘们呀！”也是一个摩揭陀语的残余。r>1的现象在巴利文里也可以找到，譬如palikuṇṭhita“包起来了”，是字头pali加字根guṇṭh，pali等于pari。这种例子还多得很，只举出上面这几个，也就足以说明问题了。

这都是事实，事实是否认不掉的。装做看不见，它们仍然是存在的。

现在再谈一谈混合梵文。混合梵文产生的原因是什么呢？我在《原始佛教的语言问题》那篇论文里已经详细地论证了原始佛教的语言政策。佛教初起的时候，多少是对婆罗门教的一种反抗，它在被压迫的人民群众中找到了不少的信徒。这种情况就决定了它必须采用放任的语言政策；如果它采用梵文做标准语言的话，就会脱离群众。但是，这只是佛陀在世时和他涅槃后几百年内的情况。这种情况也是会变的。这种变化归纳起来可以说有两方面。一方面是内在的变，也可以说是内因。佛教初兴起时，是用“在野”的身分反抗当时正统的国教，即“在朝”的婆罗门教；它的宣传对象是一般老百姓，所以才采用俗语。但是，到了后来，经过阿育王和迦腻色迦王的大力支持，佛教的阶级地位改变了。它已经取婆罗门教而代之，上升为国教；从此以后，它的宣传对象也随之改变，不再是一般老百姓，而主要是社会上层的统治阶级。因此就决定了语言政策的改变。在一些宗派里，经堂语不再是俗语而是梵文了。所谓佛教的护法大王迦腻色迦统治地区主要是印度西北部，佛教的一个宗派，说一切有部，也主要流行在这一个地区，而说一切有部却正是采用了梵文当做经堂语。这一事实是十分值得我们寻思的。

另一方面，是外在的变，也可以说是外因。在极长时间占统治地位的梵文，在公元前的几个世纪以内，曾一度失势。到了公元初，又逐渐有抬头之势。“梵文复兴”这一个名词也许是太夸大了一些；有些学者反对，是完全有理由的。但是梵文曾一度失去过去的活力和光彩，后来又逐渐恢复，这却是事实。佛教徒为了适应时代潮流，宣扬自己的教义，就不得不采用梵文来做工具。

这种做法是违反佛陀的意旨的。在巴利文《小品》(Cullavagga) V.33.1 里，佛陀明明白白地告诉比丘们，不许用梵文表达佛说；谁要是违反了这规定，就要受到惩罚。这本来是再清楚不过的。但是，在这一个故事的各种异本中，对于佛陀说的这一句话竟有不同的解释。在《毗尼母经》[14]、《四分律》[15]和《五分律》[16]里，说的同巴利文一样，是一个不许使用梵文这种语言的问题。但是在《十诵律》[17]里却说的是不许用吠陀的声音诵读佛经，是一个诵读声音的问题。《根本说一切有部毗奈耶杂事》[18]里也说：“若苾刍作阐陀声诵经典者，得越法罪。”这两个本子的意思就是，比丘可以用梵文表达佛说，只是不许用吠陀或梵文的声音来诵读佛典。这显然是违反、曲解佛陀的原意的。这又是什么原因呢？

这里面有极其微妙的苦衷。原来佛教各个派别在发展过程中，都规定了一种语言做为本派的经堂语。巴利上座部、昙无德部、弥沙塞部都以俗语为经堂语，而说一切有部及根本说一切有部则以梵文为经堂语。说一切有部和根本说一切有部之所以这样做，原因上面已经谈到过，他们是为时势所迫，不得不这样。然而他们也不愿意自己打自己的嘴巴，他们不能在自己的律里把佛陀的原话记载下来，因而只好曲解佛说擅改佛说了。

但是，这些不得不采用梵文做经堂语的和尚们不见得每个人都是婆罗门出身，他们绝大部分大概都不是。梵文这一种语言语法异常复杂，不是科班出身的人很难掌握得好。当这些和尚们从别的俗语，特别是东部方言，翻译经典的时候，把俗语改成梵文的时候，犯了许多语法错误是不可避免的。结果他们的梵文就成为一种非驴非马的东西。后世的学者无以名之，就名之为混合梵文。

所谓混合梵文就是俗语和梵文的一种混合物。其中梵文的成份和俗语的成份随时代早晚而不同：时代愈早，其中俗语成份也就愈多；时代愈晚，其中俗语成份也就愈少。甚至在同一部佛经的早晚不同的异本中，也表现出这种情况，《妙法莲华经》梵文原本就是一个最好的例子[19]。

在混合梵文里面，同在巴利文里面一样，也有东部方言的残余，譬如阳性以-a收尾的字体格多数的字尾是-a（应该是-āḥ），业格多数的字尾是-āni（应该是-ān），呼格多数是-āho（应该同体格一样）等等。

这也都是事实，事实是否认不掉的。装做看不见，它们仍然是存在的。

现在根据上面的论述归纳起来，我们可以得到这样一个结论：一部用东部方言，更具体一点说，就是用古代半摩揭陀语写成的佛典曾经存在过。这就是所谓原始佛典。后来佛教其他宗派的经典，巴利文佛典也包括在内，都是或多或少地从这一部佛典里演变出来的；最古的那一部分甚至可以说是翻译过来的。

这是一个客观的事实，并不是什么人专凭主观臆断幻想出来的。但是我们还要注意两种情况。一方面，由于种种条件和因素，在许多印度古代的方言中，有一种方言成为佛典的基础；这一种方言不但成为原始佛典的语言，而且余音袅袅，还有一些残余保留在晚出的佛典里。在另一方面，佛陀自己或者早期佛教的领导人，却并没有规定某一种方言是佛教的经堂语，他们允许比丘们用自己的方言来学习佛陀的教义。这两种情况，看起来好像是有点矛盾，但是实际上却丝毫没有矛盾之处。规定不规定是一个语言政策的问题；有没有是客观发展的结果。

据我看，这一点是很重要的。如果我们把佛典传承的情况同其他宗教经典传承情况比较一下的话，就会发现，其间有很显著的差别。伊斯兰教的经典《古兰经》，据我们所知道的，最初也没有定本。后来写定的时候，曾做过规定：如果在语言方面有分歧的话，应以麦加方言为主。结果只传下来一个定本，没有语言方面的分歧。天主教和耶稣教也有类似的情况。都不像佛教那样，根本没有什么定本，语言乱七八糟，每一个宗派几乎都有自己的语言。佛教之所以有这种情况，据我看，是跟它的语言政策密切联系的。

把话收回来，再谈本题。根据各方面的事实，我们得到的结论就是上面说的那样子。但是，我们认为是事实的，对爱哲顿先生来说，仿佛都不存在似的。他举不出多少理由，并且就连这点理由也不能自圆其说；但是，他却坚决不承认有一部原始佛典，当然更不会承认这一部佛典的语言是东部方言。

他究竟承认什么呢？他的主张的具体内容是些什么东西呢？这一点他并没有十分说明。他说，他认为林藜光的说法是比较可靠的。那么我们就来谈一下林藜光的说法吧！

林藜光在比较了上面引的巴利文《小品》V.33.1那一段的各种异本之后问道：

> 可是，佛教徒甚至在最古的时代，曾用过一种语言，这是可能的吗？如果人们考虑到他们在使用语言方面一向所表现的那一种有伸缩性的自由宽大的精神，人们就会问：是否从最古的时代起就存在着许多佛教语言，而摩揭陀语只是其中之一。[20]

最后他又问：

> 如果卑补拉瓦（Piprāwā）地带和摩揭陀地带清清楚楚地形成两个截然划分的语言区的话，为什么不能够假定，古代佛教的其他中心，吠舍离（Vaiśāli）、㤭赏弥（Kauśāmbi）、秣菟罗（Mathurā）、优禅尼（Ujjayinī），还有其他的城市，也各自有其特殊的方言，而这些方言又按照佛典中所明确表示的佛教团体可以采用当地方言的原则成为建立在这些中心的佛徒团体的圣语呢？[21]

林藜光企图用这种假定来解释为什么佛典有这样许多语言不同的本子。但是这种假定显然是不正确的。从最古的时代起，佛典的确就有许多语言不同的本子。如果只看到这一个表面现象，而不深入研究，不研究这些本子之间有否内在的联系，不研究它们共同之点何在，也不研究它们不同之点又何在，那么林藜光的假定也未始不可以成立。但是，事实上这些本子，尽管语言不同，它们是有内在联系的。第一，正如我们上面指出的，在各种本子里许多章节是出自一个共同的来源的；第二，我们上面也指出过，在各异本中都或多或少保留了一些东部语言的残余。这就有力地推翻了林藜光的假定。

但是，林藜光的说法却博得了爱哲顿的喝彩。原因也并不复杂，爱哲顿不调查，不研究；但是他好像对原始佛典的问题，东部方言是原始佛典的基础语言的问题，抱有成见；他否认这些事实。无论什么学说，只要否定这种说法，而提出另一种说法，大概都会受到他的喝彩。

上面我那一大套议论也许都太空洞，太抽象了。那么让我们再举几个例子吧。例子也用不着往远处去找，只把他的《文法》

里[22]批评我的那几点意见答复一下，我想也就尽够了。

我在《使用不定过去时作为确定佛典年代和来源的标准》那一篇论文里，曾列举了五项原来是属于东部方言的而在 Mahāvastu 里也可以找到的语言方面的特点，来说明混合梵文和东部方言的关系：第一，阳性以-a 收尾的字呼格多数字尾是-āho；第二，在 eva 这个字前面常常插入一个 y，成为 yeva；第三，y＞h；第四，y＞v；第五，梵文 bhavati 变成 hoti。这五项特点都在爱哲顿先生大笔一挥之下"轻而易举"地给"批驳掉"了。

我现在就分别来谈一谈。

第一，阳性以-a 收尾的字呼格多数在摩揭陀语里尾语是-āho(u)，这种现象印度古代俗语语法学家俱罗摩地湿婆罗(Kramadīśvara)和摩哩犍底耶（Mārkaṇḍeya）就已经指出来过。俱罗摩地湿婆罗，5，97 就说 bamhaṇāhu = brāhmaṇāḥ[23]。虽然我们不能迷信印度古代的语法学家，但是他们既然这样说，就一定有他们的根据，决不会是完全凭空捏造。至于这种语法现象在阿波拔罗舍(Apabhraṃśa）里面也可以发现，我在我那篇论文里也已指出来了。这种表面上看来似乎有矛盾的现象，其实是不难解释的。然而爱哲顿先生却抓住这一点，不看别的现象，不去想法研究这个现象的根源，只简简单单地说：既然阿波拔罗舍，特别是西部阿波拔罗舍里有这种语法现象，那么这就不是东部方言里的现象了。只有这点理由，是不够的。我们仍然承认，-āho 是东部方言里的现象。

第二，在 eva 这个字前面常常插入一个 y，成 yeva，皮舍尔[24]已经指出来，这种语法现象在巴利文和摩揭陀语里都可以发现。吕德斯[25]也谈到过这种情形。这种语法现象的老家究竟是在什么地方呢？我们先看一下阿育王碑里面的情况：

| | FIG | FIVE | FIVF | FXIVA |
|---|---|---|---|---|
| G | eva | ceva | | eva |

| | | | | |
|---|---|---|---|---|
| K | yevā | cevā | (c) ev (a) | yevā |
| Sh | vo | ca yo | (yo) | vo |
| M | y (eva) | yeva | yo | … |
| Dh | … | ceva | yeva | … |
| J | yeva | … | (y) e (va) | … |

G (irnār) 代表的是西部方言，只有 eva，而没有 yeva。K (ālsi)、Dh (auli)、J (augaḍa) 代表的是东部方言，yeva 或 yevā 很多。这不是明明白白地告诉我们，yeva 的老家究竟是在什么地方吗？巴利文，同 G 所代表的方言一样，是西部方言。里面的 yevā 无疑是从东部借来的。

但是爱哲顿先生对这些现象都不置一词，仿佛它们不存在似的；他只说，这种现象巴利文里也有，因此它就只能是一个本地土生土长的语法形式。

第三，y＞h，-eyaṃ 变成-ehaṃ。这种现象很多学者都已经指出来过。[26]事实上，阿育王碑也给我们提供了坚实可靠的证据：在东部方言里，主动语态现在时希求语气单数第一人称，有下面几个字：yehaṃ，K Ⅵ，L；M Ⅵ，L（由东部方言借来）；Dh Ⅵ，L；J Ⅵ，L：ālabhehaṃ，Dh Sep. Ⅰ，B；Ⅱ，B；J Sep. Ⅰ，C；Ⅱ，C；paṭipādayehaṃ，Dh Sep. Ⅰ，B；paṭipātayehaṃ，J Sep. Ⅰ，C；Ⅱ，C；abhyuṃnāmayehaṃ，Tōp. Ⅶ，19。在混合梵文里，这种语法形式也不少，譬如在 Mahāvastu 里就有。根据阿育王碑提供的材料，混合梵文里这些形式是从东部方言里承袭过来的。

爱哲顿先生怎样对待这个现象呢？他表现出了一种扭扭捏捏的态度，似乎想承认有这样一个字尾-ehaṃ，似乎又不想承认。在《文法》的导言里，他一会儿说，-ehaṃ 应该是-e'ham，-e 是字尾，而 'ham 就是 aham（我）；但一会儿又说，即使真有这样一个字尾的话，它也只能是将来时，而不是希求语气。这话跟我们讨论的问题有什么关系呢？说了等于不说。他扭捏了半天，最后还是说：“没有充分的理由把它看做‘东部’的。”我不知道，爱哲顿先生所要求的究竟是什么样的“理由”。

在《文法》31，21，22 节里，他又提到上面说的那一种把-ehaṃ解释成-e'haṃ 的办法，而且还举出了不少的例子。我想，我们不必废许多力量再去寻找什么例证来反驳他，我只从他所列举的例子里拣出几个来，看一看这位学者怎样自己打自己的嘴巴：

yaṃ nūnāhaṃ kalpānāṃ śatasahasraṃ tiṣṭhehaṃ（Mv.I.51. 7—8）

tasmiṃ samaye aham anuttarāṃ samyaksaṃbodhim abhisaṃbudhyehaṃ（Mv. Ⅰ.61.5）

yan nūnāhaṃ……āpadyehaṃ（Mv. Ⅱ.73.16—17）

Sa khalv ahaṃ bhikṣavaḥ sādhu ca suṣṭhu ca abhisaṃskāreṇa ucchretvā pāṃśukṛtāni gātrāṇi pāṇinā parimārjehaṃ（Mv. Ⅱ.126.7—8）

这些句子里，都有句主 ahaṃ（我），后面的动词字尾是-ehaṃ。按照爱哲顿的解释，ahaṃ 这个字就出现两次。我不知道，世界上有什么语言，第一人称的“我”在一个句子里必须出现两次。这显然是说不通的。但是爱哲顿先生却在扭扭捏捏吞吞吐吐之余，坚决不放弃这一种说法。我不知道，这是一种什么思想方法，这是一种什么方法论。

第四，y＜v。我还是先把阿育王碑有关这个现象的材料写出来，因为这些材料是最可靠的证据：

| | | |
|---|---|---|
| FVII A | G | vaseyu |
| | K | vas（e）uv |

| | |
|---|---|
| Sh | vaseyu |
| M | vaseyu |
| Dh | (va) sevū |
| J | va (s) e… |

西部方言是 vaseyu，西北部方言是 vaseyu，而东部方言则是 vesevu 或 vasevū。这是客观的事实，也是明显的对比，y＞v 的现象在东部方言里是无可置疑的。虽然我在《使用不定过去时作为确定佛典年代和来源的标准》那篇论文里已经指出来过，并不是所有的东部方言都有这种现象；但是这与上面的结论并不冲突。上面举出来的例子就是铁证。

然而爱哲顿先生怎样说呢？他先说 yuḥ 之所以变成 vu，后面那一个元音 u 应该负责。最后他下了结论："把 y 变成 v 这个现象限于任何地区，都没有充分的理由。在一个元音 u 前面的这种变化应该同在其他元音前面的变化区别开来。"[27]

这有点驴唇不对马嘴。我并没有谈到为什么变，我只说到怎样变。爱哲顿却只谈为什么变，对于怎样变却避而不谈。上面的例子已经充分说明，后面同样是元音 u，但是前面的辅音则有变有不变。怎能就简简单单地把变的原因一古脑儿推给后面的 u 呢？

第五，hoti。hoti 是一个东部方言的语法形式，迈格尔孙（Michelson）早已经指出过。[28]阿育王碑也可以证明这一点。然而爱哲顿先生却反对这种说法。他说，在巴利文里面，这种形式多得很。他并且提出了他对这种语法现象的解释：在前一个字的元音语尾之后，bh 就变成 h。如果这个解释是正确的话，为什么 bh 只在阿育王时代的东部方言里变（我在这里说的只是 hoti；bhoti 和 bhavati 的 bh，具格多数的-hi，另作别论），而在其他方言里也变也不变呢？这种说法显然是不能令人满意的。

上面简单地叙述了爱哲顿先生在反驳我所列举的那五种东部方

言的语法形式时所使用方法论。但是这还不够，我在那篇论文里，除了列举那五种形式之外，还列举了另外一种形式。我在混合梵文里找到了大量的例子，阳性以-a收尾的字体格多数的字尾是-ā，业格多数的字尾是-āni。在正规的梵文里，阳性以-a收尾的字体格多数的字尾是-āḥ，业格多数的字尾是-ān。这种情况还不限于以-a收尾的字，连阴性以-ā收尾的字，阳性以-u收尾的字，阳性以-i收尾的字，都有这种语法形式；甚至代名词和数词也有。我们知道，这些都是东部方言所特有的语法形式。[29]但是这种语法形式容易同常见的那一种性别错乱的现象相混淆；只从表面上来看，两者没有区别。

为了避免混淆，我就在那篇论文里从各方面来论证。我有足够的例证，把一切认为这是性别错乱的幻想打破。我首先举了很多例子，证明阳性以-a收尾的字体格多数字尾是-ā：

| | |
|---|---|
| 在元音前面 | pāpasamācārā āvṛtā（Mv.Ⅰ.15，9） |
| 在清音前面 | na paṇḍitā praśaṃsanti（Mv.Ⅲ.45，7） |
| 在浊音前面 | vāṇijā bhaṇanti（Mv.Ⅲ，87，18） |
| 在鼻音前面 | śabdā madhurā（Mv.Ⅲ，58，5） |
| 在半元音前面 | duḥkhitā viya（Mv.Ⅲ，79，9） |
| 在咝音前面 | durlabhā santi（Mv.Ⅲ，87，6） |
| 在句尾 | ca anutāpikā（Mv.Ⅲ，87，3） |

以上这些例子足以说明字尾确实是-ā，并不是由于什么连声法（sandhi）的规律而省掉了一个-ḥ。

阳性和阴性以元音收尾的字业格多数的字尾是-ni，-ni前面的元音拉长。这样的例子我也举出了很多。在这里举几个：

antaḥpurikāni（Mv.Ⅲ，164，17—18）

amātyāni（Mv.Ⅲ，8，4）

avakāśāni（Mv.Ⅲ，368，10）

aśvāni（Mv.Ⅲ，147，20）

iśūṇi（Mv.Ⅲ，362，9）

ṛṣīṇi（Mv.Ⅲ，42，14）

karakāni（Mv.Ⅲ，427，8）

karaṃkāni（Mv.Ⅲ，83，16）

kalpāni（Mv.Ⅲ，249，14）

kuṭīni（Mv.Ⅲ，42，12）

keśāni（Mv.Ⅲ，179，9）

kośāni（Mv.Ⅲ，399，3）

krīḍamānāni（Mv.Ⅲ，146，17）

jaṭāni（Mv.Ⅲ，148，3）

dārikāni（Mv.Ⅲ，76，13）

nāvāni（Mv.Ⅲ，150，2）

下面再举几个代名词的例子：

tāni（Mv.Ⅲ，76，3）代表的是 dārakā 和 dārikā。

imāni（Mv.Ⅲ，107，7）代表的是 mahādvīpa。

再举几个数词的例子：

so ihāgatvā trīni vārāṃ mānuṣikāya vācāya śabdaṃ karoti（Mv.Ⅲ，72，20）

yo catvāri vārṣikāṃ māsāṃ pratisaṃlino karuṇaṃ dhyānaṃ dhyāyati（Mv.Ⅲ，210，4—5）

阳性和阴性以元音收尾的字体格多数的字尾也有时候是 ni，-ni 前面的元音拉长。例如：

kuṭīni（Mv.Ⅲ，168，14）

kośāni（Mv.Ⅲ，42，9）

grāmāni（Mv.Ⅲ，178，1）

jaṭāni（Mv.Ⅲ，147，2）

nādāni（Mv.Ⅲ，30，11）

putrāṇi（Mv.Ⅲ，167，3）

masakāni（Mv.Ⅲ，101，10）

vānarāṇi（Mv.Ⅲ，29，17；Ⅲ，29，18）

śālāni（Mv.Ⅲ，79，20）

阳性和阴性代名词体格多数的字尾有时候也是-ni：

etāni（Mv.Ⅲ，188，9）

上面虽然举出了不少的例子，但是从全部混合梵文的文法看起来，这些例子究竟还是少数，还算是例外；正规梵文的语法形式究竟还是多数，还是主导的形式。例如阳性以-a收尾的字业格多数的字尾是-āṃ（-ān）：

karaṃkāṃ（Mv.Ⅱ，411，2）

dārakān（Mv.Ⅲ，164，17）

pādān（Mv.Ⅲ，115，15；110，10 etc.）

putrān（Mv.Ⅲ，84，9）

praśnāṃ（Mv.Ⅲ，384，1）

māṣāṃ（Mv.Ⅲ，188，6）

因此，我们的结论自然应该是：这些少数的例外是从方言里带进来的，这方言就是东部方言；这不是什么常见的性别错乱的现象。

我在那篇论文里，步步设防，层层堵击，把一切什么性别错乱的幻想都给包围起来，自以为是滴水不漏了。然而爱哲顿先生却对这一切都熟视无睹，仿佛这一切都根本不存在似的；他具有大神通，居然从我这些防御工事上飘过去，只念了一句咒语：这是阳性名词用了中性名词的尾巴（《文法》，8.29节），就把我打倒了。

我对爱哲顿先生的方法论早就有意见。在他的一篇论文里[30]，他曾说到，完成式在俗语里和巴利文里是比较稀有的，但是在《妙法莲华经》里却不算少，因此他就下结论说，这些形式是属于原来的语言的。但是经过我自己的详细统计，结论却适得其反。在《妙法莲华经》的比较老的本子里，不定过去式比较多，而完成式是非常少的。梵文化的程度愈深，不定过去式的数目就愈少，而完成式的数目就愈多。很多原来的不定过去式都为完成式所代替。我举几个例子：

| 比较老的本子 | 比较近的本子 |
| --- | --- |
| avoca | uvāca |
| avoca | āha |
| apucchi | uvāca |
| avocuṃ | āha |
| avocuṃ | āhuḥ |

以上是从巴利文里找出来的例子。

| | |
| --- | --- |
| adāsīt | 完成式 |
| kārapayiṃsu | kārayāmāsuḥ |
| avalokayiṃsu | avalokayāmāsa |
| asthāsīt | asthāt |
| avocu | ūcuḥ |

以上是从《妙法莲华经》里找出来的例子。

这些例子都说明，完成式是比较年轻的。然而爱哲顿先生却利用他的独特的方法论，得到正相反的结论。

这是以前的事了。现在看了这一部大著，我恍然大悟，上面谈到的有关完成式的意见在那里原来只是牛刀小试，这里才是集其大成。我们对一位辛辛苦苦研究混合梵文二十多年的学者应该表示敬意，但是，如果他的论断竟然建筑在这样一些基础上，我就不禁要用中国古代一句现成话来问一问："虽多亦奚以为？"

据我看，这不是一个小问题，而是一个根本性的问题，因为这是方法论的问题。不管搜集了多少材料，如果方法不对头，那些材料都毫无意义。爱哲顿先生的确用了不少力量，搞了不少材料。但是对他来说，这些材料只是一堆乱七八糟的东西，他就硬把这些材料填到那两本皇皇的巨著里去。

所谓混合梵文，顾名思义，就可以知道，它是一种乱七八糟的混合起来的东西。但是无论什么事物都有规律，混合梵文也不例外。在乱七八糟的表面下，也自有规律在。如果方法论对头，抓到这些规律，就仿佛是抓到了纲，纲举而目张，乱七八糟的东西也就看出条理来了。

有一些语法现象本来是可以解释的。但是在爱哲顿的书里却找不到解释。下面我只举几个例子：

阳性以-a收尾的字体格单数在梵文里面字尾很简单：只有一个形式-aḥ（-o），而在混合梵文里据爱哲顿在他的《文法》里（8.18—8.26）所列举的就有-o，-u，-ū，-a，-ā，-e，-aṃ等等形式。为什么有这样复杂的现象呢？其中自然是有道理的。譬如字尾-e，爱哲顿只说（《文法》，第4页，注⑪），在东部方言之外，别的方言也有这样的字尾，但是他并不进一步仔细追究一下，别的方言为什么有这样一个字尾。是本地有的呢，还是借过来的？因此，他的结论就是闪烁其辞，模棱两可。他半推半就，又想承认巴利文和混合梵文里的-e是借来的；同时又想否认掉这一事实。

又如r>l的现象，在混合梵文里也是不少的。古代印度俗语文法学家再三强调，这是东部方言里的语法形式，阿育王石碑也证明了这一点。但是爱哲顿先生却强调，r>l的现象虽然在摩揭陀方言里可以找到，在其他方言里，甚至在梵文里，也能找到；在混合梵文里，还有l>r的现象呢（《文法》，1.32）。爱哲顿先生说的都是实话，但是他并没有分析，而且似乎也没有想去分析，为什么会有这样的现象。摩揭陀方言的特点之一是r>l，和其他方言里有同样的现象，这两件事实并不互相排斥，而是完全可以解释的。然而爱哲顿却头发胡子一把抓，用一些似是而非的逻辑，得到一些扭扭捏捏、含含糊糊的结论。在他的《字典》里，有一些字本来完全可以解释的，由于以上的原因，也都没加解释，例如梵文 rūkṣa>lūkha，Rocanī>Locanā，parigṛddha>paliguddha，parikuc-或-kuñc->palikuñca 等等的 r>l 的现象，爱哲顿只收在他的《字典》里，没有加以解释。他把这些看起来颇为奇怪的现象留给读者去意会。

以上只是举了几个例子，类似的例子是不胜枚举的。但是只是这几个例子也就足以说明爱哲顿先生的方法论了。应该说，这样的方法论是很危险的。混合梵文本来就是由很多成分混合起来的，读者所需要的正是提纲挈领的论述。像爱哲顿应用的那样的方法论只能把本来就复杂混乱的现象弄得更加复杂混乱，使读者如坠入五里雾中，找不到方向。

我不知道，爱哲顿先生是否也是实用主义的信徒。我总感觉到，他的方法论同许多打着实用主义旗帜的学者有类似之处。他们高喊："拿证据来！"看来似乎很实事求是，是科学的态度，实际上，却并不是这样。他们一点也不实事求是，他们最主观。对他们来说，材料并不是合乎规律的客观存在，而是可以随他们的意图任意支配的一堆乱东西。这种方法论与真正科学方法论毫无共同之处。我在爱哲顿先生这两册皇皇巨著所表现出来的方法论里，也嗅到了类似的味道。我们必须大力清除这种有关方法论的歪风！

1958 年 4 月 4 日写完

**注　释**

[1]　我最近才看到林藜光有关这个问题的文章：Lin Li-kouang，L' AideMémoire de la Vraie Loi，Paris，1949，pp.216—228。他的结论同我的不完全一样，在某一些看

法上，我们完全不一样。

[2] Hiän-lin Dschi（季羡林）《中世印度语言中语尾-aṃ 向-o 和-u 的转化》（Die Umwandlung der Endung -aṃ in -o und -u im Mittelindischen），德国《格廷根科学院集刊·语言学历史学类》，1944 年；《使用不定过去时作为确定佛典年代和来源的标准》（Die Verwendung des Aorists als Kriterium für Alter und Ursprung buddhistischer Texte），同上，1949 年。

[3] 参阅爱哲顿：《佛教混合梵文文法和字典》，第 1 卷，《文法》，第 1 页。

[4] The Dīgha Nikāya，Vol.Ⅲ，J.Estlin Carpenter 校订，London，Pali Text Society，1911，p.85.

[5] 参阅汉译本《长阿含经》，《大正新修大藏经》（下面缩写为㊅），1，37。

[6] John Brough，The Gāndhārī Dharmapada，London，1962，p.137，129.

[7] 《原始佛典语言的观察》（Beobachtungen über die Sprache des buddhistischen Urkanons），柏林《德国科学院专刊·语言文学和艺术学类》，1952，第 10 种，第 19 页。

[8] 德国梵文学者皮舍尔（R.Pischel）校订出版，分为两部，Halle，1877，1880。

[9] 对于摩揭陀语一般的叙述，参阅皮舍尔：《俗语文法》Grammatik der Prakrit-Spachen，Strassburg 1900，§17，18，23。

[10] 吕德斯：《佛教戏剧残卷》Bruchstücke buddhistischer Dramen，Königlich-Preussische Turfan-Expeditionen，Kleinere Sanskrit-Texte，第 1 册，Berlin，1911，第 40 页。

[11] 同上书，第 41 页；皮舍尔：《俗语文法》，第 16 节。

[12] 爱哲顿是反对用“翻译”一词的，参阅《佛教混合梵文文法》，第 2 页。

[13] 盖格（Wihelm Geiger）：《巴利，文献和语言》Pāli，Literatur und Sprache，Strassburg，1916，66，2a，80，82.5，98.3，105.2，110.2 各节。吕德斯《原始佛典语言的观察》整个一部大书几乎都是讲的这个问题。

[14] 佚名译，㊅1463 号。

[15] 姚秦佛陀耶舍共竺佛念译，㊅1428 号。

[16] 刘宋佛陀什共竺道生等译，㊅1421 号。

[17] 后秦弗若多罗共罗什译，㊅1435 号。

[18] 唐义净译，㊅1451 号。

[19] 参阅季羡林：《论梵本妙法莲华经》，见《中印文化关系史论丛》，1957 年，

北京，人民出版社版，第24—30页。

[20] Lin Li-Kouang，L’Aide-Mémoire de la Vraie Loi，Paris，1949，p.227.

[21] 同上书，p.228。

[22] 《佛教混合梵文文法》，第3—4页。

[23] 皮舍尔：《俗语文法》，第372页。

[24] 同上书，第336页。

[25] 吕德斯：《佛教戏剧残卷》，第39页。

[26] 佛兰克（Otto Franke）：《巴利文和梵文》（Pali und Sanskrit），Strassburg，1902，p.114；迈格尔孙（Michelson）：《阿育王十四石碑中沙荷巴兹加尔希和曼赛荷拉石碑中的语言问题》（Linguistic Notes on the Shāhbāzgarhi and Mansehra Redactions of Aśoka’s Fourteen-Edicts），《美国语言学报》，XXX，1909，p.285。

[27] 爱哲顿：《混合梵文文法和字典》，第10页。

[28] 见注［26］第二部引书，第287页。

[29] 吕德斯：《印度语言学论文集》（Philologica Indica），第280页以下。

[30] 《佛教混合梵文基础的俗语》（The Prakrit Underlying Buddhist Hybrid Sanskrit），伦敦《东方学院院刊》，8，1935—37。

# 三论原始佛教的语言问题

## 引　　言

1956年，我写过一篇《原始佛教的语言问题》。1958年，我又写了一篇《再论原始佛教的语言问题》。到现在已经有二十多年了，在这一段相当长的时间内，特别是在十年浩劫期间，我对国外研究这个问题的情况十分隔膜，因而没有能对这个问题继续探讨与钻研。只是在最近二三年内，我才又有可能了解外国的研究成果。原来在1953年美国学者爱哲顿（Franklin Edgerton）发表了Buddhist Hybrid Sanskrit Grammar and Dictionary，1954年德国学者吕德斯（Heinrich Lüders）发表了Beobachtungen über die Sprache des buddhistischen Urkanons: aus dem Nachlass herausgegeben von Ernst Waldschmidt。出版以后，曾在国外激起了一阵讨论原始佛教语言的热潮[1]。爱哲顿的那几册皇皇巨著，我是知道的。我的那一篇《再论》就是针对他的巨著而写的。其余情况则茫无所知。1954年，德国东方学学者大会举办了一个讲坛讨论会，讨论了与此有关的问题。到了1976年，在联邦德国哥廷根（Göttingen）举行的“最古佛教传承的语言”（佛教研究座谈会Ⅱ），可以说是研究原始佛教语言问题的一次大检阅，集中地表现了在这方面的最新成果。我怀着十分愉快、兴奋的心情反复地阅读了座谈会上的全部文章，一方面感觉到，这样一个冷门居然还有这样多的学者在钻，大有空谷足音之感；另一方面又感觉到，会上某些文章的论点是值得商榷的。我不禁技痒起来，着手写这一篇《三论》。同前两论比起来，这篇《三论》涉及面要大得多，它涉及原始佛教经典的形成、佛教的传播、宗派的形成，以及对阿育王碑的评价等等一系列问题。不是我有意这样去做，而是其势使然。

我想谈以下几个问题：

一　有没有一个“原始佛典”？“原始佛典”使用什么语言？是否有个“翻译”问题？

二　释迦牟尼用什么语言说法？

三　阿育王碑是否能显示方言划分？

四　《毗尼母经》等经中讲的是诵读方法（音调），还是方言的不同？

五　我的看法。

现分论如下。

## 一

为了论证方便起见，我在这一节里着重阐述反对有一个“原始佛典”的学者们的意见。至于我自己的看法，留待最后一部分去谈。

有没有一个“原始佛典”？好像是1976年哥廷根座谈会的中心议题。参加会的大多数学者似乎都否认有这样一部经典，从而也就否认了使用东部方言古代半摩揭陀语写成经典的论断。因此，我想先来探讨这个问题。

据我所知道的，首先提出“原始佛典”这个概念的是吕德斯。他在一些文章中使用了这个名词；在我上面讲到的他死后出版的那一部著作中，他又集中地、系统地论述了“原始佛典”的语言特点。他首先使用的德文原文是 Urkanon 这个字，德国以外的学者也经常使用。总之，吕德斯是主张有一个“原始佛典”的。

法国学者烈维（Sylvain Lévi）使用过 précanonique（前经典）这个词儿[2]。他把原始佛教经典称之为“前经典”，可见他不把它看作是经典。他根据早期佛教的一些术语，特别是律藏的一些术语，认为有一种“前经典语言”。我自己感觉到，这种“前经典语言”同吕德斯所说的“原始佛典”，有某些联系，不管烈维承认不承认有一个“原始佛典”。

贝歇特（H.Bechert）等一些参加 1976 年哥廷根座谈会的学者们，大部分不承认有一个原始佛典。他们的理由何在呢？在否认派之间观点也不尽相同，论证的方法也多种多样。归纳起来，其理由约略有以下数端：

（一）语言问题与是否曾经有过一个 Urkanon 互相依存；

（二）佛的语言政策如此决定；

（三）佛典最初只是口头流传；

（四）没有一部现存的佛典能反映佛本人的语言；

（五）要使用新的研究方法；

（六）不能使用“翻译”这个词儿。

我在下面分别按顺序加以讨论。

（一）什么叫做“语言问题与是否曾经有过一个 Urkanon 互相依存”呢？用贝歇特的话来说，就是“可靠地去确定最古佛教传承的语言形式（liguistic form）这件工作，不能够同确定它的书面形式（literary form）分开来。”[3]他认为，最早的佛教传统的书面综合物（literary complex）的形成是一个逐渐进展的过程。“拼凑起来的佛典的本子很可能在比丘们还是沙门（śramaṇas?）时跟随长老四处云游的最早时期就已经存在了。三藏中所有的本子并不是同时编定成为经典的，专就巴利文经典而论，也并不都是同时传入锡兰的[4]。先有一个个的个别的口头流传的教义传统，这些传统是地域性的。然后随着佛教的传播与推进，一步一步地逐渐汇成了超地域性的传统，结果形成了一部经典。因此说，佛教的经典传统是拼凑起来的。不同的传统之间，即使有相同的地方，也不一定要追溯出一个原型（archetype）来。所以，对所谓原始佛典的存在必须抱最大的怀疑态度[5]。贝歇特问道："真正有那么一个'原始佛典'吗？还是毋宁说是许多个别的传统形成了一个最古的传统，这些个别的传统凑在一起随着佛教的传播与分化而逐渐形成一部佛典呢?"[6]他的意思是说，没有一部原始佛典，只有许多个别的佛教传统。接下去他就说，最初佛教的传统材料是按照不同的分类原则来排比分类的，有藏（piṭaka），有尼迦耶或阿含（nikāya, āgama），有部类（aṅga）等。后来不同的地域传统汇成了超地域的传统，而不同的分类原则也汇合了起来，而藏独占了垄断地位，其他分类原则仅仅成为经藏的分支。法国学者 Colette Caillat 抱着同样的观点。她写道："我想到，所谓'原始佛教语言'这一个词儿，实际上仅仅只是我们构拟的结果；而且，一般是仅仅把支离破碎的情况加以考虑，结果绝大部分是从部分分析中得出来的。"[7]

贝歇特还主张，不能只根据语言方面的论证来探讨问题，必须与部派的形成相结合。他说："从上面的叙述中可以看出，研究个别传本与最古传统的关系问题，必须与早期佛教部派的历史联系起来；也必须探讨这些部派的地域；这样巴利文的老家就不能完完全全按照语言的论证来确定，而应注意到上座部早期的历史。"[8]他又说："地域的现实性大概也能够解释，为什么巴利文与超世部（Lokottaravādin）的语言相似，只看部派形成的历史，这是难以理解的。”[9]总之，贝歇特认为，不但要注意部派历史，还要注意地域性，他的意思似乎是，吕德斯只根据语言方面的论证就“构拟”出来一个“原始佛典”，这样做是不行的。

英国学者 K.R.Norman 支持贝歇特的看法。他说“原始佛教语言问题是吕德斯非常注意的问题之一。巴利文经典中出现了许多不规则的形式，这引导他假设出一个用他所谓的古代半摩揭陀语写成的 Urkanon。我们看到了他搜集的想证实自己的理论的资料。贝歇特曾经正确地指出来过，这些特点并不一定必须支持吕德斯的理论，因为它们本身证实的只是，巴利文佛典的一些部分根据的传统是在某一个时候从与巴利文有点区别的一种或多种方言那里抄过来的。”[10]Norman 的意见与 Caillat 有相通之处。

最值得注意的是贝歇特等提出的层次说。贝歇特认为，首先出现的是律条部派，不久以后又出现了教义部派，这些部派总是出现在地区僧伽形成的部派内部。“值得注意的是，存在着分歧并不阻碍采用和改编经典编撰和分类安排的型式以及经典或经典的一些部分的型式。”上座部对经典的分类安排为所有的部派所采用。非上座部在借过来的模型中也窜入了自己的东西。总而言之，贝歇特的意思是说，佛教经典的形成分为许多层次（stratum，复数 strata）。吕德斯从巴利文和佛教梵文的典籍中搜集来的那一些语言特点，不属于一个层次，而是属于许多不同的层次；能够证明是属于最古老的层次的语言特点可以追溯到最古的口头传统那里去，这个传统存在于任何零散的佛典或一部佛经的任何分类安排之前。他的结论是，没有必要像吕德斯那样设想有一部“原始佛典”或最初的佛典。[11]他还在其他一些论文中多次讲到层次的问题，例如：“所以，在探讨我们的问题时，我们要仔细区分不同的历史层次。”[12]在讲到梵文化的过程时，他也讲到“语言变化的不同的层次”，虽然他在这里使用了另外一个词儿 Schicht 来表示“层次”这个概念。[13]

他们提出层次论的目的是非常清楚的，无非是想证明吕德斯提出的那一些证据都不可靠而已。

（二）佛的语言政策，至少对绝大多数的梵文学者来说，是很明确的：他不允许和尚们使用梵文，而允许他们使用自己的方言。关于这一点，请参阅这一节和下面的第四节。

但是贝歇特在这里提出了佛的语言政策，却节外生枝，加上了许多“新”的解释。他写道：“我们也应该看一看早期佛教语言与僧伽的生活方式以及僧伽成员的社会出身的那种错综复杂的关系。如果从这个角度上看，佛不允许使用标准化了的语言，也就是梵文，那么语言多样化就必然是他那‘语言政策’的结果。这还并不一定意味着，佛本人使用不同的方言，虽然这种可能也并不排除。”[14]他又说：“佛最初一点也不想为了传播自己的学说而使语言规范化，大概是有意与婆罗门传统相对立。难道我们不更应该承认，最古的传统语言是多样化的，来证明没有一个‘最古佛教传统的语言’吗?”[15]在另一个地方，他又写道：“总而言之，几乎可以肯定地承认，‘最古的佛教传统’没有一个单一的语言，佛教传统的语言的多样化同佛教本身一样地古老。”[16]

贝歇特这样翻来覆去地强调最古的佛教的语言多样化，可见他认为这是一个重要的问题。应该承认，到此为止，他的意见是正确的。但是，接着就会提出另一个与此有关的问题：佛教语言是多样化的，难道佛本人的语言也要陪着多样化吗?

在这里，他们这些意见基本相同的人意见也有了分歧。贝歇特本人对这个问题的意见模棱两可，上面已经引证过。Norman 写道：“我们的探讨告诉我们，在佛教史上从非常古的阶段起，也许是从佛本人的时代起，同一首诗的许多形式，带着不同的方言特色，带着许多同义的异读，在流行着。佛说法不用同一种语言或方言，这似乎是清楚的。"[17]以我之愚钝，我实在是并不“清楚”。比利时学者 Étienne Lamotte 说：“那是很自然的，在王舍城、舍卫国、婆罗痆斯、吠舍离、憍赏弥等地佛在巡回说法的过程中，传授圣谛，使用在摩揭陀、憍萨罗、迦湿、弗栗恃、婆蹉等地流行的一种或多种语言，这些语言都可以认为是圣语（ārya vāc）的或者中国语言（madhyadeśavāc）的变种。"[18]以我之愚钝，我实在也看不出为什么是“自然”(naturel)。

与上面的意见相适应，贝歇特还强调“方言的多样性”（variety of dialects)。他说：“当时还不存在规范化了的中世印度语言，或者像我们在德文中说的那样，还不存在一种中世印度雅利安语的 Hochsprache（标准语)。这种情况好像是还反映在阿育王碑铭使用的方言的多样化中，这种多样化很可能与当时佛教僧伽的语言情况相适应。当时阿育王在碑铭上使用多样的方言时，甚至可能有意模仿早期佛教僧伽。"[19]他又说：“无论如何用不着怀疑，当时的中世印度雅利安话（vernaculars）仍然只是‘方言’，还没有形成清清楚楚的不同的语言，也就是说，我们可以肯定地假设，那些说这些不同雅利安方言的人互相了解对方的话。"[20]他接着说：“规范化语言的形成必然是一个长期而又复杂的过程；有两个因素（在起作用)，这就是，存在着一种早期规范化了的语言，梵文，它没有停止被使用，也没有停止对发展的影响；还有印度雅利安方言的多样化，这些方言当时在广大地区被使用。"[21]

总之，贝歇特等主张，既然佛的语言政策允许使用各自的方言，而方言又是多样化的，当时还没有可能规范化。说方言的人能互相了解。因此，不可能有一个原始佛典的语言。

（三）口头流传也是贝歇特等特别强调的一点。他写道：“这是另外一种转化（transformation)，是从一个方言转化为另一个方言，这个转化是在仍然只是口头流传的传统中实现的，但这传统已经开始语言方面的定型化，形成了书面作品，在以后这些作品要把最古传统的遗留的东西都包括进来。在这些早期经典中，我们碰到了口头流传的一些特殊标志。当然，口头流传的方法在经典写定以后仍然应用。”[22]在另一个地方他又写道：“当我们在我们眼前的佛典中去寻找比较古老的语言形式时，我们必须考虑到口头流传的特点。”[23]接下去，他又阐明，在寻找较古的语言形式的痕迹时，必须遵守烈维和 H.Berger 的行之有效的办法。什么办法呢？“必须经常寻找使异方言保留在语言文献中的条件；无论如何，不能把有关语言单纯说成是一种‘混合方言’，而是一种从某种传统中‘翻译’（übertragen 或 umgesetzt）过来的语言形式。”接着他就举出了 H.Berger 的看法：把这种语言重复形式（Dublette）看作是“摩揭陀语的残余”（Magadhismen），这种形式只存在于固定不变的同义词系列中和诗歌中，在诗歌中有时用正规的巴利文形式则破坏韵律。“这两个前提适合于口头流传或口头翻译。”[24]在下面，贝歇特又强调说，他和从前一样仍然坚持，像巴利文中的 pure 等不能看作是“摩揭陀语的残余”，因为，他又引证 Berger 的话：“看不出，为什么巴利文译者（把东部佛典）译为西部方言时偏偏在这一个普普通通的字上犯错误，而在别的副词（tato，bahuso 等等）上从不失误呢？”[25]贝歇特曾一度把巴利文中的 pure 等以-e 收尾的语言形式归之于受锡兰俗语的影响，没有得到学者们的承认。[26]他又引 Berger 为同调，强调口头流传的影响。

（四）关于没有一部现存的佛经能反映佛本人的语言的问题，贝歇特写道：“我们可以从这里出发，没有一部流传给我们的佛典能准确地代表佛的语言或者仅仅代表最古的佛教传统的语言；与此相适应，我们眼前的佛典在某种形式上来源于一个语言不同的、较古的传承阶段，以至于我们必须假设，这是从一种语言译为另外一种语言——有或者没有中间阶段，形式上是有意识地去翻译，也许是逐渐转化为口头流传的东西。在这样翻译的过程中，有一些已经佚失了的、较古的传承阶段的语言形式特点被保留了下来，我们一致同意，管这些特点叫作‘摩揭陀语言的残余’，其中有一些可能代表佛的语言。”[27]

（五）贝歇特十分强调要使用新方法。他写道：“必须做到，使研究方法本身向前发展，同时必须应用对印度以外的相类的发展研究的成果。”[28]他又写道：“我不敢肯定，使用迄今使用的方法我们能否确定佛本人所使用的语言。”[29]在另一个地方他又写道：“解释佛典诸异本不同之点，要求使用同对比阿育王碑铭诸异本完全不同的方法，虽然从语言方面和时间方面来看，这些碑铭同佛典属于同一范围。”[30]至于他推崇的烈维和 Berger“行之有效的”理论，上面第三节中已经谈到。他还谴责吕德斯只看语言形式，而不注意上下文。[31]贝歇特提出了诸如此类一连串的“新方法”。Caillat 响应他的意见，也提出了“新方法”。她写道：“因此我建议，特别是如果我们考虑到我们能掌握的新资料的数量的话：为什么不承认我们只能希望建立一个语言的原型呢？……为什么在我们领域内不像在任何别的语言构拟中那样系统地、彻底地进行工作呢？无论如何，我们不应该尝试着去使用在其他方面证明是行之有效的方法吗？”[32]她提出的是什么“新方法”呢？是分析小品词和虚词。据我浅见所知，这方法并不新。在七十多年前，H.Oldenberg 在他那研究 Mahāvastu 的论文中已经仔细分析了 khalu 和 dāni 两个虚词的意义。[33]

（六）贝歇特反对使用“翻译”这个词儿。他写道：“在当前讨论的情况下，大多数学者，虽然不是全体，似乎都同意，没有哪一部现存的佛典完全反映佛本人的语言或者当时存在于摩揭陀国最早的僧伽的语言。所以，现存的佛典必须描述为较古的传统变形（transformation）为现存的语言型式的某种样板。某一些语言特点，比如说已经提到的‘摩揭陀语的残余’，是在变形后留下来的。我迟疑不敢用‘翻译’（translation）这个词儿。在我的德文论文中我用的是 Übertragung，而不是 Übersetzung，因为在这里我们面临着另一个主要矛盾问题：有一些学者相信，这种变形是当时已经写定的书面经典的‘翻译’。另外一些学者认为——我同意他们的意见——，这种换位（transposition）不是正规化的翻译，它是从一种方言转化为另一种方言，这种变形发生在口头流传的过程中。”[34]话虽然这样说，贝歇特自己在使用名词方面也时有矛盾，虽然他在这里搞的近于名词游戏，是修辞学，而不是语言学或历史学。有一些学者虽然被贝歇特引为同调，实际上却是承认有“翻译”（translation）的，比如 Norman。[35]

把上面六条归纳起来，我们可以说，贝歇特等一些参加哥廷根座谈会的学者们，挖空心思，否认有一个用东部方言写成的原始经典，说那是构拟的结果。他们有时直截了当地说，有时绕着弯子说；他们之间说法有矛盾，一个人自己前后也有矛盾。对他们意见的评价，留到下面第五部分中去做。

## 二

关于释迦牟尼用什么语言或方言说法的问题，上面已稍有所涉及，现在在这里再集中地谈一谈。

小乘上座部一向认为佛言就是巴利文，而且他们还把巴利文同摩揭陀文等同起来。这里面问题十分复杂，现在不去细谈。请参阅本书《中世印度雅利安语二题》。

在这次哥廷根座谈会上这个问题又重新被提了出来。这个问题实际上包含着两个问题：

（一）佛说法是用一种语言或方言呢，还是用多种？

（二）如果是一种的话，这一种又是什么？

（一）先谈多种语言或方言说。

在这次座谈会上，大多数学者似乎都同意这个说法：释迦牟尼说法不用一种单一的语言或方言，而是用多种，他到什么地方就说什么地方的话。现将他们的意见分别介绍如下。爱哲顿的意见是：佛的家乡迦毗罗卫、他最喜欢住的地方舍卫国和他第一次转法轮的地方婆罗痆斯，都不在摩揭陀境内：因此佛不可能在这些地方说摩揭陀语，他涅槃的地方亦然。只有在王舍城，他可能这样做。[36] Norman的意见是："这似乎是清楚的，佛说法不用一种特定的语言或方言，因此谈论一种'原始语言'是不正确的。""我们对公元前6世纪、前5世纪这个地区使用的方言的性质能得到的知识，使我们能够这样论断，至少佛的某一些说法使用的是我称之为古代摩揭陀语的方言。如果我们承认这种假设，说在摩揭陀疆域以内很可能有一种与古代摩揭陀语不同的方言，只有s，而没有ś，如果我们假设佛在说法时改变方言以适应本地的需要，那么我们就可以下结论，说他也用古代半摩揭陀语说法。"[37]Norman又说："能够说佛说哪一种语言，他用哪一种语言说法吗？必须立刻就说，没有理由假设，佛什么时候都说同一种语言。"[38]Lamotte的意见我们在上面第一部分第二节中已经谈过，这里不再重复。至于贝歇特的意见，我在上面也已引了一些。他似乎有点动摇，有点模棱两可。但是，归根结底，他似乎也主张佛是说多种语言的。

他们这种观点有没有根据呢？不能说完全没有。大家都知道，一方面佛不承认梵文的权威，允许和尚们用他们自己的语言来阐释、传布佛法（参阅下面第四部分）。另一方面，据说当时还没有一种Hochsprache。因此佛的语言政策只能是多语言的。仔细推究起来，这里面似乎有点问题。梵文在当时还没有取得压倒其他语言的权威。除了婆罗门使用外，政府并没有把它定为官方的语言。佛反对梵文，不过是反婆罗门垄断的一种表示而已。至于说当时还没有一种 Hochsprache，学者们似乎忘记了一个历史事实，古代摩揭陀语，特别是古代半摩揭陀语实际上已逐渐成为一种 Hochsprache，晚于佛 200 年（一说 100 年）的阿育王就以这种语言为政府的官方语言（参阅下面第三部分）。

不管怎样，佛的语言政策是主张多语言的，这一点已为绝大多数学者所承认。除了 sakāya niruttiyā 这一句有名的话之外，我在这里还想举出一个例证。《十诵律》卷二十六，《大正新修大藏经》(以下缩写为㊅)，23，193a：

> 佛以圣语说四谛法：苦、集、尽、道。二天王解得道，二天王不解。佛更为二天王以驮婆罗语说法。……是二天王一解一不解。佛复作弥梨车语。……四天王尽解。示教利喜已，礼佛足而去。

这是一段神话，目的在宣扬佛的神通；但其中也有点历史的内核：编造者相信，佛是主张多语言的。但是，如果有人据此就说，佛自己也是能说多种语言的，未免有点太天真。

那么佛是不是真像上面几位学者主张的那样，自己说多种语言呢？我认为，至少没有可靠的证据，学者们也没能举出令人信服的证据，证明他们的意见是正确的。因此，我们只能回到一种语言说上来。

（二）如果佛只说一种语言或方言的话，那么这究竟是哪一种呢？

一个人的“母语”一般是同他的出生地的语言有关。释迦牟尼出生在今天的尼泊尔境内，是在摩揭陀以外的地方。语言从大的方面来看属于印度雅利安语的东北语支。具体细节我们还说不清楚。

但是他一生活动说法的范围一部分是在摩揭陀境内，他在这里说法使用摩揭陀语是顺理成章的。他最早的一次关于四圣谛的说法，在佛典中有许多异本，语言不同；但是作为这些异本的基础的俗语是摩揭陀语。[39]这个事实对于研究佛的语言有很大的启发。

摩揭陀语一向被佛教徒，特别是上座部尊为圣语。巴利文《大纪》(Mahāvaṃsa) XXXⅦ, 244—245 写道："sabbesaṃ mūlabhāsāya Māgadhāya niruttiyā（一切（生物）的根本语言，摩揭陀语）。这大概是采自觉鸣（Buddhaghosa）的说法：Māgadhikāya sabbasattānaṃ mūla-bhāsāya（vism 441，34）。在 Sammohavinodanī 中觉鸣说：一个没有听到过任何语言的小孩子自然而然地就会说摩揭陀语。这说法与耆那教关于半摩揭陀语的说法完全一样。摩揭陀语被说成是一切生物的根本语言，一切语言之母，是有原因的；它反映了公元前4世纪、前3世纪在北印度摩揭陀语是主要语言的真实情况。阿育王统治时期，摩揭陀语是大帝国首都波吒厘子城的通行语言，是北印度的行政语言。它或它的改良形式古代半摩揭陀语，被刻在全印度的碑上，让黎民百姓了解大皇帝的御旨。佛教派往锡兰的传教徒可能就采用行政语言。为了说服当地的人，就说，这是佛的语言，是一切语言的基础，包括僧伽罗语在内。耆那教采用这一句话，也出于同样的动机。[40]

在上面的叙述中，我们已经看到，同古代摩揭陀语并列的还有一个古代半摩揭陀语。这两种语言之间是什么样的关系呢？

一般的说法是，摩揭陀语在语法方面有三个特点：1，阳性以-a收尾的名词单数体格的语尾是-e（古典梵文的-aḥ）；2，r＞l；3，ś ṣ s＞ś。[41]所谓古代半摩揭陀语，顾名思义，与古代摩揭陀语有一半相同。怎样划分这一半，有两种不同的意见。第一种意见认为，古代半摩揭陀语只有-e 而无 r＞l，也无ś。Alsdorf 写道："但是什么叫半摩揭陀语呢？为什么耆那教经典传统的叫法是‘半摩揭陀语’呢？Pischel § 17 所证引的、Lüders 上述意见所表露的迄今的答案是：因为它的体格以-e 收尾，同摩揭陀语一样，而没有摩揭陀语的ś和 l。如果从戏剧残简和阿育王柱铭出发，可能有另外一种答案：它的语言是半摩揭陀语，因为摩揭陀语的两个特点它只有一个 l，而没有第二个ś。”[42]第二种意见认为，古代半摩揭陀语有-e 和 r>l，这与摩揭陀语相同。但所有的咝音都变成 s，这与摩揭陀语不同。Lüders 似乎有这个看法。[43]关于这个问题，可参阅 Walther Schubrig，Die Lehre der Jainas，Grundriss der indo-arischen Philologie und Altertumskunde，Ⅲ. Band，7.Heft，Berlin und Leipzig 1935，第 14—17 页。

那么，佛说的话究竟是古代摩揭陀语呢，还是古代半摩揭陀语？这个问题确实是难以确定。因此，学者们的话都说得比较活。Norman 的话上面已经引用过。[44]Gustav Roth 说：“当薄迦梵佛在王舍城和摩揭陀其他地方巡回说法时，他自然会用古代摩揭陀语或古代半摩揭陀语对老百姓讲话，古代半摩揭陀语这个名字说明，它已经是一个混合语言。”[45]佛大概是两种话都说的。

## 三

我首先简略地把阿育王石碑的情况介绍一下。[46]阿育王既统治了北印度全部，又统治了南印度大部。他在大帝国境内许多地方树立的柱和碑大体上可以分为四组：1，小柱；2，大柱；3，小石碑；4，大石碑。大小石柱和小石碑的铭文都是用阿育王的官方语言东部方言写成的。

在这四组中，大石碑是重要的一组。发现的地点都是在大帝国的边区，在印度的西北部、南部、北部和东部。这些碑的铭文同其他三组不同，共有三种不同的方言。14 个大石碑碑铭已知有 8 种不同文本，其中有5种，即东部的 Dhauli 和 Jaugaḍa，西部的 Sopārā，南部的 Yerraguḍi 和北部的 Khālsī，同上面讲到的三组一样，是用东部方言写成的。剩下的三种中，有两种发现于极西北部：Shāhbāzgarhi 和 Mānsehrā，是用西北部方言翻译成的；有一种发现于西部：Girnār，是用西部方言翻译成的。

从上面方言的分布情况来看，我们可以看到：第一，大石碑铭的语言基本上与当地的方言相一致。在东部使用东部方言；在西部和西北部也都使用当地的方言。从使用字母的情况来看，大体上也得到相同的结论，比如佉卢文，就只在西北部使用。因此，我们首先必须承认，阿育王碑是能够区分方言的。如果不承认这一点，或者在这方面标新立异，那就必然会出现矛盾或者甚至笑话。第二，既然大石碑铭能区分方言，为什么西方、南方和北方的三个大石碑铭文又使用东部方言呢？我认为，对于这个问题唯一合理的解释就是 Lüders 等学者提出的翻译说，意思就是，先有一个底本，然后再译成当地的方言。翻译的程度有深有浅，根本不译或译得极少的就是上面说到的这三个大石碑。至于底本的语言是什么，看来只能是东部方言，古代摩揭陀语或古代半摩揭陀语，这同我们上面第二部分第二节中所谈到的释迦牟尼所说的语言是完全一致的。

阿育王统治下的孔雀王朝大帝国，是印度历史上空前的大帝国。版图极其辽阔，问题极其复杂，统治这样一个大帝国，语言也是一个极其重要的因素。由于情况不同，印度的阿育王虽然没有能够像中国的差不多与他同时的秦始皇那样搞“书同文”，可是阿育王也必须有一种官方语言，而这种语言，从世界上许多国家语言发展的历史来看，一定就是首都的语言。阿育王的首都华氏城在东方，官方语言采用东方语言，是顺理成章的。

这个意见 Norman 是承认的，我们上面已经引用过他的话，参阅上面第二部分第二节。他还进一步承认，阿育王碑铭的其他文本可能是根据一个摩揭陀语的原本而写成（或翻译成）的。[47]可是同时他又惋惜，没有能发现阿育王树立在华氏城的石碑，从而无法明确了解公元前3世纪摩揭陀语的性质。[48]我认为，倘能发现华氏城阿育王碑，当然很好；现在没有发现，也无关大局，摩揭陀语的基本性质还是清楚的。摩揭陀语是阿育王的官方语言，阿育王碑铭的底本是用这个语言写成的，这两件历史事实也是抹不掉的。

但是，令人吃惊的是，Norman 又提出了另外一种看法。他写道："最近对阿育王碑的研究，倾向于假设：在相当大的程度上，阿育王的抄写员写的要么是他们自己的方言要么是他们认为对这个地方最合适的方言，而不是真在当地说的方言。因此，这是很清楚的，根据阿育王碑方言地理得出来的结论，必须十分小心谨慎地加以检查。如果他们同其他发现有矛盾，就不算数。"[49]在另外一个地方，他写道："既然我们能够看到，阿育王的型式（铭文），除了少数例外以外，代表抄写员们自己的方言，或者他们心目中的本地方言，而不表示事实的实际情况，这样的论证不是真凭实据。"[50] John Brough 也反对根据阿育王碑-e/-o 的分布情况来划分东部方言和西部方言。他说，在这样一个基础上，我们就会说，除 Kathiawar 半岛（Girnār）和印度河西白沙瓦县（Shāhbāzgarhi）之外，整个印度次大陆都是"东部"了。[51]

所有这些意见，我认为，都是站不住脚的。我们无法想象，在一个大皇帝的统治下，在树立御碑这样重大的事情上，抄写员竟有那么大的权力，可以任意更改诏旨的原文。至于说-e/-o 不能区分东西部方言，更是迹近儿戏。关键问题就在于，这些学者对有一个摩揭陀语的底本，其他地区的碑铭在不同程度上译自这个底本这件事实，闪烁其词，半推半就，有时似乎是承认，基本上又加以否定，结果弄得自己不能自圆其说。从大的方面来看，阿育王碑铭是能够区分方言的，除了-e 和-o 外，还有别的语法特征，比如语尾

-am转化-o，-u 就只有西北部方言有；而且我上面已经说到过，佉卢文也只用在西北方言上，事情难道还不够清楚明白吗？

## 四

这是一个老问题了。七八十年来，很多国家的很多学者曾参加过讨论，提出了形形色色的论断、假说、疑问、设想，众说纷纭，莫衷一是。[52]到今天我认为问题还并没有解决，因此有重新探讨的必要。

我们还是从头开始吧。首先把巴利文原文抄在下面：

> vigarahitvā dhammiṃ kathaṃ katvā bhikkhū āmantesi: nabhikkhave buddhavacanaṃ chandaso āropetabbaṃ yo āropeyya, āpatti dukkaṭassa. anujānāmi bhikkhave sakāya niruttiyā buddhavacanaṃ pariyāpuṇitun ti ‖ 1 ‖ [53]

整个故事的译文，请参阅拙著《原始佛教的语言问题》。至于汉文译文，中外学者一向引用的共有五种：1，《毗尼母经》卷四；2，《四分律》卷五十二；3，《五分律》卷二十六；4，《十诵律》卷三十八；5，《根本说一切有部毗奈耶杂事》卷六。这些都见于上引拙文中，这里不再抄录。《毗尼母经》卷八中还有一条，学者们还没有引用过。我把它抄录在下面：

> 有二比丘，一名乌蹉罗，二名三摩陀，来到佛所，白言："诸比丘有种种姓、种种国土人出家，用不正音，坏佛经义。愿世尊听我用阐提之论，正佛经义。"佛言："我法中不贵浮华之言语。虽质朴不失其义，令人受解为要。"[54]

以上这许多异体，内容虽有繁简之不同，人名和地名也不完全一样；但是，从总体上来看，它们有一个共同的来源，来源于一个“原始的”经文。John Brough 说：“我们也不能相信，上面引用的律部的那一段话，能同佛的生存时代一样古老。它公认是相当早的，因为我们在不同的部派中有这样多的异本。”[55]我认为，他的意见是正确的。换句话说，我们必须承认，巴利文本是最古老的，而且这个本子的字句也最明白清楚。所以我首先根据巴利文本子归纳出五个问题来，再结合汉文译本，加以探讨。这五个问题是：

（一）buddhavacanaṃ

（二）chandaso

（三）āropema，āropetabbaṃ，āropeya

（四）nirutti

（五）整段文字讲的是语言问题，还是音调（诵读）问题？

现在分别叙述如下。

（一）我现在按顺序把在六种汉译本中与巴利文 buddhavacanaṃ 相当的字写在下面：

1 《毗尼母经》（Vinaya-mātṛkā）卷四佛正义

2 《四分律》（Dharmaguptaka）佛经义

3 《五分律》（Mahīśāsaka）佛经，佛意

4 《十诵律》（Sarvāstivāda）（诵）佛经

5 《根本说一切有部毗奈耶杂事》（Mūlasarvāstivāda）（诵）经典

6 《毗尼母经》卷八佛经义

看来六种汉译文是一致的，它们都把 buddhavacanaṃ 理解为“佛经”或“佛的教义”。只有 4 和 5 加以“诵”字。这问题下面再谈。

如果把 buddhavacanaṃ 理解为“佛的语言”，那么，根据小乘

上座部的传统说法，这就是摩揭陀语。值得注意的是，vacanaṃ 是单数，也就是说，他们认为佛只说一种语言。

（二）与巴利文 chandaso 相当的字是：

1[56]阐陀至

2 世间好言论

3 诵阐陀鞞陀

4 诵外道四围陀

5 阐陀

6 阐陀之

上面六种汉译文，基本上都是译音，只有 2 是“世间好言论”，好像是梵文 saṃskṛta 的翻译。3 与 4 中这个字所占的地位与巴利文不相当，但是含义相当，所以也列举了出来。

什么是阐陀（chandas）呢？根据《圣彼得堡梵文大字典》的解释，其有四种意思：愿望，圣歌，吠陀，韵律。Norman 把“圣歌”改为“梵文”，[57]并且说，用这四种意思来翻译 chandaso，都有人主张过。汉译文中的“阐陀”，恐怕不是指吠陀，就是指梵文。Norman 却提出来了一种新的译法，他把 chandaso 这个字分解为 chanda + so，而 so 又来自梵文 śas，并把 chanda 理解为“愿望”，整个字的意思就是“按照自己的愿望”。[58]这个说法得到 John Brough 的同意，但也只同意一半，就是他只同意 chanda + śas，而不同意把 chanda 理解为“愿望”。[59]贝歇特只说，这是“完全不同的解释”，而没加以评论。[60]

根据六个汉译本，我们可以肯定地说，Norman 的全新的解释是站不住脚的。汉译文中的“阐陀”，其含义决不会是“愿望”，否则尽可意译，根本用不着音译。既然音译，就说明这个字汉文中是没有的。我看，正如我在上面已经说过的那样，“阐陀”的意思只能是吠陀或者梵文。

但是，有一个问题还必须在这里答复。唐义净在翻译《根本说一切有部毗奈耶杂事》卷六时，在最后加了一个注：“言阐陀者，谓是婆罗门读诵之法。长引其声，以手指点空而为节段。博士先唱，诸人随后。”[61]义净是根据在印度的亲身经历而写的，应当是绝对可靠的。我们怎样来解释这个问题呢？这个问题牵涉面比较大，我们在下面总起来予以答复。

（三）āropemā，āropetabhaṃ，āropeya 三个字都来自同一个字根，梵文 ā+√ruh，致使动词 āropayati，巴利文同。对这个字的含义的理解有些分歧。Horner 理解为“重复” （repeat）。[62] Norman[63]和 Brough[64]都认为应该理解为“翻译”。我认为，他们的意见是正确的。同时，我还联想到上面第一部分第六节中曾谈到过翻译的问题，下面本部分第五节中还要谈这个问题。

为了进行对比，确定字义，我现在仍然把在汉译文中与 āropema 等相当的字列表如下：

1 撰集佛经，次比文句

2 修理佛经

3 诵读佛经

4 诵佛经

5 诵经

6 正佛经义

这一些都没有“翻译”的意思；但这只是从表面上来看，实质上，只是用词不同而已。

（四）在整个这一段巴利文中，nirutti 是一个关键性的字，很多争论都与这个字有关。我还是按照老办法把与它相当的字列表如下：

1 音

2 国俗言音

3 国音诵读

4 外书音声诵佛经

5 方国言音

6 言语

汉译文的情况是这样子，巴利文 nirutti（梵文 nirukti）究竟是什么意思呢？先抄几部字典的解释。《圣彼得堡梵文大字典》：nirukti，“字的解释”（Deutung eines Wortes），“字的字源学解释”（etymologische Worterklärung）。Apte《实用梵英字典》：“字的字源学解释。”Monier-Williams《梵英字典》：“一个字的字源学解释。”巴利经典刊行会《巴利文英文字典》：nirutti，“字的解释”，“语法分析”，“字源学解释”；“发音”，“方言”，“说话方式”，“声调，词句”。梵巴对比一下，在巴利文中这个字的含义丰富多了。

至于巴利文注释，它对于这个字的解释是非常简单明了的。觉鸣的注释是 ettha sakā nirutti nāma sammā sambuddhena vuttappakāro Māgadhikavohāro（Samantapāsādikā 1214，18—19），意思是，所谓自己的话指的是佛所说的摩揭陀语。

对这样一句简单明了的话，西方学者偏又标新立异，掀起争论。I.B.Horner 把最后一个字译为“流行的摩揭陀的说话方式。”[65]E.J.Thomas 一方面把这后半句译为“佛所说的摩揭陀语”，这无疑是正确的；但却又把 nirutti 解释为“语法”。而 Norman 则否认在早期巴利文经典中 nirutti 和 vohāro 有“语言”或“方言”的意思。他认为，在同其他的上下文相结合时，nirutti 的意思是“语法分析”或“字源学解释”。他还引证了 Edgerton 的《佛教混合梵文字典》的解释。他又说，nirutti 原来的意思是“用同义词（或注解）来解释一个字的意思。”他对 The Vinaya Piṭakaṃ，Vol. Ⅱ，p.139 那一段话中的 te sakāya niruttiyā buddhavacanaṃ dusenti 原来另有解释，现在改变了主意，改译为：

“他们用他自己或他们自己的注解破坏了佛的语调。”下面他又说到，应该是“他们自己的注解”。他的意思是说，为了让听众听懂自己说的法，佛就从听众的语言或方言中选一些更为通俗易懂的话来解释那些比较生僻的词句；或者是佛让自己说的法更能紧密地适应听众的词汇。对于这两层意思，把 sakāya 理解为“他们自己的”都是恰当的。但是，Norman 又讲到，觉鸣把 sakāya niruttiyā 理解为佛自己的 nirutti，如果从另外一个角度来解释，也是能站得住脚的。[66]

但是，总起来看，Norman 对 nirutti 这个字的解释却无论如何也是站不住脚的。上面引用的 Samantapāsādikā 1214，18—19 那一句话明白无误地说 sakā nirutti 就是 Māgadhikovohāro。把 Norman 主张的“注解”摆在这个句子里，无论如何也是讲不通的。如果认为证据还不够的话，我再引一个例子：Mahāvaṃsa XXXⅦ 244—245：

> parivattesi sabbā pi Sīhaḷ' aṭṭhakathā tadā sabbesaṃ mūlabhāsāya Māgadhāya niruttiyā.

他把全部僧伽罗注释译成了摩揭陀语，一切语言的母语。你在这里能把“摩揭陀语”改为“摩揭陀的注解”吗?

（五）写到这里，论题已经同我要谈的第五节有关了。因此，我就接下去谈巴利文那一段话讲的究竟是语言问题呢，还是诵经的声调问题。我先把六种汉译文分析一下。

《毗尼母经》卷四：“吾佛法中不与美言为是。但使义理不失，是吾意也。随诸众生应与何音而得受悟，应为说之。”这里讲的是语言。《四分律》：“听随国俗言音所解，诵习佛经。”这里讲的也是语言。《五分律》：“听随国音诵读，但不得违失佛意，不听以佛语作外道语，犯者偷兰遮。”这里面讲到“诵读”，好像是声调问题，但是上文提到“男女语、一语多语、现在过去未来语、长短音、轻重音”，主要说的都是语法，所以这一段话讲的仍然是语言。《十诵律》：“从今以外书音声诵佛经者，突吉罗。”这里讲的是诵经的声调。《根本说一切有部毗奈耶杂事》整段讲的是诵经。“佛作是念：‘苾刍诵经，长牵音韵，作歌咏声。有如是过。由是苾刍不应歌咏引声而诵经法。若苾刍作阐陀声诵经典者，得越法罪。若方国言音，须引声者，作时无犯。’”这里明白无误地讲的是诵经。义净在这里加了一条注，上面第四部分第二节中已经引过，他更明确地说阐陀是“读诵之法”。《毗尼经》卷八：“佛言：‘我法中不贵浮华之言语。虽质朴不失其义，令人受解为要。’”这里讲的又是语言。

现在我分析一下上面的情况。第一个事实是，在六种汉译文中有四种讲的是语言，有两种讲的是诵经的声调。第二个事实是，讲诵经声调的两个，一个是《十诵律》，一个是《根本说一切有部毗奈耶杂事》，而《十诵律》又是说一切有部的律，这两个原来是一家人。第三个事实是，说一切有部和根本说一切有部的经堂语是梵文，其余四种则是不同形式的俗语。

这三个事实是非常有启发性的。人们禁不住要问：为什么会形成了这样的事实呢？下面我尝试着来回答这个问题。

佛祖反对梵文，上面已经谈到过。然而作为佛祖子孙的说一切有部和根本说一切有部自己使用的竟是佛祖反对的语言，这一点他们大概不会不知道的。他们一定感到非常尴尬。他们为什么一开始就误入歧途而又不想改变这个局面呢？这是情势使然，他们无能为力。原来在印度古代语言发展的历史上，在释迦牟尼时代，甚至在阿育王时代，梵文并不得势。当时的典籍、官方语言、碑铭，都能证明这一点。以后，可能是从公元前 2 世纪开始，逐渐行时起来。佛教徒为了宏扬大法，不得不随顺时俗，改变语言政策，所谓早期佛典的梵文化就由此而起。估计说一切有部和根本说一切有部产生的时代晚于其他一些部派。他们无法倒转时代的车轮，再按照老办法，采用俗语作为经堂语，只有采用梵文。梵文起飞的势头一直维持下去。到了公元后4世纪、5世纪笈多王朝时代，梵文已占垄断地位。到了7世纪后半叶义净到印度去时，已经是梵文的一统天下了。义净所翻译的佛经，大部分都属于根本说一切有部，他显然是倾向于这个部派的，因而也就成了梵文派。在翻译"阐陀"这一个词儿时，他之所以加上了那样一条注，其根源就在这里。总之，《十诵律》和《根本说一切有部毗奈耶杂事》的原作者，为了掩盖自己处境的尴尬，虽然上面引的那一段话最古的根源也是巴利文；但是，他们却根本不谈语言，而是侈谈诵经的声调问题。不这样是不可能的，否则就要打自己的嘴巴。这一点烈维在他的文章《佛经原始诵读法》(Sur la Récitation primitive des Texts bouddhiques, Journal Asiatique, 1951年，五—六月合刊）根本没有发觉，也跟着大谈佛经的原始诵读法，可谓没有搔着痒处。

我在这里还想引证另一组经文，来证实我在上面提出的看法。我选择的是有名的亿耳（Koṭikarṇa）的故事。这个故事散见于许多佛经中。[67]内容大体上是：亿耳受戒以后，到舍卫国逝多林给孤独园去参谒佛祖。佛让他同自己共住一房。天将黎明时，佛告诉亿耳说：

1 Mahāvagga, V.13.9:

paṭibhātu taṃ bhikkhu dhammo bhāsitun ti

2 巴利文《无问自说》(Udāna), V, 6:

与1同。

3 《根本说一切有部毗奈耶皮革事》卷上：

汝可诵我所说经律，如我成道所说之者。[68]

4 《十诵律》卷二十五：

“汝比丘呗！”亿耳发细声诵《波罗延》、《萨遮陀舍》、《修妒路》竟。佛赞言：“善哉，比丘！汝善赞法。汝能以阿槃地语声赞诵，了了清净尽易解。比丘！汝好学好诵。”[69]

5 《五分律》卷二十一：

“汝可说法。”亿耳受教，即说《十六义品经》。[70]

6 《四分律》卷三十九：

“汝可说法。”亿耳闻佛教已，在佛前说《十六句义》，不增不减，音声清好，章句次第，了了可解。[71]

7 《摩诃僧祇律》卷二十三：

“汝可诵之！”即细声诵已。……“汝所诵者，文字句义，如我先说。”[72]

我在这里再补充一点。《根本说一切有部毗奈耶皮革事》我们现在有了梵文原文[73]。我现在把有关的那一段抄在下面：

atha bhagavān rātryāḥ pratyūṣasamaye āyuṣmantaṃ śroṇaṃ

koṭīkarṇam āmantrayate sma | pratibhātu te śroṇa dharmo yo mayā svayam abhijñābhisaṃbudhyākhyātaḥ | atha āyuṣmān śroṇo bhagavatā kṛtāvakāśaḥ aśmāparāntikayā svaraguptikayā udānāt pārāyaṇāt satyadṛṣṭaḥ śailagāthāmunigāthā-sthaviragāthā-sthavirīgāthārtha-vargīyāṇi ca sūtrāṇi vistareṇa svareṇa svādhyāyaṃ karoti |

同汉译文对比一下，我们可以发现：1，汉译文的“诵”字，梵文是 pratibhātu；2，汉译文没有提到亿耳使用的方言，梵文是 aparāntikā。在《十诵律》中提到他使用的方言了；但是却作“阿槃地语”。

现在再来分析七个异本给我们的启示。在这七个本子中，有四个明确地讲到“说法”，换句话说，讲的是语言。《摩诃僧祇律》讲到“诵经”，但下面立刻就说：“汝所诵经，文字句义，如我先说。”讲的仍然是语言。只有两个讲“诵”和“呗”，两个字是一个意思，讲的是声调；而这两个偏偏又是以梵文作经堂语的说一切有部和根本说一切有部。这情况同我在上面讲的完全一致，难道这仅仅是巧合吗？

我还要做一点补充说明。在上面引用的佛典中，“诵”字大体上说有两种意思：一种是“长牵音韵”的“诵”，用现在的话来说，就是歌咏朗诵；一种是念诵的“诵”，用现在的话来说，就是口头表达。在佛教初形成期间，文字还没有被使用，仅有一点经典，也只是靠口头流传。印度佛教史上，有几次著名的“结集”，所谓“结集”就是，和尚们聚集在一起，整理编纂佛经。“结集”的梵文原文是 saṅgīti，来自字根√gai，义云“唱歌”，有人将此字译为“合诵”。聚集在一起，口“诵”经典，加以整理。既无写定本，也只有如此。这与有意唱诵，意义不同。我觉得，《摩诃僧祇律》的

“诵经”，就属这一类，而说一切有部和根本说一切有部的“诵”则属于前者。

现在把上面这一些论述归纳起来，我对在这一部分开始时提出的问题答复如下：巴利文那一段讲的是语言问题，而不是诵经的声调。

## 五

把我在上面所论述的归纳起来看，我认为，以贝歇特教授为首的哥廷根座谈会上的学者们的意见，很多都是难以接受的。关于这一点，我在论列中已经零零碎碎地讲了一些意见。现在再总起来比较系统地谈一下我自己的看法，对他们的主张也顺便再进一步加以剖析。

贝歇特在哥廷根座谈会上所做的主题报告最后一段画龙点睛地写道：“如果孤立起来看，而又仅仅着眼于个别的语言现象，那么我们这次工作会议上提出的问题看上去只像一个非常专门化的学科的个别问题之一，解答这些问题只在非常个别的一点上影响整个科学的进步。如果我们正相反，从比较广阔的有关的联系中来看我们的问题，那么对问题的解答就会成为重要任务的一部分，能促进我们对公元前 4 至公元前 1 世纪印度语言、文学和宗教整个发展情况的正确理解。”[74]这一段话无疑是正确的，这叫做大处着眼，小处下手。但是，遗憾得很，贝歇特等学者对小处—个别的语言现象下手下得并不理想，大处从而也就落了空。我在下面想大小兼顾，谈一下与原始佛教语言问题有关的一些问题。

我们知道，佛教同其他宗教一样，是一个社会现象，一个历史现象；它的产生与发展受时代的政治、经济发展的制约。对创建人释迦牟尼来说，对当时一部分人民来说，一定是先有这个需要，然后才会产生这个宗教；否则既不会产生，更不会发展。如果只说宗教是人民的鸦片烟（这句话是正确的），创立宗教的人一开始就存心欺骗、麻醉，或者只说什么傻子撞着骗子，则是把极端复杂的问题过分地简单化了，为我们所不取。

公元前6世纪、前5世纪，在北印度，是一个社会剧烈变动的时期，有点像中国的春秋、战国时期。从政治上来看，摩揭陀国与憍萨罗国互争雄长。从经济上来看，生产方式有某种新的萌芽。从意识形态方面来看，以西方旁遮普为据点的婆罗门保守思潮，与以东方摩揭陀为据点的沙门新兴思潮尖锐对立。释迦牟尼创立的佛教属于沙门体系，有其进步意义。他一方面反对婆罗门的思想控制，一方面宣传一切无常的宗教哲学，成为一个新宗教的始祖。

世界上很多宗教都宣扬出世。实际上卖命地宣扬出世正是不出世的表现。佛教一旦创立，首先是教主本人，其次是他的一些弟子，就奋不顾身地加以宣传。宣传必有工具。当时还不使用文字，只能使用语言。因此就产生了使用什么语言，怎样使用语言的问题，从而出现了“语言政策”。

佛和最初的弟子们使用什么语言呢?

佛本人生在今天的尼泊尔境内。他的母语是什么样子，今天已无从推断。但他一生游行说教在摩揭陀国内的时间相当长。摩揭陀约略相当于今天的比哈尔，有自己的方言。佛在这里用摩揭陀语说法，是意中事。至于他的弟子，出身不同，来源不同；既然都相会于摩揭陀，则使用共同语言，也是可以理解的。他不规定一种语言为经堂语，并不等于他自己也不说一种语言或方言。Lamotte说：佛到哪里就说哪里的话，这一点我在前面已经谈到（第一部分第二节)。其他一些学者，特别是贝歇特，也再三强调佛的语言的多样性。所有这些都是主观臆测，缺乏根据。至于有的学者说，说印度雅利安语的人能互相了解，因为都是方言（上面第一部分第二节)，更是缺少根据。退一步说，如果他这意见是正确的话，那么佛只说一种方言，在广阔的地区，就完全能够消除语言的障碍，又何必到哪里就说哪里的话呢？就算是方言吧，也不一定能互相了解。在今天中国浙江、福建一些山区，隔一座山，交谈就有困难。难道印度古代的情况竟这样迥乎不同吗？至于佛说的究竟是摩揭陀语，还是半摩揭陀语，学者间的意见也不一致，请参阅上面第二部分结尾。我自己的看法是，他说古代半摩揭陀语的可能性更大一些；因为，第一，摩揭陀语不是他的母语；第二，以中国旧日的蓝青官话为例，在政治、经济和文化中心的摩揭陀国，古代半摩揭陀语就好像是一种蓝青官话。我在上面第二部分第一节已经讲到，它实际上已经是一种 Hochsprache，一种 lingua franca。[75]

宗教创立了，现成的语言工具也找到了，释迦牟尼就到处游行说法。传说他第一次说法——用佛教的术语说就是“初转法轮”——是在迦湿国（贝拿勒斯）的鹿野苑。此地是商业中心，贸易通途。可见佛教一开始就同商人有着极其密切的关系。对于这个问题，我有专文阐述，这里不再细谈。不管怎样，释迦牟尼开始说法了。第一次说法，据巴利文记载，着重讲了四圣谛。[76] 据 Fr. Weller 的研究，四圣谛最古的本子是用古代摩揭陀语写成的(参阅上面第二部分第二节)。结合我在上面谈到的那些问题，这一件事实是非常有意义的，非常有启发性的。

在这次初转法轮时，释迦牟尼还讲到两端的问题。不管怎样，最早的学说一定会是比较简单的，不成体系的。现在的佛典，不管是哪一个部派，其中记载的佛教义理都是后来系统化了的，不能据此以推定佛教原始教义。大概后来随着佛教势力的逐渐扩大，离开佛教的原始中心越远，便越感到需要有一部经典。最初的佛典决不会像后代这样体大思精，而是由小渐大，由粗渐精，有一个逐步形成的过程，这一点切不可忘记。

现在我们不妨设想一下原始佛典形成的过程。贝歇特主张，最古的佛典是属于律部的[77]，这是完全不可能的。我们先拿中国儒家经典的形成来作例子。学者们公认，在儒家经典中《论语》是最古的、最有权威的一部。其中有许多话可能真正来源于孔子。讲的都不是律条。当然，佛家与儒家不同；可是，难道二者之间竟没有一点共同之处吗？佛经的形成可能有类似《论语》的地方。佛说法时或者平常谈话时有一些常说的话，深深地印在弟子们的记忆中。到了适当的时候，比如说第一次结集时，弟子们聚集在一起，回忆佛语（buddhavacanaṃ），把佛说话的时间和地点都一一说清楚，然后定了下来。每一部佛经都以"如是我闻"（evaṃ mayā śrutam）开始，不外想说明事实的可靠性。原始佛典的滥觞大概就是这个样子。

我在这里想举一个小例子。我们在许多佛经中常常看到意思完全相同、词句微有不同的四句话：

生死已尽　梵行已立　所作已办　不受后有

（《长职含经》卷三《游行经》，㊅1，17b）

我生已尽　梵行已立　所作已办　不受后有

（《根本说一切有部毗奈耶杂事》卷三十六，㊅24，389a）

我生已尽　梵行已立　所作已办　不复受身

（《四分律》卷三十八，㊅22，844c）

我在上面只举了三部佛经，实际上数目比这个要多得多。为什么这四句话总是重复出现呢？我觉得，唯一合理的解释就是，这是佛常常挂在嘴上的话，对弟子印象深刻，因而传了下来。依此类推，佛常说的一些话就这样流传下来，形成了最初经典的核心或基础。以后，随着时间的推移，逐渐扩大，发展，像滚雪球似地越滚越大，最终形成了一部汪洋浩瀚，在量上来讲并世无二的三藏宝典。

贝歇特提出了佛典形成层次说：第一个层次，在部派形成以前，地区性的僧伽有自己的传统；第二个层次，由于对律的解释不同而形成了部派，教义部派又在律部派内产生。[78]这个理论基本上是站得住脚的。按照这个理论，决不能说最早的佛典是律部，因为有了僧伽，才能有律，这个道理不是一清二楚吗？

同贝歇特一样，Norman 也是既有正确的看法，同时又有自相矛盾的地方。他说："在佛生前或死后不久，佛说法时的讲话已经根据听众的记忆收集了起来。随着时间的推移，这些材料形成了一种或多种本子；此时，'翻译'为其他方言的情况也出现了，也许是因为佛教正向不懂东部方言的印度一些地区传播，或者也因为，由于中世印度雅利安方言继续发展，古词必须去掉。"[79]这个看法应该说也是站得住脚的；但是 Norman 又否认有什么"原始佛典"，结果不能自圆其说。

我所能够设想的原始佛典的形成过程大体上就是上面说的这个样子。虽然有了一些佛典的雏形，但由于还不使用文字，所以仍然是口头流传。不但第一次结集是这个样子，佛灭度后约 100 年，公元前 350 年左右召开的第二次结集仍然是这个样子。这次结集是在吠舍离举行的，可见佛教已经传播开来。传播带来了新问题：原来使用的古代半摩揭陀语的经典，现在不行了，过时了，必须使用新的语言或方言。佛的语言政策也必须有某些修正或补充。此时离开佛教的原始中心越来越远，为了维护大法，越来越感到需要有某种形式的比较系统的经典。阿育王以后，古代摩揭陀语和古代半摩揭陀语益趋式微。佛教在西部和南部兴盛起来。西部方言渐渐行时。连耆那教用古代半摩揭陀语写成的经典也窜入了不少摩诃罗湿特罗语的成分。[80]西部方言Śaurasenī也流行起来。

到此为止，依然是口头流传。那么佛典是什么时候开始写定的呢?

阿育王已经使用了文字，有碑铭和柱铭为证。但是没有证据证明佛典已在阿育王时期写定。锡兰上座部传说，巴利藏是在公元前89—77年国王Vaṭṭagamaṇī Abhaya时期写定的。这个传说一般认为是可靠的。估计在印度本土佛典写定时间可能要早一些，可能早到公元前2世纪末。还有一个说法：佛典的写定与梵文化差不多同时并举[81]，而梵文化又与梵文的复兴有联系。梵文复兴（Sanskrit Renaissance）与帝国的版图扩大有关。阿育王曾使用过当作行政语言的古代半摩揭陀语，后来可能遇到了困难。他以后的皇帝还有宗教界人士想再挑选一个比较能在全国广大地区为人民所接受的语言，那就只有梵文。中国的秦始皇推行“书同文”、“车同轨”的政策，其用意也不外是想有利于对大帝国的统治。在印度梵文复兴的时代一般认为是从公元前2世纪开始。《大疏》的作者波颠阇利就生在这个时期。《大疏》的出现表明梵文势力的抬头。梵文的影响越来越大，各部派、各地区原来口头流传的俗语的佛典，开始梵文化起来。

关于梵文化和通过梵文化而形成的语言，所谓“混合梵文”（Hybrid Sanskirt）或佛教梵文，有几点还需要说明一下。第一，梵文化不是全盘搬用，而是一点一点地渗透进来。比如bhikṣu（比丘）这个字，它的单数属格按照古典梵文应该是bhikṣoḥ；但是梵文化的结果却成了bhikṣusya，-sya是以-a收尾的名词或形容词单数属格的语尾；它的复数体格应该是bhikṣavaḥ，经过梵文化却成了bhikṣū，巴利文是bhikkhū，古代半摩揭陀语同。又比如以-ṛ收尾的名词单数间接格的语尾“化”成了-are。第二，梵文化不是一蹴而就，不是毕其功于一役，而是逐渐前进，越来越接近梵文，但最终也没完全梵文化。F.Bernhard 说："大家都知道，流传下来的佛教梵文经典在语言上从没有完全固定下来。"[82]Roth 引用西藏佛教史家 Buston 的《佛教史》中的话，说大众部的语言是俗语，而这种俗语又是一种"过渡方言"（intermediate dialect)。[83]Buston 的意思是否是指的向梵文过渡呢？据 Roth 的估计，梵文化过程可能是从公元前 1 世纪直至公元后 1 世纪。[84]第三，Roth 把梵文化的语言称作"超地域性的"（super-regional)，实际上并没能完全超地域，而是仍有地域性的尾巴，比如有的有-aṃ＞-o，-u 的变化，这是印度西北部方言的特点；有的就没有。第四，F.Edgerton 主张，混合梵文性质是统一的，这不符合实际情况，混合梵文并不统一。拿《妙法莲华经》来作例子，本子越古老，俗语成分就越多。这一部佛经的梵文化就可以分出许多层次，怎么能说是统一呢？第五，C.Regamy 主张，有一些佛典从一开始就是用混合梵文写成的。[85]这是完全不可能的，我在上面谈到的所有的情况都与这种主张抵触。

我在上面从释迦牟尼创立佛教起按历史的顺序谈到佛典的写定和梵文化，系统地谈了自己的看法。但是对在哥廷根座谈会上提出来的一些意见还没有完全加以评价。下面我再分别地谈几个问题。

### (一) 什么叫"原始佛典"

在哥廷根座谈会上许多学者不同意原始佛典的提法。我觉得，产生意见分歧的根源主要是由于对"原始佛典"的理解不同。原始佛典，吕德斯称之为 Urkanon，John Brough 称之为 Primitive Canon。吕德斯可能是使用这个名词的第一个人，但是他并没有下一个明确的定义。他并没有说，原始佛典是一部系统而完整的像后世的三藏那样的经典。他有时候也使用 Schriften（作品）这个词儿，这可以透露其中的消息。攻击他的人却偏偏扭住这一点不放，岂不是非常可笑吗？如果需要举一个代表的话，那就是 Lamotte。他说，在孔雀王朝结束以前，不可能有 canon（经典，系统的经典?），也不可能有三藏。[86]这话可能是正确的。但是，难道吕德斯这样主张过吗？参加哥廷根座谈会的学者中也不乏明智之士。比如 John Brough 说："从现在的情况来看，更谨慎的做法是，把'原始佛典'理解为只不过是一些有潜在能力成为经典的（也就是有权威的）韵文和散文作品，而不使用这个可能暗示经典已经写定或编定的名词。"[87]这个说法是符合实际情况的，因而是通情达理的。

### （二）耆那教经典给我们的启示

耆那教的创始人大雄（Mahāvīra），根据巴利文佛典的记载，是释迦牟尼同时的人。在几十年内，二人在同一地区漫游传教；但是我们却找不到二人见面的记载。大雄死于 Pāvā，时间大概是在公元前 477 年，他活了 72 岁。有人主张，佛活过了大雄；但是这都是一些争论很多的问题，还没有大家一致承认的结论。在思想体系方面，二人同属于沙门体系，都是反婆罗门教的新思潮的代表人物。二人同出身于刹帝利种姓，宣传的教义基本上相同，甚至绝大多数的术语也完全一样。可见两个教门关系之密切。可是，二者之间却有一点不同之处：耆那教明确地说，它的一派，白衣派的经典是用古代半摩揭陀语写成[88]，佛教却没有这种说法。

人们不禁要问：没有这种说法，难道就没有这种事实吗？

耆那教把经典称作悉昙多或阿含，后者佛教也使用。耆那教最初的经典包括十四 Puvvas（古典），是大雄用之以教弟子的。大雄逝世后 200 年，摩揭陀大饥馑，一直持续了 12 年。此时正是孔雀王朝旃荼罗笈多统治时期。耆那教主是 Thera Bhadrabāhu。他率领弟子赴南部，Sthūlabhadra 留在摩揭陀为教主。这种遭逢俭年分张弟子的做法，佛典中也屡有记载。Sthūlabhadra 在华氏城召开会议，纂成了 11 部 Aṅga，十四 Puvva 的残余部分汇为第 12 部 Aṅga。后来，Bhadrabāhu 的追随者们又回到摩揭陀来。于是形成了两大部派：外出返回的不穿衣服，以天为衣，号称天衣派；留守没走的穿白色衣服，号称白衣派，天衣派否认白衣派编纂的经典的权威性，他们说，Puvva 和 Aṅga 早已佚失。后来白衣派的经典确实面临佚失的危险。公元 5 世纪中叶此派首领 Devarddhi Kṣamāśramaṇa 在古吉拉特 Vallabhi 地方召开了会议，搜罗并写定经典。当时第 12 部 Aṅga 已经佚失，所以我们只有 11 部 Aṅga。悉昙多不成于一时，Devarddhi 搜集的经典最古部分可以追溯到大雄门弟子，至晚可以至教主大雄逝世后 2 世纪旃荼罗笈多时期；最新部分成于 Devarddhi 时期。同巴利文一样，经中诗歌部分从语言方面来看比较古老，可见耆那教经典同佛教经典一样，也有一个形成的过程。[89]我在这里还要加上一句：白衣派经典本身没有梵文化，但是注疏却有梵文法的痕迹。[90]

耆那教白衣派经典形成的情况就是这样。谁都可以看到，这对于我们研究佛典的形成以及原始佛典的语言，都是很有启发性的。在哥廷根座谈会上，Alsdorf 强调了这一点，[91]这是非常正确的。但可惜的是，他的意见丝毫也没有引起注意。只有贝歇特提过一句：对白衣派经典的研究能够帮助我们理解佛教经典是怎样发展以至于写定的，白衣派经典的语言，古代半摩揭陀语是怎样形成的。[92]他的想法也是正确的，但也同样地可惜：他只在这里蜻蜓点水似地一提，便立即飞走。白衣派经典的经验同他那些标新立异、朝三暮四的理论，形同水火，如不立刻飞走，永不返回，理论的柱子一垮，情况就不妙了。

总之，我认为，问题是非常清楚的：释迦和大雄。同时、同地、同一出身、同一思想体系、同一教义内容，甚至用同样的术语，佛教与耆那教真可以说是难兄难弟。但是为什么耆那教能有一个原始经典（虽然纂成时间稍晚），能有一个原始经典的语言，而佛教偏偏就不行呢？我在标题中用了“启示”二字指的就是这个意思。愿同行的学者们共同深思。

## （三）摩揭陀语残余的问题

把在西部方言中以-e（梵文-as）收尾的词看作摩揭陀语残余(Magadhismus，māgadhism)，由来已久。Kuhn，V.Trenckner 都是这样。W.Geiger 在他著的 Pāli Literatur und Sprache §66.2a；80；82.5；98.3；105.2；110.2 举了大量摩揭陀语残余的例子，比如 pure，sve，suve，bhikkhave，bhante，seyyathā，ye 等等。吕德斯又扩大了范围，在他著的 Beobachtungen über die Sprache des buddhistischen Urkanons 列举了更多的例子，而且还不限于以-e 收尾的字。从那以后，学者们普遍承认有摩揭陀语残余这个现象。在世界上其他一些语言中也有比较古老语言残留的现象。看来摩揭陀语残余确有其事，已经不容抹煞了。

然而，在这次哥廷根座谈会上却吹起了一股否定的风。因为想根本否定一个原始经典，从而似乎连东部方言也想否定掉，所以对东部方言摩揭陀语的残余也就有点半推半就：有时候承认有，有时候又想否认，或者挖空心思，划定圈圈，来加以限制。

我举几个例子。

第一个例子是 bhikkhave。

在 Majjhima-Nikāya 中有下列这样的话：

tatra kho Bhagavā bhikkhū āmantesi：bhikkavo ti.bhante ti te bhikkhū Bhagavato paccassosum.Bhagavā etad avoca：sabhaddhammamulapariyayam vo bhikkhave dessāmi……[93]

文中的 bhikkavo 和 bhikkave 两个字都是 bhikkhu（比丘）这个词的复数呼格。前者出现于故事的叙述中，后者出现于佛的说法中，并且由于其语尾是-e 被认为是摩揭陀语的残余。但是贝歇特却提出了不同的说法。他援引 Berger 的他认为行之有效的新方法（上面第一部分第三节已经讲过），说是要探寻异方言保留下来的条件。探寻的结果怎样呢？bhikkhave 存在于重复形式（Dublette）中，只存在于固定不变的同义语系列（Stereotype Synonymreihe）中和诗歌中。在诗歌中，如果用巴利文语言形式，则破坏韵律。他认为 bhikkhave 就是刻板形式的条件决定它的存在的。条件也许是重要的，但是，我认为，更重要的是结果。不管在什么条件下，以-e 收尾的摩揭陀语的残余反正保留下来了，这就是结果。决不能用条件不同来否定它那摩揭陀语的性质。贝歇特又说，这种摩揭陀语的残余的出现对原来的语言不提供任何情况。[94]多么奇怪的逻辑！它既然是东部方言的残余，对它原来的语言怎么能不提供情况呢？这个道理是非常容易了解的。在诗歌中道理也一样。不管是否怕破坏韵律，东部方言毕竟是东部方言。必须承认这个事实，承认这个结果。吕德斯和其他学者曾多次强调，诗歌中保留的较古的语言形式之所以多，就是因为受了韵律的限制，不容易“化”为新的形式。贝歇特大声疾呼：“如果人们完全从语法形式出发而不注意前后文，就能够走入歧途。”[95]研究语言现象不从语法形式出发又从什么出发呢？难道注意了前后文就能改变巴利文中以-e 收尾的摩揭陀语残余的性质吗？我看“走入歧途”的不是别人，正是贝歇特等人。

第二个例子是 pure。

这也是 W.Geiger 举过的例子。但是贝歇特却处心积虑来否认这是一个摩揭陀语的残余。他先主张，这是受了锡兰俗语的影响，遭到了反对，遂一变而主张这是一个类推法形成的形式，又遭到

Norman 的反对[96]。他于是又引 Berger 为同调，这我在上面第一部分第三节已经谈过，请参阅。但是 Berger 的那一段话也是站不住脚的。如果他举的 tato，bahuso 等等例子都变成了 tate，bahuse，那么，这就是完整的摩揭陀语，而不是什么残余了。因为没有都保留原来的东部方言的形式，所以才叫残余。这道理难道还不清楚吗？

例子就举这两个，但是问题还要说下去。正如上面所说的那样，贝歇特虽然再三碰了钉子，可是他并不甘心。Norman 反对他的说法，他无法正面回答，却硬拉 Norman 为同调，说什么，不管怎样，反正这些字不是“摩揭陀语的残余”[97]。他又别出心裁，提出什么“真正的摩揭陀语残余”（Wirklicher Magadhismus）。他说：“那么，我们能够以巴利文中出现的以-e 代替-o 的现象为例，在实际上把已经建立起来的方法论原则贯彻始终地来使用，同时，我们把不是‘摩揭陀语残余’的形式根据确凿令人信服的论证剔除出去，然后再把‘真正的摩揭陀语残余’扒拉出来。”[98]我们不禁要问：什么叫确凿可靠、令人信服的论证呢？我上面举出的他们的论证法难道能令人信服吗？如果不是的话，所谓“真正的摩揭陀语残余”仍然只能看作是一个肥皂泡。

可是一些学者在“摩揭陀语残余”的问题上仍然不肯善罢甘休，这个问题真好像成了他们的眼中钉，必欲去之而后快。Norman 说，以-e 收尾的单数体格使用范围并不限于东部方言[99]。幸而他在他那篇论文的结论中说，巴利文中以-e 收尾的单数体格可能是借自摩揭陀语、锡兰俗语或西北俗语[100]。总算笔下留情，没有把摩揭陀语完全排挤出去。在 Norman 之前，John Brough 已经提出了这个理论。他认为，在阿育王碑铭中，除了 Girnār 和 Shāhbāzgaṛhi 以外，以-e 收尾的形式是经常出现的。Mansehra 的-e 不是像平常所说的那样是“摩揭陀语的残余”，而是键陀罗语（西北方言)。[101]他的意见，我在上面第三部分已经谈了一些。这里我再补充几句：如果只有-e一个形式的话，他们的意见就是正确的，我们确实不能确定这是东部方言的残余。但是，问题并不是这样子。一方面，印度古代语法学家都同声说，-e是东部方言的特征之一。另一方面，吕德斯在他那本巨著里，除了举-e的形式之外，还列举了大量的其他东部方言的特征。因此，我只能说，Norman意见的一半和Brough意见的全部是不能成立的。

最后还有一点要说一下。对以-e收尾的形式的解释一向分歧很多。[102]其中之一说，在巴利文中之所以保留这个形式，其目的是想让外道头子说的话听起来让人发笑。贝歇特是赞成这种解释的。但是A.L.Basham却以明白无误、令人信服的论证说明了，这是材料来源的不同所造成的结果。-o资料和-e资料来源不同。[103]于是这一段公案也就得到了公正的判决。贝歇特的论据又落了空。

### (四) 所谓“新方法”

贝歇特和Gaillat等人郑重其事地提倡“新方法”。研究任何学问，新方法都是必要的。我满怀期望，然而他们的“新方法”使人失望。

究竟什么是“新方法”呢？我在上面第一部分第五节中已经详细地加以介绍，并对“新方法”之一的对于小品词和虚词的研究提出了我的意见。但是意犹未尽，这里再补充几句。我研究他们的“新方法”的结论是：他们的方法并不新。我在上面举了七十多年前H.Oldenberg的研究情况，证明这是“老”方法。我只举了他研究Mahāvastu的例子。现在再举他研究佛典历史的文章：Studien zur Geschichte des buddhistischen Kanon[104]。前者研究的是一部佛典，后者研究的则是整个佛典的历史，两者探讨的对象都是小品词。这哪能算是什么“新”方法呢？贝歇特把对“摩揭陀语的残余”bhikkhave 也归入“新方法”的研究范围。结果如何，本部分第三节中已经谈过了。

总之，他们提出来的新方法一点也不新[105]。

### (五) 关于不能用“翻译”这个词儿的问题

我在上面第一部分第六节中谈了一些学者对“翻译”的看法，又在第四部分第三节中谈了对巴利文 āropemā 等字的正确理解。现在总起来谈一谈我对“翻译”的看法。

佛典在随着佛教的传播而逐渐形成的过程中，确实有“翻译”的问题，这个事实是谁也否认不掉的。所谓“梵文化”实际上也是翻译的一种特殊形式。贝歇特是在那里咬文嚼字，一会儿说不敢用“翻译”这个词儿，一会儿又半推半就地承认有翻译这个事实，态度极其暧昧。专就德文而论，贝歇特不愿意用 übersetzen 这个字，而用 übertragen。对德国一般老百姓来说，这两个字的字义差别实在是微乎其微。对专门研究德文字义学的人来说，其间当然是有一点差别的。我现在把 Duden，Vergleichendes Synonymwörterbuch 的解释抄在下面：

> übersetzen：用笔（文字）或嘴（语言）把一个文件翻成另一种语言，把内容和含义尽可能忠实地保留下来。
>
> übertragen：翻译一本重要的，多半是文字的作品，使它的本质、它的特点保留下来，以至于即使在翻译中也能有流行的、独立的语言形式；这个字表示对一部作品的形式，译者也付出了创造性的努力。

把这样细致的意义上的区分应用到佛典的“翻译”上有什么意义呢？贝歇特对 übertragen 这个字的理解难道是这样吗？恐怕不是。

他只是想否定原始佛典，否定东部方言，但又无法完全否定掉，其结果就是咬文嚼字，无中生有，这不是务实的态度。

### （六）汉译律中一些有关语言的资料

最后，我还想引一点汉译律中的资料：

《五分律》卷一，(大)，22，4b：中国语向边地人，边地语向中国人，舍戒。

《摩诃僧祇律》卷四，(大)22，261c：若比丘以中国语向边地说，若以边地语向中国说……得偷兰罪。

同书，卷十三，(大)22，337b 同。

《十诵律》卷四，(大)23，26b：或啸谬语、诸异国语。

同书，卷三十一，(大)23，223b；卷四十，(大)22，290a 同。

《十诵律》卷四，(大)23，27a：乃至诸异国语，僧与作，驱出羯磨。

同书，卷四十九，(大)23，360a 同。

《十诵律》卷五十三，(大)23，392a—b：以中国语教边地人诵，是边地人不解是语；以边地语教中国人诵，是中国人不解是语。……得突吉罗。

《萨婆多部毗尼摩得勒伽》卷十，(大)23，622c：中国人语边地人，边地人语中国人，不解，突吉罗。

《根本说一切有部苾刍尼毗奈耶》卷二，(大)23，931b：若中方人对边方人作中方语，舍不成舍，若解成舍；若边方人对中方人作边方语，若中方人对中方人作边方语，舍不成舍，若解成舍；若边方人对边方人作中方语，准上应知。

以上这些条款，内容是一致的，含义是清楚的：对边地人讲中国话，对中国人讲边地话，都是犯罪的行为。为什么这样呢？我猜想，其基本原因是：佛（还有他的继承人）对语言的态度是讲求实效的，抱着“实用主义”的态度。他们的最高目的就是要宣传教义，宏扬大法。谁听懂什么话，就用什么话向他宣传。违反这个规定，对牛弹琴，就是犯罪。语言只是工具，没有什么高低之分。这种语言政策从释迦牟尼起，一直到他灭度后极长的时间内，都在执行。佛教之所以能在印度传播，而且传出国外，我认为，这种实用主义的语言政策起了很大作用。

我在上面详尽地探讨了原始佛教的语言问题，在最后的最后，我还想拖上一条尾巴：对贝歇特下面一段话提出不同的看法。他写道：“如果任何人怀疑，在研究这个问题的专家中意见不一致的话，读了这个座谈会上论文之后，他要改正他的意见。”[106]很遗憾，我不要改正我的意见，因为他们的意见也并不一致，而且即使是一致的话，学术问题也不能少数服从多数，自己认为意见已定于一尊，是非常危险的。

1984年2月12日写毕

**注　释**

[1]　Heinz Bechert，Allgemeine Bemerkungen zum Thema “Die Sprache der ältesten buddhistischen Überlieferung”，见 Die Sprache der ältesten buddhistischen Überlieferung，Göttingen 1980，p.24.

[2]　Observations sur une langue précanonique du Bouddhisme，JA.ser.10，t.20，1912，p.495 f..Schawer 也用过 Precanon.

[3]　见注［1］引书，第13页。

[4]　同上书，第28页。

[5]　同上书，第27页。

[6]　同上书，第26—27页。

[7]　同上书，第57页。

[8] 见注 [1] 引书，第 32 页。

[9] 同上书，第 33 页。

[10] 同上书，第 73—74 页。

[11] Bechert, Notes on the Formation of Buddhist Sects and the Origins of Mahāyāna，见 German Scholars on India，vol. Ⅰ，Varanasi 1973，pp.9—10.

[12] 见注 [1] 引书，第 13 页。

[13] 同上书，第 32 页。

[14] 同上书，第 13 页。

[15] 同上书，第 33 页。

[16] 同上书，第 15 页。

[17] 同上书，第 75 页。

[18] Histoire du Bouddhisme Indien，Louvain-la-Neuve，1976.

[19] 见注 [1] 引书，第 14 页。

[20] 同上书，第 14 页。

[21] 同上书，第 14—15 页。

[22] 同上书，第 12 页。

[23] 同上书，第 28 页。

[24] 同上书，第 29 页。

[25] 同上书，第 30—31 页。

[26] K.R.Norman，Pāli and the Language of the Heretics，Acta Orientalia XXXⅦ，Munksgaard Copenhagen，1976，p.118 ff.

[27] 同上书，第 26 页。

[28] 同上书，第 26 页。

[29] 同上书，第 13 页。

[30] 同上书，第 28—29 页。

[31] 同上书，第 30 页。

[32] 同上书，第 57—58 页。

[33] Hermann Oldenberg，Kleine Schriften，Wiesbaden 1967 年，1037 ff.

[34] 见注 [1] 引书，第 12 页。

[35] 同上书，第 75 页。

[36] 见 Buddhist Hybrid Sanskrit Grammar，New Haven 1953，p.3 n.8 参阅注

[1] 引书，第 70 页。

[37] 同上书，第 75 页。

[38] 同上书，第 69 页。

[39] Fr.Weller，Über die Formel der vier edlen Wahrheiten，OLZ 43（1940）col.73—79。转引自 Gustav Roth，见注 [1] 引书，第 91 页。

[40] 关于上面这一段叙述，参阅注 [1] 引书，第 63，66，67 页。

[41] 参阅 Heinrich Lüders，Beobachtungen über die Sprache des buddhistischen Urkanons，herausg.von Ernst Waldschmidt，Berlin 1954，pp.6—7.

[42] 见注 [1] 引书，第 20 页。

[43] Bruchstücke buddhistischer Dramen，Berlin 1911，p.38.

[44] 参阅第二部分 Norman 的话，注 [2]。

[45] 见注 [1] 引书，第 78 页。

[46] 主要根据 E.Waldschmidt 给 Lüders，Beobachtungen über die Sprache des buddhistischen Urkanons 写的引言，第 5—6 页。

[47] 见注 [1] 引书，第 65 页。

[48] 同上书，第 64 页。

[49] 同上书，第 69 页。

[50] The Role of Pāli in early Sinhalese Buddhism，Buddhism in Ceylon and Studies on Religious Syncretism in Buddhist Countries，Abhandlungen der Akademie der Wissenschaften in Göttingen，1978，p.33.

[51] The Gāndhārī Dharmapada，London，1962，p.115，注 [2]。

[52] 讨论文献请参阅本书《原始佛教的语言问题》；John Brough，Sakāya Niruttiyā：Cauld kale het，见注 [1] 引书，第 35—42 页；K.R.Norman，The Dialects in which the Buddha preached，第 61—77 页。

[53] The Vinaya Pitakam ed.by Hermann Oldenberg vol.Ⅱ.The Cullavagga，London 1880，p.139 前面的一段没有抄。

[54] ㊅24，846c。

[55] 见注 [1] 引书，第 35—36 页。

[56] 以下这些数字代表的经与本部分的（一）下数字后所列的经同，下面不再写出经名。

[57] 见注 [1] 引书，第 61 页。

[58]　Norman在几篇文章里讲到这个问题：

1，Middle Indo-Aryan Studies Ⅷ，Journal of the Oriental Institute（Baroda），vol.XX，pp.329—331；2，The Language in which the Buddha taught，Proceedings of the Seminar on Buddhism sponsored by the Institute of Oriental and Orissan Studies，Cuttack，Jan.1976；3，The Dialects in which the Buddha preached（第二篇论文的重订本，注意：他把单数language改为复数diatects），见注［1］引书，第61—77页。

[59]　见注［1］引书，第35、37页。

[60]　同上书，第12页。

[61]　㊅26，232c。

[62]　John Brough转引，见注［1］引书，第36页。

[63]　同上书，第35页。

[64]　同上书，第36页。

[65]　Book of the Discipline，Vol.V，London 1952，p.194 n.1.

[66]　见注［1］引书，第61—63页。

[67]　吐火罗文A中也有亿耳故事，见Sieg和Siegling，Tocharische Sprachreste，Berlin und Leippzig 1921，Nr.340，341。但其中没有与此有关的段落，所以不引。

[68]　㊅23，1052c。

[69]　㊅23，181b。

[70]　㊅22，144b。

[71]　㊅22，845c。

[72]　㊅22，416a。

[73]　Gilgit Manuscripts，Vol.Ⅲ，Part Ⅳ，Calcutta 1950，p.188.

[74]　见注［1］引书，第34页。

[75]　参阅注［1］引书，第78页Gustav Roth的意见。他说，薄伽梵佛在王舍城和摩揭陀其他地区游行说法时，对人民讲话自然要用古代摩揭陀语或古代半摩揭陀语。

[76]　记载初转法轮的经典比比皆是。请参阅H.Oldenberg，Buddha，Stuttgart und Berlin 1923，S.142 ff.；A.K.Warder，Indian Budhism，Delhi，Varanasi，Patna，1980，p.52。

[77]　Bechert，Notes on the Formation of Buddhist Sects and the Origin of Mahāyāna，见German Scholars on India，Varanasi 1973，p.7。参阅E.Frauwallner的意见，他认为：部派分裂源于教义。律条的分歧从吠舍离结集才开始。见所著The Earliest Vinaya & the

Beginnings of Buddhist Literature, Roma, 1956, p.5.

[78] 见注 [77] 引书第一种，第8页。

[79] 见注 [1] 引书，第75页。

[80] 参阅G.Roth的意见，见注 [1] 引书，第79页。Alsdorf意见相同，同上书，第17页。

[81] 见注 [1] 引书，第80页。

[82] Gab es einen Lokativ auf-esmiṃ im buddhistischen Sanskrit? Nachrichten der Akademie der Wissenschaften in Göttingen, Ⅰ.Phil.-hist.Kl.1964, Nr.4, S.208.

[83] Gustav Roth, Bhikṣuṇī-Vinaya, Patna 1970, p.LV.

[84] Bhikṣuṇīvinaya and Bhikṣu-Prakīṇaka and Notes on the language, Journal of the Bihar Research Society 52 (1966), Patna, p.39.

[85] Randbemerkungen zur Sprache und Textüberlieferung des Kāraṇḍavyūha, Asiatica, Festschrift Friedrich Weller, Leipzig 1954, S.514—527.

[86] Histoire du Bouddhisme Indien, p.621.

[87] Gāndhārī Dharmapada, p.33.

[88] 请参阅Walther Schubring, Die Lehre der Jainas, Grundriss der indoarischen Philologie und Altetumskunde, Ⅲ Band, 7.Heft, Berlin und Leipzig 1935, § 19.

[89] 上面这一段叙述，主要根据Winternitz, Geschichte der Indischen Litteratur, Ⅱ.Band, Leipzig 1920, S.291 ff.。

[90] 参看Ludwig Alsdorf, Ardha-Māgadhī, 见注 [1] 引书，第17页，注 [1]。

[91] 同上引文。

[92] 见注 [1] 引书，第34页。

[93] [94] 同上书，第29页。

[95] 同上书，第30页。

[96] 同上书，第31页，注 [3]。

[97] 同上书，第30页。

[98] 同上书，第31页。

[99] Pāli and the Language of the Heretics, p.117.

[100] 同上书，第125页。

[101] Gāndhārī Dharmapada, § 76.

[102] K.R.Norman, Pāli and the Language of the Heretics, p.117 ff.

[103] History and Doctrines of the Ājīvikas Delhi, Varanasi, Patna, 1981 pp.24—25.

[104] Kleine Schriften, S.975, 985.

[105] 我还有一点小想法，看遍了全文，都觉得摆不上，就在这里说一说吧！贝歇特解释东部方言阳性复数业格的语尾-āni，认为是从-ān i（t）变来。但是体格也是-āni,总不能解释为-ās（ḥ）i（t）吧。见注［1］引书，第185页。在他心目中，语法现象好像小孩玩积木，可以任意摆弄。

[106] 见注［1］引书，第11页。

# 吐火罗文A中的三十二相

所谓三十二相是指印度古代流传的大人物（mahāpuruṣa）特异的生理现象。这是一种民间传说与宗教迷信的混合产物，看上去是非常荒诞而又幼稚可笑的。但是它的影响却不可低估；它也传到了中国，不但影响了中国的相术和小说，比如说《三国演义》，而且还进入了正史。我以前曾写过一篇文章谈这个问题[1]，这里不再赘述。

我现在谈吐火罗文A（焉耆文）中的三十二相，并不是因为我对这种特异的生理现象感到兴趣，而是因为这三十二相屡次出现于吐火罗文A和B（龟兹文）中；虽然没有一处是完整的，但有梵文、巴利文、汉文、藏文、回鹘文、粟特文、于阗文等等的译本可资对比，对于确定一些吐火罗文字的涵义很有帮助，而确定字义又是当前研究吐火罗文重要而又艰巨的工作。

释迦牟尼如来佛身上的三十二相（与之并行的还有所谓八十种好anuvyañjana，都讲的是特异的生理现象，二者之间也有重复），散见于许多译本的佛典中，基本上相同，但又有差异：名称的差异、次序的差异、详略的差异，等等。对于这样的问题，这里无需细谈。专就吐火罗文A中的三十二相而言，过去许多国家的研究吐火罗文的学者已经注意到了。比如，德国学者 F.W.K.Müller，W.Schulze，E.Sieg，W.Siegling，法国学者 S.Lévi，比利时学者 W.Couvreur 等等都是。此外，还有一些学者研究其他文字中的三十二相，比如，德国学者 E.Leumann，Reichelt，F.Weller，法国学者 Benveniste，Sénart 等等都是。他们所写的有关的书籍和论文，在这里就不加以列举了，在下面引用时再写出。这里只着重指出一点，那就是，他们有一个共同的特点：都是从语言学而不是从宗教学的角度来讨论三十二相。我们在下面也遵循这个原则。

研究吐火罗文A中的三十二相的文章，几乎都与吐火罗文A《弥勒会见记剧本》（Maitreya-Samiti Nāṭaka）有联系。这一部书不是经，而自称是剧。这一部叙述弥勒会见释迦牟尼如来佛的剧本，是圣月菩萨大师自印度语译为吐火罗文，而智护法师又自吐火罗文译为回鹘文的。吐火罗文A的残卷和回鹘文的残卷过去都有所发现，而且还不只一种。古代于阗文也有《弥勒会见记》，E.Leumann 于 1919 年校勘出版，书名是 Maitreya-Samiti，Das Zukunftsideal der Buddhisten，共分为三部分：一、北雅利安文（即于阗文）；二、印度文；三、汉文。此书不是剧本，与吐火罗文A本及回鹘文本只在内容上有些相似，实则无关。我们在这里不去研究。无论如何，弥勒佛的信仰在古代新疆一带流行极广，这一点是可以肯定的。古代新疆地区佛教大小乘都有，而以大乘为主；弥勒佛信仰大小乘都有。以后当专章讨论这个问题，这里先提一句。

我在上面已经谈到，吐火罗文A本和回鹘文本的《弥勒会见记》残卷久已为人所知，外国学者已经写过一些文章。但是，近二十多年来，在我国新疆，又继续有所发现。虽然还不够全，但其量远远超过外国学者已经知道的那一些。中外学者知道了这情况，都会欢欣鼓舞的。关于回鹘文本发现和考释的情况，请参阅冯家升、耿世民和李经纬等同志的文章：冯家升《1959 年哈密新发现的回鹘文佛经》，见《文物》1962年，7期、8期；耿世民《古代维吾尔语佛教原始剧本〈弥勒会见记〉（哈密写本）研究》，见《文史》第12辑；李经纬《〈如来三十二吉相〉回鹘译文浅论》，见新疆喀什师范学院学报，1981年，第2期；我在这里不再去谈。至于吐火罗文A本，1975年3月在新疆焉耆又新发现了44张，每张两面，共88页。每页八行，只有一页是七行，而这一行可能是撕掉的。同以前发现的绝大部分吐火罗文A残卷一样，是用工整的婆罗迷字母书写的，也同样有火烧的痕迹，一般是烧掉左端的三分之一左右，有少数几张烧得很厉害，只留下几行字。最初发现时，不知道是什么内容。今年二月，王东明同志和李遇春同志把放大的照片交给我，让我检看内容，确定书名。我把第一页只看了几行，就发现了本书的名称：《弥勒会见记剧本》（Maitreya-Samiti-Nāṭkaṃ，见新疆博物馆编号76YQ1.1$\frac{1}{2}$5，下面引用时，只写最后的页码）。德国学者校订出版的残卷中，虽然也有这部书的断片，但为数极少；而且从他们的内容介绍来看，他们对本书的内容不甚了然。这是为当时客观条件所限，我们不能苛求于前人。从新发现的残卷的行款来看，与以前发现的几乎都不相同，可见这是一部独立的写本。在文字方面，同旧的有许多相同之处，可以用来互相校对，互相补充，这对于了解内容有很大的帮助。总之，发现这样多而又连贯的残卷，是一次空前的盛举。对吐火罗文的研究来说，这是一件大事。这是我国的博物馆工作者和考古工作者对世界学术的一个很有意义的贡献。

我正在挤出时间，对残卷进行整理、考释的工作。我现在先从中选出三十二相这一段，加以对比研究。原因是三十二相有多种文字的异本可资参照，对确定字义较有把握。可惜残卷原来就已错乱，新疆博物馆的编号不足为凭。我要整理的是8$\frac{1}{1}$和14$\frac{1}{2}$这两页，还有12$\frac{1}{1}$和12$\frac{1}{2}$这两页。8$\frac{1}{1}$和14$\frac{1}{2}$虽然编号相距颇远，实际上应该是相连的。但是核对火烧的痕迹，这两张原来就没有排在一起；所以，对于次序的错乱，新疆博物馆的同志们不能负责。只是这三张的$\frac{1}{1}$和$\frac{1}{2}$应该颠倒过来，因为从8和14以及12这三张上三十二相的排列顺序来看，$\frac{1}{2}$应该在前，$\frac{1}{1}$应该在后。

为了弄清楚三十二相在整个剧本中的地位，有必要先把与三十二相的出现有联系的故事梗概交待一下。《弥勒会见记》，无论是吐火罗文A本，还是回鹘文本，规模都非常巨大，内容都非常丰富。吐火罗文A本，因为发现的残卷相对地说还比较少，现在还无法确定其规模。回鹘文本，虽然也还不能说残卷已全部被发现，但仅就目前已发现的来看，293张，586页是一个很大的数目，故事线索已完全清楚。详细内容请参阅耿世民文章。在吐火罗文本中，同回鹘文本一样，三十二相出现了两次，而且都是在第二幕。第一次是吐火罗文8$\frac{1}{1}$和14$\frac{1}{2}$（简称《吐新博本》一），回鹘文是第二幕第五张（简称《回新博本》一）；第二次是吐火罗文12$\frac{1}{2}$和12$\frac{1}{1}$（简称《吐新博本》二），回鹘文是第二幕第十一张（简称《回新博本》二）。第一次出现时，两个本子都清清楚楚标出了表示顺序的数字，而第二次出现时则都没有数字，顺序大有差异，内容也不完全相同。可是两个本子又基本相同，只有最后几相不同，二者都不够三十二相。值得注意的是，《吐新博本》一与《回新博本》一之间，顺序也不完全相同。《吐新博本》一的第六相，到了《回新博本》一中变成了第三十一相。因此，从前者的第七相后者的第六相起，二者之间就相差一个数字，这样一直到最后一相才又完全相同。我在这里要提一句：在吐火罗文与回鹘文中，故事开始不太久，三十二相就出现了。故事内容大略是：婆罗门波婆离（Bādhari，我借用汉字旧译，与梵音不完全符合），年已120岁，梦中受天神启示，想去拜谒释迦牟尼如来佛。但自己已年迈龙钟，不能亲身前往，遂派弟子弥勒同伙伴16人，代表他谒佛致敬。碰巧弥勒也在梦中受到天神同样的启示，便欣然应命。波婆离告诉弥勒等说：如来身上有三十二大人相，只要看到这些相，那就必然是如来无疑，就可以把疑难问题提出来，以此来考验如来。在这里三十二相第一次出现。等到弥勒等奉师命来到释迦牟尼那里，他仔细观察，果然在佛身上看到了三十二相。在这里三十二相第二次出现。

这并不是一个新故事。汉译《贤愚经》卷十二《波婆离品》第50，讲的就是这个故事（参阅冯家升文章）。可见这故事在印度流传已久，改为剧本大概是以后的事。至于回鹘文残卷跋语中讲到的“印度语”，不知是否指的就是梵文。反正梵文或其他印度语的原本至今并未发现，只能算是阙疑。

我现在就在下面按照吐火罗文A残卷8⅟₁和14½的顺序把三十二相一一并列出来，辅之以12½和12⅟₁。我把新发现的《吐新博本》列为正文，《吐新博本》缺而其他吐火罗文A本有的则写在圆括号（ ）内，字母缺少加以填补的也用圆括号，字母不清楚的则用方括号[ ]。现在统计起来，只有《吐新博本》有而其他本完全缺的是二（两条）、三、六、七、八、十、十二、十七、二八等，这几条特别值得我们重视。我在下面将引用的书籍和文章有：

1.Gr.=Sieg，Siegling，und Schulze，Tocharische Grammatik；

2.Toch.Spr.=Sieg und Siegling，Tocharische Sprachreste；

3.Schulze=Schulze，Kleine Schriften；

4.Couvreur=W.Couvreur，Le caractère sarvāstivādinvaibhāṣika des fragments tochariens A d’après les marques et épithètes du Bouddha，Muséon，tome LIX，1—4；

5.MPPŚ=Mahāprajñāpāramitāśāstra（Lamotte）；

6.D=Dīghanikāya（巴利文）Ⅲ，143—144；

7.《长阿》=《长阿含经》；

8.《中阿》=《中阿含经》;

9.《大般若》=《大般若波罗蜜多经》;

10.《翻译》=《翻译名义大集》，榊亮三郎编；

11.《回新博本》=回鹘文《弥勒会见记》;

12.《吐新博本》=1975年新疆发现的吐火罗文A本《弥勒会见记剧本》，现存新疆博物馆；

13.《大方便》=《大方便佛报恩经》。

下面引用时，为了避免重复与冗长，我只写前面的缩写。

在$8^{1}/_{1}$三十二相出现以前,《吐新博本》有几句话：bādhariṃ raryu-raṣ\ ptāñktac waṣtaṣ lantseñcä\ brāmnune raryuraṣ\ ṣamnune($8^{1}/_{1}$2<eṃtssantra>////-ṃ krop wartsyaṃ lmont\ ptāñkat kaṣṣinac kātseśm ācä\ tmak yas cami kapśiññaṃ taryāk\ ($8^{1}/_{1}$3)(wepi)////sne tom yaṣaṃ śāstrantwaṃ nṣā ākṣiññunṭ\ tam mantne($8^{1}/_{1}$4)。[这几句话也见于 Toch.Spr.212 b 4，eṃtssantra 这个字就是根据 Toch.Spr. 补上的。但是这里残缺得很厉害，只剩下八个多字。] 这几句话的意思是：“离开波婆离，出家走向佛天，丢掉婆罗门种姓，加入沙门僧伽……处在随从中间，走向佛天；接着他们在他身上（就能看到）sne tom（意义不清，sne 意为‘没有’，tom 是指示代词复数阴性主格和间接格），像你们经书上那样告诉我的三十二相，其相如下。”“相”字在两个本子中都被烧掉。见于其他地方的“相”，吐火罗文 A 是 lakṣaṃ（梵文 lakṣaṇa）或śotre，吐火罗文 B 是 lakṣaṇe 或śotri。

下面我们研究三十二相。我把《吐新博本》一按照原书顺序列在前面，把《吐新博本》二的顺序打乱，把有关的相列入前者相应的相下，缺者当然就不列。其他吐火罗文本列入圆括号中，以示区别：

一、lyāḵ śiraś tāpa̱（《吐新博本》一 8⅟14）kyiṣ ānt oki śal（pe）ṃ////（“脚底板像镜面那样光辉四射……”）（Toch.Spr.212 b 6）

相当于《回新博本》一 1[2]；二 29；MPP Ś 1：supratiṣṭhitapādatalaḥ[3]；《大般若》1：“诸佛足下有平满相，妙善安住，犹如奁底，地虽高下，随足所蹈，皆悉坦然，无不等触”[4]；《长阿》1：“足安平，足下平满，蹈地安稳”[5]；《中阿》1[6]；D1，Ⅲ 143：suppatiṭṭhita-pādo hoti；《翻译》265（30）：supratiṣṭhita-pādaḥ“足下安平（相）”；《大方便》1：“足下平”[7]。但是，除吐火罗文A本外，没有任何一个本子用镜面来比脚底板。在吐火罗文中，从所处的位置来看，这显然是第一相。Couvreur把它列为第二相，是错误的。

二、////ālenyo śalaṃ penaṃ（《吐新博本》一 8⅟15）āleṃ śalaṃ peṃ（《吐新博本》二 28，12⅟13）

Toch.Spr.没有这一相。但217 b3：［ā］len（aṃ）cakkär“手掌上有轮相”，似与此有关。在《吐新博本》一剩下的三个字中，第一个字 ālenyo，原字是 āle，意思是“手掌”，这里是双数具格；第二字śalaṃ，不见于他处，含义不明；第三个字 penaṃ，原字是pe，“脚”，这里是依格。在上面第一相中，我们看到一个字：śalpeṃ，意思是“脚底板”。难道这个字就是śalaṃ 和 penaṃ 两个字的复合词吗？如果是的话，śalaṃ 的意思就是“底”。这一相，把前面缺的几个字补上，就可以理解为“手掌和脚底板上都有轮相”。《吐新博本》二的那三个字，第一个是 āle 的自然双数（Paral），第三个是 pe 的自然双数。意思是“手掌和脚上有轮相”。这在印度古代是一个极为古老又流传广泛的迷信说法。印度古典名剧《沙恭达罗》第七幕中，国王看到自己儿子手上有轮王相[8]，讲的也是这个迷信说法。

《吐新博本》二 28,12 1/3:aṣuk\ krañśä kukaṃ cākra lakṣañyo,似乎也应归这一相。aṣuk 等于梵文 āyata,意思是“宽阔”;krañśä,似与 kāsu “好” 的单数间接格 krañcäṃ 相当; kukaṃ, Gr. 中没有解释,我们确定它的涵义是 “足趺”,下面第四还要谈到这个字;第四个字等于梵文 cakralakṣaṇa,这里是具格。全句的意思是 “在宽阔在脚上有轮相”。

这一相相当于《回新博本》一 2;二 28;MPPŚ 2:adhastātpādatalayoś cakre jāte sahasrāre sanābhike sanemike tryākāraparipūrṇe;《大般若》2:“诸佛足下千辐轮文,辋毂众相,无不圆满”[9];《长阿》2:“足下相轮,千幅成就,光光相照”[10];《中阿》2:D2:ketthā pāda-talesu cakkāni jātāni honti sahassārāni sanemikāni sanabhikāni sabbākāraparipurāni suvibhatt-antarāni;《翻译》264(29):cakrāṅki-tahastapādaḥ“手足具千辐轮相”;《大方便》2:“足下千辐轮”[11]。在这些异本中,只有《回新博本》和《翻译》是同《吐新博本》一样,讲到了手和脚,其余都只讲到脚。

三、cokiṣ\ slamm oki aṣuk parkraṃ prārū////(《吐新博本》一 8 1/15)

这一相其他吐火罗文本都没有,意思基本清楚:“手指纤长像 cokis 的火焰一般。”cokis 形式像是具格,含义不明,《回新博本》一 3:“像火炬的火焰般的果实一样美好修长的手指”,可参看。

这一相相当于《回新博本》一 3;二缺;MPPŚ 3:dīrghāṅguliḥ;《大般若》4:“诸佛手足指皆纤长,圆妙过人,以表长寿”[12];《长河》5:“手足指纤长,无能及者”[13];《中阿》3;D4:dīghāṅgulī hoṭi;《翻译》263(28):dīrghāṅguliḥ“指纤长(相)”;《大方便》3:“指纤长”[14]。所有这些异本都没有火焰这个比喻。

四、《吐新博本》缺。////(a)ṣuk\ kukaṃ(Toch. Spr. 212b 7)

这一相:《回新博本》一 4;二缺;MPPŚ 4:āyatapādapārṣṇiḥ;《大般若》7:“诸佛足趺修高充满,柔软妙好,与跟相称”[15];《长阿》1 缺;《中阿》4:“足周正直”[16],似乎就是这一相;D3:āyata-paṇhī hoti;《翻译》266(41):āyata-pāda-pārṣṇiḥ“足趺高广(相)”;《大方便》8:“踝骨不现”[17]。似与此相有关。吐火罗文 aṣuk 等于梵文 āyata,kukaṃ 等于梵文 pādapārṣṇiḥ,语法形式是双数,Gr.84,184 没有解释。

五、kośeññ oki wl(y)e (Toch.Spr. 212 b 7)。《吐新博本》一缺。《吐新博本》二 12$^{1}/_{1}$3 只有一个字:wlyepaṃ。

这一相:《回新博本》一 5;二 26;MPPŚ 6:mṛdutaruṇapāṇipādaḥ;《大般若》3:“诸佛手足悉皆柔软,如睹罗绵,胜过一切”[18];《长阿》4:“手足柔软,犹如天衣”[19];《中阿》4;D5:mudu-taluṇa-hattha-pāda hoti;《翻译》261(26):mṛdu-taruṇa-hasta-pādatalaḥ“手足柔如兜罗绵”;《大方便》6:“手足柔软”[20]。吐火罗文剩下的那三个字,意思是“柔软如丝”。根据这些异本来判断,吐火罗文本失掉了“手”、“足”二字。

六、////n̄ tsarnā prārwaṃ (《吐新博本》一 8$^{1}/_{1}$6)(so)pin̄ä\ prārwaṃ(《吐新博本》二 25,12$^{1}/_{1}$3)

Toch.Spr. 没有这一相。但 217b3:sopin̄[pūk̲\][p]rārwaṃ“手指间有网膜”,似与此有关。与这一相相当的其他本子是:《回新博本》一 31;二 25;MPPŚ 5:jālāṅgulihastapādaḥ;《大般若》5:“诸佛手足一一指间,犹如雁王,咸有鞔网”[21];《长阿》3:“手足网缦,犹如鹅王”[22];《中阿》8;D 6:jāla-hattha-pādo hoti;《翻译》262(27):jālāvanaddha-hasta-pādaḥ“手足缦网(相)”;《大方便》5:“指网缦”[23]。

根据这些异本和 Toch.Spr. 中的那三个字,《吐新博本》一中的 n̄ 似可补充为 sopin̄,全文为 sopin̄ tsarnā prārwaṃ。tsar,意思是“手”,加 ā 为 ā 格[24],prār,意思是“手指”,加 waṃ 为依格。全句的意思是,"在手上手指间有网膜"。《吐新博本》二只有"手指",没有"手"。只有《大方便》与《吐新博本》一完全相同,其他本则手足并提。

七、tpo kāswe sark pe(《吐新博本》一 $8^1/_16$)

《吐新博本》完整无缺。Toch.Spr.291 b 4:(kās)w(e)[s]ark peyu,似乎就是这一相。Couvreur 把属于八的 pr[o]ñcäṃ 置于此处,误。与此相相当的其他异本是:《回新博本》一 6,二 24;MPPŚ7:utsaṅgacaraṇaḥ;《大般若》6:"诸佛足跟广长圆满,与趺相称,胜于有情"[25];《长阿》6:"足跟充满,观视无厌"[26];《中阿》5;D7:ussaṅkhapādo hoti;《翻译》260(25):utsaṅga-pādaḥ"足下不露踝节";《大方便》4:"足跟臁满"[27],8:"踝骨不现"[28],都与此相相当。

根据各异本可以大体推定吐火罗文含义。tpo 不见于他处,似为√täp 之过去分词。kāswe,意思是"好"。sark,Gr.44d,84 注明含义是"疾病",显然不能用于此处。但是,根据整句结构,tpo kāswe sark应该相当于梵文 utsaṅga,《吐新博本》的 pe"脚",是单数。Toch.Spr. 的 peyu 是复数。这在解释上没有困难。至于 tpo kāswe sark为什么等于 utsaṅga,目前尚无满意解释,只好阙疑。

八、aineyä lwāśśi lā////(《吐新博本》一 $8^1/_16$)《吐新博本》二只剩下一个字:aineyä////($12^1/_12$)

《吐新博本》一缺后半。Toch.Spr.213a 1 只剩下最后一个字////pr(o)ñcäṃ,可能正好补充《吐新博本》一所缺者。紧跟着这个字有一个"八"字,明确无误地指明,它属于第八相。与这一相相当的异本是:《回新博本》一 7;二 23;MPPŚ 8:aiṇeyajaṅgaḥ;《大般若》8:"诸佛双腨渐次纤圆,如瑿泥耶仙鹿王腨"[29];《长阿》7:"鹿膊肠上下臁直"[30];《中阿》12;D8:eṇijaṅgho hoti;《翻译》267(32):aiṇeya-jaṅghaḥ"腨如鹿王(相)";《大方便》7:"臁踌肠如伊尼延鹿王"[31]。

在吐火罗文中,aineyä 是从梵文借过来的,等于梵文 aiṇeya,巴利文 eṇi,意思是“黑鹿”。lu(复数 lwā,复数属格 lwāśśi),Gr.82 注明是“兽”。但从《吐新博本》一中可以推测,lu 也许指的是“鹿”。在《吐新博本》一 lā////和 Toch.Spr. pr(o)ñcäṃ 之间,还缺什么字,缺几个音节,尚无法确定。“pr(o)ñcäṃ”可能与梵文 jaṅgha 相当,也就是汉译本中的“双腨”。

九、《吐新博本》一缺。二完整无缺:sam kapśañi mā nmo kanweṃ tkālune($12^1/_12$)。Toch.Spr.213 al:sne nmālune kapśiñño ā////,同书 291b 5:(kä)lymāṃ kanweṃ ṣinās tāpa̱kyā(s),都与本相相当。

相当于本相的异本条列如下:《回新博本》一 8;二 22;MPPŚ 9:sthitānavanatājānupralambabāhuḥ;《大般若》9:“诸佛双臂修直𦟛圆,如象王鼻,平立摩膝”[32];《长河》10:“平立垂手过膝”[33];《中阿》15;D9:thitako va anonamanto ubhohi pāṇi-talehi jannukāni parimasati parimajjati;《翻译》253(18):sthitānavanata-pralambabāhutā“正立不屈手过出(相)”;《大方便》9:“平立手摩于膝”[34]。

根据这些异本,我们可以确定与吐火罗文 A 本《吐新博本》一相当的 Toch.Spr.213a 1 的含义。sne nmālune 等于梵文 anavanata,就是汉文的“不屈”或者“平立”。kapśiñño,意思是“身体”,是单数具格。ā 后面不知道应该补充什么字。(kä)lymāṃ,来自√käly“站立”,是 Ātm. 现在分词。kanweṃṣinās 来自 kanwe-ṃ,意思是“膝盖”,这个字是形容词的复数间接格。tāpa̱kyā(s)来自 tāpaki,意思是“圆盘”,同前一个字连起来,意思是“膝盖骨”。从语法形式来看,这个字是复数间接格。

这里值得特别注意的是《吐新博本》二。它完整无缺,已经极为难得。而且它的表达方式也与他本不同。Toch.Spr. 的 sne nmālune,在这里变成了 mā nmo。mā,意思是“不”;nmo,与 nmālune 来自同一字根√näm;nmālune 是动名词,nmo 是过去分词,意思是

“鞠躬”、“弯身”。kapśañi 是单数体格。这句话的意思同 Toch.Spr.完全一样。最后一个字 tkālune,来自字根√tāk,这里是动名词,意思等于梵文 vicāra。

十、////nä oṅkalyme oki elā kalko gośagat\ (《吐新博本》一 8 1/17)////k m\ gośagat ṣotre(《吐新博本》二 20,12 1/12)

在吐火罗文A的写本中,只有《吐新博本》有这一相,其他本都没有。Toch.Spr.291b 6:////tre śkant\ lakṣaṃ,“第十相”,等于没有。《吐新博本》一前面已残缺。第一个音节漫漶不清。其余都是非常清楚的。在其他文字中与这一相相当的是:《回新博本》一 9;二 20;MPPŚ 10:kośagatavastiguhyaḥ;《大般若》10:“诸佛阴相,势峰藏密,其犹龙马,亦如象王”[35]:《长阿》9:“阴成藏”[36];《中阿》13;D 10: kosohita-vattha-guyho hoti;《翻译》258(23):kośopagatavastiguhyaḥ“阴藏如马王(相)”;《大方便》10:“阴藏相如象马王”[37]。

根据这些异本,我们对《吐新博本》一作一些解释。oṅkaläm“象”,单数属格根据 Gr.237 应作 oṅkälme。但是这里却作 oṅkalyme。elā 这个字,Toch. Spr. 中只出现一次:Toch. Spr. 8b 1: kalk\ elā。Gr.389 对这个字没有解释。E.Sieg 教授在他的 Übersetzungen aus dem Tocharischen (APAW, 1943, Phil-hist.Klasse.Nr.16)中(第 11 页),把这两个字译为 ging hinter den Türflügel(?)(走向门后),并加了注,说他这样译是根据我的一篇文章:Parallelversionen zur tocharischen Rezension des Puṇyavanta Jātaka (ZDMG 97,1943)。Werner Thomas 在 Tocharisches Elementarbuch 第二卷词汇表中把 elā 解释为“出去”,说它是一个地域副词。现在看来,这些解释都是不正确的。根据《吐新博本》一,elā 等梵文 guhya,巴利文 guyha,意思是“密”,“隐密”,“藏起来”。gośagat 等于梵文 kośagata,巴利文 kosohita。《吐新博本》一缺与梵文 vasti 和巴

利文 vattha 相当的那个字，在汉文本中就是“阴”字，换句话说，也就是“男根”。但在《吐新博本》二中却补上了缺的这个字：ṣotre。ṣotre 等于梵文 lakṣaṇa，一般理解为“记号”、“相”。但梵文 lakṣaṇa 有“生殖器”的意思，在这里 ṣotre 正是这个意思，它等于梵文的 vasti 和巴利文 vattha。

十一、《吐新博本》一 $8^{1}/_{1}7$ 只剩下半个字 nya////。《吐新博本》二 21，$12^{1}/_{1}2$，全相压缩成一个字：parimaṇḍal。

其他吐火罗文 A 本也有这一相。Toch.Spr.213a 2：(nyagrot) ṣṭāmm oki sam parimaṇḍa l̠\ kos ne kaṣyo [t̠a̠](preṃ)////；291 b 6—7，nyagrot̠\ ṣtāmm oki sam parimaṇḍal ka[pś]////。与这一相相当的其他文字异本是：《回新博本》一 10；二 21，这里没有提到尼拘陀树；MPPŚ 11：nyagrodhaparimaṇḍalaḥ；《大般若》20：“诸佛体相，纵围量等，周匝圆满，如诸瞿陀”[38]；《长阿》19：“身长广等，如尼拘卢树”[39]；《中阿》14；D19：nigrodha-parimaṇḍalo hoti，yāvatakv assa kāyo tāvatakv assa vyāmo，yāvatakv assa vyāmo tāvatakv assa kāyo；《翻译》255(20)：nyagrodha-parimaṇḍalaḥ“身纵广等如聂卓答树(相)”；《大方便》11：“身圆满足，如尼拘陀树”[40]。

根据这些异本来对比研究，吐火罗文本的含义非常清楚。但吐火罗文本究竟缺多少字，现在还无法知道，当然更无法补充。仅就目前剩下的这些字来看，nyagrot 等于梵文 nyagrodha，只是把梵文的浊声送气改为清声不送气。parimaṇḍala 也借自梵文。ṣṭāmm 意思是“树”，梵文没有。kosne 等于梵文 yāvat，巴利文 yāvataku。täpreṃ 等于梵文 tāvat，巴利文 tāvataku。ka[pś]////可以补充为 kapśañi 的某一个格，意思是“身躯”，等于巴利文 kāyo。看来 MPPŚ和《翻译》这两个梵文本都过于简单，只有巴利文与吐火罗文最为接近。汉文《大般若》也接近吐火罗文。

十二、orto kapśañi yo kum̠\(《吐新博本》一 $8^{1}/_{1}8$)

《吐新博本》一完整无缺，其他吐火罗文本全缺。与此相相当的其他异本情况如下：《回新博本》一 11；二 19；MPP Ś 12：ūrdhvāgraromaḥ；《大般若》12：“诸佛发毛端皆上靡，右旋宛转，柔润绀青，严金色身，甚可爱乐”[41]；《长阿》12：“毛生右旋，绀色仰靡”[42]；《中阿》7；D14：uddhagga-lomo hoti，uddhaggāni lomāni jātāni nilāni añjana-vaṇṇāni kuṇḍala-vattāni pada-kkhiṇāvattakajātāni；《翻译》257（22）：ūrdhavaga-romaḥ“毛向上旋（相）”；《大方便》12：“身毛上靡”[43]。吐火罗文 orto，Gr.35 释为“向上”，就等于梵文的 ūrdhvāgra 或 ūrdhavaga，巴利文 uddhagga。kapśañiyo 是单数具格，Gr. 作 kapśiññō。kum，Gr.83 释为“双眉间的蜷毛”。但既然 kum 相当于梵文 roma，巴利文 loma，那么它就泛指全身汗毛，不一定限于双眉间。

十三、ṣom ṣom\（《吐新博本》-8$^1/_1$8）。只剩下这两个字。

Toch.Spr.213a3：几乎完整地保留了这一相：ṣ[om]ṣom\ yoka ṣi spartu tatamṣu āpat\ sā（spärtwṣu）。与这一相相当的其他异本是：《回新博本》一 12；二 18；MPPŚ 13：ekaikaromaḥ；《大般若》11：“诸佛毛孔各一毛生，柔润绀青，右旋宛转”[44]；《长阿》11：“一一孔一毛生，其毛右旋，绀琉璃色”[45]；《中阿》11；D 13：ekeka-lomo hoti，ekekāni lomāni loma-kūpesu jātāni；《翻译》256（21）：ekaika-ro-ma-pradakṣiṇa-vartaḥ“一孔一毛右旋（相）”；《大方便》13：“一一毛右旋”[46]。

对照这些异本，我们可以对吐火罗文作一些解释。ṣom，Gr.327，sas“一”的间接格。ṣomṣom 等于梵文 ekaika，巴利文 ekeka，汉文的“一一”。yokaṣi 是 yok 的单数间接格。yok，Gr，只注出了“颜色”一个意思。Werner Thomas[47]释为“毛发”。但是，在这里它显然等于巴利文的 lomakūpa，意思是“毛孔”。汉文本亦然。spartu 等于梵文 roma，巴利文 loma，汉文“毛”。tatämṣu 字根√tām，意思是

“产生”,这是致使动词的过去分词。āpat,Gr.403 没有解释,它显然等于梵文的 pradakṣiṇa,巴利文 padakkhiṇā。sāspärtwṣu,字根√spärcw 意思是“旋转”,这是致使动词的过去分词,等于梵文的 varta。

在异本中 MPPŚ最简单。巴利文本“右旋”这个说法归入 14。

十四、《叶新博本》全缺。Toch.Spr.291 b 8:yok yāmu jambunāt wäss oki āṣtar lukśanu wsā yok ya(ts)////可以补充。

与这一相相当的异本是:《回新博本》一 13;二 17;MPPŚ14:suvarṇavarṇaḥ;《大般若》14:“诸佛身皮皆真金色,光洁晃曜,如妙金台,众宝庄严,众所乐见”[48];《长阿》13:“身黄金色”[49];《中阿》16;D 11:suvaṇṇa-vaṇṇo hoti kañcana-sannibha-ttaco;《翻译》:缺;《大方便》14:“身真金色”[50]。

根据这些异本,解释一下吐火罗文本。yok 义为“颜色”。yāmu,字根√ya,yām,义为“作”,这是过去分词。jambunāt,来自梵文 jambūnada,义为“金子”。wäs 意思是“金子”。āṣtär,“纯洁”。lukśanu,“辉耀”。wsā-yok,“金色”。yats,等于梵文 chavi,义为“皮肤”。看来《大般若》和 D 与吐火罗文相接近。其他诸本都过于简单。

十五、////ṣ、lykälyätṣ、(《吐新博本》一 14¹/₂1)lykälyä////(《吐新博本》二 17,12¹/₁1)

《吐新博本》一缺前半;从地位上来看,《吐新博本》二后面似乎缺点什么。Toch.Spr.213a 4 也只剩下了几个字:////lykalyä、ya(ts),下面是一个数目字“15”,表明这是第十五相。与此相相当的异本是:《回新博本》一 14;MPPŚ 16:sūkṣmacchaviḥ;《大般若》13:“诸佛身皮,细薄润滑,尘垢水等,皆所不住”[51];《长阿》14:“皮肤细软,不受尘秽”[52];《中阿》10;D12:sukhuma-cchavi hoti sukhumattā chariyā rajojallaṃkāye na upalippati;《翻译》252(17):sūkṣmasuvarṇa-cchaviḥ“皮肤细滑,紫摩金色(相)”;《大方便》16:“皮肤细软,尘垢不著”[53]。

现在再看一看吐火罗文。Gr.19 lykäly A 等于 B lykaśke，又等于梵文 sūkṣma，“细软”或者“细薄”。《吐新博本》一似乎缺了一个 ya，yats 意思是“皮肤”，已见上一相。

十六、ṣpat paplatkunt（《吐新博本》一 14$^1/_1$1；二 16，12$^1/_1$1 完全相同）

《吐新博本》完整无缺。Toch.Spr.213 a 4：ṣpat paplatkunt 与《吐新博本》完全相同。Toch.Spr.292 a2：ś äk ṣ p at [tpi] (nt lakṣaṃ17)；Couvreur 把它放在这里，是错误的，应归下面第十七相。

与此相相当的异本是：《回新博本》一 15；二 16；MPPŚ17：saptotsadaḥ；《大般若》15：“诸佛两足、二手掌、中颈及双肩七处充满，光净柔软，甚可爱乐”[54]；《长阿》18：“七处平满”[55]；《中阿》17；D16：satt-ussado hoti；《翻译》250（15）：saptotsadaḥ“七处干满（相）”；《大方便》17：“七处干满”[56]。

现在再看吐火罗文。只有两个字：第一个是“七”，第二个字，Cr. 认为它是√plät-k 的过去分词。它显然相当于梵文的 utsadaḥ，巴利文的 ussado。

十七、《吐新博本》一全缺。《吐新博本》二 15，12$^1/_1$ 完整无缺：tsātsekw oky esnaṃ。Toch.Spr.213a 4 只剩下前两个字：tsātseku oki////。

与此相相当的异本是：《回新博本》一 16；二 15；MPPŚ 18：citāntarāṃsaḥ；《大般若》16：“诸佛肩项，圆满殊妙”[57]和 17：“诸佛蹲腋悉皆充实”[58]，好像都属于此相；《长阿》15：“两肩齐亭，充满圆好”[59]，似属此相；《中阿》20 和 21；D18：citāntaraṃso hoti；《翻译》251（16）：citāntarāṃsaḥ（cirāntarāṃsaḥ）“两腋圆满（相）”；《大方便》19：“臂肘牖圆”[60]，20：“胸骨平满”[61]。

吐火罗文剩下的那几个字中第一个 tsātseku，是√tsek“造形，塑形”的过去分词，等于梵文的 cita。(《回新博本》用了类似的字，最接近吐火罗文本在这里最值得注意的是 esnaṃ 这个字。这个字的原形是 es“肩膀”。在迄今发现的残卷中，单数依格是 esäm，这里却是 esnaṃ，中间加了一个 n。这种现象也见于别的字中，比如 oṅk“人”，单数间接格是 oṅk-n-aṃ。参阅 Krause 和 Thomas：Tocharisches Elementarbuch，Bd.1.S.108.

十八、《吐新博本》二全缺。Toch.Spr.213 a 5 还剩下几个字：////[w·](a)kal kapś[a](ñi)，与《吐新博本》一(14¹⁄₂2)相同。

与此相相当的异本是：《回新博本》一 17；二缺；MPPŚ 19：siṃhapūrvardhakāyaḥ；《大般若》21：“诸佛颔臆并身上半，威容广大，如师子王”[62]；《长阿》21：“胸膺方整如师子”[63]；《中阿》18；D17：sīha-pubbaddha-kāyo hoti；《翻译》254(19)：siṃha-pūrvārdhakāyaḥ“上身如师子(相)”；《大方便》18：“上身如师子”[64]。

在吐火罗文中 wakal 等于梵文 ardha。wakal kapśañi 就是“半身”，再补充上一个“上”字，就是“上半身”。

十九、(tso)pats kārme kapsiññuṃ 19(《吐新博本》一，14½2)。《吐新博本》一大概只丢掉一个音节。《吐新博本》二则完整无缺：tsopats \ smak kapśño(14，12⅟1)。Toch.Spr 213a5：tsopats kārme (ka)pśiññuṃ 19，与《吐新博本》一完全相同。315 a 7：kārme kapsiñño，可以参阅。

与此相相当的其他异本是：《回新博本》一可能是 10，二可能是 21；MPPŚ 20：bṛhadṛjukāyaḥ；《大般若》18：“诸佛容仪，洪满端直”[65]；《长阿》可能是 17：“身长倍人”[66]；《中阿》可能是 20；D15：brahm-ujju gatto hoti；《翻译》似乎缺这一相；《大方便》21：“得身牖相”[67]。

在《吐新博本》一和二中，第一个字等于梵文的 bṛhad，巴利文 brahma，意思是“长大”；《吐新博本》一第二个字 kārme，Gr.385 释为：“直，真”，在这里是“直”，等于梵文的 ṛju，巴利文 ujju，汉文的“端直”；二本第三个字相当于梵文 gātra、巴利文 gatta，意思是“身体”。《吐新博本》一的 kapśiññum 是 Bahuvrīhi，二的 kapśño，完整的形式似应作 kapśiñño，是单数具格。Toch.Spr.292 a：kapśañi säkñupint̠ la (kṣaṃ)“第十九相”，应该放在这里，而不应像 Couvreur 那样，放在上一相下面。

二十、kāsu woru esnu(m̠)(《吐新博本》一 14½2)。《吐新博本》二 13，12⅟1 1：(kā)su worku esnaṃ wärts̠。Toch.Spr.213 a5：kāsu woru esnum̠ 与《吐新博本》一完全相同。

这一相的异本是：《回新博本》一 19；二 13；MPPŚ 21：susaṃvṛttaskandhaḥ；《大般若》16：“诸佛肩项，圆满殊妙”[68]；《长阿》15：“两肩齐亭，充满圆好”[69]；《中阿》21；D20：samavatta-kkhandho hoti；《翻译》249(14)：su-saṃvṛta-skandhaḥ“臂头圆满(相)”；《大方便》可能是 19：“臂肘牖圆”[70]。

《吐新博本》一的三个字：第一个等于梵文的 su，意思是“好”；第二个 Gr. 认为来自√wär(?)，这是它的过去分词，等于梵文的 saṃvṛtta 或 saṃvṛta；《吐新博本》二不是 woru，而是 worku，似为√wärk 的过去分词。第三个字是 es“肩”，esnum̠ 是复合词 Bahuvrīhi 惯用的词尾-um 形成的。《吐新博本》二 esnaṃ，参阅上面第十七相。但这里增加了一个字：wärts̠，意思是“宽阔”。

二十一、《吐新博本》全缺。Toch.Spr.213 a 5：śtwarāk ka(mañ)////，就是这一相。292a 4：////(wiki ṣa)pint̠ lakṣaṃ21，“第二十一相”，应该归这里。但是这只是一个数字，本文全缺。

其他异本是：《回新博本》一 20；二 11；MPPŚ 22：catvāriṃśaddantaḥ;《大般若》23 第一部分:“诸佛齿相四十”[71];《长阿》22:“口四十齿”[72];《中阿》22 第一部分;D23:cattārīsa-danto hoti;《翻译》241(6):catvāriṃśad-dantaḥ“齿相四十具足”;《大方便》22:“口四十齿”[73]。

吐火罗文的两个字,第一个是“四十”,第二个是“牙齿”。

二十二、《吐新博本》全缺。Toch.Spr. 292 a 4 只剩下 mā a////。

其他异本是:《回新博本》一 21;二 12a;MPPŚ 23:aviraladantaḥ;《大般若》23c:“诸佛齿相……净密,根深”[74];《长阿》24:“齿密无间”[75];《中阿》226;D 25:avivara-danto hoti;《翻译》243(8):aviraladantaḥ“齿根密(相)”;《大方便》23 a:“齿密不疏”[76]。

根据这些异本,可以确定,吐火罗文的 mā 就等于梵文 avirala 的 a-,汉文的“不”。Couvreur 把 mā a////放在上一相项下,是错误的。

二十三、《吐新博本》缺。Toch.Spr.292 a5:(lyutār me)m[a]ṣ sam tswoṣ ritwoṣ kamañ$^{ä}$ wikitary(āpint lakṣaṃ23)。

在其他文字中这一相的情况如下:《回新博本》一 22;二 12 b;MPPŚ缺;《大般若》23b:“诸佛齿相……齐平”[77];《长阿》23:“方整齐平”[78];《中阿》缺;D24:samadanto hoti;《翻译》242(7):samadantaḥ“齿齐平(相)”;《大方便》23b:“齿……而齐平”[79]。

吐火罗文 lyutār memaṣ,意思“超过限度”。sam 等于梵文 sama。tswo 是√tsu“连接”的过去分词。ritwo 是√ritw“连合”的过去分词。

二十四、////āṅkari(《吐新博本》一 14 $^{1}/_{2}$3)。Toch. Spr.213a6:ṣokyo ā(r)kyṃś$^{ä}$ āṅkari。

此相其他异本是:《回新博本》一 23 ;二 10;MPPŚ 24:śukladantaḥ;《大般若》23 d:“诸佛齿相……白逾珂雪”[80];《长阿》25:“齿白鲜明”[81];《中阿》22c;D26:susukha-daṭho hoti;《翻译》244

(9):su-śukla-dantaḥ“齿白净(相)”;《大方便》24:“齿色白”[82]。

三个吐火罗字,第一个是副词,相当于梵文的su,意思是“很”。第二个原字是ārki,意思是“白”,这里是复数体格。第三个原字是āṅkar,意思是“长牙”,这里是复数体格。

二十五、《吐新博本》一和二都完整无缺:一是śiśäk śanweṃ25(14½3);二是śiśkinān śa(nweṃ)(12½8)。Toch.Spr.213a 6与《吐新博本》一完全一样。292 a 6:kesār śiśkiss oki wärtsāñ prākraṃ akri[t] raṃ [śan] weṃ wikpaipañpint [la](kṣaṃ 25)。

其他文字的异本是:《回新博本》一 24;二 9;MPPŚ 25:siṃhahanuḥ;《大般若》21 a,参阅上面第十八相;《长阿》20:“颊车如师子”[83];《中阿》19;D 22:sīha-hanu hoti;《翻译》246(11):siṃhahanuḥ“颊车如师子(相)”;《大方便》25:“颊车方如师子”[84]。

同这些异本比起来,吐火罗文本都较详细。kesār等于梵文kesarin“狮子”。śiśkiss是śiśäk的形容词,“狮子的”。wärtsāñ,“宽大”,是wärts的阴性复数体格的间接格。prakraṃ是prakär“坚实”的阴性复数体格和间接格。akritraṃ“圆”是akritär的阴性复数体格和间接格。śanweṃ“颊”,Werner Thomas称之为天然双数[85],阴性。它相当于梵文和巴利文的hanu。《吐新博本》二的tāñ,目前无法解释。

二十六、tspokats[86] tspokaṣinā(《吐新博本》一 14½3)yomu wākmats tspokṣinās(《吐新博本》二 8,12½8)。《吐新博本》一,根据Toch. Spr.213a6可以补充为s wākmant yom(u)////。从上下文来看,《吐新博本》二是完整无缺的。

与此相相当的异本是:《回新博本》一 25;二 8;MPPŚ 26:rasarasāgraprāptaḥ;《大般若》25:“诸佛常得味中上味,喉脉直。故能引身中千支节脉所有上味”[87];《长阿》26:“咽喉清净,所食众味,无不称适”[88];《中阿》22d;D21:rasaggas-aggī hoti;《翻译》245(10):

rasa-rasāgratā“咽中津液得上味(相)”;《大方便》26:“味中得上味”[89]。

《吐新博本》一的第一个字是 tspok(梵文、巴利文 rasa,汉文“味”)的形容词(Gr.36b)。第二个字是 tspok + a + ṣi(Gr.44d,属格形容词),阴性复数间接格是 tspokaṣinās。Toch.Spr.213 a 6 的第一个字,原字是 wākām(“优越性”,相当于梵文 agra,巴利文 aggī,汉文“上”),wākmant 是复数(没有特殊的间接格,Gr.131)。《吐新博本》二的 wākmats̱,根据 Gr.36 c,是 wākam 的形容词。至于 yomu 则是√yom(“达到”,“得到”)的过去分词,相当于梵文的 prāpta,汉文的“得 ”。

二十七、《吐新博本》一全缺。二则完整无缺:wärts̱ knumt s̱ k̲a̲ntu(7,12½8)。Toch.Spr.292 a 7:(ṣo)lāraṃ poñcäṃ akmal ṣi mañ walyänṯ wär////(补充为 wärts 或 wärtsi käntu)。

其他异本是:《回新博本》一 26:二 7;MPPŚ 27:prabhūtajihvaḥ;《大般若》26:“诸佛舌相,薄净广长,能覆面轮,至耳发际”[90];《长阿》27:“广长舌左右舐耳”[91];《中阿》24;D27:pahūtā-jihvo hoti;《翻译》247(12):prabhūta-tanu-jihvaḥ“广长舌(相)”;《大方便》28:“广长舌”[92]。

吐火罗文 Toch.Spr.292 ṣolāraṃ,后置词,“一直到”。poñcäṃ,原字是 pont“整个”,这是阳性间接格。akmal“面孔”,加-ṣi 变为形容词属格。mañ,“月亮”。walyänt,动词√waly(?)或√wāl“遮盖”,这是现在分词主动语态。括号中的两个字,意思是“广长舌”。Toch.Spr. 与《大般若》最为接近,mañ 就是《大般若》的“面轮”(加上 akmalṣi)。《吐新博本》二,从前后文来看,是完整无缺的;但极短,只有三个字。knuṃts 涵义不悉。

二十八、《吐新博本》一全缺,只剩下一个数目字 28(14¹⁄₂4)。二则完整无缺：brahmasvar wak (12½8)。Toch.Spr.213a 7 只剩下一个字：////waśeṃ"声音"。

其他文字的异本是：《回新博本》一 27；二 6：MPPŚ 28：brahmasvaraḥ；《大般若》27："诸佛梵音，词韵弘雅，随众多少，无不等闻，声音洪震，犹如天鼓，发言婉约，如频伽音"[93]；《长阿》28："梵音清彻"[94]；《中阿》23；D 28：brahma-ssaro hoti；《翻译》248(13)：brahma-svaraḥ"梵音(相)"；《大方便》29："梵音声"[95]。

吐火罗文 Toch.Spr. 仅余的那个字等于梵文 svara，巴利文 ssaro，汉文"音"。《吐新博本》二，第一个字是梵文，同 MPPŚ、D 及《翻译》完全相当，但又增加了第二个字：wak，这个字等于梵文 svara。

二十九、《吐新博本》一完整无缺：tsem̥ yokāñä aśäṃ (14¹⁄₂4)。Toch.Spr.213a 7 亦然。《吐新博本》二 5，12¹⁄₂8 只剩下////(k)āñä。

其他异本是：《回新博本》一 28；二 5；MPPŚ 29：abhinīlanetraḥ；《大般若》29："诸佛眼睛，绀青鲜白，红环间饰，皎洁分明"[96]；《长阿》29："眼绀青色"[97]；《中阿》26；D 30：abhinīla-netto hoti；《翻译》240(5)：abhinīla-netra-gopakṣmā"眼色绀青而眼睫如牛王(相)"；《大方便》30："目绀青色"[98]。

在吐火罗文本中，tsem̥ 等于梵文和巴利文 abhinīla，汉文"绀青"。有人说，tsem̥ 是借自汉文"青"字，这是可能的。yok，"颜色"，Bahuvrīhi 复合词阴性复数 yokāñ。asäṃ，ak"眼睛"的双数。《翻译》的"如牛王"，不见于吐火罗文和其他文字，它出现于第三十相。

三十、《吐新博本》一完整无缺：kayurṣis oki patkru (14¹⁄₂4)。Toch.Spr.213a 7 同，只是第一个字作 kayurṣiss。

其他异本是：《回新博本》一 29；二 4；MPPŚ 30：gopakṣmanetraḥ；《大般若》28："诸佛眼睫，犹若牛王，绀青齐整，不相杂乱"[99]；

《长阿》30:“眼如牛王,眼上下俱眴”[100];《中阿》25;D 31:go-pakhumo hoti;《翻译》240(5)b,已见上一相;《大方便》31:“眼如牛王”[101]。

在吐火罗文本中,kayurṣ,“公牛”,kayurṣiṣ 是单数属格。pätkru,意思是“眼睫毛”。

三十一、《吐新博本》一缺,二只剩下一个字:uṣṇi(12 1/2 7)。Toch.Spr.213a 7:uṣṇīr mrācaṃ。

其他异本是:《回新博本》一 30;二 2;MPPŚ 31:uṣṇīṣaśirṣaḥ;《大般若》32:“诸佛顶上,乌瑟腻沙,高显周圆,犹如天盖”[102];《长阿》32:“顶有肉髻”[103];《中阿》27;D 缺;《翻译》236(1):uṣṇīṣaśiraska-tā “顶肉髻相”;《大方便》27:“肉髻相”[104]。

吐火罗文 uṣṇi(?)uṣṇīr 借自梵文 uṣṇīṣa,汉文意译“肉髻”,音译“乌瑟腻沙”。mrācaṃ 来自 mrāc“头”,加 aṃ,是单数依格,“在头顶上”。

三十二、《吐新博本》一只剩下一个数目字:32(14 1/2 5)。Toch.Spr.213a 7:ārki kum pärwānaṃ。

其他异本是:《回新博本》一 32;二 3;MPPŚ 32:ūrṇa;《大般若》31:“诸佛眉间有白毫相,右旋柔软,如睹罗绵,鲜白光净,逾珂雪等”[105];《长阿》31:“眉间白毫,柔软细泽,引长一寻,放则右旋,螺如真珠”[106];《中阿》28;D 32:uṇṇā bhamuk-antare jātā hoti odātā mudu-tūla sannibhā;《翻译》4:urṇā-keśaḥ“眉间白毫(相)”;《大方便》32:“眉间白毫”[107]。

吐火罗文 ārki,“白”。kum,参阅上面第十二相。pärwānaṃ,来自 pärwāṃ“眉毛”,这里是双数依格。Toch.Spr.292 b 2:lyutār memaṣ ārki ciñcär kuṃ ā(pat)////,也属于这一相。lyutār memaṣ“超出限度”,已见上面第二十三相。ārki 上面已有。ciñcär,“可爱”。kum,上面已有。āpat,“右旋”。

《吐新博本》三十二相同其他异本的对比情况，就介绍到这里。我还要指出一点：《吐新博本》二的第一相是 rājavartyoḵ\ (12½7)，不见于一，也不见于《回新博本》一，而只见于《回新博本》二 1。

在《吐新博本》一 $14^{1}/_{2}5$ 中，三十二相一介绍完，接着就出现了下面几句话：kuprene toṣ camī（似应作 cami）taryāk wepi ṣotreyäntu p$_{u}$kāḵ\ ypic$^{ä}$ salu ka/////(下一行缺前半，根据 Toch. Spr. 213b 1 可以补充为：kapśiññaṃ tākeñcäṃ ṯm̱a̱ṣ yas cami anap) ṟa̱ ṣtmoṟa̱ṣ̱\ sne ṣotre-pa̱ḻtsa̱kyokk at s̱\ tanne wḵa̱nyo sañce p̱p̱a̱rksācäḷ，译为汉文是：“如果在他身上三十二相完整无缺地存在的话，那么你们站在他面前，心里不要想到那些相，这样把疑问提给他。”（《吐新博本》一 $14^{1}/_{2}5$—6）以后的故事，同现在我们要研究的问题无关，就不再介绍了。

三十二相散见于许多佛典中，我没有必要一一搜罗。我在上面只选择了其中重要的几种，加以对比研究。Max Müller 的 Dharmasaṃgraha 中也有三十二相，此书尚未见到，姑存而不论。Wilhelm Schulze 在他的 Kleine Schriften 中有一篇文章：Zum Tocharischen，也讲到三十二相中的许多相，可以参阅。

从我的介绍中可以看到：三十二相的顺序和内容并不完全相同。三十二相本来就出于人为捏造，再加上宗派的分歧，要求它完全一致是不可能的。但在分歧中仍似有规律可循。归纳起来，大体上可以分为两组：一组从足开始，一直到肉髻或眉间白毫，《吐新博本》一、《回新博本》一、MPPŚ、《大般若》、《长阿》、《中阿》、D、《大方便》等属之。一组从肉髻开始，一直到足，《吐新博本》二、《回新博本》二和《翻译》属之。令人奇怪的是：吐火罗文本和回鹘文本都分属两个组，这个现象目前还无法解释。回鹘文本据说是从吐火罗文译过来的，按理它应该同吐火罗文本完全相同。但事实却不是这样。这就有理由让我们得到这样一个结论:现在的吐火罗文A的《弥勒会见记剧本》不可能是回鹘文同书所依据的原本。但是,我现在仅仅有三十二相对比的资料,《吐新博本》其他部分我还没有对比研究。事实真象究竟如何,只有“且听下回分解”了。

本文开始时曾说到:关于三十二相的对比研究对确定字义会很有帮助。上面的分析、对比确实能确定一些过去弄错了的或者模糊不清的字义,我相信,这一看法是会得到大家的同意的。但是这个工作方在筚路蓝缕的阶段,我现在研究的数量仅约占《吐新博本》的二十分之一,其余部分还在钻研。希望能得到研究回鹘文《弥勒会见记》的学者的合作,把全部《吐新博本》整理出来,让这部迄今发现的最长的吐火罗文佛典能够推动吐火罗文的研究。

**注　释**

[1] 《三国两晋南北朝正史与印度传说》,见《印度古代语言论集》,1982年,中国社会科学出版社。

[2] 《回鹘文本》的三十二相最初是根据库尔班同志抄给我的一张单子加以论列的。后来见到李经纬同志的文章。又蒙李经纬同志把他的第二幕的译文稿本送给我看。没有他们的帮助,我的工作是无法进行的。谨向他们致谢。

[3] 皆见Couvreur论文。

[4][9][12][15][18][21][25][29][32][35][38][41][44][48][51][54][57][58][65][68] 《大正新修大藏经》(下面缩写为㊅),七,726a。

[5][10] ㊅一,5a。

[6] ㊅一,686a。参阅㊅1,493c。

[7][11][14][17][20][23][27][28][31][34][37][40][43][46][50][53][56][60][61][64][67][70][73][76][79][82][84][89][92][95][98][101][104][107] ㊅三,164c。

[8] 迦梨陀娑著、季羡林译《沙恭达罗》,人民文学出版社,1980年版,第103页。

[13][19][22][26][30][33][36][39][42][45][49][52][55][59][63][66][69][72][75][78][81][83][88][91][94][97][100][103][106] ㊅一,5b。

[16]　大⃝一,686a—b。

[24]　Wolfgang Krause und Werner Thomas, Tocharisches Elementarbuch, Bd.1, Grammatik, Heidelberg 1960, § 71,改为 Perlativ 格,表示"向各方面"的意思,有时与依格相差无几。

[47]　Werner Thomas, Tocharisches Elementarbuch, Bd.2, Texte und Glossar, Heidelberg, 1964.

[62]　大⃝七,726a—b。

[71][74][77][80][87][90][93][96][99][102][105]　大⃝七,726b。

[85]　Krause u. Thomas,同[24]注所引书, § 67。

[86]　Toch. Spr. 213a6 作 Kanṯ\。

# 梅呾利耶与弥勒

在印度和中国的佛教史上，弥勒的研究应该说是一个比较重要的问题。它牵涉到的方面很广，除了一些小问题以外，主要是：印度佛教是通过什么渠道、经过什么媒介传入中国的？这在中印文化交流史上是关键性的问题，应该弄清楚。

这个问题表面上看起来很简单。过去研究这个问题的学者也都把它当做一个简单问题来对待。比如，von Gabain 说，中亚文化影响了新生的弥勒概念的发展，因为汉译名“弥勒”不是来自梵文，而是来自于阗塞语 mittra 和吐火罗语 metrak，因此日本语就有了 miroku 这个词儿[1]。看来 von Gabain 是把这个问题过分简单化了。实际上，这是一个相当复杂的问题。它至少包括下列三个问题：（1）Metrak 是从 Maitreya 直接变过来的吗？（2）Metrak 是独立发展成的吗？（3）为什么中国汉译佛典中最早出现的是“弥勒”，而不是“梅呾利耶”呢？对此，我在下面分别谈一谈自己的看法。

## Ⅰ　Metrak 是从 Maitreya 直接变过来的吗？

一方面是梵文 Maitreya 和巴利文 Metteya，另一方面是吐火罗文 Metrak，二者都有“未来佛”的意思，其间必有联系，这是毫无疑问的。这三个字都与梵文 Maitrī 有关，这也是可以肯定的。但是，从形式上来看，吐火罗文与梵文和巴利文有所不同。应该怎样来解释这个现象呢？从印度佛教史的角度来看，巴利文和梵文出现在前，吐火罗文在后。最顺理成章的解释似乎应该是，后者出于前者。

确实有学者这样做了，其中之一就是 Franz Bernhard。他在《犍陀罗语和佛教在中亚的传播》一文中讲到，犍陀罗语在佛教向中亚和中国的传播中起过很大的作用[2]。这意见无疑是非常正确的。犍陀罗语是古代印度西北部的方言。在中国新疆发现的《法句经》就是用这种语言写成的。从地理条件来看，犍陀罗语在佛教向中亚传播中起关键性的媒介作用，这是很自然的。

在这篇文章中，Bernhard 顺便讲到 Metrak 与“弥勒”的问题。他引用了 von Gabain 的意见，用吐火罗语来解释汉译“弥勒”的来源。但是，他认为，“这种想法并不能解决这个问题，只不过把它推移而已，因为在吐火罗语中由 y 到 k 的音变是十分陌生的。”他建议在这种解释中用犍陀罗语来代替吐火罗语。犍陀罗语有成双成对的词尾，比如：

-aya -aǵa

-eya -eǵa

ǵ是浊摩擦音，在犍陀罗语中常常碰到。在这里可以看到这样的形式：metraya/metreya：metraǵa，有时候丢掉词尾辅音，变成了 metrae/metre。从这些形式中，不但可以推导出东吐火罗文 Metrak 和汉文“弥勒”的来源，而且还可以直接或间接地推导出于阗塞语、安息语、回鹘语、蒙古语、卡尔美克（Kalmyk）和满洲语有关形式的来源。

在西吐火罗文（龟兹文）中有两种不同的形式：Maitreye 和 Maitrāk。Bernhard 认为，这不但表示出成对的词尾，也表示出两种语言借用的不同的阶段。

在这里，Bernhard 又引用了我在几十年前写的一篇文章：《浮屠与佛》[3]。我这篇文章的主要论点是，“佛陀”的来源是 Buddha，而“佛”字最早的来源却不是梵文，而是吐火罗文。“佛”字不像一般人想象的那样是“佛陀”的缩短，而“佛陀”却可以说是“佛”字的引申。Bernhard 承认，“佛”字不是来自 Buddha。他构拟出一个所谓古吐火罗文 * but，说是“佛”字音译的来源。他最后说，即使“弥勒”不能证明吐火罗文的中介作用，“佛”字也能证明。

我们再回头来看-eǵa 的问题。ǵ是浊音，而 k 却是清音。即使承认吐火罗文不用浊摩擦音收尾，但ǵ变为 k 在音变规律方面也决非一帆风顺的，还需要进一步探讨与思考。

如果从-eya 和-eka 的关系上来作文章，我们还可以想另外的办法。在印度古代方言中，ya 和 ka 互转的例子可以举出不少来。Pischel[4]指出 Amg.daga = udaka = udaẏa，posahiẏa = upavasathika 等等；还有 tumbavīṇiẏa = tumbhavīṇaka 等等。Lüders[5]列举了一些-ika 代替-iya 的例子，比如 ekavāciya 和 ekavācika；rathiyā 和 rathikā；ghātikā 和 ghātiyā；jāgariyā 和 jāgarikā 等等。K. R. Norman[6] 指出，在阿育王碑铭的基础俗语（UPkt）中，有-k-/-g->-y-的现象，也有-y-变为-k-的现象，比如 janī 的多数体格 janiyo 在个别碑铭中变为 janiko。

就算是犍陀罗语吧，这里面也可以找到 y k 互转的现象。John Brough[7]指出，-y-可以变为-k-。他还指出 mṛga>muya，kāka>kaya 等，这是 g、k 变为 y，也有反转过来的 y 变为 k，比如 udaya>udaka 等等。在一条注[8]中，他谈到了 Maitreya[9]变为 Metrak 的问题。他举出焉耆语（吐火罗语 A 或东吐火罗语）Metrak，龟兹语（吐火罗语 B 或西吐火罗语）Maitrāk，粟特语 m'ytr'k。他指出，与粟特语这个形式并行的还有 mytr'y，这形式含糊不清（参阅：Gershevitch，*Grammar of Manichean Sogdian* §960）。他指出，汉文“弥勒”可能来自 Metraka。“这些形式可能纯粹是机械转写的书面借用语；但是，那自然也是可能的，甚至在犍陀罗语内部，书面形式可能有随之而来的读作 k 的诱导读法，如果只是作为一种为文化水平不高的和尚们所采用的朗读经文时的朗读风格。”话说得十分晦涩难解，含义还是清楚的。Brough 详细论证了 y 与 k 的微妙复杂的关系。这里意思是说，和尚们有时会被引诱着把 y 读为 k。总之，对 Metrak 这同一个字，Brough（在前）的解释，同 Bernhard 完全不一样。

上面谈到的这一些意见，不管表面上看起来多么不同，但都主张 Metrak 是从 Maitreya 直接变过来的。关于犍陀罗语在佛教向中亚和中国传播中所起的重要作用，在 Bernhard 之前 Brough 已经注意到了。他说，很多早期汉译佛教术语的原文是犍陀罗语[10]。但这并不等于说，“弥勒”这个词儿也一定来自犍陀罗语。尽管 Brough 和 Bernhard 的看法持之有故，言之成理，仍然有另外的、可能是更合理的解决办法。

### Ⅱ　Metrak 是独立发展成的吗？

所谓“独立发展”，是指不通过犍陀罗语或其他任何语言的媒介，在吐火罗语内部，根据构词规律而形成的。

事实上，Sieg，Siegling 和 Schulze 在 Gr.[11]中已有专章讨论与此有关的问题。词尾-ik 有下列诸作用：

1. 把抽象名词变为具有这个名词所表示的特性的人，一个什么“者”。比如 kākmart，意思是“威严”，加上-ik，成为 kākmärtik（B kamartike），意思就成为“具有威严的人”，或“威严者”；kāruṃ，意思是“慈悲”，kārunik（参阅梵文 kārunika）意思是“慈悲者”；kritāṃ（含义还没有弄清楚），加上-ik，变为

kritānik，意思是“作 kritāṃ 者”；spaktāṃ（A 与 B 相同），意思是“服务”，spaktānik（B spaktanīke），意思是“服务的人”、“供养者”。

2. 把形容词名词化。比如 A āṣām，B aṣāṃ，意思是“可尊敬的”，加上-ik，变为 āṣānik，意思是“阿罗汉”，“可尊敬的人”。

3. 在外来借词中，情况比较复杂。梵文 niraya + pāla（ka）在吐火罗文中变为 ñarepālik “地狱守卫者”；梵文 piṇḍapāta 在吐火罗文中变为 piṃnwātik，汉译的“分卫”即从此出。-ik 在这里的作用不清楚。梵文 ṛṣi “仙人”，在吐火罗文中变为 riṣak（B rṣāke）。

“居士”，梵文 gṛhin，gṛhastha，吐火罗文 kātäk（B kattāke），不是来自梵文，而很可能是来自伊朗语言：Awesta kad，意思是“房子”，新波斯语 kat-x-udā，意思是“居士”。这里也是词尾（ä）起了作用，kātäk 指“住在家里的人”。

关于 Metrak，三位作者只说，Maitreya 经常作 Metrak，没有作什么说明。在 B 是 Maitrāk，也有 Maitreye 这个形式。在注中，作者指出，Andreas 通知他们，Metrak 这个形式也见于吐鲁番中古波斯文残卷中。我不揣冒昧，想在这里给 Metrak，Maitrāk 这个形式作一个新的解释。我认为，这个形式与梵文 Maitreya 无关，而是直接来自梵文 Maitrī。Maitrī 的意思是“慈爱”，加上词尾-k，成为 Metrak，Maitrāk，意思是“慈爱者”。汉文最早的意译“慈氏”就是从这里来的。我看，这个解释是有根有据，合情合理的。因此，我认为 Metrak 是独立发展成的，不必绕一个弯子硬把它同 Maitreya 挂上钩[12]。

## Ⅲ 为什么中国汉译佛典中最早出现的是“弥勒”，而不是“梅呾利耶”?

Maitreya 和 Metrak 的关系弄清楚以后，下一步就要弄清楚这两个字的汉译在汉译佛典中出现的情况。这对研究佛教从印度向中亚和中国的传播以及中国佛教史都有相当重要的意义。

Maitreya 和 Metrak 在汉译中有三种不同的情况：

1. 音译“弥勒”，来自 Metrak

在汉译大藏经中，“弥勒”出现的次数成百上千，不可能也没有必要一一列举。对我的探讨有意义的是：最早出现于何时？何经？何人所译？我所谓“最早”是指后汉、三国时期，两晋、南北朝以后历隋、唐以迄宋明出现的一概不录，这对我要探讨的问题没有用处。我在下面按照《大正新修大藏经》（下面缩写为㊅）的排列顺序，把最早出现的“弥勒”辑录一下：

吴康僧会译《六度集经》，卷一：“彼国王者弥勒是。”㊅三，3b；

失译人名在后汉录《大方便佛报恩经》，卷一：“弥勒菩萨。”㊅三，124b；

吴支谦译《佛说月明菩萨经》：“尔时智力王者，今弥勒菩萨是。”㊅三，411c；

后汉康孟详译《佛说兴起行经》，卷下：“尔时病比丘弥勒者，则今弥勒菩萨是。”㊅四，172b；

吴支谦译《撰集百缘经》，卷十：“我及弥勒俱为菩萨。”㊅四，253c；

后汉支娄迦谶译《杂譬喻经》：“欲睹弥勒佛时三会二百八十亿人得真人时。”㊅四，499b；

吴康僧会译《旧杂譬喻经》，卷上：“弥勒作佛时，当得应真度脱。”㊅四 512b；

后汉支娄迦谶译《道行般若经》，卷一：“弥勒菩萨。”㊅八，425c；

同上书，卷三：“弥勒菩萨。”㊅八，438a；

同上书，卷五："弥勒菩萨。"㊅八，451b；

吴支谦译《大明度经》，卷四："弥勒闿士。"㊅八，496c；

吴支谦译《佛说八吉祥神咒经》："菩萨千人皆弥勒等。"㊅十四，72b；

同上书："弥勒菩萨。"㊅十四，73a；

吴支谦译《佛说维摩诘经》，卷上："于是佛告弥勒菩萨。"㊅十四，523c；

后汉安世高译《佛说长者子制经》："我持慈心皆付弥勒佛。"㊅十四，801b；

后汉支娄迦谶译《佛说纯真陀罗所问如来三昧经》，卷上："复有菩萨，名曰弥勒。"㊅十五，349a；

同上书，卷下："佛语弥勒。"㊅十五，367a；

以上是后汉、三国时期汉译佛典中"弥勒"出现的基本情况。这一段时间并不长，但是译者数目不算很少，所从来的地方也不算很少。译者计有康僧会、支谦、康孟详、支娄迦谶、安世高等人。来的地方计有月氏、康居、安息等地。但是他们使用"弥勒"一词则是一致的，这值得我们重视。来自 Metrak 的音译"弥勒"是后汉、三国时期习见的表示未来佛的词儿。

2. 音译梅呾利耶等，来自 Maitreya

梅呾利耶是梵文 Maitreya 的音译，与 Metrak 无关。在汉文佛典中出现的情况如下：

唐玄奘译《阿毗达磨大毗婆沙论》，卷一百七十七："二名梅怛俪药。"㊅二十七，890b；

唐玄奘译《阿毗达磨顺正理论》，卷四十四："一名梅怛俪（丽）药。"㊅二十九，591c；

唐窥基撰《妙法莲华经玄赞》，卷第十末："梵云梅呾利末那故。"㊅三十四，849c；

新罗憬兴撰《三弥勒经疏》："今正梵音云梅怛利耶。"(大)三十八，305b；

唐窥基撰《说无垢称经疏》，卷第三末："梵云梅呾利耶，此云慈。"(大)三十八，1048b；

同上书，卷第四末："梵云梅呾利耶，翻为慈氏。古云弥帝丽，或云弥勒，皆讹略也。"(大)三十八，1057b；

唐义净译，慧沼撰《金光明最胜王经疏》，卷第一："慈氏，梵音梅呾丽曳，此云慈氏。或云那，即慈姓中生，或本性行慈。或云曳尼，即女声中。"(大)三十九，188b；

宋子璿集《首楞严义疏注经》，卷第五之二："具云梅咀（呾之误）利曳那，此云慈氏。"(大)三十九，902a；

唐普光述《俱舍论记》，卷第十八："二名梅怛俪药，夹注：梅怛，此云慈；俪药，此云氏。菩萨在慈姓中生，从姓立名，故名慈氏。旧云弥勒，讹也。"(大)四十一，282b；

唐法宝撰《俱舍论疏》，卷第十八："二名梅怛俪药。"(大)四十一，682a；

唐窥基撰《成唯识论述记》，卷第四本："梵言梅呾利耶，此翻言慈氏。梅呾罗曳尼，此声转之异。婆罗门十八姓中，慈为一姓。氏谓氏族，曾当皆生此种姓家，故以为号。"(大)四十三，352b；

唐道世撰《法苑珠林》卷二十九："又大寺中有刻木梅呾丽耶旧云弥勒菩萨像。"(大)五十三，498b；

唐慧琳撰《一切经音义》，卷第二十七："弥勒，梅怛利曳，此云慈氏，慈为本姓，或以心行为姓也。"(大)五十四，482c；

宋法云编《翻译名义集》，卷第一："弥勒，《西域记》云梅哩（呾之误）丽耶，唐云慈氏，即姓也。旧曰弥勒，讹也。什曰：'姓也。阿逸多，字也。南天竺婆罗门子'。《净名疏》

云："有言从姓立名。今谓非姓，恐是名也。何者？弥勒此翻慈氏。过去为王，名昙摩流支，慈育国人。自尔至今，常名慈氏。始阿逸多，此云无能胜。有言阿逸多是名。既不亲见正文，未可定执。观《下生经》云，时修梵摩，即与子立字，名曰弥勒。'"㊅五十四，1058b 。

看了上面这一些例子，我认为可以看出下列情况：

a.Maitreya 的音译梅呾利耶等出现得都相当晚，一直到唐代才出现。

b. 这些音译多出现于注疏和词书中，出现于译经中者极少。

c. 音译使用的汉字大体相同，但也间有分歧。玄奘本人也有矛盾。在上面列举的两个例子中，他使用"梅怛俪药"，但是在《大唐西域记》卷七中，他却译为"梅呾丽耶"。

d. 中国和尚的一些解释有点莫名其妙，比如"梅呾，此云慈；俪药，此云氏。"梵文 Maitreya 决不能分割为 Mait 和 reya 两个部分。又如"梅呾利曳那"，梵文中没有 Maitreyaṇa 这样的字。"或云那，即慈姓中生"，梵文应作 Maitreyaja，ja 的意思是"生"。"那"（na）没有"生"的意思。

e. 对弥勒与阿逸多的关系，没搞清楚。

f. 这里讲"弥勒，讹略也"。《大唐西域记》也有类似的话。这说明，中国和尚，包括玄奘大师在内，早已不了解"弥勒"的来源了。

3. 意译慈氏

在汉译佛典中，"慈氏"一词出现的次数同"弥勒"差不多，可能略少一点，总之数量是极为可观的。下面略举几个例子。我把重点放在最早的后汉、三国时代，其用意与对"弥勒"的处理相同。后汉、三国以后，每个朝代的译经中都大量出现，与"弥勒"并行，例子就不举了。

吴支谦译《大明度经》，卷第二："尔时慈氏闿士语善业：有闿士大士代欢喜最尊分德法。"㊅八，486a。

在这里，我想把本段译文和同经异译本的译文对比一下：

后汉支娄迦谶译《道行般若经·摩诃般若波罗蜜沤惒拘舍罗劝助品》第四："尔时弥勒菩萨谓须菩提：若有菩萨摩诃萨劝助为福。"㊅八，438a；

苻秦昙摩蜱共竺佛念译《摩诃般若钞经》卷三《善权品》第四："尔时弥勒菩萨谓须菩提：若有菩萨摩诃萨劝助为福。"㊅八，519c。

同一个词"慈氏闿士"、"闿士大士"，后两个本子都译为"弥勒菩萨"、"菩萨摩诃萨"，前者是意译，后者是音译。"闿士"一词在支谦译本中多次出现。"闿士"，在其他经中也作"开士"，甚至有作"阐士"者[13]。

接着举例子：

吴支谦译同上书："慈氏闿士作无上正真平等觉时。"㊅八489a；

同上书："若于兜术天上从慈氏闿士问慧。"㊅八，492c；

后汉安玄译《法镜经》："便使慈氏开士及一切行开士听。"㊅十一，22c；

曹魏康僧铠译《佛说无量寿经》，卷上："慈氏菩萨。"㊅十二，265c；

同上书，卷下："慈氏菩萨。"㊅十二，278a。

我在这里想指出来：在同书、卷、页 bc，"慈氏菩萨"一变而为"弥勒"。

吴支谦译《佛说出无量门微密持经》："慈氏菩萨。"㊅十九，680b。

我在这里想指出，此经有几个异译本。同一个字，有的同支谦一样，译为“慈氏菩萨”，有的则译为“弥勒菩萨”。我只举两个例子：

东晋佛陀跋陀罗译《佛说出生无量门持经》：“弥勒菩萨。”㊀十九，682b；

刘宋求那跋陀罗译《阿难陀目佉尼呵离陀经》：“慈氏菩萨。”㊀十九，685a。

其余的例子不举了。

“慈氏”一词在后汉、三国时期汉译佛典中出现的情况大体如上。

从“弥勒”、“梅呾利耶”和“慈氏”三个词儿出现的情况中，我们可以看到：

a.“弥勒”与“慈氏”同时出现于最早时期——后汉、三国时期。“梅呾利耶”等出现较晚。

b.在最早的时期，同一译者，甚至在同一部佛经中，随意使用“弥勒”或“慈氏”。译者对于音译和意译无所轩轾。

c.从后汉、三国以后，直到明代，“弥勒”和“慈氏”并行不悖。

我在本节的标题中提出了一个问题：为什么中国汉译佛典中最早出现的是“弥勒”而不是“梅呾利耶”？现在，在举出了这样多的例子以后，我可以确切地来答复了。最早的汉译佛典的原本不是梵文或巴利文，其中可能有少数的犍陀罗文，而主要是中亚古代语言（包括新疆），吐火罗文恐怕最有可能。我在以前的一篇文章中[14]说过：“这事实告诉我们，在中印文化交流的初期，我们两国不完全是直接来往，使用吐火罗语的这个部族曾在中间起过桥梁作用。”我当时分析了两个词儿：恒（河）和须弥（山）。现在又多了一个“弥勒”。我设想，在最早的时期，译者眼前的字是Metrak，而不是Maitreya。他们也能清醒地理解这个字的含义，它与

Maitrī有关，意思是“慈爱”，加上词尾-ak，就成为“慈爱者”，他们译之为“慈氏”。事情是如此地明显[15]。

最后，我还想谈一个问题：为什么Metrak音译为“弥勒”？过去学者们大概认为这不成问题，所以几乎没有人讨论过这个问题。但是，倘若加以推敲，不能说全无问题。rek音译为“勒”，完全正确，“勒”是以-k收尾的入声字。但是，“弥”却并非以t收尾的入声字，以“弥”对Met就显得不妥。

H.W.Bailey[16]提出了一个解释。他用tr>dr>l这个公式来解释Metrak中的-tr-变成-l-的现象。他举出了几个例子，比如梵文trayastriṃśa，音译为“忉利”：梵文kṣudra>ksulla>culla；梵文kṣatriya，音译为“刹利”，等等。我认为，Bailey的说法能自圆其说，至少也可以聊备一格。

1989年9月

**注 释**

［1］ *Maitrisimit*，Ⅱ.Akademie Verlag 1961 p.20.

［2］ *Gandhārī and the Buddhist Mission in Central Asia*，见 *Añjali*，*Papers on Indology and Buddhism*，O.H.de A.Wijesekara Felicitation Volume，ed.by J.Tilakasiri，Peradeniya 1970，pp.55—62.

［3］ 见《中印文化关系史论文集》三联书店1982年版，第323—336页。

［4］ *Grammatik der Prakrit-Sprachen*，Grundriss der Indo-arischen Philologie und Altertumskunde，I.Bd.3.Heft，Strassburg 1900.§141，598.

［5］ *Beobachtungen über die Sprache des buddhistischen Urkanons*，Abhandlungen der deutschen Akademie der Wissenschaften zu Berlin，Klasse für Sprachen，Literatur und Kunst.Jahrgang 1952，Nr.10，§ 133—138.

［6］ *Some Aspects of the Phonology of the Prakrit underlying the Aśokan-Inscriptions*，BSOAS，33（1970），p. 136.

［7］ *The Gāndhārī Dharmapada*，*London Oriental Series*，vol.7.Oxford University Press，1962，§28，§ 38

[8] 同注 [7]，§38，注4。

[9] 在这里，Brough 引用了 H.W.Bailey 的 *Gāndhārī*，见 *Opera Minora*，vol.2，Shiraz，Iran 1981，pp.308—9，原载 BSOAS xi—4 1946。在这里，Bailey 列举了中亚及东亚许多语言中 Maitreya 出现的形式。

[10] 同 [9] 引书，第50页。

[11] *Tocharische Grammatik*，§22. 在§44c，97，99b，117，192，205a，344 等节讲到 Metrak 的变格问题。

[12] 吐火罗文 B 出现 Maitreye 这个形式，与我的新解并不矛盾。Metrak 与 Maitrak 代表吐火罗文内部的发展。Maitreye 代表在某一种情况下直接从梵文来的借用关系。时间可能有先后之别。

[13] 梵文"开士"这个词同吐火罗文 A 中的 käṣṣi（老师）有联系吗？一般认为"开"等于梵文 bodhi，"士"等于梵文 sattva。"开士"也见于中国诗文中，例如李白诗："衡阳有开士，五峰秀骨真。"

[14] 《吐火罗语的发现与考释及其在中印文化交流中的作用》，见《中印文化关系史论文集》，三联书店1982年版，第110—111页。

[15] 后汉、三国以后，中国译经僧和外国来的和尚所使用佛典绝大多数都是梵文原本，他们眼里看到的不会再是 Metrak，而是 Maitreya，为什么他们仍然译为"弥勒"呢？这只能用约定俗成来解释。

[16] 见 [9]。我忽然想到。波你尼的书中讲到 Vāsudeva 和 Vāsudevaka，Vasudeva 是神名，加上语尾 ka，就成了"Vāsudeva 大神的崇拜者"。这个-ka 同吐火罗文的-ak 有没有联系呢？

# 佛教的倒流

我们讲“文化交流”，其中“交”字是关键。既然说“交”，就不会是向一个方向流，形成了所谓one-way traffic，而是相向地流，这才是真正的“交流”。一方的新东西、新思想、新科技等等流向另一方。另一方的新东西、新思想、新科技等等也流向这一方。有时候，流过来的东西，经过这一方的改造、加工、发展、提高，又流了回去。如此循环往复，无休无止，一步比一步提高，从而促进了人类文化的发展，以及人类社会的进步。这种流出去又流回来的现象，我称之为“倒流”。

这种现象在科学技术方面特别明显而常见。但是在意识形态方面，则比较隐晦。至于在意识形态中最微妙的那一部分——宗教中，由于宗教的排他性特别强，则几乎是难以见到，甚至可以说是根本不见。

有之，自中印之间的佛教“倒流”始。这在印度佛教史上，在中印文化交流史上，甚至在世界宗教史上，是一个非常有趣的现象，一个非常值得深思的现象。为什么会在佛教中出现这种现象呢？这现象是否在其他宗教中也出现呢？如果不出现，那么原因何在呢？这样一些问题，对研究佛教史，对研究中印文化交流史，对研究世界宗教史，都有深刻的意义。但是，就我浏览所及，还没有哪一部佛教史或有关的书籍，认真地谈到这个问题。我认为，这不能不说是一件憾事。我现在试着对这个佛教倒流的现象作一些阐述，最后提出我的解释。

佛教是从印度传到中国来的。中国人接受了这一个外来的宗教以后，并不是墨守成规、原封不动地把它保留了下来，而是加以改造和提高，加以发扬光大，在传播流通过程中，形成了许多宗派。总起来看，在律的方面——僧伽组织方面的改变，比起在教义方面的改变与发展，要少一些，要不太引人注目一些。在佛教义理方面，中国高僧在几百年上千年的钻研与学习中，有了很多新的发展，有的又“倒流”回印度，形成了我所说的“佛教的倒流”。中国佛教典籍中对于这种现象有一些记载。我在下面举几个例子。

元念常集《佛祖历代通载》卷十三：

> 玄宗隆基开元二年（714年）十月十七日，永嘉玄觉禅师示寂。……与东阳策禅师偕谒六祖。……须臾告辞。祖曰：“返太速乎？”师曰：“本自无动，岂有速耶？”祖曰：“谁知非动？”师曰：“仁者自生分别。”祖曰：“女（汝）甚明得无生之意。”师曰：“无生岂有意耶？”祖曰：“无意谁当分别？”曰：“分别亦非意。”祖曰：“善哉！善哉！少留一宿。”时谓一宿觉。及回，学徒奔萃。著《证道歌》一篇，梵僧归天竺。彼皆亲仰，目为东土大乘经，又著《禅宗悟修圆旨》十篇及《观心十门》，并盛传于世。[1]

这一段话讲的是中国禅宗中所谓机锋。禅宗，虽然名义上是菩提达摩从印度传到中国来的，但是实际上是在中国发展起来的一个佛教宗派，流行得时间最长，最富于中国色彩。永觉禅师拜谒禅宗六祖慧能，二人要开了机锋。永觉从中悟得大道（觉）。六祖连声高呼："善哉！善哉！"《证道歌》中的思想大概也不出中国禅宗的这一套东西。这一套东西印度人可能是陌生的，认为是莫测高深的。因而《证道歌》终于在唐玄宗时期（八世纪）传回了印度，为那里的人所"亲仰"。

最有典型意义的"倒流"现象是宋赞宁的《宋高僧传》二七《含光传》所讲的情况。《传》中说：

> 时天台宗学湛然，解了禅观，深得智者膏腴。尝与江淮僧四十余人入清凉境界。湛然与光相见，问西域传法之事。光云：有一国僧，体解空宗，问及智者教法。梵僧云："曾闻此教定邪正，晓偏圆，明止观，功推第一。"再三嘱光，或因缘重至，为翻唐为梵，附来，某愿受持。屡屡握手叮嘱。详其南印土多行龙树宗见。故有此流布也。光不知所终。[2]

这个短短的《传》里讲到湛然见含光，含光谈到一个印度僧人再三叮嘱含光把智𫖮的著作翻成梵文，传到印度。看来智𫖮对大乘空宗的研究水平超过了印度空宗大师龙树。

赞宁是一位很有眼光，很有远见的高僧。他写完了《含光传》以后，心有所感。在《传》后面又写了一个《系》，发挥自己对含光遇到梵僧这一件事情的感想。这一个《系》是中国佛教史上的一篇重要文字，内容丰富，含义深刻。为了具体地阐明我对佛教倒流的看法，我把这一篇不太长的《系》全部抄在下面：

> 系曰："未闻中华演述佛教倒传西域，有诸乎？"通（羡林案：当即通慧大师）曰："昔梁武世，吐谷浑夸吕可汗使来，求佛像及经论十四条。帝与所撰《涅槃》、《般若》、《金光明》

等经疏一百三卷付之。原其使者必通华言，既达音字，到后以彼土言译华成胡，方令通会。彼亦有僧，必展转传译，从青海西达葱岭北诸国，不久均行五竺，更无疑矣。故车师有《毛诗》、《论语》、《孝经》，置学官弟子以相教授。虽习读之，皆为胡语是也。又唐西域求易道经。诏僧道译唐为梵。”二教争“菩提”为“道”。纷拏不已，中辍。设能翻传到彼，见此方玄赜之典籍，岂不美欤。又夫西域者佛法之根干也，东夏者传来之枝叶也。世所知者，知枝叶不知根干，而不知枝叶殖土，亦根生干长矣。尼拘律陀树是也。盖东人之敏利，何以知耶？秦人好略，验其言少而解多也。西域之人淳朴，何以知乎？天竺好繁，证其言重而后悟也。由是观之，西域之人利在乎念性、东人利在乎解性也。如无相空教出乎龙树，智者演之，令西域之仰慕。如中道教生乎弥勒，慈恩解之，疑西域之罕及。将知以前二宗殖于智者、慈恩之土中枝叶也。入土别生根干，明矣。善栽接者，见而不识，闻而可爱也。又如合浦之珠，北土之人得之，结步摇而饰冠珮。南海之人见而不识，闻而可爱也。蚕妇之丝，巧匠之家得之，绣衣裳而成黼黻，缫抽之姬见而不识，闻而可爱也。懿乎！智者、慈恩西域之师，焉得不宗仰乎！

你难道不认为这是一篇蕴藏着许多深刻内容又十分有启发性的《系》吗？我现在根据原文内容顺序，对文中所谈的问题，加以必要的诠释，然后作出我认为是合情合理的结论。

先谈梁武帝。

我在这里要谈的是虔诚的佛教信徒萧衍，而不是身为一代人王帝主的梁武帝。因此，二十四史中的《梁书》等所谓正史，我一概不征引，我只从《高僧传》、《佛祖统纪》、《佛祖历代通载》等佛教典籍中征引必要的资料，来说明我要解决的问题。佛教典籍中当然认为梁武帝是一个非常值得赞扬的人物，吹嘘他是一个虔诚的居士，一生几次舍身出家。但是，在提到辟佛者的意见时，也间或提到萧衍。譬如唐代的韩愈就是这样。这些辟佛者抓住他一生虔诚拜在佛教莲台之下，终于还是落得了一个在侯景之乱中饿死台城的下场这一条辫子不放，使信佛者处于非常尴尬的情况中。

佛教典籍中吹捧梁武帝的地方，比比皆是，我举几个例子。《续高僧传》五《智藏传》说："逮有梁革命，大弘正法。"[3]《续高僧传》二五《慧云传》说："梁高拨乱弘道，偏意释门。"[4]这样的吹捧之辞，还有不少。但在吹捧中也有含有贬意的，唐代魏征的《梁武帝赞》是一个有代表性的例子。魏征说："（梁武帝）剪离德如振槁，取得独夫如拾遗，其雄才大略，固不可得而称矣。既悬白旗之首，方应皇天之眷。而布泽施仁，悦近来远，开荡荡之王道，革靡靡之商俗，大修文学，盛饰礼容，鼓扇玄风，阐扬儒业，介胄仁义，折冲樽俎，声振寰区，泽周遐裔，干戈载戢，凡数十年。济济焉，洋洋焉，魏晋以来，未有若斯之盛也。然不能息末敦本，斲雕为朴，慕名好事，崇尚浮华，抑扬孔墨，流连释老，或终夜不寐，或日旰不食，非弘道以利物，唯饰智以惊愚。……"[5]这是一个崇奉儒家者的意见。可以参照。《佛祖历代通载》用极长的篇幅来为他树碑立传，记述他学佛的过程。他从高僧宝志交游，宝志示寂，梁武建浮图五级，葬大士其下。"凡大士（宝志）所为秘谶偈句，多著《南史》。为学者述《大乘赞》十篇，《科诵》十四篇，并《十二时歌》，皆畅道幽致，其旨与宗门冥合，今盛传于世"。天监三年（504 年）四月八日，梁武帝亲制文发愿，乞凭佛力，永弃道教。五年（506 年）帝注《大品》。十年（511 年），诏法师僧旻入惠轮殿讲《胜鬘经》。十一年（512 年）有旨命宝亮法师授《涅槃义疏》，帝为之序。又下诏蔬食断肉，造《断酒肉文》及《净业赋》，普通元年（520年），帝于禁中筑圆坛，将禀受归戒。以惠约为师，太子诸王公卿道俗从约授戒者四万八千人。时释子多纵率，帝患之，欲自以律行僧正事。帝开放宫禁，恣僧游览。大通元年（527年），帝幸同泰寺舍身。中大通元年（529年）九月，上幸同泰寺舍身，群臣以钱一亿万奉赎回宫。十月，上幸同泰寺，升座讲《涅槃经》，十一月，讲《般若经》。太清三年（549年），侯景作乱，梁武帝萧衍死。《佛祖历代通载》九评论他说："幼而好学，六艺备闲，基登逸品。至于阴阳纬候卜筮占决草隶尺牍骑射，并洞精微。虽登大位，万机多务，犹手不释卷，然烛测光，尝至戊夜。撰《通史》六百卷、《金海》三十卷，《五经义注》、《讲疏》等，合二百余卷，赞序诏诰铭诔箴颂笺奏诸文，凡一百二十卷。晚奉佛道，日止一食，膳无鲜腴，唯豆羹粝饭而已。或遇事拥，不暇就食，日才过中，便嗽口而坐。制《涅槃》、《大品》、《净名》、《三惠》诸经义记数百卷。听览余暇。即于重云殿同泰寺讲说，名僧硕学四部听众常万余。衣布衣木棉皂帐。一冠三载，一被二年。自五十外，便断房室，不饮酒，不取音乐，非宗庙祭祀大会飨宴及诸法事，未尝举乐。勤于政事，每冬月四更竟，即敕把烛看事。执笔触寒，手为皴裂。然仁爱不断，亲亲及所近倖，愆犯多纵舍。坐是政刑弭紊。"[6]根据上面的叙述，梁武帝应该说是一个非常难得的虔诚的皇帝。虽然由于"仁爱不断"等等可能是佛教影响过分姑息的作法，终致以耄耋之年饿死台城，但是总不失为一个有学问、有道德的帝王。他的有关佛教义理的著作能影响到西域，以致吐谷浑夸吕可汗派人来求佛像及经论，完全是可以理解的。至于他《涅槃》、《般若》、《金光明》等经疏能够"均行五竺"，看来只是通慧大师推测之辞，还没有找到有关的记载。

梁武帝这样一个人，从佛教倒流的角度来看，当然使我很感兴趣。但是从同一个角度来看使我更感兴趣的却是同梁武帝有某些牵连的一个印度和尚，他就是有名的菩提达摩大师，所谓东土禅宗初祖。他是天竺南印度国香至王第三子。父王死后，他出了家。《佛祖历代通载》九，把菩提达摩事系于梁大通元年（527 年）。下面一段记载值得注意：

(达摩）遇二十七祖般若多罗，付以大法。因问："我既得法，宜化何国?"多罗曰："汝得法已，俟吾灭度六十余年，当往震旦阐化。"曰："彼有法（浩）器，堪继吾宗，千载之下，有留难否?"多罗曰："汝所化方，得菩提者，不可胜数。吾灭度后，彼有劫难，水中文布善自降之。"[7]

《佛祖统纪》二九有类似的记载：

(达摩）出家之后，遇二十七祖般若多罗，付以大法。谓曰："吾灭后六十年，当往震旦行化。"多罗既亡，师演道国中，久之思震旦缘熟，即至海滨，寄载商舟，以梁大通元年达南海。[8]

这里没有讲震旦"法器"，只讲"缘熟"，指的是震旦与大法有缘分。

《释氏稽古略》二也有这个记载：

姓刹帝利，本名菩提多罗。二十七祖般若多罗至其国，受其父王供养。得所施珠，试其所言。祖谓之曰："汝于诸法已得通量。夫达摩者，通大之义也。宜名菩提达摩。"摩谘之曰："我既得法，当往何国而作佛事?"祖曰："汝虽得法，未可远

> 游。且止南天，待吾灭后六十七载，当往（生）震旦东土也，设大法乐，获菩提者不可胜数。”

下面谈到一个名叫佛大先的和尚，遇到般若多罗，舍小（乘）趣大（乘），与达摩并化。后来达摩“念震旦缘熟，行化时至”，于是来到中国。[9]

《续高僧传》十六《菩提达摩传》里只说：“南天竺婆罗门种，神慧疏朗，闻皆晓悟，志存大乘，冥心虚寂，通微彻数，定学高之，悲此边隅，以法相导。”[10]没有讲到同中国的缘分，对中国的期望。

《佛祖历代通载》、《佛祖统纪》和《释氏稽古略》等三书中所讲的情况，实际上已经够清楚的了。但是，到了大同元年（535年）十月，达摩行将示寂的时候，他对自己选定的接班人惠可说的一番话，更是明白清楚：

> 吾有《楞伽经》四卷，亦付与汝，即是如来心地要门。吾自离南印，来此东土，见赤县神州有大乘气象，遂逾海越漠，为法求人。际会未谐，如愚若讷。今得汝传授，吾意已终。[11]

菩提达摩信奉的是佛教大乘，上面已经谈到过了。他在这里说得明明白白，他到中国来是“为法求人”，这“法”就是大乘。他在中国看到了大乘气象，找到了大乘传人，“吾意已终。”他满意了。众所周知，中国千余年来，崇奉的就是大乘。这中间有什么必然性吗？这同我在本文中要探讨的问题有什么联系吗？我在本文结束时再来谈一谈我的想法。

还有一段神话似的做事，也值得提上一下。就在同一书中，在

《佛祖历代通载》九中，讲到达摩示寂以后，“明年，魏使宋云西域回，遇师于葱岭，手携只履，翩翩独迈。云问：‘师今何往？’曰：‘西天去。’及云归朝，具言其事。门人启圹。唯空棺只履存焉。”[12]难道这里面蕴含着什么微言大义吗？

总之，从梁武帝和菩提达摩这个简单的故事中，我们似乎可以体会出许多东西来，这些东西都与佛教倒流有关。它起码暗示出，印度人认为中国人有学习并且发展佛教大乘的根器，这就给佛法倒流准备了有利的条件。

现在按顺序谈翻《道德经》为梵文的问题。

严格说来，这不属于佛教倒流的范围。但是，既然通慧大师讲到它而赞宁又记了下来，所以我也来谈上一谈。

《旧唐书》一九八《天竺国》：

> 有迦没路国[13]，其俗开东门以向日。王玄策至，其王发使贡以奇珍异物及地图，因请老子像及《道德经》。

《新唐书》二二一上《西域列传·天竺国》：

> 迦没路国[13]献异物，并上地图，请老子像。

《新唐书》没有讲《道德经》。《旧唐书》讲到了，肯定是有根据的。在这里，我认为，我们必需回答的问题是：玄奘究竟翻译了《道德经》没有？如果已经翻译了，传到印度去了没有？我现在根据现有的资料，试图解答如下。

《佛祖统纪》二九《玄奘》：

> 上令翻《老子》为梵文，以遗西竺。师曰：“佛老二教，

> 其致大殊，安用佛言，以通老义？且老子立义肤浅。五竺闻之，适足见薄。”遂止。[14]

这里说得很明确：“遂止”，就是根本没有翻译。同书三九，又重复说了上面引用的这一段话，只是说得更详细一些：“十月，车驾还京师，敕于北阙大内紫微殿西建弘法院，命奘法师居之。选名德七人以从。昼则陪御谈玄，暮则归院翻译。上令翻《道德经》为梵文，以遗西竺。”下面同上引文基本一致。[15]

从上述情况来看，玄奘根本没有动手。但是，上面引用的《含光传·系》中却说：“二教争‘菩提’为‘道’，纷拏不已，中辍。”“中辍”就是已经动手翻译，因纷拏而停了下来。这同《佛祖统纪》的说法，稍有不同。

对于这一件事情叙述得最详尽的是《集古今佛道论衡》卷丙《文帝诏令奘法师翻〈老子〉为梵文事第十》。这一段文字很重要，我全文抄在下面：

> 贞观二十一年（647 年），西域使李义表还奏，称“东天竺童子王（Kumāra）所，未有佛法，外道宗盛，臣已告云：‘支那大国未有佛教已前，旧有得圣（道）人说经，在俗流布。但此文不来。若得闻（文）者，必当信奉。’彼王言；‘卿还本国，译为梵言，我欲见之。必道越此徒(従)传通不晚(晓)’”。登即下敕，令玄奘法师与诸道士对共译出。于时道士蔡晃、成英二人，李宗之望，自余锋颖三十余人，并集五通观，日别参议，评核《道德》，奘乃句句披析，穷其义类，得其旨理，方为译之。诸道士等并引用佛经“中”“百”等论，以通玄极。奘曰：“佛教道教，理致大乖。安用佛理通明道义?”如是言议往还，累日穷勘。出语濩落，的据无从。或诵四谛四果，或诵

无得无待。名声云涌，实质俱虚。奘曰："诸先生何事游言，无可寻究？向说四谛四果，道经不明。何因丧本，虚谈老子？且据四谛一门，门有多义，义理难晓。作论辩之，佛教如是，不可陷沦。向问四谛，但答其名。谛别广义，寻问莫识。如何以此欲相抗乎？道经明道，但是一义。又无别论，用以通辩，不得引佛义宗用解老子，斯理定也。"晃遂归情曰："自昔相传，祖承佛义，所以《维摩》三论，晃素学宗，致令吐言命旨，无非斯理。且道义玄通，洗情为本。在文虽异，厥趣攸同。故引解之，理例无爽。如僧肇著论，盛引老庄。成诵在心，由来不怪。佛言似道，如何不思？"奘曰："佛教初开，深经尚壅。老谈玄理，微附虚怀。尽照落筌，滞而未解。故肇论序致，联类喻之，非谓比拟，便同涯极。今佛经正论繁富，人谋各有司南，两不谐会。然老之《道德》，文止五千。无论解之，但有群注。自余千卷，事杂符图。张葛之咠附，非老君之气叶。又《道德》两卷，词旨沉深。汉景重之，诚不虚及(反?)。至如何晏、王弼、严遵（道）、钟会、顾欢、萧绎、卢景裕、韦处玄之流数十余家，注解老经，指归非一。皆推步（涉）俗理，莫引佛言。如何弃置旧踪，越津释府？将非探赜过度，同失混沌之窍耶?"于是诸徒无言以对。遂即染翰缀文。厥初云"道"，此乃人言。梵云"末伽"，可以翻度。诸道士等一时举袂曰："'道'翻'末伽'，失于古译。昔称'菩提'，此谓为'道'。未闻'末伽'以为'道'也。"奘曰："今翻《道德》，奉敕不轻。须核方言，乃名传旨。'菩提'言'觉'，'末伽'言'道'。唐梵音义，确尔难乖。岂得浪翻，冒罔天听。"道士成英曰："'佛陀'言'觉'，'菩提'言'道'。由来盛谈，道俗同委。今翻'末伽'，何得非妄?"奘曰："传闻滥真，良谈匪惑。未达梵言，故存恒习。'佛陀'天音，唐言'觉者'。

'菩提'天语，人言为'觉'。此则人法两异，声采全乖。'末伽'为'道'，通国齐解。如不见信，谓是妄谈。请以此语，问彼西人。足所行道，彼名何物？非'末伽'者，余是罪人。非唯罔（惘）上，当时亦乃取笑天下。"自此众锋一时潜退，便译尽文。河上序胤缺而不出。成英曰："老经幽秘，闻必具仪。非夫序胤，何以开悟？请为翻度，惠彼边戎。"奘曰："观老存身存国之文，文词具矣。叩齿咽液之序，序实惊人，同巫觋之媱哇，等禽兽之浅术。将恐两关异国有愧䣜（卿，误）邦。"英等不惬其情，以事陈诸朝宰。中书马周曰："西域有道如李庄不？"答："彼土尚道九十六家，并厌形骸为桎梏，指神我为圣本。莫不沦滞情有，致使不拔我根。故其陶练精灵，不能出俗。上极非想，终坠无间。至如顺俗四大之术，冥初（物）六谛之宗，东夏老庄所未言也。若翻老序，彼必以为笑林。奘告忠诚，如何不相体悉！"当时中书门下同僚，咸然此述，遂不翻之。[16]

同上引文内容相似的，还有《续高僧传》四《玄奘传》里的一段话，为了利于比较，为了纠正上引文中的一些错字和难解之处，为了免去读者翻检之劳，我也把它抄在下面：

寻又不敕，令翻《老子》五千文为梵言，以遗西域。奘乃召诸黄巾，述其玄奥，领叠词旨，方为翻述。道士蔡晃、成英等竞引释论《中》、《百》玄意，用通道经。奘曰："佛道两教，其致天殊。安用佛言，用通道义？穷核言迹（疏），本出无从。"晃归情曰："自昔相传，祖凭佛教。至于三论，晃所师遵，准义幽通，不无同会。故引解也。如僧肇著论，盛引老庄，犹自申明，不相为怪。佛言似道，何爽纶言？"奘曰："佛教初开，深文尚拥。老谈玄理，微附佛言。《肇论》所传，引为联类。岂以喻词，而成通极？今经论繁富，各有司南。老旦五千，论无文解。自余千卷，多是医方。至如此土贤明何晏、王弼、周颙、萧绎、顾欢之徒，动数十家，注解《老子》，何不引用？乃复旁通释氏，不乃推步逸踪乎？”既依翻了，将欲封勒。道士成英曰：“老经幽邃，非夫序引，何以相通？请为翻之！”奘曰：“观老治身治国之文，文词具矣。叩齿咽液之序，其言（辞）鄙陋。将恐西闻异国，有愧乡邦。”英等以事闻诸宰辅。奘又陈露其情。中书马周曰：“西域有道如老庄不？”奘曰：“九十六道并欲超生。师承有滞，致沦诸有。至如顺世四大之术，冥初六谛之宗，东夏所未言也。若翻《老》序，则恐彼以为笑林。”遂不译之。[17]

大家一看就可以知道，对于研究中国佛教史，中国佛道关系史，甚至中国宗教史来说，这是一篇非常重要的文字，可惜过去鲜为人注意。把上录两个文本对比一下，可以看出，两者叙述的内容基本相同，个别字句可以互校互补。两者是否同一来源？其中最大的区别是，后者没有涉及“末伽”与“菩提”的问题。也许《续高僧传》的道宣认为这无关紧要，所以略而不谈，但其实这是一个很重要很关键的问题。看完我在下面的分析，读者会同意的。

这一段文字不但详尽，而且具体、生动，其可靠性是勿庸置疑的。从表面上来看，它讲的是翻《老》为梵的问题；但是实际上，它涉及的问题面要广阔得多，深刻得多。它主要讲了中国宗教史上的一个重大问题，即佛道之争。在很长的时间内，佛道之间又对抗斗争又妥协融合的情况，是中国宗教史上的主轴问题之一。关于这一点，我这里无法详细讨论，请参阅汤一介《魏晋南北朝时期的道教》，陕西师范大学出版社，1988 年。

佛教传入中国以后，同中国土生土长的儒学和道教，狭路相逢。宗教是最具有排他性的，但是同时又富于适应性，在这个普遍规律约束之下，佛教与儒道二家长期展开了极其漫长极其复杂的对抗斗争，同时又想方设法互相接近，以求得共同的生存。儒家我在这里不谈，只谈佛道二教。这两教斗争与调和的历史发展，可以分为几个阶段，有时以对抗为主，有时又以调和为主，错综复杂，简直令人眼花缭乱。汉魏两晋南北朝时期的情况，请参阅汤用彤《汉魏两晋南北朝佛教史》。我在这里只讲七世纪唐太宗时期的情况，也只限于翻《道德经》为梵文的问题。从这一件事情可以看出来，道家此时是想向佛教靠拢，至少道士蔡晃和成英的态度是这样的。但是佛家采取的却是拒绝的态度，至少玄奘的态度是如此的。根据《集古今佛道论衡》，还有《续高僧传·玄奘传》的记载，佛道矛盾至少表现在下列五个方面：

一、道士引用佛经《中》、《百》等论，以通玄极。玄奘却说："佛教道教，理致大乖。安用佛理通明道义？"

二、道士诵佛教的四谛四果。玄奘却说："诸先生何事游言无可寻究？……不得引佛义宗用解老子，斯理定也。""四缔"，亦称"四圣谛"，梵文是 catvāryāryasatyāni，即苦、集、灭、道。"四果"指的是预流果、一来果、不还果、无学果（阿罗汉果）。

三、道士说："自昔相传，祖承佛义。……佛言似道，如何不思？"他还讲到僧肇，说他著论，盛引老庄，说明在义理方面，佛道可以不分家的。玄奘却认为，僧肇之所以著论引用老庄，是因为当时"佛教初开，深经尚壅"。为了让中国人士理解佛典要义，以老庄相比附，是一种权宜之计，"非谓比拟，便同涯极"。到了唐代，情况大变，"佛经正论繁富，人谋各有司南，两不谐会"，不能再引道释佛了。玄奘讲的这一番道理，征之中国佛教史，是完全符合的。早期佛教僧侣提倡的"格义"就与此相当。道安允许慧远不废俗书，也是同一用意。

关于道家向佛家靠拢，甚至取媚于佛家的说法很多，都是道家片面地一厢情愿地捏造出来的。归纳起来，约略有如下几种说法：

（一）老子转生为释迦牟尼。见《佛祖历代通载》八（㊅49，541c），还有其他一些书。

（二）释迦牟尼是老子的老师，这说法见于许多地方，比如宋释僧愍作《戎华论》以折顾欢的《夷夏论》，其中说："大士迦叶者，老子其人也。"参阅汤一介，上引书，第299页。

（三）释迦牟尼同老子是一个人。这同上面（一）微有不同，不是转生。《后汉书·襄楷传》说："老子入夷狄为浮屠。"

（四）道士姜斌说："《开天经》云：老子定王三年生，年八十五，西入化胡，以佛为侍者。"见《佛祖统纪》三八（㊅49，355c）。这个说法同上面（二）正相反，那里老子是佛弟子，这里老子是佛老师。表面上不同，实际上都强调的是师生关系。其拉拢与取媚则一也。

（五）道事天，天事佛。此说见于《佛祖统纪》三九（㊅49，369a）。这是吴阚泽的话。接着又说："隋李士谦论三教优劣，谓：佛日，道月，儒五星。"这样一来，佛的地位就远在道上了。

以上五种说法，当然还很不全面。我觉得，也根本没有要求全面的必要。仅此五种，如果依此类推，就足以看出，这样的说法是多么奇特，多么荒唐，多么自相矛盾。道家想同佛家拉关系的急切心情，跃然纸上。到了七世纪，道士蔡晃、成英二人继承的正是这样一个取媚佛教的传统。

总而言之，玄奘顶住了道士们的献媚，坚持佛道根本不是一回事。这在中国宗教史上也算是一件颇有意义的事情。

四、关于佛道关系的争论，可以说是以玄奘的胜利告终。这是佛道交锋的第一回合，是翻《道德经》这件工作的前奏曲。此曲既已终结，现在佛道坐下来要着手翻译，即引文中的“染翰缀文。”可是《道德经》的第一句话就是“道可道，非常道”。“道”字是五千文的第一个字，是《道德经》的，也可以说是道教义理的核心、关键和出发点。怎样来翻这个“道”字呢？不言而喻，这是一个至关重要的问题。在这里，佛道矛盾又明白无误地表现出来。

这里的矛盾焦点是，玄奘想用“末伽”（梵文 mārga）来翻“道”字，而道士们则主张用“菩提”（梵文 bodhi）来翻。他们说：“昔称‘菩提’，此谓为‘道’，未闻‘末伽’以为‘道’也。”道士们甚至把皇帝老子抬了出来，说什么“岂得浪翻，冒罔天听！”好大的一顶帽子！成英还振振有词地说：“‘佛陀’言‘觉’，‘菩提’言‘道’，由来盛谈，道俗同委。今翻‘末伽’，何得非妄？”但是玄奘却是寸步不让，他说，这都是传闻错误。“‘佛陀’天语，唐言‘觉者’；‘菩提’天语，人言为‘觉’。……‘末伽’为‘道’，通国齐解。”你若认为是“妄谈”，请问一问印度人士。佛道两家，舌剑唇枪，煞是热闹。

我个人觉得，这一场争论，除了表现佛道矛盾以外，还含有更加深刻的意义。至少有两点可以指出：第一，以常情而论，如果道士们真想保留自己宗教的纯洁性，就不应该用佛教的术语来翻自己宗教的最高真理或最高原则。从玄奘方面来看，如果他想吃掉道教的话，他本来可以移花接木，顺水推舟，采用“掉包”的办法，用自己宗教术语来取代道教的术语。然而事实却是，道家为了取媚佛教，自甘被吞并，而玄奘则根本不买这个账，一心想维护自己宗教的纯洁性。第二，这一点比第一还要重要，“末伽”与“菩提”，两名之异，不仅仅是一个用字的问题，而牵涉到中印两国宗教信仰出发点或者基础的根本差异，甚至涉及中印两国思维方式的差异。切不能等闲视之。

中国的“道”字，《说文》：“道，所行道也，从辵从𩠐，一达谓之道。”唐代韩愈的《原道》中说：“由是而之焉之谓道”，是同《说文》的原义相吻合的。道，就是人走的道路，人人都必须走的。“牟子曰：‘道之言导也。’”[18]这已经走了样，后汉时期词源解释，大多类此。牟子又加了一句：“导人致于无为。”他心目中的含义更加清楚了。《说文》：“导，引也，从寸，道声。”“道”字在这里只起声符的作用，与此字的原义无关。牟子的解释是站不住脚的。总之，我们从这个“道”字可以看出来，中国这个宗教要解决的是现实的问题，今世的问题，不是神话的问题，来世的问题。道家这种精神，同儒家精神是完全一致的。孔子说：“未知生，焉知死！”这是一脉相承的中国精神。后来道家发展成为道教，也不过是想长生不死，白昼升天而已。这种精神，这个“道”字，倘必须译为梵文，则 mārga（末伽）最为恰当。mārga 这个字的词根是√mārg，与√mṛg 也有一些联系，意思是“走路，走道”。印度哲学宗教中，少有 mārga 这样一个术语。但是用之来翻中国的哲学术语“道”，却是十分吻合的，无懈可击的。在这一点上，玄奘是完全正确的。

至于“菩提”（bodhi），则完全是另外一码事。这个字的词根是√budh，意思是“觉，醒”。Buddha（佛陀，佛）这个字也源于√budh，加上过去分词语尾 ta，变成了 buddha，意思是“觉悟了的人”，“觉者”。√budh 的抽象名词就是 bodhi，意思是“觉”，音译“菩提”。道士成英说：“佛陀言觉”，不完全对，改为“觉者”，就完全正确了。牟子说：“佛者，觉也。犹言三皇神五帝圣也。”[19]牟子不会知道，buddha 和 bodhi 两个字是同源的。从宗教意义上来看什么叫做“觉”呢？根据佛教最原始的理论，所谓“十二因缘”，一个人（或其他生物）总是处在生死流转中的，只有认识了这个根本理论，认识了“无明”（avidyā）是十二因缘之首，他就算是“觉”了，算是得道了，成佛了。因此，梵文 bodhi 这个词儿所蕴含的意义，与中国的“道”完全不同。它要解决的问题，不是现世的，不是眼前的，而是来生来世无数生死流转的。

这是以佛教与道教为代表的中印宗教哲学思想最根本的分歧之所在。所以我在上面说，不能等闲视之。玄奘与道士们的争论，其重要意义也由此可见。

这一场至关重要的佛道之争，以玄奘的胜利告终。我在上面曾经提出了两个问题：玄奘究竟翻译了《道德经》没有？如果已经译出，传到印度去了没有？这里先回答第一个问题。上面引用的《集古今佛道论衡》卷丙说："自此众锋一时潜退，便译尽文。"《续高僧传》说："既依翻了，将欲封勒。"可见玄奘确实已将《道德经》译为梵文。我在上面已经说过，从一些迹象来看，《集古今佛道论衡》的说法是可靠的。因此，《佛祖统纪》三九所说的"遂止"，《含光传·系》中所说的"中辍"，是靠不住的。第二个问题后面再来答复。

在这一回合的争论中，玄奘算是胜利了。但是，佛道之争并没有因此而停止。正文译完，又出现了译不译序的问题。玄奘不肯翻译《老子·河上公注》。成英强调说，《老经》很玄秘，没有序注，无法理解。玄奘却说："(河上公）序实惊人，同巫觋之淫哇，等禽兽之浅术。"翻译了，会给乡邦脸上抹黑。道士们没有办法，报告了朝中宰辅。中书马周询问玄奘，玄奘把印度的宗教哲学的教义和教派提纲挈领地介绍了一下，连顺世外道（lokāyata）也介绍了，结论是"若翻老序，彼（印度）必以为笑林"。当时中书门下同僚都同意玄奘的意见，"遂不翻之。"这一回合，玄奘又胜利了。

羡林案：《老子·河上公注》成于何时，出自何人之手，是有争论的。有人主张：该注当出于东晋以后，是葛洪一系门徒所作。有人主张：此注产生于西汉而非东汉末期。从《注》的内容来看，与其说它出于道家，毋宁说它出于道教。道家与道教应该严格区别开来。后汉兴起的道教，只不过是打着老庄的旗帜，而教义则是偷梁换柱，搀进了许多后汉出现的东西。二者主要的区别是，道教十分强调养生成神，长生不死。《河上公注》正是这样。玄奘称之为“同巫觋之淫哇，等禽兽之浅术”，是完全合适的。他之所以坚持不翻这个《注》，是有道理的。我在上面引用的《佛祖统纪》二九中，玄奘明确说：“老子立义肤浅。”他是根本瞧不起道家这一位祖师爷的，碍于皇帝的面子，不得不翻。现在道士们想硬逼他翻道教的《河上公注》，他坚决不肯，是在意料中的。

总之，翻老为梵这一段公案，大体上即如上述。本文翻了，“序胤”未翻。至于本文的梵文译本是否传至印度，则是传去的证明，我们没有；没有传去的证明，我们也没有，目前只好暂时缺疑了。[21]

现在顺便谈一谈《集古今佛道论衡》卷丙中玄奘对于印度佛教以外的哲学宗教的评价问题。他说：“彼土尚道”，就是说，印度人崇尚哲学宗教。那里的宗教信仰共有九十六家，被称为“九十六种道”，比如《分别功德论》二说：“闻阿难于九十六种道中等智第一。”[22]《那先比丘经》中几次提到“九十六种道”或“九十六种经道”。[23]玄奘说：“九十六家并厌形骸为桎梏，指神我为圣本。”他们都“不拔我根”，“不能出俗”。所谓“神我”，梵文是 Ātman，阿特芒。玄奘的评论完全符合实际，足见他对印度当时哲学情况是理解的。他说，这九十六家，“上极非想，终坠无间”。“无间”，梵文是 avīci，就是我们常说的“阿鼻地狱”。玄奘还讲到：“至如顺俗四大之术，冥初六谛之宗。”所谓“顺俗”，梵文原文是 Lokāyata，就是我们常说的“顺世外道，《续高僧传》四《玄奘传》用的正是“顺世”二字。这是印度古代极为难得的唯物主义者。所谓“四大”，就是我们常说的地、水、火、风。顺世外道认为，这四者是构成宇宙万有的本质。所谓“六谛”，亦称“六句义”，梵文是 ṣaṭ padārtha。《翻译名义集》五：“毗世，此云胜异论，即六句义。”“毗世”，梵文是 Vaiśeṣika，印度古代六派哲学之一，常用名词是“胜论”。

翻老为梵这一段公案，就介绍到这里。[24]

下面谈一谈《含光传·系》中提出的根干与枝叶问题。

这确是一个非常聪明、含义非常深刻的比喻。《系》中用尼拘律陀树来作譬，说明有时候难以区分的情况。尼拘律陀树，梵文是 nyagrodha，尼拘律陀是这个字的音译。梵文这个字来源于 ni-añc－√rudh 或√ruh，意思是“向下生长”。这个字有许多不同的汉字音译，比如，尼拘律树、尼拘卢树、尼拘卢陀、尼拘律陀、尼俱陀、尼拘类树，等等。《经律异相》四一说：“汝曾见尼拘陀树荫贾客五百乘车犹不尽不?”[25]《法苑珠林》三三说：“佛言：‘汝见尼拘陀树高几许耶?’答曰：‘高四五里，岁下数万斛实，其核大如芥子。’”[26]为什么一棵树竟能荫覆商人的五百辆车还有空地呢？为什么一棵树竟能高四五里呢？这是一种什么样的树呢？《翻译名义集》三解释说：“尼拘律陀，又名尼拘卢陀。此云无节，又云纵广。叶如此方柿叶，其果名多勒，如五升瓶大，食除热痰。摭华云：义翻杨柳，以树大子小，似此方杨柳，故以翻之。《宋僧传》之二“译之言易也。谓以所有，译其所无，如拘律陀树，即东夏杨柳。名虽不同，树体是一。”[27]这个解释显然是不正确的。天下哪里会有荫蔽五百辆车的杨柳呢？正确的解释应该从 nyagrodha 的词根下手。我在上面已经说到，此字的词根意思是“向下生长”。什么树向下生长呢？只有榕树。看过榕树的人都知道，从树干上长出一些树根，下垂至地，又在地中生根，然后长成一棵树，又在自己的干上长出细根，下垂至地，如此循环往复，一棵榕树能长出成百上千棵榕树，甚至让人摸不清究竟哪一棵树是初原的树，哪一些树是派生的树。只有这样生长的榕树，才能在一棵树下荫覆五百辆车而有余。在榕树这里，根干与枝叶互为因果，难解难分。用这样的榕树来比喻作为根干的印度佛法与作为枝叶的东夏佛法之间互为因果的关系，难道不是一个非常聪明、含义又非常深刻的比喻吗？

现在谈《含光传·系》中提出来的秦人或东人与西域之人（印度人）的区别问题。

这是一个异常深刻、异常耐人寻味的问题。我们不是也关心中国人同印度人的思维方式、心理状态等的区别究竟何在的问题吗？《含光传·系》对于这个问题提出了下面的意见："盖东人之敏利，何以知耶？秦人好略，验其言少而解多也。西域之人淳朴，何以知乎？天竺好繁，证其言重而后悟也。由是观之，西域之人利在乎念性，东人利在乎解性也。"这一段话的意思就是说，中国人敏利，言少而解多；印度人淳朴而好繁。最早的佛经，连篇累牍，动辄数十万甚至数百万言，同样的话能一字不移地一再重复，因此说"言重"。这个意见是完全符合实际的。就拿巴利文佛典来说吧，同样的词句，一字不动，换一个地方又重复一遍，而且重复之中套重复。因此英国刊行巴利文佛典不得不删去重复之处，加以注明，节省了大量的篇幅。我猜想，佛典产生在发明文字之前，师徒口耳相传，为了加强记忆，才采用了重复的办法，否则实在难以理解。

我觉得，在上引的一段话里，最关键的提法是"念性"与"解性"两个词儿。什么叫"念性"呢？"念"的含义是什么呢？在佛典中有不少地方出现"念"或"忆念"这样的字眼，比如"忆念弥陀佛"、"忆念毗尼"、"系念思惟"、"正念"、"惟念"等等。这个"念"字来源于梵文，词根是√smṛ，由此派生出来的抽象名词是smṛti。与之相当的巴利文是sarati和sati。一般的用法其含义是"念"、"忆念"。但作为宗教哲学术语，smṛti，有特殊的含义。指的是"全部的神圣传统"，或者"凡人老师所忆念的"，包括六吠陀分支、传承经和家庭经、《摩奴法论》、两大史诗、往世书、伦理论等等。常用的译法是“传承”。与之相对的是śruti，指的是仙人们直接听到的，比如《吠陀》等，只能口传耳听，不许写成文字。常用的译法是“天启”。这样一来，所谓“念”就与“传承”联系在一起了，它表示固守传承的东西，有点固步自封，墨守成规的意味。而中国人则是“解性”，所谓“解”就是“理解”、“解释”，有点探索、钻研的意味，不宥于常规，不固守传承的东西。《含光传·系》的作者就是这样来说明中印两方思维方式、心理状态等的不同之处的。[28]

《系》在下面举出了说明这种情况的两个例子：一个是隋朝的智𫖮，一个是唐代的玄奘。两个都是变枝叶为根干的中国高僧。

先谈智𫖮，所谓智者大师。

《系》对智𫖮的提法是“无相空教出乎龙树，智者演之，令西域之仰慕”。所谓“无相空教”指的是我们平常所说的“大乘空宗”。《系》的这几句话是完全准确的。但是，如果同下面的关于玄奘的几句话联系起来，就易出问题。这件事这里先不谈。我认为，最好先把印度佛教大乘空宗与有宗的轮廓大体勾勒一下；否则我们就无法真正了解智𫖮，也无法真正了解玄奘，更无法了解二位高僧的传承关系。

印度佛教在发展过程中，先小乘，后大乘。原始大乘的起源可能始于公元前二世纪。到了公元一二世纪以后，古典大乘开始出现。后来逐渐形成了两大宗派：空宗和有宗。一般的说法是，属于空宗的中观派（mādhyamika）创始人是龙树（Nāgarjuna，约公元150—250年），他的继承人是提婆（Deva，约170—270年），一直传下来，还有很多一代传一代的继承衣钵者，不必细述。属于有宗的瑜伽行派（yogācāra）的创始人是弥勒（Maitreya－nātha，约

350—430年）。关于这个人，因为同著名的弥勒佛或弥勒菩萨同名，所以产生了一些混乱。这是不是一个历史人物？学者们中意见有分歧。一般的看法（我也是这个看法）是，他是一个历史人物，只是取的名字与弥勒佛相混而已。这一派的创始人传无著（Asaṅga，约395—470年）和世亲（Vasubandhu约400—480年），一代一代传下去。一直传到戒贤。《唐大荐福寺故寺主翻经大德法藏和尚传》说："近代天竺有二大论师，一名戒贤，二称智光。贤则远承慈氏（羡林按：即弥勒），无著，近踵护法，难陀，立法相"宗以一乘为权，三乘为实，[29]唐三藏玄奘之所师宗。

一个空宗，一个有宗，从字面上来看，好像是根本对立的，根本矛盾的。但是，实际上并不完全是这个样子。我们先看一看什么叫"空"。《佛祖统纪》六：

> 二祖北齐尊者慧文……师又因读《中论》《大智度论》《中观》一品，至《四谛品偈》云："因缘所生法，我说即是空；亦名为假名，亦名中道义。"恍然大悟，顿了诸法无非因缘所生；而此因缘，有不定有，空不定空，空有不二，名为中道。[30]

意思是说，一切东西（诸法）无非是由于众多关系（因缘）凑集在一起而产生出来的。只有关系，没有物质性的东西存在。空宗是这样主张的。所谓有宗，也并不承认所有的东西，包括物质性的，即所谓"诸法"都是真实存在的，都是真"有"的。他们着重保护的是"真如佛性"等等，坚持"真知"、"佛性"是真"有"的，真存在的。空宗和有宗的根本区别，就在这里。

交待完了空有关系，现在再谈智𫖮。

智者大师是中国佛教史上最著名的高僧之一，在佛典中有大量关于他的记载，给他立了不知道有多少传。[31]我在这里不想谈他的生平，请读者自行参阅。他的思想和理论，我在这里也不想去谈，那样要费很多篇幅。我想集中谈一谈，智顗是如何“演”龙树的无相空教的，“演”，我理解约略等于“发展”的意思，这个问题弄清楚了，智者的理论如何，为何“倒流”回印度的问题，也就迎刃而解了。

我先抄一段材料。《佛祖统纪》六《四祖天台智者传》后面有一段话：

义神智曰：吾祖出世，虽说诸经，而本怀得畅，唯在《法华》。自阿难结集之后，天亲作论，虽曰通经，然但约文申义，举其大略而已。至于斯经大事，教化始终，则晦而未明。暨罗什翻译，东传此土，造疏消释者，异论非一。唯我智者，灵山亲承，大苏证悟，发挥妙旨，幽赞上乘，以五义释经题，四释消文句，而又能以十章宣演明净法门，于是解行俱陈，义观兼举，可谓行人之心镜，巨夜之明灯。虽天竺大论，尚非其类，岂震旦人师，所能跂及云云。又设问曰：《辅行》[32]引九师相承，谓北齐以前，非今所承。且北齐既用觉心重观三昧，今此何故斥于觉觅，但是一辙耳。将非智者斥于北齐耶？答：妙玄开演《法华》十妙，尚云莫以中论相比。又云：天竺大论，尚非其类。盖智者用如来之意，明《法华》之妙，故龙树、北齐亦所不及。若无生宗旨三观行门，其实祖龙树，宗北齐，禀南岳，师资相承，宛如宿契云云。又曰：天台所谈三谛三观，出乎《仁王》及《璎珞经》，三智三德，本乎《涅槃大品》，所用义旨，以《法华》为宗骨，以《智论》为指南云云。

赞曰：舍天台之学而欲识佛法意者，未足与议也。故自夫圣教东度，经论遍弘，唯任己心，莫知正义。齐梁之际，挺出

> 诸贤，盛演法华，立言判教。一音四相之说，四时六宗之谈，众制纷纭，相倾相夺，南三北七，竞化当时。犹夫粟散小王妄自尊大补注：置粟盘中，各分位，以喻诸小王也。，而不知金轮飞行统御四海威德之盛也。惟我智者大禅师，天纵之圣，备诸功德，以为缵承祖父三观之绪，未遂光大，于是约《法华》悟门，说止观大道，立经陈纪，为万世法。至于盛破光宅，则余者望风；遍难四宗，则他皆失据，宣布至化，坐致太平，非夫间生圣人，其孰能为此大业者哉。然则欲识佛法意者，其唯天台之学乎![33]

上面的两段话，内容还是颇为清楚的。有几个地方需要解释一下。"天亲作论"，《婆薮槃豆法师传》："法师即请兄（按即指无著）说灭罪方便。兄云：汝舌能善以（巧）毁谤大乘。汝若欲灭此罪，当善以解说大乘。阿僧加（无著）法师殂殁后，天亲方造大乘论，解释诸大乘经：《华严》、《涅槃》、《法华》、《般若》、《维摩》、《胜鬘》等。"[34]"灵山亲承"，《隋天台智者大师别传》："初获顶拜，思（按指慧思）曰：'昔日灵山同听《法华》，宿缘所追，今复来矣。'"[35]这个说法多次见于佛典，比如《佛祖统纪》六[36]等等。"大苏证悟"，《隋天台智者大师别传》："昔在周室，预知佛法当祸，故背游南，意期衡岳，以希栖遁，权止光州大苏山，先师遥餐风德，如饥渴矣。"[37]《佛祖统纪》六《慧思传》："六年（按指北齐天保六年，公元555年），于光州大苏山讲摩诃衍。"[38]

从整段的内容上来看，智者大师用力最勤，弘扬最力的是大乘空宗的宝典《法华经》，所谓"本怀得畅，唯在《法华》"。这一点在所有与他有关的佛典中都可以得到证明，文繁不一一列举。本来天台宗就以《法华》为宝典。东土二祖慧文远承龙树，[39]弘扬《法华》。三祖慧思也是念念不忘《法华》。这是天台宗的宗风，智者忠诚地继承了下来。

但是，智者却决非故步自封地来继承，而是在许多方面都有了新的发展，有了新的建树。这一部极其重要的经典，在印度已经是“晦而未明”，传到东土以后，也是“造疏消释者，异论非一”，“唯任己心，莫知正义”。智者除了宣讲此经以外，还亲手撰写著作，如《妙法莲华经玄义》（㊅1716）、《妙法莲华经文句》（㊅1718）等，可见他对此经用心之专和用力之勤。佛典传说，他“灵山亲承”，也就是说，他亲耳聆听如来佛讲授《法华》，直接受到了佛祖的启悟，他对此经研究的成就非同小可，迥异前人。这当然不是历史事实，只是一种神话传说。但是，即使是宗教神话，也能反映一些事实。这里反映的是，智者对《法华》的研究，他“演”《法华》，确有过人之处。他是“用如来之意，明《法华》之妙”。他阐释其他经典，也是“以《法华》为宗骨”。他是一个研究《法华经》的集大成者，“故龙树、北齐，亦所不及”。因此，印度方面也必须向智者请教，这样一来，以《法华经》为骨干的，出乎龙树的大乘无相空教，传到了中国，又“倒流”回印度，充分表现了“东人利在乎解性”的惊人现象。

对于印度与智𫖮的关系，中国佛典有一些暗示，比如《神僧传》五《智𫖮传》说：“（智𫖮）又患身心烦痛，如被火烧。又见亡殁二亲，枕头膝上，陈苦求哀。𫖮又依止法忍，不动如山，故使强弱两缘所感便灭。忽致西域神僧告曰：制敌胜怨，乃可为勇。每夏常讲《净名》，忽见三道宝阶从空而降。有数十梵僧乘阶而下，入堂礼拜，手擎香炉，绕𫖮三匝，久之乃灭。”[40]这个神话中可能含有暗示的意义。

关于智𫖮的“倒流”，就讲到这里。[41]

下面再谈玄奘。

首先提出一个问题：《含光传·系》中说：“如中道教生乎弥勒，

慈恩解之，疑西域之罕及。”这个“中道教”是什么意思呢？我在上面曾引用过宗奉空宗的天台宗慧文的话，他使用了“中道义”和“中道”这样的词儿。现在要问，中道教（亦称中道宗）和中道、中观、中道行、中道观、中观论、中道义等等，表面上很相似甚至相同，是不是一个意思呢？回答是：它们不是一个意思。我在上面引用的慧文的原文是：“因缘所生法，我说即是空；亦名为假名，亦名中道义。”可见空就是“中道义”。引文下面还有“空有不二，是为中道”这样的话。“中道义”和“中道”，是空宗的重要术语。而“中道教”（也称“中道”，这个“中道”空宗也使用，二者容易混淆）则是有宗的术语。根据法相宗（有宗）的重要经典之一《解深密经》三时判教的说法：“初时，为小乘说有教，明人空，五蕴空，未显法空，很不彻底；第二时，大乘空宗所依之《般若经》，然是有上，有容，未为了义；第三时，有宗，说非有非空，中道教。”[42]这里说得非常清楚，“中道教”属于有宗。《含光传·系》中所说的与此完全符合。根据我现在的理解，空宗的“中道”、“中观”等等一系列的名词，主要是用否定的方式（八不等等）来否定我们的一切主观认识，否定整个客观世界，所以叫“空”。而法相宗的“中道教”却是在说空的同时，还保留了一些对佛教来说是至关重要的东西，如果把这此东西也否定掉，佛教就将陷入危机。因此，在法相有宗眼中，般若空宗的学说只是佛教宗义的低级阶段，只有法相宗才代表佛教的最高真理。

这个问题解决了，我现在来谈玄奘是怎样把弥勒所倡导的“中道教”来“解之”从而导致“疑西域之罕及”的，也就是说，“倒流”是在玄奘身上怎样体现的。这里用的这个“解”字非常值得注意。我认为，这个“解”字同“解性”的“解”，是同一个意思，是“理解”的“解”，“分解”的“解”。是同印度人的“念性”的“念”对立的。

把智𫖮和玄奘比较一下，这二位高僧的“倒流”的情况有点不一样。智𫖮根本没有到过印度，他“演”龙树的无相空教是在中国。他在中国“演”出了成绩，然后受到印度人的仰慕，倒流回了来源地印度。而玄奘则不同。他回国后创立的法相宗，根据一般学者的意见，是完全忠实地、亦步亦趋地保留印度传统的，是中国佛教宗派中最忠实于印度原型的，最少中国成份的宗派。有人甚至认为，它的寿命之所以最短，原因亦即在此。那么，玄奘难道说没有“解”中道教吗？当然不是。我个人觉得，玄奘在印度时已经“解”了中道教。他在印度留学期间，从师戒贤，而戒贤则继承了瑜伽行者有宗的宗风，所以玄奘也终生宗信有宗。在他在印度的活动中，他曾撰写过两部梵文著作。我现在根据《大慈恩寺三藏法师传》、《续高僧传》四《玄奘传》等书，把有关资料条列如下：

《慈恩传》：

> 时戒贤论师遣法师为众讲《摄大乘论》、《唯识抉择论》。时大德师子光先为众讲《中》、《百论》，述其旨破瑜伽义。法师妙闲《中》、《百》，又善瑜伽，以为圣人立教，各随一意，不相违妨。惑者不能会通，谓为乖反。此乃失在传人，岂关于法也。愍其局狭，数往征诘，复不能酬答。由是学徒渐散，而宗附法师。法师又以《中》、《百》论旨，唯破遍计所执，不言依他起性及圆成实性。师子光不能善悟。见《论》称一切无所得，谓瑜伽所立圆成实等，亦皆须遣。所以每形于言。法师为和会二宗，言不相违背，乃著《会宗论》三千颂。论成呈戒贤及大众，无不称善，并共宣行。[43]

同样一件事《续高僧传》也有记载：

初那烂陀寺大德师子光等，立《中》、《百》论宗，破瑜伽等义。奘曰：圣人作论，终不相违；但学者有向背耳。因造《会宗论》三千颂，以呈戒贤诸师，咸称善。[44]

这一段记载比较短。两段可以互相补充。这是两段非常重要的记载，从中可以看出玄奘对瑜伽行派的贡献。那烂陀寺的师子光用空宗的《中论》、《百论》的理论来破有宗的瑜伽义。玄奘既通《中》、《百》，又通瑜伽。他认为这两派都是"圣人"所作，"不相违妨"。他会了二者，争取到了许多信徒。这是他同师子光斗争的第一回合。第二回合是关于三性论的。三性论是瑜伽派的基本教义之一。所谓三性是指：

遍计所执性，是一种虚妄的实在；

依他起性，是一种相对的实在；

圆成实性，是一种绝对的实在。

瑜伽派认为，对有或存在的认识有三个次第，或三个阶段，或三种境界。上面说的三性，就依次代表这三个次第，是逐渐向高深发展的三个次第，瑜伽派后起的大师陈那，用一个生动的比喻来阐释这三性：如夜行见绳，误以为蛇；后来看清了，才知是绳非蛇；再仔细看，知道绳是麻做的。见绳误认，是遍计所执；绳体由因缘生，是依他起；认识到绳为麻制，是圆成实。[45]玄奘用《中》、《百》论旨，破遍计所执。他不谈依他起和圆成实。这是完全可以理解的。师子光是想破有宗瑜伽派的中道教。这是玄奘决不允许的。如果把这三性说同《解深密经》的三时判教说相比，则情况更易理解，更为明了。初时约略相当于遍计所执，二时相当于依他起，三时相当于圆成实，第三时的中道教是瑜伽派理论的基础。师子光所代表的般若空宗，属于第二时，尚是低级阶段。由此可见，玄奘并不是完全想"破"空宗，对于空宗他也是同意的，只不过认为它还处于低级阶段而已。他所著《会宗论》没有流传下来。但是从种种迹象来看，内容大概就是《解深密经》的三时判教，是想调和空有的。

这是玄奘在印度留学时对印度大乘教义发展的一个贡献。

下面谈玄奘的第二个贡献：《制恶见论》。

仍然先条列资料：

《慈恩传》四：

时法师欲往乌荼，乃访得小乘所制《破大乘义》七百颂者。法师寻省有数处疑，谓所伏婆罗门曰：汝曾听此义不？答曰：曾听五遍。法师欲令其讲。彼曰：我今为奴，岂合为尊讲？法师曰：此是他宗，我未曾见。汝但说无苦。彼曰：若然，请至夜中。恐外人闻从奴学法，污尊名称。于是至夜屏去诸人，令讲一遍，备得其旨。遂寻其谬节，申大乘义破之，为一千六百颂，名《破恶见论》。将呈戒贤法师。及宣示徒众，无不嗟赏，曰：以此穷核，何敌不亡？[46]

《续高僧传》四《玄奘传》：

先有南印度王灌顶师，名般若毱多，明正量部，造《破大乘论》七百颂。时戒日王讨伐至乌荼国。诸小乘师保重此论，以用上王。请与大乘师决胜。王作书与那烂陀寺：可差四僧善大小内外者，诣行宫在所，拟有论义。戒贤乃差海慧、智光、师子光及奘为四应命。将往未发间，有顺世外道来求论难。书四十条义，悬于寺门：若有屈者，斩首相谢。彼计四大为人物因，旨理既（沈）密，最难征核。如（数）此阴阳，谁穷其数？此道执计，必求犄决。彼土常法：论有负者，先令乘驴，屎瓶浇顶，公于众中。形心折伏，然后依投，永为皂（卑）隶。诸僧同疑，恐有颇（殿）负。默不陈对。奘停既久，究达论道。告众请对。何得同耻？各立旁证，往复数番，通解无路，神理俱丧，溘然潜伏。预是释门，一时腾踊。彼既屈已，请依先约。奘曰：我法弘恕，不在刑科。禀受我法，如奴事主。因将向房，遵正法要。彼乌荼论，又别访得。寻择其中，便有谬滥。谓所伏外道曰：汝闻乌荼所立义不？曰：彼义曾闻，特解其趣。即令说之，备通其要。便指纤芥，申大乘义破之，名《制恶见论》，千六百颂。以呈戒贤等师。咸曰：斯论穷天下之勍寇也，何敌当之！[47]

上面两段引文，内容基本相同。我引《慈恩传》时，删节颇多；现在看起来，二者就似乎有点不同了。这里面讲了玄奘在印度的两场辩论，也可以说是两场斗争。一场是同小乘正量部的论争。正量部是在小乘部派第二次分裂时从说一切有部演化出来的一个部派，理论中颇有一些唯物的因素。它同大乘的斗争是可以理解的。这一场论争，可以说是佛教内部大小乘之间矛盾的表现。另一场斗争是佛教大乘同顺世外道之间的斗争。顺世外道，我在上面已经谈到过。他们是印度古代仅有的一个唯物论的宗派。他们主张万物根源是四大：地、水、火、风。引文中“彼计四大为人物因”，就是这个意思。四大都是物质的东西，与佛教大乘的空当然是格格不入的。玄奘根据大乘的义理，在辩论中折伏了这一个外道，并且以宽宏大度的态度，不让他受到侮辱，更没有砍他的脑袋。玄奘此举，大大地挽回当时最高学府那烂陀寺的面子，可以说是立了一大功。[48]另外玄奘还写了一篇《三身论》三百颂，内容不详。[49]

我在上面讲了玄奘在印度的三件事：调和空有、摧破小乘正量部的理论，斗败顺世外道。显而易见，这三件事都有重要的意义，是玄奘对印度佛教的贡献。因此，《含光传·系》才说："疑西域之罕及。"

我在这里顺便讲一讲也与玄奘有关的《大乘起信论》的真伪问题。这是一部有很大争论的书。梵文原本据说出自马鸣菩萨之手。汉译《大藏经》中保留着两个译本：一个出自真谛三藏之手，一卷；另一个本子的译者是唐代的实叉难陀；均见㊅32。中外学者间对此书的真伪问题有两派截然不同的意见，一派认为真是马鸣所作，一派认为是中国撰述。为此问题，在1919至1920年间，日本学术界展开了激烈的论战。认为此书为中国撰述派的代表人物为松本文三郎、望月信亨、村上专精等。反对派认为此书确为马鸣所作，代表人物为常盘大定、羽溪了谛等。论争著作有的极长，比如望月信亨所著《〈大乘起信论〉之研究》，竟长达五十万言以上，可见其用力之勤。我在这里无法详细介绍，请参阅梁启超《大乘起信论考证序》[50]。

中国学者对于《大乘起信论》的真伪问题也展开了热烈的讨论。梁启超赞成松本、望月和村上三人的意见，想写一本规模极大的著作，似未成书。另一位国学大师章太炎，与任公意见正相反。他在《大乘起信论辩》中写道：

> 真谛既历梁陈二代，梁时所译或为陈录所遗，故《法经》因之致惑。今据长房所证，足以破斯疑矣。其后实叉难陀复有新译，则本论非伪，又可证知。盖马鸣久居西北，晚岁著书，或未及流传中印。惟《庄严论经》、《佛所行赞》，文体流美，近于诗歌，宜其遍行五竺。《起信论》立如来藏义，既精深非诗歌比。又迦湿弥罗之地，世为上坐所居……则马鸣之《起信论》不入中印，宜也。[51]

其他中国学者的意见，从略。

《起信论》的真伪问题，就谈这样多。我感兴趣的，不是此书的真伪，而是玄奘曾译此书为梵文这一件事。《佛祖统纪》二九：

> 《起信论》虽出马鸣，久而无传。师译唐为梵，俾流布五天，复闻要道，师之功也。[52]

《续高僧传·玄奘传》四：

> 又以《起信》一论，文出马鸣。彼土诸僧，思承其本。奘乃译唐为梵，通布五天。斯则法化之缘，东西互举。[53]

陈寅恪先生也提到这一件事。他在《大乘稻芊经随听疏跋》中写道：

> 昔玄奘为西土诸僧译中文《大乘起信论》为梵文。道宣记述其事，赞之曰：法化之缘，东西互举。[54]

从上面的引征来看，玄奘译汉文《大乘起信论》为梵文，确有其事，无可怀疑。虽然梵文译本已经佚失，但是它当年曾在印度起过作用，则是完全可以肯定的。这也可以算是玄奘对印度佛教的一个贡献吧。我认为，这也应该归入“倒流”的范畴的。

上面讲的“倒流”，仅仅限于大乘，空宗有智顗，有宗有玄奘，梁武帝也是大乘。这可以说是“倒流”的主流。但是，在大乘之外，也能找到“倒流”现象，比如说，在持律方面就有。《宋高僧传》一四《道宣传》：

> 宣之持律，声振竺乾。宣之编修，美流天下。是故无畏三藏到东夏朝谒。帝问：自远而来，得无劳乎？欲于何方休息？三藏奏曰：在天竺时，常闻西明寺宣律师秉持第一，愿往依止焉。敕允之。[55]

道宣持律，声名远播天竺。这当然也属于“倒流”的范畴。

把以上所论归纳一下：“倒流”现象确实存在，在“倒流”中，除了持律以外，流回到印度去的都是大乘。为什么会出现这个情况呢？下面再谈，这里暂且放一下。

按照《含光传·系》中的叙述顺序，在讲完了智者和玄奘以后，它又讲起根干和枝叶的问题。《系》的意思是说，印度是根干。它的枝叶植于智者和玄奘的土中，就产生出来了对原生于印度的无相空教和中道教的发展。“入土别生根干”，枝叶又生出来了新的根干。用一个公式来表示：根干→枝叶→根干，还会继续发展下去，有如榕树。紧接着《系》又举了两个比喻：一个是合浦之珠，用来譬喻作为根干的印度：“北土之人”用来譬喻中国；北方人用珍珠来“结步摇而饰冠珮”，表示中国人发展了佛教义理。另一个比喻是蚕丝，“蚕妇”指的是印度，“巧匠”指的是中国，中国把普普通通的蚕丝“绣衣裳而成黼黻”。这也表示中国的发展。《系》的结论是：“懿乎！智者、慈恩西域之师，焉得不宗仰乎？”

佛教就是这样从中国“倒流”回印度，成为佛教发展史，甚至世界宗教史上的一个特异的现象。

写到这里，我应该说的都说了，应该论证的都论证了，我的任务可以说是已经完成了，这篇论文可以算是一篇有头有尾的完整的论文了。但是，我还不想就此罢休，我还想对这个宗教史上稀见的现象进一步加以探讨。我想提出三个问题：第一，为什么只有佛教才有“倒流”现象？第二，为什么只有佛教大乘才有“倒流”现象？第三，为什么只有中国人才能把佛教“倒流”回印度？这三个问题互有联系，我归纳在一起加以回答。

佛教是世界三大宗教之一。我现在就拿其他二大宗教，即耶稣教（包含天主教）和伊斯兰教来同佛教对比。那一些较小的宗教，我在这里就不谈了。我决不想，也不敢来评估三大宗教，它们各有其特点和优点。我也决不涉及宗教教义，这是我能力以外的事情。我只讲与“倒流”有关的问题。

据我涉猎所及，耶稣教和伊斯兰教不存在“倒流”的问题，至少没有佛教这样明显，这样深广。原因何在呢？耶稣教和伊斯兰教从一开始就各有一部圣经宝典。耶稣教的是《旧约》和《新约》；伊斯兰教的是《古兰经》。这两个宗教的信徒们，大概认为天下真理均在其中矣。只要勤学熟读，深入领会，用不着再探讨其他真理了，至少在社会和人生方面，是这个样子。我记得，耶稣教有查经班；牧师和阿訇们讲道，也多半是从《圣经》或《古兰经》中选出一段话，结合当前的需要，加以发挥，总是劝人做好事，不干坏事。从这一点上来看，宗教还是有一些好处的。

佛教有些不同。和尚讲经，也总是劝善惩恶，这一点同其他两大宗教是相同的。不同之处在于，释迦牟尼本人并不承认自己是神。他活着的时候，以及死后相当长的时间内，僧徒也没有把他当作神来膜拜。他被神化为如来佛，与外来影响有关。到了大乘时期，这现象才逐渐明朗化。根据这些情况，我觉得，佛教似乎是一个唯理的宗教，讲求义理的宗教，不要求信徒盲目崇拜的宗教，不禁锢信徒们的思想的宗教。大乘唯理的倾向更加明显。它对宇宙万事万物，对人类社会，对人们的内心活动，都深入钻研，挖掘得之深、之广，达到了惊人的水平。它十分强调智慧，标举“缘起”的理论，认为一切都是无常的，一切都是变动的。因此恩格斯认为佛教有辩证的思维。它的理论当然会有矛盾，会有牵强附会之处，这是不可避免的。但是，总起来看，它的教义中颇多哲学因素。古代印度有一个传统，宗教与哲学紧密地结合在一起。大乘佛教继承而且发扬了这个传统。大乘还提倡逻辑学，所谓因明学者就是。在这里大乘唯理的色彩也表现得很突出。这样的情况就促使佛教产生了大量的经典。经、律、论，样样齐全。有的部派还有自己的经典。结果在两千多年的发展中，佛教的经典就多到了超过汗牛充栋的程度。而且佛教同另外两个世界大宗教不同，始终也没有确定哪一部经典是圣经宝典，唯我独尊。所有的经典都并肩存在、庞然杂陈。这些经典通常称为“大藏经”。有梵文、巴利文、汉文、藏文、满文、蒙文、傣文等等不同的文本，量有多大，谁也说不清。

有的学者说，佛教是无神论。有的人就义形于色地挺身起来反对：哪里会有无神的宗教呢？如果我们客观地深刻地观察一下，就可以发现，说佛教是无神论，在某种意义上是正确的。我们不妨粗略地把佛教分为两个层次：高和低。低层次的佛教烧香拜佛，修庙塑像，信徒们相信轮回报应，积德修福，只要念几声：“南无佛，南无法，南无观世音菩萨”，或者单纯一声：“阿弥陀佛！”就算完成了任务，不必深通佛教义理，宗教需要也能得到满足。但是，这并不是佛教的全貌，只是低层次的佛教。高层次的佛教信徒，虽也难免晨钟暮鼓，烧香礼拜；但是他们的重点是钻研佛教义理，就像一个哲学家钻研哲学。钻研的结果，由于理解面不同，理解者的修养水平、气质、爱好也不同，久而久之，就形成了许多宗派。小乘时期，宗派已经不少。大小乘分裂以后，宗派日益繁多。流传衍变，以至今日。现在世界上已经不知道究竟有多少佛教宗派了。

总之，我认为，佛教有宏大的思想宝库，又允许信徒们在这一座宝库内探讨义理。有探讨义理的自由，才能谈到发展。有了发展，才会有“倒流”现象。这是再明白不过的。同小乘比较起来，大乘的思想宝库更丰富，更复杂，更富于矛盾，唯其更富于矛盾，给信徒们或非信徒们准备的探讨义理的基础，才更雄厚，对义理发展的可能也就更大。中国佛教的“倒流”现象限于大乘，其原因就在这里。

至于为什么只有中国高僧才能发展佛教义理，才能“倒流”回印度去，这要从中国人民的精神素质着眼才能解答。在四五千年的文化史上，中国人民表现出极高的智慧和极大的创造能力。这是人人皆知的历史事实，无待赘述。中国人善于思考，又勤于思考。中国人的基本思维方式是综合的，有别于西方人的分析。他们探讨理论，往往从实际需要出发，不像西方人那样从抽象的理论出发。连极端抽象的数学，中国古代数学史也表现出来了这个特点。《含光传·系》认为印度人“念性”，而中国人“解性”，实在是深中肯綮。这一点我在上面仔细分析过了，这里不再重复。梁启超对中国人智力方面特点的观察，我看也值得我们重视。他在《中国佛法兴衰沿革说略》那一篇文章中谈到中国人的“独悟”问题。他举的例子中有一个是晋代高僧道生。道生孤明先发，立善不受报和顿悟义，他认为一阐提人皆有佛性，因而受到旧学僧党的责难。后来《大般涅槃经》从印度传来中国，里面果然提到一阐提人皆有佛性，与道生之说若合符契。梁启超认为“大乘教理多由独悟”。他由此想到中国人富于研究心，中国人有“创作之能”。[56]他这些意见同《含光传·系》里的意见，几乎完全相同，足证这是符合客观实际的。

这就是独有中国高僧能发展印度佛教义理，“倒流”回印度去的原因。

我探讨佛教“倒流”问题，到此结束。

1991年12月21日写毕

## 注 释

[1] 《大正新修大藏经》(以下缩简为㊅) 49，589，a-b。

[2] ㊅50，879，b—c。

[3] ㊅50，466a。

[4] ㊅50，650b。

[5] ㊅49，552b。

[6] ㊅49，544b—552b。参阅《佛祖统纪》37，㊅49，348b—352a。

[7] ㊅49，547c。

[8] ㊅49，291a。

[9] ㊅49，796c—797a。

[10] ㊅50，551b。

[11] ㊅49，548c。

[12] ㊅49，548c。

[13] 泇没路国及迦没路国，皆梵文 Kāmarūpa 之音译。

[14] ㊅49，294c。

[15] 同上书，366b。《大慈恩寺三藏法师传》7，也谈到了建弘法院的事，但是没有谈到翻译《道德经》，㊅50，259b。

[16] ㊅52，386b—387b。

[17] ㊅50，455b—c。

[18] ㊅49，510c《佛祖历代通载》5。

[19] 同上。参阅《释氏稽古略》1，㊅769a。

[20] 汤一介，上引书，第 111—124 页。

[21] 法国学者伯希和 (Paul pelliot) 有一篇文章：Autour d' une traduction sanscrite du Tao Tö King，T'oung Pao 通报，Série Ⅱ，13。但此文未能见到。

[22] ㊅25，34b。

[23] ㊅32，694a；703c；705b。

[24] 介绍完了以后，我忽然想到，在佛教典籍中，确有以"道"(mārga) 为术语者。佛教常用的"八种道"、"八正道"、"八种道行"，指的是正见、正思维、正语、正业、正命、正精进、正念、正定。这是佛教的最根本的教义之一。梵文叫 aṣṭāṅga-mārga，巴利文叫 aṭṭhaṅgika-ariya-magga。巴利文的 magga，就是梵文的 mārga。这个名

词在佛典中频繁出现，比如《那先比丘经》，见大32，697c；707c；708a 等等。玄奘以 mārga 译“道”，心目中是否想到了八正道，我不敢确定。

[25]　大53，218a。

[26]　大53，583c。

[27]　大54，1102a。

[28]　我想补充几句话，讲一讲“性”这个字。这个字在梵文中是 svabhāva 或 prakṛti，意思是“本体”、“本质”。

[29]　大50，284c。

[30]　大49，178c。

[31]　最重要的有《续高僧传》17《智顗传》，大50，564a—568a；《神僧传》5《智顗传》，大50，978a—c 等等。

[32]　指《止观辅行传弘决》，大46，141a—446c。

[33]　大49，186a—b。

[34]　大50，191a。

[35]　大50，191c。

[36]　大49，181b。

[37]　大50，191c。

[38]　大49，179b。

[39]　《佛祖统纪》6《慧文传》，大49，178c。

[40]　大50，978b。

[41]　天台宗的义理，我没有细谈。请参阅吕澂：《中国佛教源流略讲》，1979年，中华书局，第325—334页，《天台宗》；任继愈：《汉唐佛教思想论集》，1981年，人民出版社，《天台宗哲学思想略论》，第47—86页。

[42]　任继愈，上引书，第208页。《解深密经》，见大16，697a—b；参阅《佛祖统纪》29：“贤用三时教：一有，二空，三不空不有。”大49，295a。“贤”指戒贤。

[43]　大50，244b—c。

[44]　大50，452c。

[45]　参阅吕澂：《印度佛学源流略讲》，1979年，上海人民出版社，第189页。

[46]　大50，245c。

[47]　大50，452c—453a。

[48]　《佛祖统纪》29，“慈恩宗教”一项，列西天戒贤法师为初祖，三藏玄奘法

师为二祖，慈恩窥基法师为三祖。(大)49，294a—b。

［49］ (大)50，453b，《续高僧传》4《玄奘传》："于时异术云聚，请王决论，言辩才交，邪徒草靡。王（童子王）加崇重，初开信门，请问诸佛，何所功德？奘赞如来，三身利物，因造《三身论》三百颂以赠之。王曰：'未曾有也。'顶戴归依。"《三身论》大概是颂佛之作。

［50］ 《饮冰室专集》之68。

［51］ 《太炎文录·别录》。

［52］ (大)49，295a。

［53］ (大)50，458b。

［54］ 《金明馆丛稿二编》，第255页。

［55］ (大)50，791a—b。

［56］ 见《饮冰室佛学论集》，1990年，江苏广陵古籍出版社，第11页。

## 补 充

文章写完，偶检佛典，又看到一点资料，与本文有关，亟录之，以作补充。

《景德传灯录》五，第三十三祖慧能大师，法嗣四十三人，其中有"西印度堀多三藏"介绍原文如下：

> 西域堀多三藏者，天竺人也。东游韶阳见六祖。于言下契悟。后游五台，至定襄县历村，见一僧结庵而坐。三藏问曰："汝独坐奚为？"曰："观静。"三藏曰："观者何人？静者何物？"其僧作礼问曰："此理何如？"三藏曰："汝何不自观自静。"彼僧茫然，莫知所对。……三藏曰："我西域最下招者，不堕此见。兀然空坐，于道何益？"……三藏后不知所终。（《大正新修大藏经》51，237a）。

如果这段记载可靠的话，那么，在顿悟大师慧能座下也已有了印度的传法弟子了。

# 我的学术总结

我本来还想继续写下去的，一直把《学术回忆录》写到今天。但是，事与愿违，近半年来，屡次闹病，先是耳朵，后是眼睛，最后是牙，至今未息。耄耋之人，闹点不致命的小病，本来是人生常事，我向不惊慌。但却不能不影响我的写作，进度被拖了下来，不能如期完成。“期”者，指敏泽先生给我定下的期限：1997 年年底。其他诸位写同样题目的老先生，据说都有成稿，至少都有“成竹”，只有我另起炉灶。我不愿拖大家的后腿，偏偏运交华盖，考虑再三，只好先写到 1993 年了。

另外还有一个原因。我性与人殊，越是年纪大，脑筋好像越好用，于是笔耕也就越勤。有一位著名作家写文章说，季羡林写文章比他读得还快。这当然有点溢美地夸大。实际上，他读到的所谓“文章”都是我的余兴，真正用力最勤的《学术回忆录》，除了我自己以外，世界上还没有第二人读到。我不是在这里“老王卖瓜”，我只想说明，从 1993 年到 1997 年这四年中我用中外文写成的专著、论文、杂文、序、抒情散文等等，其量颇为可观，至少超过过去的十年或更长的时间。

总之，我不过想说明，无论从身体状况上来看，还是从写作难度上来看，甚至从时间限制上来看，我只能暂时写到眼前的程度，暂时写到1993年，剩下的几年，只有俟诸异日了。

说句老实话，我从来压根儿没有想到写什么《学术回忆录》。但是，敏泽先生一提出他的建议，我立即一惊，惊他的卓见。继则一喜，喜他垂青于我。我不敢用“实获我心”一类的说法，因为在我心里原本是茫然，懵然，没有想到这一点，最后是“一拍即合”，没有费吹灰之力，立即答应下来。

我一生都在教育界和学术界里“混”。这是通俗的说法。用文雅而又不免过于现实的说法，则是“谋生”。这也并不是一条平坦的阳关大道，有“山重水复疑无路”，也有“柳暗花明又一村”。回忆过去六十年的学术生涯，不能说没有一点经验和教训。迷惑与信心并举，勤奋与机遇同存。把这些东西写了出来，对有志于学的青年们，估计不会没有用处的。这就是“一拍即合”的根本原因。

紧跟着来的就是“怎样写”的问题。对过去六十年学术生涯的回忆，像一团纠缠在一起的蜘蛛网，把我的脑袋塞得满满的，一时间很难清理出一个头绪来。最简单易行的办法就是，根据自己现在回忆所及，把过去走过的学术道路粗线条地回顾一下，整理出几条纲来，略加申述，即可交卷。这样做并不难，我虽已至望九之年，但脑筋还是“难得糊涂”的。回忆时决不会阴差阳错，张冠李戴。但是，我又感到，这样潦草从事，对不起过去六十年的酸甜苦辣。于是决意放弃这个想法。

经过了反复思考，我终于想出了现在的办法。这样做，确实很费精力。自己写过的许多文章，有的忘得一干二净，视若路人。我在这里不能不由衷地感谢李铮、令恪、钱文忠等先生细致详尽地编纂了我的著译目录。特别是李铮先生，他几十年如一日，细心整理我的译著。没有这几位朋友的帮助，我这一部《学术回忆录》是无论如何也写不出来的。

我现在就根据他们提供的目录，联系我自己的回忆，把我过去六十年所走过的道路描画出几条轨迹来，也把本书之所以这样写的理由写了出来。下面分项加以解释。

## 一　本书的写法

关于本书的写法，经过考虑，我采用了以著作为纲的写法。因为，不管在不同时期自己想法怎样，自己的研究重点怎样，重点是怎样转移的，以及其它许许多多的问题，最终必然都表现在自己写的文章上。只要抓住文章这一条纲，则提纲而挈领，纲举而目张，其它问题皆可迎刃而解了。

## 二　我的学术研究的特点

特点只有一个字，这就是：杂。我认为，对“杂”或者“杂家”应该有一个细致的分析，不能笼统一概而论。从宏观上来看，有两种“杂”：一种是杂中有重点，一种是没有重点，一路杂下去，最终杂不出任何成果来。

先谈第一种。纵观中外几千年的学术史，在学问家中，真正杂而精的人极少。这种人往往出在学艺昌明繁荣的时期，比如古希腊的亚里士多德、文艺复兴时期的达·芬奇，以及后来德国古典哲学家中几个大哲学家。他们是门门通，门门精。藐予小子，焉敢同这些巨人相比，除非是我发了疯，神经不正常。我自己是杂而不精，门门通，门门松。所可以聊以自慰者只是，我在杂中还有几点重点。所谓重点，就是我毕生倾全力以赴、锲而不舍地研究的课题。我在研究这些课题之余，为了换一换脑筋，涉猎一些重点课题以外的领域。间有所获，也写成了文章。

中国学术传统有所谓“由博返约”的说法。我觉得，这一个“博”与“约”是只限制在同一研究范围以内的。“博”指的是在同一研究领域内把基础打得宽广一点，而且是越宽广越好。然后再在这个宽广的基础上集中精力，专门研究一个或几个课题。由于眼界开阔，研究的深度就能随之而来。我个人的研究同这个有点类似之处，但是我并不限制在同一领域内。所以我不能属于由博返约派。有人用金字塔来表示博与约的关系。笼统地说，我没有这样的金字塔，只在我研究的重点领域中略有相似之处而已。

## 三 我的研究范围

既然讲到杂，就必须指出究竟杂到什么程度，否则头绪纷繁，怎一个“杂”了得！

根据我自己还有一些朋友的归纳统计，我的学术研究涉及的范围约有以下几项：

1. 印度古代语言，特别是佛教梵文

2. 吐火罗文

3. 印度古代文学

4. 印度佛教史

5. 中国佛教史

6. 中亚佛教史

7. 糖史

8. 中印文化交流史

9. 中外文化交流史

10. 中西文化之差异和共性

11. 美学和中国古代文艺理论

12. 德国及西方文学

13. 比较文学及民间文学

14. 散文及杂文创作

这个分类只是一个大概的情况。

## 四　学术研究发展的轨迹

——由考证到兼顾义理

清儒分学问为三门：义理、辞章、考据。最理想的是三者集于一人之身，但这很难。桐城派虽然如此主张，但是，他们真正的成就多半在辞章一门，其它两门是谈不上的。就我个人而言，也许是由于天性的缘故，我最不喜欢义理，用现在的说法或者可以称为哲学。哲学家讲的道理恍兮惚兮，以我愚钝，看不出其中有什么象。哲学家公说公有理，婆说婆有理，天底下没有哪两个哲学家的学说是完全一样的。我喜欢实打实、摸得着、看得见的东西。这是我的禀赋所决定的，难以改变。所以，我在三门学问中最喜爱考证，亦称考据。考据，严格说来，只能算是一个研究方法，其精髓就是：无证不信，“拿证据来”，不容你胡思乱想，毫无根据。在中国学术史上，考据大盛于清朝乾嘉时代，当时大师辈出，使我们读懂了以前无法读的古书，这是它最大的贡献。

在德国，实证主义的研究方法，其精神与中国考据并无二致，其目的在拿出证据，追求真实——我故意不用“真理”二字，然后在确凿可靠的证据的基础上，抽绎出实事求是的结论。德国学术以其“彻底性”（Gründlichkeit）蜚声世界。这与他们的民族性不无联系。

至于我自己，由于我所走过的学术道路和师承关系，又由于我在上面讲到的个人禀性的缘故，我在学术探讨中在潜移默化中受到了中德两方面的影响。在中国，我的老师陈寅恪先生和汤用彤先生都是考据名手。在德国，我的老师 Prof.Sieg 和 Prof.Waldschmidt 和后者的老师 Prof.H.Lüders，也都是考证巨匠。因此，如果把话说得夸大一点的话，我承受了中德两方面的衣钵。即使我再狂妄，我也不敢说，这衣钵我承受得很好。在我眼中，以上这几位大师依然是高山仰止，景行行止。我一生小心翼翼地跟在他们后面行走。

可是，也真出乎我自己的意料，到了晚年，“老年忽发少年狂”，我竟对义理产生了兴趣，发表了许多有关义理的怪论。个中因由，我自己也尚不能解释清楚。

## 五 我的义理

我在我一生所写的许多文章中都讲到我不喜欢义理，不擅长义理。但是，我喜欢胡思乱想，而且我还有一些怪想法。我觉得，一个真正的某一门学问的专家，对他这一门学问钻得太深，钻得太透，或者也可以说，钻得过深，钻得过透，想问题反而缩手缩脚，临深履薄，战战兢兢，有如一个细菌学家，在他眼中，到处是细菌，反而这也不敢吃，那也不敢喝，窘态可掬。一个外行人，或者半外行人，宛如初生的犊子不怕虎，他往往能看到真正专家、真正内行所看不到或者说不敢看到的东西。我对于义理之学就是一个初生的犊子。我决不敢说，我看到的想到的东西都是正确的，但是，我却相信，我的意思是一些专家绝对不敢想更不敢说的。从人类文化发展史来看，如果没有绝少数不肯受钳制、不肯走老路、不肯故步自封的初生犊子敢于发石破天惊的议论的话，则人类进步必将缓慢得多。当然，我们也必须注意常人所说的“真理与谬误之间只差毫厘”、“真理过一分就是谬误”。一个敢思考敢说话的人，说对了了不得，说错了不得了。因此，我们决不能任意胡说八道。如果心怀哗众取宠之意故作新奇可怪之论，连自己都不信，怎么能让别人相信呢？我幸而还没有染上这种恶习。

总之，我近几年来发了不少“怪论”，我自己是深信不疑的，别人信不信由他，我不企图强加于人。我的怪论中最重要的是谈中西文化同异问题的。经过多年的观察与思考，我处处发现中西文化是不同的。我的基本论点是东西方思维模式不同：东综合而西分析。这种不同的思维模式表现在许多方面。举其荦荦大者，比如在处理人与大自然的关系问题上，西方对自然分析再分析，征服再征服。东方则主张“天人合一”，用张载的话来说就是：“民，吾同胞；物，吾与也。”结果是由西方文化产生出来科学技术，在辉煌了二三百年，主宰了世界，为人类谋了很大的福利之后，到了今天，其弊端日益暴露，比如大气污染、臭氧层出洞、环境污染、淡水资源匮乏、生态平衡破坏、新疾病层出不穷，如此等等，哪一个问题不解决都能影响人类生存的前途。这些弊端将近二百年前英国浪漫诗人雪莱就曾预言过，如今不幸而言中。这些东西难道能同西方科技的发展分得开吗？

令人吃惊的是，到了今天，竟还有少数学者，怀抱“科学”的上方宝剑，时不时祭起了“科学”的法宝，说我的说法不“科学”，没有经过“科学”的分析。另外还有个别学者，张口“这是科学”，闭口“这是科学”，来反对中国的气功，甚至中国的医学，针灸、拔罐子等等传统医疗方法。把气功说得太神，我也无法接受。但是实践是检验真理的唯一标准，经过国内外多年的临床应用，证明这些方法确实有效，竟还有人视而不见，听而不闻，死抱住“科学”不放，岂不令人骇异吗？

其实，这些人的“科学”，不过是西方的主要在近代发展起来的科学。“五四”运动时，中国所要求的“赛先生”者就是。现在事实已经证明了，这位“赛先生”确实获得了一部分成功，获得了一些真理，这是不能否认的。但是，通向真理的道路，并不限于这一条。东方的道路也同样能通向真理。这一个事实，刚才露出了端倪，还没有被广大群众所接受，至于后事如何，二十一世纪便可见分晓。

## 六　一些具体的想法

同我在上一节谈到的“我的义理”有一些联系的是我的一些具体的想法，我希望这些想法能变为事实。

我在下面把我目前所想到的一些具体的问题和想法加以简略的介绍：

1. 关于汉语语法的研究

世界语言种类繁多，至今好像还没有一个为大家所公认的“科学”的分类法。不过，无论如何，汉语同西方印欧语系的语言是截然不同的两类语言，这是无论谁也无法否认的事实。然而，在我们国内，甚至在国外，对汉语的研究，在好多方面，则与对印欧语系的研究无大差异。始作俑者恐怕是马建忠的《马氏文通》。这一部书开创之功不可没，但没能分清汉语和西方语言的根本不同，这也是无法否认的。汉语只有单字，没有字母，没有任何形态变化，词性也难以确定，有时难免显得有点模糊。在“五四”运动期间和以后一段时期内，有人就想进行改革，不是文字改革，而是语言改革，鲁迅就是其中之一，胡适也可以算一个。到了现在，“语言改革”的口号没有人再提了。但是研究汉语的专家们的那一套分析汉语语法的方式，我总认为是受了研究西方有形态变化的语言的方法的影响。我个人认为，这一条路最终是会走不通的。

汉语有时显得有点模糊，但是，妙就妙在模糊上。试问世界上万事万物百分之百地彻底地绝对地清楚的有没有？西方新兴科学“模糊学”的出现，给世界学人，不管是人文社会科学家，还是自然科学和技术科学家，一个观察世间错综复杂的现象的新的视角。这对世界文化的进步与发展是大有裨益的。

因此，我建议，汉语语法的研究必须另起炉灶，改弦更张。

2. 中国通史必须重写

从历史上一直到现在，在世界民族之林中，最重视历史的民族是中华民族。从三皇五帝一直到今天的中华人民共和国，在长达几千年的时期内，我们都有连续不断的历史的文字纪录，而且还不止有一种，最著名的是《二十四史》，这是举世闻名的。我们每一个朝代都有断代史。正史之外，还有杂史。至于通史这种体裁，古代我们也有，司马迁的《史记》、司马光的《资治通鉴》都有通史的性质。我们决不敢说，这些史籍中所记录的全是事实，那是根本不可能的。但是，中华民族是一个颇为实事求是的，没有多少想入非非的不着边际的幻想的民族，却也是大家所公认的。

近代以来，一些学者颇写了一些《中国通史》之类的著作。根据丰富的历史资料，而观点则见仁见智，各不相同。这是很自然的事。这些书不同程度地受到了读者的欢迎。建国以后，大事提倡学习马克思主义。这事情本身应该说是一件好事。可惜的是，我们学习的马克思主义是前苏联版的，带有斯大林的印记。在“一边倒”的影响下，我们的人文社会科学的研究，其中当然包括历史研究，都受到了感染。专以中国通史而论，历史分期问题议论蜂起，异说纷纭，仅“封建社会起源于何时”这一个问题，就争论不休，意见差距超过千年，至今也没有大家比较公认的意见，只好不了了之。我真怀疑，这样的争论究竟有什么意义。再如农民革命战争问题。史学家们窥伺上意，纷纷赞颂不休，说什么农民战争是推动社会前进的动力。真是这样子吗？历史事实证明，农民战争即使是胜利了，也不过是以暴易暴，哪里谈到什么推动社会前进。如果不胜利，则不过破坏生产，破坏经济，使生灵涂炭而已。假如一定要说它有进步意义，则只有肯定翦伯赞的“让步政策”的主张。唐太宗说得再清楚不过了：“民能载舟，亦能覆舟。”可是这个主张被认作“修正主义”，议论者谈虎色变。再如一些书对佛教的谩骂，语无伦次，连起码的常识和逻辑都不讲。鲁迅说，谩骂不是战斗。它决不能打倒佛教，更谈不到消灭。这样的例子，我还可以举出一些来，现在先到此为止吧。

在这样“极左”思想的指导下，颇写出了几本当时极为流行的《中国通史》，大中小学生学习的就是这样的历史。不管作者学问多么大，名气多么高，在死守教条的基础上，在迎合上意的前提下，写出来的决不会是好书，有时是违反作者本意的产品。有人称之为“以论代史”，而不是“以论带史”。关键在于一个“论”字。这是什么样的“论”呢？我在上面已经指出来过，这是带有前苏联印记的“论”，而不是纯正的马克思主义的“论”。历史研究，贵在求真，决不容许歪曲历史事实，削足适履，以求得适合他们的“论”。

另外还有一些情况，我们必须注意。一个是中国历史长短的问题，一个是中国文化发源地广袤的问题。关于第一个问题，我们过去写通史，觉得最有把握的是，最早只写到商代，约公元前十七世纪至十一世纪，在《古史辨》派眼中，夏禹还只是一条虫，遑论唐虞，更谈不到三皇五帝。这样我们的历史只有三千多年，较之埃及、巴比伦，甚至印度，瞠乎后矣。硬说是五千年文明古国，不是硬吹牛吗？然而，近年来，由于考古工作的飞速进步，夏代的存在已经完全可以肯定，也给禹平了反，还他以人形。即以文字发展而论，被称为最古的文字的甲骨文已经相当成熟，其背后还必有一段相当长的发展的历史。我们相信，随着考古发掘工作进一步的发展，中国的历史必将更会向前推断，换句话说，必将会更长。

至于中国文化发源地的广袤问题，过去一般的意见是在黄河流域。现在考古发掘工作告诉我们，长江流域的文化发展决不可轻视。有的人甚至主张，长江早于黄河。不管怎样，长江流域也是中国文化发源地之一。这只要看一看《楚辞》便可明白。没有一个比较长期的文化积淀，《楚辞》这样水平高的文章是产生不出来的。长江流域以外，考古工作者还在南方许多地区发现了一些文化遗址。这一切都说明，过去只看到黄河流域一个地方，是不够的。今天我们再写历史，决不能再走这一条老路。

因此，我主张，《中国通史》必须重写。

3. 中国文学史必须重写

在二十世纪以前，尽管我们的正史和杂史上关于中国文学的记载连篇累牍，可是专门的中国文学史却是没有的。有之，是自本世纪初期始，可能受了点外来的影响。在建国前的几十年中，颇出了一些《中国文学史》，书名可能有一些不同，但内容却是基本上一样的，水平当然也参差不齐。连《中国文学批评史》也出了几种。

建国以后，四五十年来，更出了不少的文学史，直到今日，此风未息。应该说，对学术界来说，这都是极好的事情，它说明了我国学术界的繁荣昌盛。

但是，正如可以预料的那样，同上面讲到的《中国通史》一样，《中国文学史》的纂写也受到了“极左”思潮的影响。中国的“极左”思潮一向是同教条主义、僵化、简单化分不开的。在“一边倒”的指导方针下，我们中国的文学史和文艺理论研究，也唯前苏联的马首是瞻。五十年代，我们聘请了一些苏联文艺理论专家来华讲学。他们带来的当然是贴着马克思主义标签的那一套苏联教条，我们却奉为金科玉律，连腹诽都不敢。前苏联一个权威讲的一部哲学史就是唯物主义与唯心主义斗争的历史，把极端复杂、花样繁多，然而却又是生动活泼的哲学史上哲学家的学说，一下子化为僵死、呆板、极端简单化了的教条。可在一段相当长的时期内，这就是我们研究中国文学史以及中国历史上文艺理论的唯一的指针。

在这样的重压下，文学史和文艺理论的研究焉能生动活泼、繁荣昌盛呢？

在外来的重压之外，还有我们自己土产的同样贴上了马克思主义标签的重压。权威人士说，文学作品有两个标准：政治标准和艺术标准。政治标准内涵极丰，其中有“人民性”一种东西。什么叫“人民性”呢？一看就明白，一追问就胡涂。对一些人来说，它是恍兮惚兮，其中无象，只可意会，不能言传。于是一些文学史家就在“人民”二字上下工夫。遍搜古籍，如果侥幸能找到“人民”——不管这两个字古今是否同义——或与“人民”相近的字眼，就如金榜题名，洞房花烛一般，狂喜不已。这样怎能写出好的文学史来呢？

另一个标准叫做“艺术性”，这个标准比较具体，比较平易近人，理解起来比较容易。但是，既然它被搁置在第二的位置上，也就是次要的位置上，又因为第一条政治标准被强调得天一般高，这个老二根本不能与老大平起平坐。于是一般的中国文学史家，为了趋吉避凶，息事宁人，就拼命在第一条标准上做文章，而忽视了这个第二条艺术性标准。翻看近四五十年来所出版的几部部头比较大、影响比较大的《中国文学史》或者有类似名称的书，我们不难发现，论述一个作家作品的政治性或思想性时，往往不惜工本，连篇累牍地侃侃而谈，主要是根据政治教条，包括从原苏联贩来的洋教条在内，论述这位作家的思想性，有时候难免牵强附会，削足适履。而一旦谈到艺术性，则缩手缩脚，甚至噤若寒蝉，潦潦草草，敷敷衍衍，写上几句着三不着两的话，好像是在应付差事，不得不写。

根据我个人的浅见，衡量一部文学作品的标准，艺术性应该放到第一位，因为艺术性是文学作品的灵魂。如果缺乏艺术性，思想性即使再高，也毫无用处，这样的作品决不会为读者所接受。有一些文学作品，思想性十分模糊。但艺术性极高，照样会成为名作而流传千古，李义山的许多无题诗就属于这一类。可惜的是，正如我在上面说过的那样，近几十年来几乎所有的文学史，都忽视了作品艺术性的分析。连李白和杜甫这样伟大的诗人，文学史的作者对他们的艺术风格的差异也只能潦草地说上几句话，很少言之有物切中肯綮的分析，遑论其他诗人。

这样的文学史是不行的。因此，我主张，中国文学史必须改写。

4. 美学研究的根本转型

在中国古代，美学思想是丰富多彩的，但比较分散，没有形成体系。“美学”这一门学问，在某种意义上来看，可以说是一个“舶来品”，受到了西方影响之后才成立的。这一个事实恐怕是大家所公认的。建国以后，有一段时期，美学浸浸乎成了显学，出了不少人才，出了不少的书，还形成了一些学派，互相争辩，有时候还相当激烈。争论的问题当然很多，但是主要集中在美的性质这个问题上：美是主观的呢，还是客观的？抑或是主客观相结合的？跟着西方学者后面走，拾人牙慧，不敢越雷池一步，结果走进了死胡同，走进了误区。

何以言之？按西方语言，“美学”这个词儿的词源与人的感官(sense-organ)有关。人的感官一般说有五个，即眼、耳、鼻、舌、身。中国和印度等国都是这样说。可是西方美学家却只讲两官，即眼与耳。美术绘画雕塑建筑风格等属于前者，音乐属于后者。这种说法实际上已可归入常识。

可是，中国美学家忘记了，中国的“美”同西方不一样。从词源学上来讲，《说文》：“美，羊大也。”羊大了肉好吃，就称之为“美”。这既不属于眼，也不属于耳，而是属于舌头，加上一点鼻子，鼻子能嗅到香味。我们现在口头上时时都在讲“美酒”、“美味佳肴”等等，还有“美食城”这样的饭店。这些在西方都不能用“美”字来表述。西方的“美”不包括舌头和鼻子。只要稍稍想一想，就能够明白：中国学者讲美学，而不讲中国的“美”，岂非咄咄怪事！我说，这是让西方学者带进了误区。

现在，中国已经有了一些美学家谈论美学转型的问题。我认为，这谈得好，谈得及时。可惜这些学者只想小小地转一下型，并没有想到彻底走出误区，没有想到我在上面提到的那一些带根本性的问题。

我从三十年代起就陆续读过一些美学的书，对美学我不能说是一个完全的外行。但是浅尝辄止，也说不上是一个真正的内行，只能说是一个半瓶醋。常识告诉我们，只有半瓶醋才能晃荡出声。我就是以这样的身份提出了一个主张：美学必须彻底转型，决不能小打小闹，修修补补，而必须大破大立，另起炉灶。

5. 文艺理论在国际上“失语”问题

近七八十年以来，在世界范围内，文艺理论时有变化，新学说不时兴起。有的延续时间长一点，有的简直是“蟪蛄不知春秋”，就为更新的理论所取代。我常套用赵瓯北的诗句，改为“江山年有才人出，各领风骚数十天”。可是，令人奇怪的是，在这国际文艺理论论坛上喧嚣闹嚷声中，独独缺少中国的声音，有人就形象地说，中国患了“失语症”。

难道我们中国真正没有话可说吗？难道国际文艺理论的讲坛上这些时生时灭的“理论”就真正高不可攀吗？难道我们中国的研究文艺理论的学者就真正蠢到噤若寒蝉吗？非也，非也。我个人认为，其中原因很多，但是最主要的原因之一是，我们有一些学者过多地屈服于“贾桂思想”，总觉得自己不行；同时又没有勇气，或者毋宁说是没有识见，回顾我们自己有悠久历史传统的、水平极高的旧的文艺理论宝库。我们传统的文艺理论，特别是所使用的“话语”，其基础是我在上面提到的综合的思维模式。与植根于分析的思维模式的西方文艺理论不同。我们面对艺术作品，包括绘画、书法、诗文等等，不像西方文艺理论家那样，把作品拿过来肌擘理分，割成小块块，然后用分析的“话语”把自己的意见表述出来。有的竟形成极端复杂的理论体系，看上去令人目眩神摇。

我们中国则截然不同。我们面对一件艺术品，或耳听一段音乐，并不像西方学者那样，手执解剖刀，把艺术品或音乐分析解剖得支离破碎，然后写成连篇累牍的文章，使用了不知多少抽象的名词，令读者如堕入五里雾中，最终也得不到要领。我们中国的文艺批评家或一般读者，读一部文学作品或一篇诗文，先反复玩味，含英咀华，把作品的真精神灿然烂然映照于我们心中，最后用鲜明、生动而又凝练的语言表达出来。读者读了以后得到的也不是干瘪枯燥的义理，而是生动活泼的综合的印象。比方说，庾信的诗被综合评论为“清新”二字，鲍照的诗则是“俊逸”二字。杜甫的诗是“沉郁顿挫”，李白的诗是“飘逸豪放”。其余的诗人以此类推。对于书法的评论，我们使用的也是同一个办法，比如对书圣王羲之的书法，论之者评为“龙跳天门，虎卧凤阙”。多么具体凝练。又是多么鲜明生动！在古代，月旦人物，用的也是同样的方式，不赘述。

我闲常考虑一个问题：为什么在中国文学批评史上，除了《文心雕龙》、《诗品》等少数专门著作之外，竟没有像西方那样有成套成套的专门谈文艺理论的著作？中国的文艺理论实际上是历史悠久、内容丰富，而又派别繁多、议论蜂起的。许多专家的理论往往见之于《诗话》中，不管什么“神韵说”、“性灵说”、“肌理说”、“境界说”等等，都见之于《诗话》（《词话》）中，往往是简简单单地几句话，而内容却包罗无穷。试拿中国——中国以外，只有韩国有《诗话》——《诗话》同西方文艺理论的皇皇巨著一比，其间的差别立即可见。我在这里不作价值评判，不说哪高哪下，让读者自己去评议吧。

这话说远了，赶快收回，还是谈我们的“失语”。我们中国文艺理论并不是没有“语”，我们之所以在国际上失语，一部分原因是欧洲中心主义还在作祟，一部分是我们自己的腰板挺不直，被外国那一些五花八门的“理论”弄昏了头脑。我个人觉得，我们有悠久雄厚的基础，只要我们多一点自信，少一点自卑，我们是大有可为的。我们决不会再“失语”下去的。但是兹事体大，决不会是一蹴而就的事，我们必须付出艰苦的劳动，多思考，勤试验，在不薄西方爱东方的思想指导下，才能为世界文艺理论开辟一个新天地。任何掉以轻心的做法都是绝对有害的。

## 七　重视文化交流

对于文化产生的问题，我是一个文化产生多元论者。换句话说就是，文化不是世界上哪一个民族单独创造出来的。世界上民族众多，人口有多有少，历史有长有短，但是基本上都对人类文化有所贡献，虽然贡献大小不同，水平也参差不齐。而且，我认为，文化有一个特点：它一旦被创造出来，自然而然地就会通过人类的活动进行交流。因此，文化交流，无时不在，无地不在。它是推动人类社会前进的主要动力之一。

我对文化交流重要性的议论，在我的很多文章中和发言中都可以找到。我对中外交流的研究，其范围是相当广的，其时间是相当长的。我的重点当然是中印文化交流史，这与我的主要研究课题——印度古代的佛教梵语——有关。我的研究还旁及中国、波斯和其它一些国家的文化交流。就连我多年来兀兀穷年搞的貌似科技史之类的课题。其重点或者中心依然是文化交流史。

## 八　佛教梵语研究

我在德国十年学习期间，主要精力就用在学习梵文和巴利文上。Prof. Waldschmidt给我的博士论文题目是研究佛教梵语的，有人也称之为“混合梵文”或“偈陀语言”。这是一种基本上是梵文但又搀杂了不少古代方言的文字。在小乘向大乘过渡的期间，或者在我称之为“原始大乘佛教”的期间，许多佛典都是用这种文字写成的。有的佛典原来是用纯粹方言写成的，随着“梵文的复兴”以及一些别的原因，佛典文字方言成分逐渐减少，而梵文成分则逐渐增多，于是就形成了所谓“佛教梵语”。在这些方言中，东部方言摩揭陀语占有很大的比重。于是，有的学者就推测，最初可能有用古代东部半摩揭陀方言纂成的“原始佛典”（Urkanon）。有人激烈反对这种说法，但是，依我之见，这种假设是合情合理的，反对者的花言巧语是一点也没有用处的，是徒劳的。

我研究这种语言有我独特的特点，我不仅仅是为了分析语法现象而分析，我有我的目的，我是尝试着通过语言现象来探寻一部经典的产生的时代和地区。根据我个人的经验，这是行之有效的办法，而且是证据确凿的，别人想否定也是不可能的。印度古代的众多方言，既云方言，必然具有地域性，而且这地域性表现得十分明显，阿育王在印度许多地方树立的石碑和石柱，上面的铭文明确无误地指明了方言的地域性，是最有价值的参照资料。

先师陈寅恪先生以国学大师，特别是考证大师，蜚声国内外士林。但是，明眼人都能在陈师著作的字里行间窥探出其中蕴涵的义理。考证的目的在于求真求实，而真实又是历史研究的精髓，对史料不做考证求实的工作而妄加引用，或歪曲原意，或削足适履，不管有意还是无意，都是不道德的行为，为真正有良心的学者所深恶痛绝。寅恪先生的义理，内容极为丰富，笼统言之，不外中国文化的本质、中国文化的衍变、中国文化的传承、文化与民族的关系等等，总之是离不开中国文化的。以我愚钝，窃不自量力，也想在自己的语言形态变化的踏踏实实的考证中寓一点义理，义理就是我在上面讲的佛教历史的演变，以及部派的形成与传承等等。

我在1940年和1941年在德国哥廷根大学获得哲学博士学位。为什么我写成了两年呢？因为当时二战正在激烈进行。我的导师Prof. Waldschmidt被征从军。因此，我的博士答辩共举行了两次：一在1940年，一在1941年，这是极为少见的现象。这一点我从来没有讲过，我现在在这里补充说明一下。获得学位后，由于战事关系，我被迫留在哥大教书，仍然集中全力，在极端艰苦的条件下，从事佛教梵语的研究，发表过几篇我自认颇有分量的论文，我今天未必再能写得出来。二战结束后，如果我继续留在哥廷根大学教书，或者赴英国剑桥大学去教书，那么，我的佛教梵语研究一定还会继续下去的，我自信在这方面还能有所发明、有所创造的。但是，人是无法真正掌握自己的命运的，我回到了祖国，来到了北京大学，一转眼就过了半个世纪。由于受到资料和信息的限制，我的佛教梵语研究，无法继续下去，只好顺应时势改了行。我在科学研究方面是一个闲不住的人，我尝试了很多研究领域，成了一名“杂家”。现在追忆起来，有一个问题我自己也无法回答：是我留在欧洲在学术上发挥作用大呢，还是回到国内来发挥作用更大？一般的看法是后者发挥作用更大。我虽然还没有对自己的生命划句号的计划，但自己毕竟已经到望九之年，这个问题留待后人去回答吧。

## 九　吐火罗文

统观我在将近六十年中学习和研究吐火罗文的历史过程，大约可以分为三个阶段：

（一）在德国哥廷根的学习阶段；

（二）回国后长达三十多年的藕断丝连的阶段；

（三）八十年代初接受委托从事在新疆焉耆新发现的《弥勒会见记剧本》（缩写为MSN）的解读和翻译工作的阶段。

现分述如下：

（一）这一阶段，我在《学术回忆录》“吐火罗文的学习”一节中已经做了相当详细的叙述，这里不再重复。

（二）1946年回国以后，在吐火罗文研究方面，我手头只有从德国带回来的那一点点资料，根本谈不到什么研究。五六十年代，在“极左”思想肆虐的时期，有“海外关系”，人人色变。我基本上断绝了同德国以及其他国家的联系。偶尔有海外同行寄来吐火罗文研究的专著或者论文，我连回信都不敢写。我已下定了决心，同吐火罗文研究断绝关系。但是，在思想中，有时对吐火罗文还有点恋旧之感，形成“藕断丝连”的尴尬局面。

（三）八十年代初，新疆博物馆李遇春馆长亲自携带着1975年在新疆焉耆新出土的吐火罗文残卷，共四十四张，两面书写，合八十八页，请我解读。我既喜且忧。喜的是同吐火罗文这一位久违久违的老朋友又见面了。忧的是，自己多少年来已同老友分手，它对我已十分陌生，我害怕自己完成不了这一个任务。总之，我一半靠努力，一半靠运气，完成了委托给我的任务。从那以后，我对吐火罗文的热情又点燃了起来，在众多的写作和研究任务中，吐火罗文的研究始终占有一席地。在1983年我就开始断断续续地用汉文或英文发表我的吐火罗文A《弥勒会见记剧本》的转写、翻译和注释。到了写这一篇“总结”的时候，1997年12月，我对吐火罗文A《弥勒会见记剧本》所应做的工作，已经全部结束。一部完整的英译本，1998年上半年即可在德国出版，协助我工作的是德国学者 Prof. Werner Winter 和法国学者 Georges Pinault。这一部书将是世界上第一部规模这样大的吐火罗文作品的英译本，其他语言也没有过，在吐火罗文研究方面有重大的意义。我六十年来的吐火罗文的学习和研究工作，也就可以说是划上了一个完美的句号了。

## 十 《糖史》

我对科技史懂得不多，我之所以走上研究糖史的道路，可以说是大部分出于偶然性。与其说我对糖史有兴趣，毋宁说我对文化交流更有兴趣。

糖是一种微末的日用食品，平常谁也不会重视它。可是“糖”这个字在西欧各国的语言中都是外来语，来自同一个梵文字ś arkarā，这充分说明了，欧美原来无糖，糖的原产地是印度。这样一来，糖一下子就同我的研究工作挂上了钩。于是我就开始注意这个问题，并搜集这方面的资料。后来，又由于一个偶然的机会，一张伯希和从敦煌藏经洞拿走的，正面写着一段佛经，背面写着关于印度造糖法的残卷，几经辗转，传到了我的手里。大家都知道，敦煌残卷多为佛经，像这样有关科技的残卷，真可谓是凤毛麟角，绝无仅有。从伯希和起，不知道有多少中外学人想啃这个硬核桃，但都没有能啃开，最后终于落到我手中。我也惊喜欲狂，终于啃开了这个硬核桃。详情我在《回忆录》中叙述《一张有关印度制糖法传入中国的敦煌残卷》这一篇论文时已经写过，这里不再重复。

时隔不久，我又写了一篇《蔗糖的制造在中国始于何时?》的论文。这篇文章的意义，不在于它确定了中国制造蔗糖的时间，而在于它指出中国在唐代以前已经能够自制蔗糖了。唐太宗派人到印度去学习制糖法，不过表示当时印度在制糖技术的某一方面有高于中国之处。中国学习的结果是，自己制造出来的糖“色味逾西域远甚”。文化交流的历史往往如此。在以后的长时间内，中印在制糖方面还是互相学习的。下面还要谈到这个问题。

到了1982年，我又写了一篇《对〈一张有关制糖法从印度传入中国的敦煌残卷〉的一点补充》。补充不牵涉重大问题。到了1983年，我写了一篇《古代印度沙糖的制造和使用》。促成我写这篇文章的原因是德国学者O. von Hinüber的一篇关于古代印度制糖术的文章。von Hinüber的文章引用了一些佛典中的资料，但显得十分不够。我于是也主要使用汉译佛典中的资料，写成此文，资料比德国学者的文章丰富得多了，我们对于古代印度制糖术的了解也充实得多了。到了1987年，我又写了一篇文章《cīnī问题——中印文化交流的一个例证》，讲的是中国白沙糖传入印度的问题。糖本是一件小东西，然而在它身上却驮着长达一千多年的中印两国文化交流的历史。同年，又有我的一篇文章《唐太宗与摩揭陀——唐代印度制糖术传入中国的问题》。我在这篇文章里更有系统地、更深入地、更详尽地叙述传入的过程。

上面提到的这一些文章，加上以后所写的一些文章，我都搜集了起来，准备结集成一部《糖史》。据我所知，迄今世界上只有两部完整的《糖史》，一本是von Lippmann的，一本Deerr的，一德一英，我在上面都已经提到过。二书的写法不尽相同，德文的谨严可靠，材料也丰富。英文的则差一点。二书都引用过中国资料，英文的引用时错误多而可笑，可见作者对中国以及中国材料是颇为陌生的。我的《糖史》既然后出，应当做到“后来居上”。至于我做到了没有，则不敢说。反正我除了参考以上两书外，我的重点是放在中国蔗糖史上，在我的《糖史》成书时，编为上编，国内编。我不讲饴糖，因为在饴糖制造方面，不存在国际交流的问题。我的第二个重点是文化交流，在蔗糖制造方面的国际交流。这方面的文章在成集时，我编为下编，国际编。上编已收入我主编的《东方文化集成》中，改名为《文化交流的轨迹——中华蔗糖史》，已于1997年由经济日报出版社出版，将来出《季羡林文集》时，仍恢复原名：《糖史·上编·国内编》。

我现在想讲一讲我写《糖史》搜集资料的情况。写文章引用别人的著作甚至观点，是决不可避免的，但必须注明出处，这是起码的学术道德，我决不敢有违。如果想开辟一个新领域，创造一个新天地，那就必须自找新材料，偷懒是万万不容许的。我自知不是大鹏，而只是一只鷦鷯，不敢作非分想，只能低低地飞。即使是大鹏，要想开辟新天地，也必付出巨大的劳动，想凭空“抟扶摇而上者九万里”，其结果必然是一个跟头栽下来，丢人现眼，而且还是飞得越高，跌得越重。搜集资料，捷径是没有的，现有的引得之类，作用有限。将来有朝一日，把所有的古书都输入电脑，当然会方便得多。可是目前还做不到。我只有采用一个最原始、最笨、可又决不可避免的办法，这就是找出原书，一行行，一句句地读下去，像砂里淘金一样，搜寻有用的材料。我曾经从1993年至1994年用了差不多两年的时间，除了礼拜天休息外，每天来回跋涉五六里路跑一趟北大图书馆，风雨无阻，寒暑不辍。我面对汪洋浩瀚的《四库全书》和插架盈楼的书山书海，枯坐在那里，夏天要忍受书库三十五六摄氏度的酷暑，挥汗如雨，耐心地看下去。有时候偶尔碰到一条有用的资料，便欣喜如获至宝。但有时候也枯坐半个上午，把白内障尚不严重的双眼累得个“一佛出世，二佛升天”，却找不到一条有用的材料，嗒然拖着疲惫的双腿，返回家来。经过了两年的苦练，我炼就一双火眼金睛，能目下不是十行，二十行，而是目下一页，而遗漏率却小到几乎没有的程度。

我的《糖史》就是在这样的情况下写成的。

## 十一 抓住一个问题终生不放

根据我个人的观察，一个学人往往集中一段时间，钻研一个问题，搜集极勤，写作极苦。但是，文章一旦写成，就把注意力转向另外一个题目，已经写成和发表的文章就不再注意，甚至逐渐遗忘了。我自己这个毛病比较少。我往往抓住一个题目，得出了结论，写成了文章，但我并不把它置诸脑后，而是念念不忘。我举几个例子。

我于1947年写过一篇论文《浮屠与佛》，用汉文和英文发表。但是限于当时的条件，其中包括外国研究水平和资料，文中有几个问题勉强得到解决，自己并不满意，耿耿于怀者垂四十余年，一直到1989年，我得到了新材料，又写了一篇《再谈“浮屠”与“佛”》，解决了那一个悬而未决的问题，心中极喜。最令我欣慰的是，原来看似极大胆的假设竟然得到了证实，心中颇沾沾自喜，对自己的研究更增强了信心。觉得自己的“假设”确够“大胆”，而“求证”则极为“小心”。

第二个例子是关于佛典梵语中-am>o和u的几篇文章。1944年我在德国哥廷根写过一篇论文，谈这个问题，引起了国际上一些学者的注意。有人，比如美国的F.Edgerton，在他的巨著《混合梵文文法》中多次提到这个音变现象，最初坚决反对，提出了许多假说，但又前后矛盾，不能自圆其说，最后，半推半就，被迫承认，却又不干净利落，窘态可掬。因此引起了我对此人的鄙视。回国以后，我连续写了几篇文章，对Edgerton加以反驳，但在我这方面，我始终没有忘记进一步寻找证据，进一步探索。由于资料缺乏，一直到了1990年，上距1944年已经过了四十六年，我才又写了一篇比较重要的论文《新疆古代民族语言中语尾-am>u的现象》。在这里，我用了大量的新资料，证明了我第一篇论文的结论完全正确，无懈可击。

例子还能举出一些来。但是，我觉得，这两个也就够了。我之所以不厌其烦地谈论这个问题，是因为我看到有一些学者，在某一个时期集中精力研究一个问题，成果一出，立即罢手。我不认为这是正确的做法。学术问题，有时候一时难以下结论，必须锲而不舍，终生以之，才可能得到越来越精确可靠的结论。有时候，甚至全世界都承认其为真理的学说，时过境迁，还有人提出异议。听说，国外已有学者对达尔文的“进化论”提出了不同的看法。我认为，这不是坏事，而是好事，真理的长河是永远流动不停的。

## 十二　搜集资料必须有竭泽而渔的气魄

对研究人文社会科学的人来说，资料是最重要的。在旧时代，虽有一些类书之类的书籍，可供搜集资料之用，但作用毕竟有限。一些饱学之士主要靠背诵和记忆。后来有了索引（亦称引得），范围也颇小。到了今天，可以把古书输入电脑，这当然方便多了，但是已经输入电脑的书，为数还不太多，以后会逐渐增加的。到了大批的古书都能输入电脑的时候，搜集资料，竭泽而渔，便易如反掌了。那时候的工作重点便由搜集转为解释，工作也不能说是很轻松的。

我这一生，始终从事人文社会科学的研究工作。我搜集资料始终还是靠老办法、笨办法、死办法。只有一次尝试利用电脑，但可以说是毫无所得，大概是那架电脑出了毛病。因此我只能用老办法，一直到我前几年集中精力写《糖史》时，还是靠自己一页一页地搜寻的办法。关于这一点，我在上面已经谈到过，这里不再重复了。

不管用什么办法，搜集资料决不能偷懒，决不能偷工减料，形象的说法就是要有竭泽而渔的魄力。在电脑普遍使用之前，真正做到百分之百的竭泽而渔，是根本不可能的。但是，我们至少也必须做到广征博引，巨细不遗，尽可能地把能搜集到的资料都搜集在一起。科学研究工作没有什么捷径，一靠勤奋，二靠个人的天赋，而前者尤为重要。我个人认为，学者的大忌是仅靠手边一点搜集到的资料，就贸然做出重大的结论。我生平有多次经验，或者毋宁说是教训：我对一个问题做出了结论，甚至颇沾沾自喜，认为是不刊之论。然而，多半是出于偶然的机会，又发现了新资料，证明我原来的结论是不全面的，或者甚至是错误的。因此，我时时提醒自己，千万不要重蹈覆辙。

总之，一句话：搜集资料越多越好。

## 十三　我的考证

我在上面叙述中，已经谈到了考证，但仍然觉得意犹未足，现在再补充谈一谈“我的考证”。

考证并不是什么神秘的东西，把它捧到天上去，无此必要；把它贬得一文不值，也并非实事求是的态度。清代的那一些考据大师，穷毕生之力，从事考据，给我们带来了极大的好处。好多古书，原来我们读不懂，或者自认为读懂而实未懂，通过他们对音训词句的考据，我们能读懂了。这难道说不是极大的贡献吗？即使不是考据专家，凡是从事人文社会科学研究工作的学者，有时候会征引一些资料，对这些资料的真伪、迟早都要进行一些必要的考证工作。这些几乎近于常识的事情，不言自喻。因此，我才说，考证不是什么神秘的东西。而且考证之学不但中国有，外国也是有的。科学研究工作贵在求真，而考据正是达到这个目的的手段。焉能分什么国内国外？

至于考证的工拙精粗，完全决定于你的学术修养和思想方法。少学欠术的人，属于马大哈一类的人，是搞不好考证工作的。死板僵硬、墨守成规、不敢越前人雷池一步的人，也是搞不好考证的。在这里，我又要引用胡适先生的两句话："大胆的假设，小心的求证。"假设，胆越大越好。哥白尼敢于假设地球能转动，胆可谓大矣。然而只凭大胆是不行的，必须还有小心的求证。求证，越小心越好。这里需要的是极广泛搜集资料的能力，穷极毫末分析资料的能力，坚韧不拔、锲而不舍的精神，然后得出的结论才能比较可靠。这里面还有一个学术道德或学术良心的问题，下一节再谈。

在考证方面，在现代中外学人中，我最佩服的有两位：一位是我在德国的太老师 Heinrich Lüders，一位是我在中国的老师陈寅恪先生。他们两位确有共同的特点。他们能在一般人都能读到的普通的书中，发现别人看不到的问题，从极平常的一点切入，逐步深入，分析细致入微，如剥春笋，层层剥落，越剥越接近问题的核心，最后画龙点睛，一笔点出关键，也就是结论，简直如"石破天惊适秋雨"，匪夷所思，然而又铁证如山。此时我简直如沙漠得水，酷暑饮冰，凉沁心肺，毛发直竖，不由得你不五体投地。

上述两位先生都不是为考证而考证，他们的考证中都含有"义理"。我在这里使用"义理"二字，不是清人的所谓"义理"，而是通过考证得出规律性的东西，得出在考证之外的某一种结论。比如 Heinrich Lüders 通过考证得出了，古代印度佛教初起时的印度方言林立，其中东部有一种古代半摩揭陀语，有一部用这种方言纂成的所谓"原始佛典"（Urkanon），当然不可能是一部完整的大藏经，颇有点类似中国的《论语》。这本来是常识一类的事实。然而当今反对这个假说的人，一定把 Urkanon 了解为"完整的大藏经"真正是不可思议。陈寅恪先生的考证文章，除了准确地考证史实之外，都有近似“义理”的内涵。他特别重视民族与文化的问题。这也是大家所熟悉的。我要郑重声明，我决不是抹煞为考证而考证的功绩。钱大昕考出中国古无轻唇音，并没有什么“义理”在内，但却是不刊之论，这是没有人不承认的。类似的例子还可以举出不少来，足证为考证而考证也是有其用处的，不可轻视的。

但是，就我个人而言，我的许多考证的文章，却只是手段，而不是目的。比如，我考证出汉文的“佛”字是 put，but 的音译，根据这一个貌似微末的事实，我就提出了佛教如何传入中国的问题，我自认是平生得意之作。

## 十四　学术良心或学术道德

“学术良心”，好像以前还没有人用过这样一个词儿，我就算是“始作俑者”吧。但是，如果“良心”就是儒家孟子一派所讲的“人之初，性本善”中的“性”的话，我是不相信这样的“良心”的。人和其他生物一样，其“性”就是“食、色，性也”的“性”。其本质是一要生存，二要温饱，三要发展。人的一生就是同这种本能作斗争的一生。有的人胜利了，也就是说，既要自己活，也要让别人活，他就是一个合格的人。让别人活的程度越高，也就是为别人着想的程度越高，他的“好”或“善”也就越高。“宁要我负天下人，不要天下人负我”，是地道的坏人，可惜的是，这样的人滔滔者天下皆是也。有人要问：既然你不承认人性本善，你这种想法是从哪里来的呢？对于这个问题，我还没有十分满意的解释。《三字经》上的两句话“性相近，习相远”中的“习”字似乎能回答这个问题。一个人过了幼稚阶段，有意识地或无意识地会感到，人类必须互相依存，才都能活下去。如果一个人只想到自己，都绝对地想到自己，那么，社会就难以存在，结果谁也活不下去。

这话说得太远了，还是回头来谈“学术良心”或者学术道德。学术涵盖面极大，文、理、工、农、医，都是学术。人类社会不能无学术，无学术，则人类社会就不能前进，人类福利就不能提高，每个人都是想日子越过越好的。学术的作用就在于能帮助人达到这个目的。大家常说，学术是老老实实的东西，不能搀半点假。通过个人努力或者集体努力，老老实实地做学问，得出的结果必须是实事求是的。这样做，就算是有学术良心。剽窃别人的成果，或者为了沽名钓誉创造新学说或新学派而篡改研究真相，伪造研究数据，这是地地道道的学术骗子。国际上和在我们国内，这样的骗子比比皆是。这样的骗局决不会隐瞒很久的，总有一天真相会大白于天下的。许多国家都有这样的先例，真相一旦暴露，不齿于士林，因而自杀者也是有过的。这种学术骗子，自古已有，可怕的是于今为烈。我们学坛和文坛上剽窃大案，时有所闻，我们千万要引为鉴戒。

这样明目张胆的大骗当然是绝不允许的。还有些偷偷摸摸的小骗，也不能不引起我们的戒心。小骗局花样颇为繁多，举其荦荦大者，有以下诸种：在课堂上听老师讲课，在公开学术报告中听报告人讲演，平常阅读书刊杂志时读到别人的见解，认为有用或有趣，于是就自己写成文章，不提老师的或者讲演者的以及作者的名字，仿佛他自己就是首创者，用以欺世盗名。这种例子也不是稀见的。至于有人在谈话中告诉了他一个观点，他也据为己有。这都是没有学术良心或者学术道德的行为。

我可以无愧于心地说，上面这些大骗或者小骗，我都从来没有干过，以后也永远不会干。

我在这里补充几点梁启超在他所著的《清代学术概论》中谈到的清代正统派的学风的几个特色：“隐匿证据或曲解证据，皆认为不德”；“凡采用旧说，必明引之，剿说认为大不德”。这同我在上面讲的学术道德（梁启超的“德”）完全一致。可见清代学者对学术道德之重视程度。

此外，梁启超同上书还举了一点特色：“孤证不为定说。其无反证者姑存之。得有续证，则渐信之。遇有力之反证则弃之。”可以补充在这里，也可以补充上一节中。

## 十五　勤奋、天才（才能）与机遇

人类的才能，每个人都有所不同，这是大家都看到的事实，不能不承认的。但是有一种特殊的才能一般人称之为“天才”。有没有“天才”呢？似乎还有点争论，有点看法的不同。“十年浩劫”期间，有一度曾大批“天才”，葫芦里卖的是什么药，我至今不懂。根据我六七十年来的观察和思考，有“天才”是否定不了的，特别在音乐和绘画方面。你能说贝多芬、莫扎特不是音乐天才吗？即使不谈“天才”，只谈才能，人与人之间也是相差十分悬殊的。就拿教梵文来说，在同一个班上，一年教下来，学习好的学生能够教学习差的而有余。有的学生就是一辈子也跳不过梵文这个龙门。这情形我在国内外都见到过。

拿做学问来说，天才与勤奋的关系究竟如何呢？有人说“九十九分勤奋，一分神来（属于天才的范畴）”。我认为，这个百分比应该纠正一下。七八十分的勤奋，二三十分的天才（才能），我觉得更符合实际一点。我丝毫也没有贬低勤奋的意思。无论干哪一行的，没有勤奋，一事无成。我只是感到，如果没有才能而只靠勤奋，一个人发展是有限度的。

现在，我来谈一谈天才、勤奋与机遇的关系问题。我记得六十多年前在清华大学读西洋文学时，读过一首英国诗人 Thomas Gray 的诗，题目大概是叫《乡村墓地哀歌（elegy）》，诗的内容，时隔半个多世纪，全都忘了，只有一句还记得：在墓地埋着可能有莎士比亚。意思是指，有莎士比亚天才的人，老死穷乡僻壤间。换句话说，他没有得到“机遇”，天才白白浪费了。上面讲的有张冠李戴的可能；如果有的话，请大家原谅。

总之，我认为，“机遇”（在一般人嘴里可能叫做“命运”）是无法否认的。一个人一辈子做事、读书，不管是干什么，其中都有“机遇”的成分。我自己就是一个活生生的例子。如果“机遇”不垂青，我至今还恐怕是一个识字不多的贫农，也许早已离开了世界。我不是“王半仙”或“张铁嘴”，我不会算卦、相面，我不想来解释这一个“机遇”问题，那是超出我的能力的事。

## 十六　满招损，谦受益

这本来是中国一句老话，来源极古，《尚书·大禹谟》中已经有了，以后历代引用不辍，一直到今天，还经常挂在人民嘴上。可见此话道出了一个真理，经过将近三千年的检验，益见其真实可靠。

这话适用于干一切工作的人，做学问何独不然？可是，怎样来解释呢？

根据我自己的思考与分析，满（自满）只有一种：真。假自满者，未之有也。吹牛皮，说大话，那不是自满，而是骗人。谦（谦虚）却有两种，一真一假。假谦虚的例子，真可以说是俯拾即是。故作谦虚状者，比比皆是。中国人的“菲酌”、“拙作”之类的词儿，张嘴即出。什么“指正”、“斧正”、“哂正”之类的送人自己著作的谦词，谁都知道是假的，然而谁也必须这样写。这种谦词已经深入骨髓，不给任何人留下任何印象。日本人赠人礼品，自称“粗品”者，也属于这一类。这种虚伪的谦虚不会使任何人受益。西方人无论如何也是不能理解的。为什么拿“菲酌”而不拿盛宴来宴请客人？为什么拿“粗品”而不拿精品送给别人？对西方人简直是一个谜。

我们要的是真正的谦虚，做学问更是如此。如果一个学者，不管是年轻的，还是中年的、老年的，觉得自己的学问已经够大了，没有必要再进行学习了，他就不会再有进步。事实上，不管你搞哪一门学问，决不会有搞得完全彻底一点问题也不留的。人即使能活上一千年，也是办不到的。因此，在做学问上谦虚，不但表示这个人有道德，也表示这个人是实事求是的。听说康有为说过，他年届三十，天下学问即已学光。仅此一端，就可以证明，康有为不懂什么叫学问，现在有人尊他为“国学大师”，我认为是可笑的。他至多只能算是一个革新家。

在当今中国的学坛上，自视甚高者，所在皆是；而真正虚怀若谷者，则绝无仅有。我不认为这是一个好现象。有不少年轻的学者，写过几篇论文，出过几册专著，就傲气凌人。这不利于他们的进步，也不利于中国学术前途的发展。

我自己怎样呢？我总觉得自己不行。我常常讲，我是样样通，样样松。我一生勤奋不辍，天天都在读书写文章，但一遇到一个必须深入、更深入钻研的问题，就觉得自己知识不够，有时候不得不临时抱佛脚。人们都承认，自知之明极难。有时候，我却觉得，自己的“自知之明”过了头，不是虚心，而是心虚了。因此，我从来没有觉得自满过。这当然可以说是一个好现象。但是，我又遇到了极大的矛盾：我觉得真正行的人也如凤毛麟角。我总觉得，好老多学人不够勤奋，天天虚度光阴。我经常处在这种心理矛盾中。别人对我的赞誉，我非常感激。但是，我并没有被这些赞誉冲昏了头脑，我头脑是清楚的。我只劝大家，不要全信那一些对我赞誉的话。特别是那一些顶高得惊人的帽子，我更是受之有愧。

## 十七 没有新意，不要写文章

在芸芸众生中，在五行八作中，有一种人，就是像我这样的教书匠，或者美其名，称之为“学者”。我们这种人难免不时要舞笔弄墨，写点文章的。根据我的分析，文章约而言之可以分为两大类：一是被动写的文章，一是主动写的文章。

所谓“被动写的文章”，在中国历史上流行了一千多年的应试的“八股文”和“试帖诗”，就是最典型的例子。这种文章多半是“代圣人立言”的，或者是“颂圣”的，不许说自己真正想说的话。换句话说，就是必须会说废话。记得鲁迅在什么文章中举了一个废话的例子：“夫天地者乃宇宙之乾坤，吾心者实中怀之在抱。千百年来，已非一日矣。”（后面好像还有，我记不清楚了）这是典型的废话，念起来却声调铿锵。“试帖诗”中，也不乏好作品，唐代钱起咏湘灵鼓琴的诗，就曾被朱光潜先生赞美过，而朱先生的赞美又被鲁迅先生讽刺过。到了今天，我们被动写文章的例子并不少见。我们写的废话，说的谎话，吹的大话，这是到处可见的。我觉得，有好多文章是大可以不必写的，有好些书是大可以不必印的。如果少印刷这样的文章，出版这样的书，则必然能够少砍伐些森林，少制造一些纸张，对保护环境、保持生态平衡，会有很大的好处的，对人类生存的前途也会减少危害的。

至于主动写的文章，也不能一概而论，仔细分析起来，也是五花八门的。有的人为了提职，需要提出“著作”，于是就赶紧炮制。有的人为了成名成家，也必须有文章，也努力炮制。对于这样的人，无须深责，这是人之常情。炮制的著作不一定都是“次品”，其中也不乏优秀的东西。像吾辈“爬格子族”的人们，非主动写文章以赚点稿费不行，只靠我们的工资，必将断炊。我辈被“尊”为教授的人，也不例外。

在中国学术界里，主动写文章的学者中，有不少的人学术道德是高尚的。他们专心一志，惟学是务，勤奋思考，多方探求，写出来的文章，尽管有点参差不齐，但是他们都是值得钦佩、值得赞美的，他们是我们中国学术界的脊梁。

真正的学术著作，约略言之，可以分为两大类：单篇的论文与成本的专著。后者的重要性不言自明。古今中外的许多大部头的专著，像中国汉代司马迁的《史记》、宋代司马光的《资治通鉴》等等，都是名垂千古、辉煌璀璨的巨著，是我们国家的瑰宝。这里不再详论。我要比较详细地谈一谈单篇论文的问题。单篇论文的核心是讲自己的看法，自己异于前人的新意，要发前人未发之覆。有这样的文章，学术才能一步步、一代代向前发展。如果写一部专著，其中可能有自己的新意，也可能没有。因为大多数的专著是综合的、全面的叙述，即使不是自己的新意，也必须写进去，否则就不算全面。论文则没有这种负担，它的目的不是全面，而是深入，而是有新意，它与专著的关系可以说是相辅相成吧。

我在上面几次讲到“新意”，“新意”是从哪里来的呢？有的可能是从天上掉下来的，是出于“灵感”的，比如传说中牛顿因见苹果落地而悟出地心吸力。但我们必须注意，这种灵感不是任何人都能有的。牛顿一定是很早就考虑这类的问题，昼思梦想，一旦遇到相应的时机，豁然顿悟。吾辈平凡的人，天天吃苹果，只觉得它香脆甜美，管它什么劳什子“地心吸力”干嘛呀！在科学技术史上，类似的例子还可以举出不少来，现在先不去谈它了。

在几十年前极“左”思想肆虐的时候，学术界曾大批“从杂志缝里找文章”的做法，因为这样就不能“代圣人立言”，必须熟读圣书，心中先有一件东西要宣传，这样的文章才合乎程式。有“新意”是触犯天条的。这样的文章一时间滔滔者天下皆是也。但是，这样的文章印了出来，再当作垃圾卖给收破烂的（我觉得这也是一种“白色垃圾”），除了浪费纸张以外，丝毫无补于学术的进步。我现在立一新义：在大多数情况下，只有到杂志缝里才能找到新意。在大部头的专著中，在字里行间，也能找到新意的，旧日所谓“读书得间”，指的就是这种情况。因为，一般说来，杂志上发表的文章往往只谈一个问题，一个新问题，里面是有新意的。你读过以后，受到启发，举一反三，自己也产生了新意，然后写成文章，让别的学人也受到启发，再举一反三。如此往复循环，学术的进步就寓于其中了。

可惜——是我觉得可惜——眼前在国内学术界中，读杂志的风气，颇为不振。不但外国的杂志不读，连中国的杂志也不看。闭门造车，焉得出而合辙？别人的文章不读，别人的观点不知，别人已经发表过的意见不闻不问，只是一味地写开写开。这样怎么能推动学术前进呢？更可怕的是，这个问题几乎没有人提出。有人空喊“同国际学术接轨”。不读外国同行的新杂志和新著作，你能知道“轨”究竟在哪里吗？连“轨”在哪里都不知道，空喊“接轨”，不是天大的笑话吗？

## 十八 对待不同意见的态度

端正对待不同意见（我在这里指的只是学术上不同的意见）的态度，是非常不容易办到的一件事。中国古话说：“良药苦口利于病，忠言逆耳利于行”，可见此事自古已然。

我对于学术上不同的观点，最初也不够冷静。仔细检查自己内心的活动，不冷静的原因决不是什么面子问题，而是觉得别人的思想方法有问题，或者认为别人并不真正全面地实事求是地了解自己的观点，自己心里十分别扭，简直是堵得难受，所以才不能冷静。

最近若干年来，自己在这方面有了进步。首先，我认为，普天之下的芸芸众生，思想方法就是不一样。五花八门，无奇不有。这是正常的现象，正如人与人的面孔也不能完完全全一模一样。要求别人的思想方法同自己一样，是一厢情愿，完全不可能的，也是完全不必要的。其次，不管多么离奇的想法，其中也可能有合理之处的。采取其合理之处，扬弃其不合理之处，是唯一正确的办法。至于有人无理攻击，也用不着真正地生气。我有一个怪论：一个人一生不可能没有朋友，也不可能没有非朋友。我在这里不用“敌人”这个词儿，而用“非朋友”，是因为非朋友不一定就是敌人。最后，我还认为，个人的意见不管一时觉得多么正确，其实这还是一个未知数。时过境迁，也许会发现，并不正确，或者不完全正确。到了此时，必须有勇气公开改正自己的错误意见。梁任公说：不惜以今日之我，攻昨日之我。这是光明磊落的真正学者的态度。最近我编《东西文化议论集》时，首先自己亮相，把我对“天人合一”思想的“新解”（请注意“新解”中的“新”字）和盘托出，然后再把反对我的意见的文章，只要能搜集到的，都编入书中，让读者自己去鉴别分析。我对广大的读者是充分相信的，他们能够明辨是非。如果我采用与此相反的方式：打笔墨官司，则对方也必起而应战。最初，双方或者还能克制自己，说话讲礼貌，有分寸。但是笔战越久，理性越少，最后甚至互相谩骂，人身攻击。到了这个地步，谁还能不强词夺理，歪曲事实呢？这样就离开真理越来越远了。中国学术史上这样的例子颇为不少。我前些时候在上海《新民晚报》“夜光杯”副刊上写过一篇短文：《真理越辨越明吗?》。我的结论是：真理越辨（辩）越糊涂。可能有人认为我是在发怪论，我其实是有感而发的。

## 十九 必须中西兼通，中西结合，地上文献与地下考古资料相结合

这一节其实都是“多余的话”，可以不必写的。可我为什么又写了呢？因为，经过多年的观察，我发现，在中国学者群中，文献与考古相结合多数学者是做到了。但是，中外结合这一点则做得很不够。我在这里不用“中西”，而用“中外”，是包括日本在内的，并非笔误。

我个人认为，居今之世而言治学问，决不能坐井观天。今天已经不是乾嘉时代了。许多学术发达的外国，科学、技术灿然烂然。人文社会科学方面，也已达到了相当高的水平。我们中国学者，包括专治中国国学的在内，对外国的研究动向和研究成果，决不能视若无睹。那样不利于我们自己学问的进步，也不利于国与国之间的学术文化交流。可是，令人十分遗憾的是，国内学术界确有昧于国外学术界情况的现象。年老的不必说，甚至连一些中年或青年学者，也有这种现象。我觉得，这种情况必须尽快改变。否则，有人慨叹中国一些学科在国际上没有声音，这不能怪别人，只能怪自己。说汉语的人虽然数目极大，可惜外国人不懂。我们的汉语还没有达到今天英语的水平。你无论怎样“振大汉之天声”，人家只是瞠目摇头。在许多国际学术讨论会上，出席的一些中国学者，往往由于不通外语，首先在大会上不能自己用外语宣读论文，其次在会议间歇时或联欢会上，孑然孤立，窘态可掬。因此，我希望我们年轻的学者，不管你是哪一门、哪一科，尽快掌握外语。只有这样，中国的声音才能传向全球。

## 二十 研究、创作与翻译并举

这完全是对我自己的总结，因为这样干的人极少。

我这样做，完全是环境造成的。研究学问是我产生兴趣之所在，我的几乎是全部的精力也都用在了这上面。但是，在济南高中读书时期，我受到了胡也频先生和董秋芳（冬芬）先生的影响和鼓励，到了清华大学以后，又受到了叶公超先生、沈从文先生和郑振铎先生的奖励，就写起文章来。我写过一两首诗，现在全已佚失。我不愿意写小说，因为我厌恶虚构的东西。因此，我只写散文，六十多年来没有断过。人都是爱虚荣的，我更不能例外。我写的散文从一开始就受到了上述诸先生的垂青，后来又逐渐得到了广大读者的鼓励。我写散文不间断的原因，说穿了，就在这里。有时候，搞那些枯燥死板的学术研究疲倦了，换一张桌子，写点散文，换一换脑筋。就像是磨刀一样，刀磨过之后，重又锋利起来，回头再搞学术研究，重新抖擞，如虎添翼，奇思妙想，纷至沓来，亦人生一乐也。我自知欠一把火，虽然先后成为中国作家协会的会员、理事、顾问，我从来不敢以作家自居。在我眼中，作家是“神圣”的名称，是我崇拜的对象。我哪里敢鱼目混珠呢？

至于搞翻译工作，那完全是出于无奈。我于1946年从德国回国以后，我在德国已经开了一个好头的研究工作，由于国内资料完全缺乏，被迫改弦更张。当时内心极度痛苦。除了搞行政工作外，我是一个闲不住的人，我必须找点工作干，我指的是写作工作。写散文，我没有那么多真情实感要抒发。我主张散文是不能虚构的，不能讲假话的，硬往外挤，卖弄一些花里胡哨的辞藻，我自谓不是办不到，而是耻于那样做。想来想去，眼前只有一条出路，就是搞翻译。我从德国的安娜·西格斯的短篇小说译起，一直扩大到梵文和巴利文文学作品。最长最重要的一部翻译是印度两大史诗之一的《罗摩衍那》。这一部翻译的产生是在我一生最倒霉、精神最痛苦的时候。当时十年浩劫还没有结束，我虽然已经被放回家中，北大的"黑帮大院"已经解散，每一个"罪犯"都回到自己的单位，群众专政，监督劳改。我头上那一摞莫须有的帽子，似有似无，似真似假，还沉甸甸地压在那里。我被命令掏大粪，浇菜园，看楼门，守电话，过着一个"不可接触者"的日子。我枯坐门房中，除了送电话、分发报纸信件以外，实在闲得无聊。心里琢磨着找一件会拖得很长，但又绝对没有什么结果的工作，以消磨时光，于是就想到了长达两万颂的《罗摩衍那》。从文体上来看，这部大史诗不算太难，但是个别地方还是有问题有困难的。在当时，这部书在印度有不同语言的译本，印度以外还没有听到有全译本，连英文也只有一个编译本。我碰到困难，无法解决，只有参考也并不太认真的印地文译本。当时极"左"之风尚未全息，读书重视业务，被认为是"修正主义"。何况我这样一个半犯人的人，焉敢公然在门房中摊开梵文原本，翻译起来，旁若无人。这简直是在太岁头上动土，至少也得挨批斗五次。我哪里有这个勇气！我于是晚上回家，把梵文译为汉文散文，写成小纸条，装在口袋里，白天枯坐门房中，脑袋里不停地思考，把散文改为有韵的诗。我被进一步解放后，又费了一两年的时间，终于把全书的译文整理完。后来时来运转，受到了改革开放之惠，人民文学出版社全文出版，这是我事前绝对没有妄想过的。

我常常想，如果没有"文化大革命"，如果我自己不跳出来反对那一位臭名昭著的"老佛爷"，如果我没有成为"不可接触者"，则必终日送往迎来，忙于行政工作，《罗摩衍那》是绝对翻译不出来的。有人说："坏事能变成好事"，信然矣。人事纷纭，因果错综，我真不禁感慨系之了。

“总结”暂时写到这里。有几点需要说明一下：

第一，书名叫《学术回忆录》，是以回忆我这一生六七十年来的学术研究的内容为主轴线来写作的，它不是一般的《回忆录》，连不属于狭义的学术研究范围的文学创作和文学翻译，都不包括在里面。目的无它，不过求其重点突出、线索分明而已。但是，考虑到文学创作与文学翻译与学术研究工作毕竟是紧密相联的，所以在“总结”的最后又加上了一节。

第二，《学术回忆录》本来打算而且也应该写到1997年的。但是，正如我在上面说到过的那样，我是越老工作干得越多，文章写得也多，头绪纷繁，一时难以搜集齐全，《回忆录》写起来也难，而且交稿有期，完成无日。考虑了好久，终于下定决心，1994年以后的《学术回忆录》以后再写，现在暂时告一段落。

第三，但是，我在这里却遇到了矛盾。按理说，《回忆录》写到哪一年，“总结”也应该做到哪一年。可是，事实上，却难以做到。《回忆录》可以戛然而止，而“总结”则难以办到。许多工作是有连续性的，总结必须总结一个全过程，不能说停就停。因此，同《回忆录》不能同步进行，“总结”一直写到眼前。将来《回忆录》写到1997年时，“总结”不必改动，还会是适合的，有用的。

第四，“总结”的目的是总结经验和教训的。我这一生活得太长，活干得太多，于是经验和教训就内容复杂，头绪纷纭。我虽然绞尽了脑汁，方方面面，都努力去想。但是，我却一点把握也没有，漏掉的东西肯定还会有的。在今后继续写《学术回忆录》的过程中，只要我想到还有什么遗漏，在《回忆录》暂告——只能暂告，我什么时候给生命划句号，只有天知道——结束时，我还会补上的。

1997年12月

# 作者主要著作目录

《中印文化关系史论丛》人民出版社，1957。

《印度简史》 湖北人民出版社，1958。

《1857—59年印度民族起义》 人民出版社，1958。

《罗摩衍那初探》 外国文学出版社，1979。

《印度古代语言论集》 中国社会科学出版社，1982。

《中印文化关系史论文集》 三联书店，1982。

《原始佛教的语言问题》 中国社会科学出版社，1985。

《大唐西域记校注》（合著） 中华书局，1985。

《佛教与中印文化交流》 江西人民出版社，1990。

《比较文学与民间文学》 北京大学出版社，1991。

《中印文化交流史》 新华出版社，1991。

《季羡林学术论著自选集》 北京师范学院出版社，1991。

《吐火罗语研究导论》 台湾新文丰出版公司，1993。

《季羡林佛教学术论文集》 台湾东初出版社，1995。

《文化交流的轨迹——中华蔗糖史》 经济日报出版社，1997。

《季羡林文集》 江西教育出版社，1998。

# 作者年表*

1911年8月6日　生于山东省清平县（今并入临清市）官庄一个农民家庭。

1918年　七岁　进济南山东省第一师范学校附设小学。

1920年　九岁　进济南新育小学。

1923年　十二岁　进济南正谊中学。

1926年　十五岁　进济南山东大学附设高中。

1929年　十八岁　进济南山东省济南高中。

1930年　十九岁　进清华大学西洋文学系，专修方向德文。

1934年　二十三岁　清华大学西洋文学系毕业，回母校山东省济南高中任国文教员。

1935年　二十四岁　考取清华大学与德国交换研究生，赴德国入哥廷根大学，学习梵文、巴利文和吐火罗文。

1941年　三十岁　哥廷根大学毕业，获哲学博士学位。

1946年　三十五岁　取道法国、越南和香港回国，受聘为北京大学教授兼东方语言文学系主任。

1953年　四十二岁　当选为北京市第一届人民代表大会代表。

1954年　四十三岁　当选为中

* 本年表材料主要依据《季羡林教授年谱》（载《季羡林教授八十华诞纪念论文集》，江西人民出版社，1991）。

国人民政治协商会议第二届全国委员会委员。任中国文字改革委员会委员。

1956年　四十五岁　任中国科学院哲学社会科学学部委员。译著《沙恭达罗》由人民文学出版社出版。

1957年　四十六岁　论文集《中印文化关系史论丛》由人民出版社出版。《印度简史》由湖北人民出版社出版。

1958年　四十七岁　《1857—59年印度民族起义》由人民出版社出版。

1959年　四十八岁　当选为第三届全国政协委员。译著《五卷书》由人民文学出版社出版。

1962年　五十一岁　当选为中国亚非学会理事兼副秘书长。译著《优哩婆湿》由人民文学出版社出版。

1964年　五十三岁　当选为第四届全国政协委员。

1978年　六十七岁　当选为第五届全国政协委员。任北京大学副校长、北京大学和中国社会科学院合办的南亚研究所所长。当选为中国外国文学学会副会长。

1979年　六十八岁　受聘为中国大百科全书外国文学卷编委会副主任。当选为中国南亚学会会长。专著《罗摩衍那》由外国文学出版社出版。

1980年　六十九岁　译著《罗摩衍那》(一) 由人民文学出版社出版。当选为中国民族古文字学会名誉会长。散文集《天竺心影》由百花文艺出版社出版。当选为中国语言学会副会长。受聘为西德哥廷根科学院《新疆吐鲁番出土佛典梵文词典》顾问。任国务院学位委员会委员。散文集《季羡林选集》由香港文学研究社出版。

1981年　七十岁　散文集《朗润集》由上海文艺出版社出版。译著《罗摩衍那》(二) 出版。当选为中国外语教学研究会会长。

1982年　七十一岁　论文集《印度古代语言论集》由中国社会科学出版社出版。《中印文化关系史论文集》由三联书店出版。译著《罗摩衍那》(三)(四) 出版。

1983年　七十二岁　当选为第六届全国人民代表大会代表，任第六届人大常委。当选为中国语言学会会长、中国敦煌吐鲁番学会会长。译著《罗摩衍那》(五) 出版。

1984年　七十三岁　任北京大

学校务委员会副主任。受聘为中国大百科全书总编辑委员会委员和语言编辑委员会主任。当选为中国史学会常务理事、中国教育国际交流协会副会长和中国高等教育学会副会长。译著《罗摩衍那》（六）（七）出版。

1985年　七十四岁　论文集《原始佛教语言问题》由中国社会科学出版社出版。《大唐西域记校注》（合著）由中华书局出版。《大唐西域记今译》（合译）由陕西人民出版社出版。译著《家庭中的泰戈尔》由漓江出版社出版。当选为中国比较文学学会名誉会长。

1986年　七十五岁　当选为中国亚非学会副会长。受聘为冰岛大学《吐火罗文与印欧语系研究》顾问。《季羡林散文集》由北京大学出版社出版。

1988年　七十七岁　任中国文化书院院委员会主席。

1990年　七十九岁　任北京大学校务委员会名誉副主任。论文集《佛教与中印文化交流》由江西人民出版社出版。当选为中国亚非学会会长。

1991年　八十岁　《季羡林学术论著自选集》由北京师范学院出版社出版。论文集《比较文学与民间文学》由北京大学出版社出版。《中印文化交流史》由新华出版社出版。散文集《万泉集》由中国文联出版社公司出版。

1992年　八十一岁　回忆录《留德十年》由东方出版社出版。

1993年　八十二岁　《吐火罗语研究导论》由台湾新文丰出版公司出版。

1994年　八十三岁　当选为中国外国文学学会会长。

1995年　八十四岁　《季羡林佛教学术论文集》由台湾东初出版社出版。

1997年　八十六岁　专著《文化交流的轨迹——中华蔗糖史》由经济日报出版社出版。

1998年　八十七岁　《季羡林文集》（二十四卷）由江西教育出版社出版。回忆录《牛棚杂忆》由中共中央党校出版社出版。

1999年　八十八岁　接受印度文学院授予的名誉院士学衔。《季羡林散文全编》由中国广播电视出版社出版。